カール・マルクス入門

的場昭弘

作品社

はじめに　今、マルクスを学ぶ意味

今、マルクスを学ぶ意味はいったいどこにあるのでしょうか。

マルクスの名前が地に落ちたのは、今から三〇年近く前のことです。一九八九年ベルリンの壁の崩壊、そして一九九一年のソ連崩壊、つまりマルクス思想を標榜した社会主義国家の崩壊現象は、マルクスの時代はもはや終わったことを意味していたかのようでした。やがて、これからは資本主義独り勝ちの時代だと喧伝されはじめました。「歴史の終わり」という言葉がもてはやされ、資本主義によるグローバリゼーションは、先進諸国の国民をより豊かにするだけでなく、後進諸国の国民にも富をもたらし、もはや世界は中産階級の時代になり、プロレタリアの時代など終わったとさえいわれました。

ソ連や東欧諸国がマルクスの思想の実現であったかどうかは別として、資本主義の独り勝ちは、はたしてわれわれに理想の世界、すなわち豊かな世界をもたらしたのでしょうか。

天敵のいなくなった資本主義は、それまであった信用膨張とその本来の無政府性を打破する装置をつぎつぎと外し、結局一九二九年の大恐慌に似た、二〇〇八年のリーマン恐慌（私は恐慌だと考えています）をもたらしました。あれから一〇年が経ちますが、資本主義経済はなかなかもとにもどっていません。

はっきり言えば、マルクスが指摘したことは、むしろ的中しているのです。マルクスの基本原理とはこうです。資本主義は国内市場から世界市場へと発展していき、そのあくなき利潤をもとめる運動は、最終的な矛盾に到達せざるをえない。その矛盾とは、生産と消費の矛盾です。生産を拡大し、利潤をもとめるには、機械を導入し生産性を高めなくてはなりません。一方でその商品を買ってくれる労働者をその生産から排除せざるをえなくなります。その結果、ものが売れなくなります。もちろん、国家が買ったり、信用買いをして買いまくってそれを止めようとしても、信用が破綻し、いつかは資本主義それ自身が破綻するわけです。海外市場が無限にあり（地球が無限である）、新製品が無限にあり（地球環境が永遠に普遍である）、自由競争が永遠であれば（独占がすすまない）、資本主義は無限に発展します。しかし、地球という限界の中では、それはやがて矛盾を起こします。

人間が豊かになるために利己心という手段を使った急速に発展する方法こそ資本主義ですが、それは結局立ち行かなくなる。人間が豊かになるには、人間（最近では動植物も入れるべきでしょうが）は、すべてが平等でなければならないのです。自然界の中での生産は、ある個人の利益のためではなく、すべてのものの便益のためにあります。そうだとすれば、どんな生産も生産物をすべての人に買ってもらわねばならず、そのためには労働者はきちんと給与をもらわねばならないのです。その意味で一国のみならず、世界が豊かになるには、すべての人が平等に富を享受することが重要になります。そしてあせらずゆっくりとした発展が、そのためには必要です。そうした原理が、基本的に資本主義には欠けている。まさにここに、マルクスのいう資本主義の矛盾があるのです。

マルクス主義を標榜していたソ連や東欧は、その意味でマルクスの思想を理解できていなかったともいえます。資本主義の豊かさに追いつくために、国家による資本主義、国家と共産党による国家独占資本主義を進めたわけですが、結局、資本主義との発展競争に負けた。資本主義とは別の形で、発展することをマルクスの思想に読み込んだのです。

しかしマルクスの思想はその逆です。こうした近代が起こした豊かさの夢を乗り越えることに、その意味があったからです。マルクスが求めたプロレタリア階級という概念はまさにここにあります。

プロレタリアとは、すべてを失っているがゆえに、もたないことの良さ、毎日働きすぎているがゆえに働かないことの良さ、権力をもたないがゆえに、権力をもたないことの良さを知り尽くしている階級です。だからこそ、プロレタリアは、これまでの階級と違って、豊かさ、勤勉、権力をもとめないで、それらすべてを解体する階級であるというわけです。プロレタリアにとって労働は、動物の狩猟同様生きるための苦しみの受苦です。生きるためには働かねばならない。それは必然である。しかし、その必然があるからこそ、人間は共同意識（アソシアシオン）をもち、自然を愛し、無理な生産はしない。生産のみならず、共同に生産したものを消費するという意識をもてるわけです。

資本主義世界は労働からの搾取を巧妙に行っているわけですが、その最大の欠点は搾取している事実であるより、その搾取が自然の法則から矛盾している点にあります。生産と消費の矛盾、それは人間という動物の中に富めるものと貧しきものをつくることで、共同で、一緒に生きるという自然の掟を破ってしまいます。そういった自然のバランスは、どこかに富や力が偏在することをさせない。だから一定の調和が保たれているのです。

マルクスの思想は、資本主義が独り勝ちで発展し、富の偏在を生み出し、地球環境を破壊し、それゆえ経済成長も実現できなくなりつつある、現在のような時代にこそ、その思想の意味を発揮するといえます。いつかはっきりとしないのですが、資本主義的メカニズムが役割を終えなければならない日は遠からず来る、そうでなければ、人類、いや地球は滅亡するかもしれません。

カール・マルクス入門

『カール・マルクス入門』目次

第Ⅱ部　マルクスは何を考えたか——マルクスの思想と著作

第一章　**哲学に関する著作**　108
II-1-1　**『デモクリトスとエピクロスの自然哲学の差異』**（一八四一年）　110
II-1-2　**「ヘーゲル法哲学批判序説」と「ユダヤ人問題によせて」**（一八四三年執筆、一八四四年掲載）　111
II-1-3　**『経済学・哲学草稿』**（一八四四年四月—七月執筆『パリ草稿』ともいわれる）　113
II-1-4　**「フォイエルバッハの一一のテーゼ」**（一八四五年　マルクスの手帳にメモ書きされたもの）　118
II-1-5　**『ドイツ・イデオロギー』**（一八四五—四六年執筆）　121
第二章　**政治に関する著作**　128
II-2-1　**『フランスにおける階級闘争』**（一八五〇年『新ライン新聞—政治経済評論』に掲載）　129
II-2-2　**『ルイ・ボナパルトのブリュメール一八日』**（『レヴォルツィオーン』第一号、一八五二年掲載）　131
II-2-3　**『フランスの内乱』**（インターナショナル総評議会のパンフレットとして一八七一年出版）　134
II-2-4　**「フランスの憲法論」**（一八五一年六月一四日チャーティストの雑誌 Note to the people に掲載）　136
第三章　**経済に関する著作**　140
II-3-1　**『哲学の貧困』**（一八四七年ブリュッセルで出版されたフランス語で書かれたマルクス最初の単著）　142

Ⅱ－三－2　『**経済学批判**』（一八五九年ベルリンで出版）、**そして**『**経済学批判要綱**』（一八五七－五八年草稿）　145
Ⅱ－三－3　『**資本論**』（第一巻は一八六七年ハンブルク、オットー・マイスナー社で出版。第二巻はエンゲルスの手で一八八五年、第三巻もエンゲルスの手で一八九四年同社から出版）　150
Ⅱ－三－4　『**賃労働と資本**』（一八四九年四月『新ライン新聞』に五回にわたり連載）、『**賃金、価格および利潤**』（一八六五年インターナショナルの中央評議会で行った講演草稿で娘エレナーによって刊行）　161

第四章　**ジャーナリストとしての著作**　163
Ⅱ－四－1　『**ライン新聞**』（一八四二年から一八四三年まで寄稿）　168
Ⅱ－四－2　『**フォアヴェルツ**』（一八四四年）　170
Ⅱ－四－3　『**ブリュッセル・ドイツ人新聞**』（一八四七－四八年）　172
Ⅱ－四－4　『**新ライン新聞**』（一八四八－四九年）　174
Ⅱ－四－5　『**ニューヨーク・デイリー・トリビューン**』　176

第五章　**政治活動家としての著作**　179
Ⅱ－五－1　『**共産党宣言**』（一八四八年）　180
Ⅱ－五－2　**第一インターナショナル**　187
Ⅱ－五－3　『**ゴータ綱領批判**』（『ドイツ労働者党綱領評注』一八七五年）　190
Ⅱ－五－4　『**亡命者偉人伝**』、『**フォークト氏**』、『**ケルン共産主義者裁判の真相**』　191

エピソード

序

マルクスはどんな時代に生き、何を考えたか

この本を読まれる方には二種類いらっしゃると思われます。まず中年以上の方、どちらかというともう老人に近い方で、青春時代にマルクスをよく読んだ、読んでないとしてもマルクスのことはかなり知っているという方です。次は三〇代以下の方で、マルクスなんてほとんど知らない。名前は知っているが、どんな人かは知らないという人です。

かつてはマルクスの名前を知らないものはいないほどでしたが、最近では「それ誰？」という学生も増えています。本書はこの両方の種類の読者を想定しています。前者は問題ないのですが、後者の若い方に読んでもらうにはかなり苦労します。そこでひとつ工夫をしようと思います。全体を二部に分けます。マルクスの生活編とマルクスの理論編です。

第Ⅰ部について

まずはマルクスの生きた世界を見てみよう

　まずマルクスの思想は、こうなんだということよりも、マルクスの生きた一九世紀の世界をもう一度再現してみることにします。それが第一章です。いわば伝記的手法とでもいうべきものなのですが、多くの伝記のように年を追うのではなく、マルクスの生活の場を追体験することに特徴があります。マルクスが実際に生活した場所だけでなく、旅行で訪れた場所も扱います。

　もちろん旅行にはいろんな旅行があります。友人に会うための旅行、借金のための旅行、病気療養の旅行、新婚旅行、遺産のための旅行、完成した『資本論▼』の原稿を直接渡す旅行など。これらの旅行は実際に場所を移動する旅行です。

　しかし、これだけではなく、頭の中での旅行があります。マルクスは無類の本の虫でした。旅をする暇があれば本を読んだ。特に大英図書館では毎日本の山にうずもれた。その中にはインド、ジャワ、中国など世界中の地域に関する本があった。そうした本以外にも、あたかも自分で調査したかのように膨大な調査報告書を読み込んでいった。たとえば、イギリス中の工場を対象にしている報告書などです。

　また過去や未来への旅もあります。マルクスの祖先はユダヤ人のラビ▼で、東欧から来たアシュケナージ▼であった。また妻の家系はイギリスのスコットランドの貴族です。こうした過去の血をさかのぼると、ヨーロッパ中のさまざまな世界、そして遠くユダヤ人がヨーロッパにやってきた頃、そして中東にまでさかのぼることができます。

　そして兄弟、たとえばひとりの妹夫婦は南アフリカへ移民します。そしてマルクスの妻の弟はアメリカへ移民します（結局失敗してプロイセン（ドイツ）に帰ってきますが）。一九世紀は、私たちが想像する以上に、すでに世界に開かれていたわけです。

マルクスの娘のうち二人はフランス人（一人はカリブの黒人とユダヤ系の血を受け継いでいます）と結婚し、フランスに住み着きます。それはちょうどパリ・コミューンの時代です。パリ・コミューンでは追われ、娘三人は夫の故郷ボルドーからピレネーの麓まで行きます。そして夫はスペインへとピレネーを越えます。末娘は夫エイヴェリングとともにアメリカにもわたります（マルクスは結局アメリカには行きませんでしたが、長いこと毎週二回『ニューヨーク・デイリー・トリビューン』▼に記事を書いていました）。

マルクスの住んだ世界

こうした旅の移動を見ることで一九世紀という時代の政治、文化、思想も見えてきます。マルクスが生まれた故郷の町トリーアはライン川の左岸に位置し、それはフランスの国境のすぐそばです。この地域は昔からフランスの影響が強いところでした。とりわけフランス革命の後この地域はフランスに併合されます。マルクスが生まれる数年前までフランスだったのです。ナポレオンの敗北によってフランスからプロイセンに併合されますが、それまでは独立した地域でした▼。

マルクスが入学するボン大学は、当時新しくできた大学ですが、プロイセン風の大学でした。マルクスは最初そこで法学を学びます。ボンの町は歴史的にはケルンやトリーアにはかなわない。それだからこそこの地にプロイセン政府は、あえて大学をつくったのです。

やがてベルリンに移りますが、この都市はドイツの中核国となりつつあったプロイセンの首都として急激に発展していた町です。ドイツ語圏最大の町ウィーンにはかなわないとしても、ドイツを代表する都市になりつつあった。なかでもベルリン大学はドイツ中の有名教授を集め、ドイツ第一の大学として風格をもとうとしていました。しかし一方で首都の大学として国王との関係も強く、多くの大学教授は体制迎合的でもあったわけです。マルクスが見たベルリンの世界は、まさにプロイセン国家の縮図でした。しかしマルクスはこれを拒否するのです。

　拒否したマルクスにとって大学に残る可能性はまったくなかったわけです。やがて友人を頼ってボン大学の私講師の口を捜しますが、それが叶うこともなく、ラインを代表する商業都市で発行されたばかりの『ライン新聞』▼の編集に職を見つけます。この都市はプロイセンとまったく違った都市です。まずトリーアと並ぶ北ドイツを代表するカトリック都市です。その大司教はプロイセン国王と対立し逮捕されたばかりでした。一方多くの商人たちが政治権力をもちつつあり、自由な空気を欲した彼らには出版の自由を求めるマルクスのような若者が求められていたわけです。

　しかし、プロイセンの権力に勝てるはずもなく、新聞は廃刊、マルクスは失職となります。もはやドイツ国内で自由な発言の可能性を失ったマルクスは友人とともに、パリに移り、そこで『独仏年誌』▼を発行します。パリは世界の首都、マルクスが求めるものがすべてであった。しかしフランス人はまともにドイツ人を相手にしてくれない。不満はたまる。結局この雑誌は長く続かず、パリのドイツ人が読むドイツ人用の新聞『フォアヴェルツ』▼に記事を書くことになります。しかしこの新聞はプロイセン政府が後ろから手を回し廃刊に追い込まれます。フランスも思ったほど自由な国ではなかったことを知ります。

　ブリュッセルに移ったマルクスはそこでベルギー内部の運動に参加します。一八三〇年独立したベルギーでは、フランス系（ワロン）とフランドル系（オランダ系）との対立がありました。当時オランダ支配から脱却したばかりで、フランス系が力をもっていたわけです。そのためフランドル系は権利獲得運動を展開します。マルクスはこの運動と、ポーランド独立運動、そしてドイツ人労働者の運動とを結びつけます。抑圧された民族の抵抗運動は、広く労働運動ともクロスしていたわけです。民主協会▼という組織がこうした組織だったわけですが、こうした表の組織の裏では労働者の運動、つまり共産主義運動が展開していました。一八四七年義人同盟▼から名称を変えた共産主義者同盟▼の設立に参加し、そのための綱領『共産党宣言』▼を執筆するわけです。

一八四八年二月二三日、パリで革命が起きます。それはたちまちブリュッセルに伝えられ騒然とします。結局ベルギーでの革命は避けられたわけですが、マルクスは武器を購入し、革命を図ろうとしたかどで逮捕され、フランスへ亡命します。一八四八年の革命はイタリアのミラノ蜂起から始まり、フランスからやがてドイツ、オーストリアへ波及します。ヨーロッパ全土を震撼させます。

四月ドイツに帰ったマルクスはそこで『新ライン新聞』▼を刊行し、その編集長につきます。それから約一年革命支持の立場から新聞を編集します。しかしパリの六月蜂起▼の躓《つまづ》きに始まり、次第に革命は退潮していき、四八年フランスではルイ・ナポレオンが大統領に選ばれ、四九年六月南ドイツに集結した革命軍は、政府軍の攻撃を受けて敗北し、結局革命の火は消えます。マルクスはパリに逃れ、やがてロンドンへ逃れます。こうして大陸中を騒然とさせた革命は、完全に消えてしまいます。

四八年革命以後のヨーロッパは新しい時代を迎えます。一八五一年、ロンドンの万国大博覧会、レジャーや消費の拡大の時代です。もちろん貧困が消えたわけではないのですが、表面的には一種のバブルが生まれる。いわゆるヴィクトリア朝期のイギリス、そしてフランスは、これまでにはなかったうわべだけの豪華さに象徴される時代となります。

マルクスはロンドンでこの様子を横に見ながら、けっして労働者の貧困問題は終わっていないことを確証すべく経済学の批判研究に従事します。それから一〇年あまり時がたち、その成果は『資本論』第一巻として結実します。

最初は誤解に包まれたこの作品は次第に人々の心を捉え、読まれるようになっていきます。『資本論』でのマルクスの予測は、資本主義社会の矛盾を激烈に指摘します。そして、いまなお読まれ続けることになるわけです。一八八三年マルクスは六五歳を目前にしてロンドンで亡くなります。

一九世紀とはどんな時代であったか

マルクスの生きた時代はナポレオンの敗退直後から、ヴィクトリア朝にかけての時代でした。この時代は経済的には、イギリスの絶対優位の時代から、やがてフランスやドイツなどが台頭し、競合する時代になっていきます。マルクスは主として前者の時代を経済学のモデルとして採用した。フランスやドイツがイギリスと覇を争う時代、つまり帝国主義的時代▼になるわけですが、この時代より前に分析したこともあり、マルクスの分析は帝国主義の時代には、十分ではありません。

それは逆にいえば、イギリスを中心とした世界経済の時代であり、それ以後発展する個々の近代国家による保護主義の時代ではなかったわけです。しかしそうであるがゆえに、現代のようなグローバリゼーションの時代に生きるわれわれにとって、むしろ理解しやすい分析をしているわけです。つまり資本は国境をもたないということや、世界中の労働者が資本に収奪されていくさまを描けたからです。

しかし歴史的には一八四八年革命はこうした情況を一変させてしまいます。各国が自国民を保護し、労働者の自由な移動や、海外資本の自由な移動を禁じるようになったからです。その限りにおいて、国家がますます閉じることで、それぞれの国家は海外の植民地へ搾取を移し、自国民に対して祖国愛と経済的豊かさを保証するようになります。労働貴族▼などの世界が生まれるのはこうしたことを背景にしているわけです。

しかしマルクスは、これは資本の本質ではないと考えます。少なくとも長期的展望として資本は国家を超すと考えたわけです。それが本当に正しいかを実証するにはさらに数十年先を見なければわかりませんが、少なくとも方向としては間違ってなかったということはいえます。

ヴィクトリア朝期に発展する人々の暮らしの変容は、今から見ると意外に現代に近いものをもっています。人々が既製服を買えるようになり、ときにデパートに行くようにもなった。モードという言葉が出現し、旅行が庶民のレベルにも降りてきた。団体ツアーを組織するイギリスの旅行業者トーマス・クックやアメリカのアメリカン・エクスプレスが活躍するのもこの時期です。大博覧会は工業技術のめまぐるしい進歩を国民に見せつけ、日々生まれる発明品が人々の暮らしを変え始める。

しかしこうした一見豪華に見える世界も、ちょっと路地裏に入るとそうしたものではなかったわけです。機械化による労働強化、失業、不安定という問題が日々起こり、一八六四年ロンドンで第一回の労働者の国際的集会が開催されます。これは第一インターナショナルといわれますが、少なくともヨーロッパ中の労働者が労働問題を話し合うようになった。マルクスはまさにその綱領を執筆します。

ヴィクトル・ユゴー、バルザック、ゾラ、ディケンズの社会派小説が読まれたのもこの頃です。ゾラに『金』▼という小説があります。これは成り上がりのユダヤ人が架空の投資先をつくり、それを支援する銀行をつくる、せっせとお金を集める話です。エジプトにあるという架空の会社の営業成績は粉飾されることで、そこに投資する銀行の株価はどんどん上がる。さらに人々は投資する。しかし結局そんな会社は存在しないことがわかり、このブームは一気に投資した人々のお金を無にしてしまうのです。

日本の土地バブル、アメリカの不動産バブル、まったくこれと同じ話です。フランスの相次ぐ海外遠征と植民地進出、株式市場はそれを当てにして株価を吊り上げては、やがてクラッシュが起きるということを繰り返します。戦争と相次ぐ経済的危機の最後が普仏戦争▼です。膨れ上がったバブルを植民地ではなくドイツで帳消しにする目論見は崩れ、一気にフランスそのものが崩壊する。

まるで逃亡するかのようにベルギー国境のスダンで降伏したナポレオン三世のつけを国民は内乱という形で払わされるわけです。敗北したフランスはパリとそれ以外にわかれ、やがてパリは独立します。ボルドーやリヨンもこれに呼応しますが、最後はパリだけ残り、そして労働者だけが籠城することになります。自分たちの世界をつくろうという声はパリ・コミューンとして六月、ちょうど「さくらんぼの実」の実る頃崩壊を迎えます。フランス軍は同じ国民であるパリの民衆を徹底して殺戮するか、カリブ海への島送りにしました。バブルのつけとしてはあまりにも大きな犠牲であったというべきかもしれません。

一八七一年のパリ・コミューンの後、フランスでは不安定な政権が続きます。しかし公認の歴史ではエッフェル塔完成とフランス革命一〇〇周年の栄光ある時代となります。その裏では労働争議と弾圧、大統領の暗殺などといった暗い時代でもあったわけです。

マルクスのいたイギリスは一八五〇年以降経済成長とともに労働が強化されてもいました。しかし一方で労働時間は少しずつ減り始めていました。選挙も男子普通選挙が実現され、民主主義と進歩という公認のヴィクトリア朝の歴史ができあがります。しかし、この時代はロンドンのイーストエンドの切り裂きジャックの事件▼に代表されるような、不安と貧困の時代でもあったわけです。また植民地インドの直接支配、搾取といった植民地政策の時代でもありました。

一九世紀の政治と思想

思想という分野では一九世紀ほど変動していた時代はないかもしれません。いまだにその対立が政治的対立を生み出しています。フランス革命をその源とする二つの流れは、実際には一九世紀に発展します。自由、平等、博愛という標語をもつフランス革命をどう理解するかによって、この二つの対立する思想は生まれたわけです。ひとつはブルジョア的考え。すなわち経済の自由、政治の民主化によってこの標語は実現できるというものです。それまでの封建的な束縛から解き放たれた自由な商業の実現によって、経済は雇用を拡大し、国民の所得を上昇させる。それによって国民相互の博愛も生まれるというものです。しかしこれはすでにフランス革命のときから実質的には骨抜きになっていきます。それは王朝の復活がこれを阻止したというものではなく、こうした発想そのものに問題があったのだということが、第二の思想を生み出します▼。

もうひとつは平等という思想です。フランス革命は自由、平等、博愛を守るために私的所有の権利を保障したわけです。なるほど私的所有の権利によって個人は政治的にも経済的にも独立する。しかし実際は私的所有をもたない、具体的には生きるための術をもたない労働者が出現するわけです。彼らは自由競争の中でますますもてるものから搾取されていく。経済の発展が民衆の富裕を底上げするというのではなく、むしろ底下げしてしまう。これが実際に一九世紀に起こっていた事実です。

私的所有は排他的な権利です。他人の所有権を侵してはいけない。そうなると飢えて死にそうなときにも盗みを働くことは罪であるということになります。『レ・ミゼラブル』のジャン・バルジャンが亡くなった兄の子供たちのためにパンを盗んだのはひもじい思いをしていたからです。しかしこれも罪。博愛という精神、そして平等という精神はどこに行ってしまったのか。

「所有とは何か。それは盗みである」▼といったのはフランスの社会主義者プルードンです。これは当時大きな衝撃を与えました。私的所有が盗みならば、この世界は盗人の世界ということになります。今のわれわれもこうした考えに対して驚きを隠せないと思いますが、当時も当然喧々諤々の議論が起こります。人間が博愛をもった動物として存在している以上、人間に死を与えるような私的所有は認められない。こうした考え方は、神が与えたという自然権という発想からも当然です。人間には自分を守る権利がある。何ものもそれを妨げない。しかし実際には私的所有がそれを妨げている。ならばこうした私的所有を廃止するしかない。極端な言い方ですが、フランス革命に対する新たな理解として、所有に対する批判が起こってきます。

この後者の立場が私たちがプロレタリアの立場、いわば社会主義、共産主義といっているものです。マルクスが最初に書こうとした書物は、実はフランス革命の書物だったのです。それは完成してません。ちょうど博士論文を書き上げ、『ライン新聞』を追われた後、結婚までの間フランス革命史の研究をしていました。▼これはフランス革命史の研究としては実現しなかったのですが、逆にフランス革命から流れる人権宣言のもうひとつの問題、人間の平等の問題として彼の大きな研究対象となります。

この思想は当然ドイツの哲学者であるヘーゲルの手法、さらにはフランスの思想、イギリスの経済学などの影響を受け、マルクス独自の体系になっていきます。少なくともマルクスの思想もこの系譜の中で生まれたものであることは否定できません。

第Ⅱ部について

五つに分けてみよう

第Ⅱ部では、まさにこの問題を取り扱います。当時の時代情況の中でマルクスはどういう問いを立て、どうこの問題を解こうとしたのかということです。具体的には彼の生涯の作品に結実しています。しかしながら、彼の生涯の作品は、生前出版されなかったものも含めると膨大なものになります。そこでこれをある程度整理して分析せざるをえません。

もちろん本書はマルクスを知るための入門書であり、『資本論』を知るための書物ではないので、『資本論』の解説をするというだけでは意味がありません。主要な作品に関して、ほぼすべて説明するつもりです。

それにあたって、マルクスという人物を興味深いいくつかの角度に分け、それぞれの角度から著作を分析する必要があります。

なぜならマルクスという人物は、どんなことにも興味をもち、人並み以上の努力で、それをものにする人物だったからです。それこそ古代史、数学、自然科学、何でも興味をもち、それを極めざるをえない性格だったからです。もちろんこうした作品にまで言及することは無理です。そこで当然主要作品に限定されるのですが、五つの側面からそれを見ることにします。

なぜ哲学か

大学教育に関していえば、マルクスは法学教育を受けていました。父親が弁護士であったこともあるのかもしれません。が、マルクスは大学時代に法学を棄て、専門を哲学に変えます。一八三五年から一八四一年と六年も大学にいたのですが、その間に紆余曲折があった。法学はあくまで父の希望であり、最初は詩人になりたかった。しかしそれもやめ結局、金にならない哲学に進んだ。

これは大きな決意だったのです。父は比較的冷静にそれも許してくれたのですが、家族は困りました。湯水のごとくお金を注いだのに、弁護士になることを放棄した。父が大学時代に亡くなったこともあり、彼は母親と対立します。何しろ弟、妹、姉という大家族で、彼の独立を期待していたわけですから。

当時ヘーゲルが亡くなった後、彼の哲学をめぐってその後継者たちの間で、大きな分裂が起きました。まずヘーゲル哲学は、プロイセン政府を擁護するものと考えるか、それともそれを否定するものと考えるかによって、大きくわかれました。マルクスたち若い学生は後者のヘーゲル解釈（ヘーゲル左派）に惹かれます。こうしてマルクスはプロイセン社会の官吏としての生活を嫌悪するようになるわけです。

しかし、その意味で、哲学はドイツの学問のうちでもっとも進んでいたということになります。頭の上ですでにフランス革命を実現していたわけですから。マルクスはこのヘーゲル哲学と格闘することで社会批判が出てくると考えます。当時この若い仲間をリードしていたのが、アーノルト・ルーゲ（1802－80）、モーゼス・ヘス（1812－75）、ブルーノ・バウアー（1809－82）、そしてフォイエルバッハ（1804－72）です。もちろん、やがて彼らは批判の俎上にあげられますが、一時期、マルクスは彼らと大変親しくしてます。

彼らとの格闘の成果はブルーノ・バウアー批判の「ユダヤ人問題によせて」、そして肝心のヘーゲルに対しては、『ヘーゲル法哲学批判』と「ヘーゲル法哲学批判序説」、『経済学・哲学草稿』として現れます。フォイエルバッハの総括は『ドイツ・イデオロギー』です。

これらはマルクスの哲学的総括です。しかし実際にはその総括は出版という形態ではあまり現れることはありませんでした。むしろ経済学や政治批判の方が、出版されます。

政治への批判

直接の政治への批判はまず『ライン新聞』時代に展開されます。むしろこれはジャーナリスト的なものといえるかもしれません。とりわけラインの州議会の議事に関することをおもにこの新聞で取り扱っています。

政治的な問題についての最初の企画は、一八四五年に出版社と契約した『政治学・経済学批判』です。そのときのおもなテーマは、フランス革命史の研究だったと思われます。この計画はうまくいかず最終的には反古になります。また再度労働者階級のための書物として「フランス革命史」をまとめようとしますが、これも結局うまくいかず反古になります。

結局、政治批判らしいものは、一八四八年革命におけるフランスの情況を分析した『フランスにおける階級闘争』、そして革命以後のルイ・ナポレオンの共和制から帝政への変貌過程を描いた『ルイ・ボナパルトのブリュメール一八日』です。これらはロンドンに亡命して書かれたものですが、パリに滞在した経験をもとに分析した作品です。自らの編集する『新ライン新聞――経済評論』と『レヴォルツィオーン』に発表されます。

またこの頃、フランスの憲法についての詳論（Ⅱ-二-4参照）も書いてますが、いわばフランス革命史研究を含めたフランス政治史の総括ともいうべきものです。内容的には国家論、憲法論、政党論などとても興味深いテーマが取り扱われています。

一八七一年のパリ・コミューンに際して、第一インターナショナルの本部の中心人物として書いた声明文はのちに『フランスの内乱』としてまとめられます。これはパリ・コミューンの意義と、なぜ失敗したのか、そして、成功するにはどうすべきだったか、について、きわめて注目すべき議論が展開されます。

マルクスの最大の成果――経済学批判

何といってもマルクスといえば経済学批判。マルクスの代表的作品として誰もが考えるのがあの大著『資本論』です。全三巻にわたる二五〇〇頁の膨大な書物は、マルクスの最大の成果であることは間違いありません。

そもそもマルクスが経済学に興味を持ち始めたのは、一八四三年の暮れです。当時パリで『独仏年誌』の編集をしていたマルクスは、マンチェスターに住むエンゲルスという人物から「経済学批判大綱」という論文を受け取ります。これを読んだマルクスは、その後エンゲルスと生涯にわたる刎頸《ふんけい》の友人関係を築きます。つまり、エンゲルスがマルクスの目を開いてくれたともいえるわけです。やがて二人は一八四四年の夏パリで会い、意気投合し『聖家族』という書物を共著（実際にはマルクスがほとんどを書いています）として出版します。エンゲルスは経済学という学問がもっている皮肉な側面をマルクスに教えたのです。この学問はどうやら豊かなものを弁護する傾向がある。そこでマルクスは、早速パリでスミスやリカードの著作のフランス語訳を購入し、経済学の勉強に取り組みます。その最初の成果が『経済学・哲学草稿』（または『パリ草稿』）といわれるものです。

やがてマルクスは、様々な経済学者の書物を読みます。一八四五年夏、エンゲルスとともにイギリスへ旅をし、マンチェスターの図書館で経済学の書物を読みます（マルクスはまだ英語が十分ではありませんでした）。

しかし、なかなかまとまらない。『政治学・経済学批判』という書物の出版契約の破棄は、簡単に執筆できると思っていた経済学批判が、簡単なものではなかったということを意味しています。

つまり、当時、経済学の書物は、圧倒的に英語で出版されていたわけで、英語を十分読みこなせなかったマルクスには経済学を批判することはできなかったわけです。一八四九年にロンドンに亡命し、そこで大英図書館に通い始めて、マルクスは本格的に英語を勉強し、理解できるようになります。こうした最初の成果が一八五九年に出版される『経済学批判』です。この書物は商品と貨幣に関する問題を取り扱っているのですが、じつはマルクスはこの頃後に『経済学批判要綱』（一八五七―五八年）としてマルクス死後出版される草稿を執筆していました。

その意味でこの『経済学批判』と同時にこの『要綱』を最初の経済学の成果として取り扱うことが一般的です。

しかし、『資本論』という書物はさらにその後ノートを書き直し、一八六七年九月、ハンブルクのオットー・マイスナーから出版されます。この書物は、すぐにロシア語とフランス語に翻訳されます。とりわけフランス語への翻訳は、一巻ではなく分冊で出されたため、普及度もとりわけ高く、マルクスは自らフランス人ロワの訳を丁寧にチェックしながら、書き直します。いわば最初の改訂版といってもいいような作品です。やがて一八七二年に第二版が出ます。これは、フランス語版とほぼ同じ頃に改訂されたものです。

マルクスは、『経済学批判』の執筆計画を立てます。最初の計画にしたがえば、『資本論』は最初の部分である「資本一般」に該当するということになります。しかし、この計画は途中で変更され、すべて『資本論』の中に凝縮されるようになったのだと考えることもできます。エンゲルスはそのように理解し、『資本論』をひとつの体系として編集しました。そこでマルクス研究者の間では長いこと、マルクスは最初のプランを維持したのか、それともプランを変えたのかということが大きな問題になってきました。とりわけその問題が出てくるのは、マルクスが生きている間に書き上げられなかった第二巻、第三巻についてです。

第二巻は一八八五年、第三巻は一八九四年エンゲルスの手で世に送り出されます。特にこの第三巻に入れられた内容は、かなり未完成であると同時に、資本一般の枠組みを超え出るものがあったからです。

赤刷りの『新ライン新聞』最終号の表紙

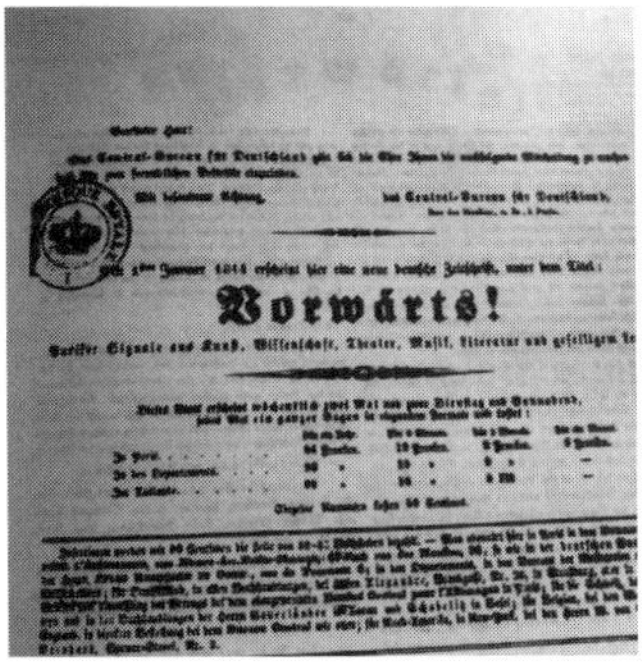

『フォアヴェルツ』の発刊予告号の表紙

『資本論』第一巻の中で、第二巻と第三巻、そして第四巻（これは『剰余価値学説史』と一般にいわれ、経済学の学説批判の書物です）まで言及しているのですから、それらの巻を出す予定であったというのはわかるわけです。しかし、それ以降の巻はどうなっていたのかについては疑問が残ります。この疑問とは、マルクスは、『資本論』のプランに、世界市場そして階級闘争の世界的規模での展開までを視野に入れていたのではないかという問題です。

ジャーナリストとして

もしマルクスが生きていて、いま「職業は?」と聞けば、多分「哲学者」だと答えるでしょう。しかし哲学者という職業はない。おそらく大学教師で、哲学を教えていればそうだと理解できるでしょうが、しかし、そうではなかった。だとするとどういう職業についていたかといえば、ジャーナリストと答えるべきでしょう。実際、長い間ジャーナリスト活動を続けていたわけですから（新聞の編集、通信員など）、ジャーナリストといっていい。彼の生活を支える収入も友人や知人の支援を除けば、ジャーナリストとしての収入しかなかったのです。

『ライン新聞』時代は、木材窃盗、ワイン農家の問題、離婚問題、出版法問題などを扱います。その後パリに移り、パリで発行されていたドイツ人向けの『フォアヴェルツ』ではプロイセン国王の暗殺問題（Ⅱ-四-2参照）の問題などを取り扱います。妻イェニーも「ドイツの夫人からの手紙」という記事を書きます。マルクスはわずかな記事しか書かなかったのですが、新聞が弾圧されるきっかけをつくってしまいます。

ブリュッセルに移っても、『ブリュッセル・ドイツ人新聞▼』の編集に携わります。これはベルギーのドイツ人向けの新聞ですが、これもわずか一年しか続きません。革命以後はケルンに戻り、『ライン新聞』のリメイク版『新ライン新聞』を発行します。マルクスは経営者にもなったわけです。革命に関する情報を掲載した新聞は翌年の五月一九日、前面赤刷りの新聞として最終号を発行し、廃刊されます。

ドイツを追われたマルクスは、ロンドンで再び『新ライン新聞』を月刊雑誌の形態で発行しようとします。しかしこれも長く続かず、結局ジャーナリストとしての仕事はこれで潰えたかに見えたとき、ニューヨークの『ニューヨーク・デイリー・トリビューン』が、ヨーロッパ通信員としてマルクスを雇用することになります。こうして一〇年以上にわたってマルクスの記事の投稿が始まります。最初はエンゲルスが英訳、そのうちマルクス自身が英語で執筆するようになりますが、マルクス最大の作品は実は『資本論』ではなく、この新聞に書いた数千頁にのぼる記事です。

南北戦争直前でこの新聞が微妙な位置に立ったこともあり、マルクスの通信は終わりますが、マルクスの大英図書館での仕事は経済学批判とこのヨーロッパ通信で占められています。もちろん、二つはまったく別個のものではなく、共通の内容を含むものであったのです。

活動家として

マルクスはどちらかというと書斎派で、会議で弁舌を振りまくタイプではありません。その意味で社会運動家といっても、フェルディナント・ラサール▼（1825－64）のような雄弁術を持ち合わせていたわけでもありません。運動家として俗な言い方をすれば寝技師で、あまり表に出ないで、裏で糸を引いているというタイプです。

最初にこうした社会運動に参加するようになったのは、パリ時代です。一八四四年三月に労働者の集会に参加したというのがその始まりといわれています。その後パリのパレ・ロワイヤル近くにあった『フォアヴェルツ』の社屋でバクーニンやプルードンと会ったりして、次第に惹かれていきますが、実際、当時パリにあったドイツ人の秘密結社義人同盟との関係はまだありません。このような組織とのつながりはブリュッセルに移って以降です。

一八四五年ブリュッセルに移って、マルクスは友人のエンゲルスと共産主義通信同盟という組織をつくり、ヨーロッパ中に組織網をつくろうとします。これは事実上長続きせず、一八四七年に義人同盟が共産主義者同盟に変わるとき、理論的なバックボーンになって欲しいという要請を議長のシャパー▼（1812－70）から受けます。ブリュッセルではドイツ人労働者協会との関係をもち、また民主協会では副議長にもなります。表面的な部分でもマルクスの社会運動家としての登場は、まさにこのときからです。

ここで、決定的なことは社会運動家としては先輩だったエンゲルスが、共産主義者同盟の宣言を依頼され『共産主義の原理』を書いたのですが、それが共産主義者同盟で採択されなかったとき、マルクスに執筆依頼が来ます。こうしてマルクスは一八四八年一月から二月にかけ『共産党宣言』を執筆します。もちろんエンゲルスの『原理』を加味した点ではマルクス＝エンゲルス著といえるものですが、実質的にはマルクスの著作だと思われます。

そして二月革命が起こると同時に、この共産主義者同盟は、事実上革命に参加すべく崩壊状態になります。マルクスはケルンに戻り、そこの労働者協会、共産主義者同盟の一員として社会運動を行います。

やがて、この問題がマルクスに重くのしかかるのです。すなわちマルクスは一八四九年にロンドンに亡命するのですが、ロンドン、パリ、ケルンという三都市をめぐる共産主義者の陰謀問題が発生します。特にこうした運動に対して厳しいケルンでは、共産主義者裁判が開かれ多くの同盟員が巻き込まれます。マルクスはこの裁判に対してそんな謀議などなかったと断固論陣を張るわけです。

しかし一方で共産主義者同盟の存続自体も危うくなります。まずロンドンに亡命してきたドイツ人たちの趨勢の問題でした。あるものはアメリカへと旅立ち、あるものは再び革命を行わんものと武装蜂起を考えるなど、かなり混沌とした状態にあったわけです。マルクスは解散を画策し、結局、解散が決定されます。

やがて本当に書斎の人となったマルクスは、大英図書館にこもることになります。彼が運動家に復活するのは第一インターナショナルのときです。一八六四年九月セント・マーチンズ・ホールで開催された第一回大会で綱領の執筆を依頼され、それを執筆します。その後、中央委員会の中心人物として、各国の委員会とすさまじい攻防戦を繰り広げます。ロンドンの本部は、総会や規約のことについて重要な決定権をもっていたのですが、地方とりわけプルードン派の強いフランス、バクーニン派の強い南フランスとスイスから、第一インターのありかたをめぐって厳しい批判が出てきます。マルクス派とブランキ派は共同戦線を組むわけですが、最終的にはパリ・コミューンの後のハーグ会議で勝利します。しかしマルクスの勝利ときとは、いつも解散のときであり、結局、実際上の権力を握るときには活躍の成果を放棄するということになります。

最後にマルクスがこうした舞台に登場するのは、社会民主党の『ゴータ綱領』への批判を行ったときです。しかしこの批判は、当時発表されたものではありません。エンゲルスがむしろ発表を止めさせたのですが、今ではマルクスが将来の社会主義や共産主義に対して、どういうイメージを晩年抱いていたかを知る重要な文献となっています。

それから、マルクスが革命後亡命してきたドイツ人の実態について語った『亡命者偉人伝』や、マルクスを批判したフォークトに対する反批判『フォークト氏』という作品があります。前者は結局スパイに原稿を渡すという失策をした作品で、生前、出版はされていません。革命後の革命家のありかたを知るための興味深い文献です。後者は、マルクスの執念を知るにはいい文献です。一八六〇年、マルクスは『資本論』の研究を中止し、この男の実態を暴かんものと狂奔した成果です。とにかくしつこいほどにフォークトを批判します。二つの書物ともマルクスという人間の性格を知るのに最良の書物といえます。

補遺

最後に補遺として友人エンゲルスについて述べてみたいと思います。エンゲルスとマルクスとの関係は切っても切れないものですが、ここではあえて二人を分離します。

エンゲルスに関しても『エンゲルス入門』という書物がひとつ必要なくらいの人物ですが、ここではマルクスを理解するために、補遺にとどめます。彼は、生涯の友人であるばかりではなく、マルクス死後、マルクスの著作を公にした人物でもあり、いわばマルクスの分身ともいえる人物です。

彼の作品も数多くあります。「経済学批判大綱」、『イギリスにおける労働者階級の状態』、「住宅問題について」、『反デューリング論』（その一部が『空想から科学へ』）、『自然弁証法』などは有名ですが、そのほか新聞記事、雑誌記事、マルクスとの往復書簡をあわせると膨大なものがあります。繰り返しになりますが、『資本論』第二巻、第三巻は彼の編集ですし、マルクスの書物の再版の多くも彼の編集です。

特に重要なことはマルクスが発表しなかった草稿をすべて管理したのがエンゲルスだったことです。一八八三年マルクスの死後、エンゲルスはすべての原稿を管理し、マルクスの書物の翻訳などすべて統括しました。マルクスの原稿はマルクスの遺稿としてその後も数奇な運命をたどります。これは社会民主党やロシア革命というマルクス主義の新たな発展と密接に関係していますし、現在出版されている『マルクス＝エンゲルス全集』（新メガ）との関係においても重要ですので紹介します。

そして最後に、マルクス以後のマルクス主義についても簡単に触れることにします。マルクス死後一〇〇年以上のときが経ちましたが、かつては地球上の約三分の一の国がマルクス主義を標榜する国家だったわけで、マルクス主義の意味について問わねばマルクスについて語ることはできないからです。もちろん本書はあくまでもこれが主体ではありませんので補遺という形でしか言及できません。

本書をどう読むか

さてこれらは全体の概要にすぎません。肉付けされた本文をこれからお読みいただくためのメニュー（お品書き）だと思ってください。理論が得意でない方は、まずさっと第Ⅰ部でマルクスの暮らしていた一九世紀ヨーロッパの世界についてお読みいただくのがいいかと思います。

それぞれテーマ別ですので、すべてを読むというよりは、知りたいところを選択されて読まれることをお勧めします。何しろマルクスはありとあらゆる問題に言及している人物ですから、それについていくだけでも大変な知識が必要で、おそらくすべてを読むということは、不可能に近いからです。

巻末に年表、家系図、参考文献目録を入れてありますので、適宜それらを参照してください。細かい年代については言及しません。しかし、おおよその年代がわからないと、意味不明になりますので、その限りにおいて年代を付します。またマルクス家のことについても細かい人間関係がわからないと、途中で何をいっているかわからなくなると思われますので、家系図を参照してください。何しろマルクスの理論と人間すべてに関する入門書ですから、このような小冊子においてはすべてを十分語り尽くすことができません。そのためにも、参考文献で補足してください。一〇〇年以上にわたる日本のマルクス研究は世界でもハイレベルにありますので、おそらくどんな問題においても、日本語だけで理解することができると思われます。

さあそれではこれから出発です。

第Ⅰ部　マルクスの足跡を訪ねて——マルクスとその時代

はじめに　旅人マルクス――その足跡を訪ねる

ルイ・ヴィトンとマルクス

ここにひとつ面白い本があります。フランス語の本ですが、『カール・マルクス『資本論』のクリストファー・コロンブス』（二〇〇六年）という書物です。これを出している出版社が面白い。それはあのバッグで有名なルイ・ヴィトンとフランスの雑誌の『カンゼンヌ・リテレール』（*La Qinzaine Littéraire*）です。「ルイ・ヴィトンとマルクス」、面白い取り合わせです。ルイ・ヴィトンがマルクスに興味がある。それはなぜか。それはマルクスの旅というわけです。旅にカバンはつきものです。

この企画は「旅」というものを題材にして有名な作家の旅を扱うというものです。ほかにプルースト、リルケ、ジャック・デリダ、ベンヤミンなどもあります。「マルクスの旅」もこの中に選ばれたのですが、その理由は彼が当時としては珍しいくらい、ヨーロッパ中を旅していたことにあります（一度はアルジェリア）。

この本の序文に二〇〇五年一〇月六日の『ル・モンド』の記事が挙げられています。その記事は「パリ七区のカール・マルクスのプレート」という内容で、そこにはこう書かれていたそうです。「一八四三年から一八四五年、ドイツ人哲学者カール・マルクスここにいた」と。そしてヴァノー街三〇番であると（もちろん実際これは間違っています。三〇番はマルクスが住んだ場所ではなく、むしろ『独仏年誌』の事務所（旧二〇番）があったところです。実際は三八番です。しかも当時の三八番は今の四〇番ですが）。

二〇〇五年当時パリの市長であった社会党のベルトラン・デラノエは二〇〇五年九月二七日の設置市議会でこのプレートの意義を語ったそうです。しかも社会党と対立していた共産党の市議会員もそれを推奨したそうです。

著者であるジャン＝ジャック・マリーは、社会党や共産党のお歴々ですら、マルクスの生涯について何も知らないということ、つまりこんな単純な住所のミスを犯すほどのレベルだと指摘したいわけです。とはいえこれは初歩的なミスです。もっとも幸いここにまだプレートはついていない。マルクスは、ヴァノー街でいくつか住所を変わっており、一八四八年にも、四九年にも、そしてイギリス人名の偽装パスポートを使って訪れた一八六九年にも、一八八二年にもパリに滞在しており、どこにプレートをつけるべきかは、実際難しいことも確かです。

とはいえ、こうしたことを指摘する本がまだフランスで出版され、パリ市議会でマルクスについて真面目に語られるほど、フランスではマルクスはまだ有名であるということだけはわかります。

マルクスは、パリだけでなく、あちこち転々としました。だから、マルクスが住んだところ、旅行したところを探すだけでも、大変興味深いことなのです。

ヴァノー通りのマルクスの家（40番）［著者撮影］

マルクスの旅と当時の旅

マルクスはよく旅をした。これは間違いない話ですが、しかし実際、純粋に旅を楽しむような旅は、ほとんどしていない。まあしいてあげれば子供の頃、母親の故郷のオランダのナイメーヘンへの旅行と新婚旅行ぐらいでしょうか。残りは学生時代のボンや、ベルリンへの留学の旅、仕事として住んでいたボンからケルンへの通勤、パリへ出版の自由を求めての旅、ブリュッセルへ、ロンドンへの亡命、そして過労によって蝕まれた病気を癒す各地への旅、エンゲルスと仕事の話をするためのマンチェスターへの旅など、すべて必然的で強制的な、ある意味では無理強いされた旅です。

もちろん旅というものの歴史を振り返るなら、余暇としての旅が庶民のレベルに降りてきたのはマルクスがロンドンに住み着いた頃だったわけですから、マルクスのような旅は、庶民にとってもとりわけ珍しいというわけではないのです。

一八世紀にはイギリスの貴族の師弟が、学業の総仕上げとしてフランスなどへのグランド・ツアーを行っています。画家はローマへ修業旅行に出かける。そして職人は徒弟修業に、たとえば石工職人は教会などの建築を求めて旅をしています。もちろん商人たちは海を渡ってもいます。しかしこれらは余暇の旅というものではありません。

一九世紀に起こった鉄道革命、船舶革命（蒸気船とスクリュー船）によって事態は一気に変化します。それを知るには旅行ガイドブックの歴史を見るとわかります。一八世紀はじめにリシャールのガイドブッ▼クが出されますが、まだまだこれは一般向けではありません。ところがコブンレンツのベデカーがガイドブックをつくる頃からいっきに大衆化がはじまります。これ以後いろんなガイドブックが読書市場を賑わします。

決定的だったのは鉄道による一日ツアーの出現です。イギリスのトーマス・クックが一般の人向けの格安団体ツアーを提供することで、比較的低所得の人々も旅行に行けるようになったわけです。

様々な人たちが旅行に行くには、当時の人々の考え方の変化も必要でした。たとえば、海に行って泳ぐということ、山に登るということ、こうしたことが一般の人々の中に浸透しなければなりません。なんといってもかつては海や川につかると皮膚から病気が移ると恐れられていたわけですから、こうした偏見が無くなる必要があったわけです。海水浴という習慣が生まれるのは一九世紀になってからです。

こうした考え方の変化は、近代科学の進展と一致しています。瘴気説といわれる空気伝染が否定され、バクテリア（細菌）が伝染病の原因であることがわかることで、こうした偏見が消えるわけです（もちろん二〇世紀後半に始まるウイルス発見による再度の瘴気説の復活はここでは問題ではありません）。

しかも逆に海水につかることはむしろ推奨されるようになり、海水浴場や温泉が人々の療養のため関心を生み出す。これは大きな変化です。そこにトーマス・クックのような旅行会社が出現したわけです。もちろん、この最大の成果は、一八五一年のロンドン大博覧会にあったことは間違いありません。それこそイギリス中の人々がこれを見ようと押し寄せた。そのために旅行会社が大活躍をしたのです。

マルクスの旅

もちろんマルクスの旅はそうしたものではなく、いささか高い料金を払うブルジョワ的なものであったことは間違いありません。彼はライヴァルのプルードンのように歩いて旅をするということがほとんどなかった。当時一般の人々は徒歩旅行でした。駅伝馬車がかなり発達していたのですが、貧しいものは歩いてテクテクと旅をしたのです。

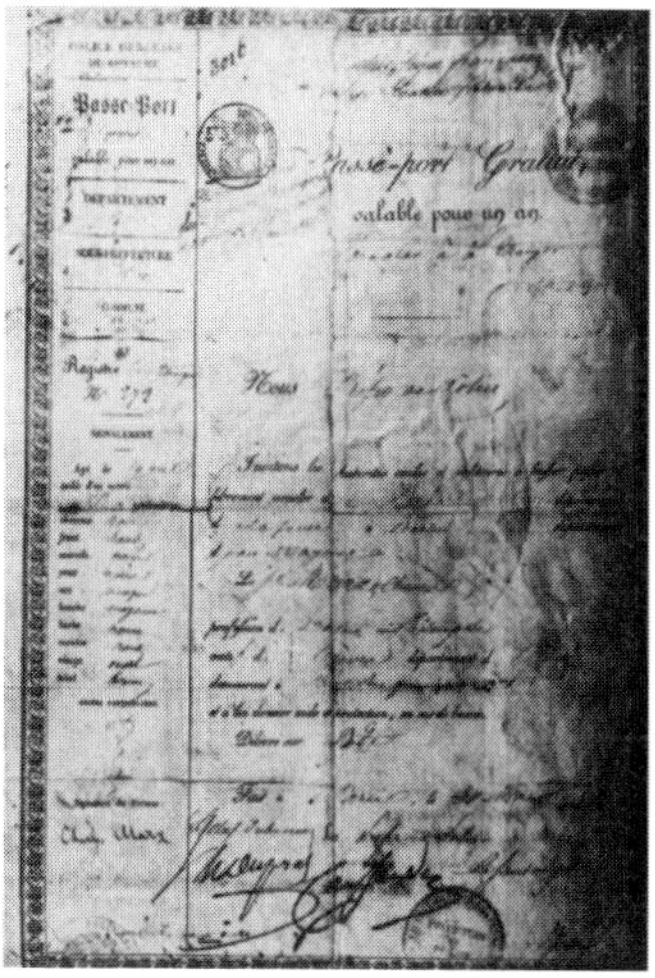
パリで発行されたマルクスのパスポート

マルクスは亡命の際にも馬車や鉄道を利用しています。宿泊するホテルもかなりいいホテルです。庶民の感覚ではありません。当時移住や亡命といったら、荷車に荷物を載せ、テクテクと歩いていくのが普通でした。アメリカが目的地なら、まずルアーブルやブレーマー・ハーフェンの港までこうやって行くか、川を川船でロッテルダムまで下る▼。

当時の旅でいささか大変だったのは、パスポートです。パスポートの取得などはそう難しいことはないのですが、旅をする途中途中の町で検問があり、かならず審査を受けねばなりません。職人は職人手帳でいいのですが、この時代は警察

が預かると次の町には行けない（もっとも、後の研究者たちは、このおかげでどこをどう通ったかがわかるのですが）。パスポートは国家と国家の間の証明書ではなく、あくまでも都市と都市の間の証明書であり、同じ国家内で必要だったわけです。

マルクスのような駅伝馬車を使う旅人は、それこそ今の旅人同様、途中の町に宿泊する必要がない点、きわめて恵まれています。

療養というのは、まだまだ庶民の旅行にはなかったものです。温泉地、避暑地、避寒地に長期滞在するということはブルジョワか貴族に限られたものでした。マルクスはロンドンから現在のチェコのカールスバート（カルロヴァリ）に二度も滞在していますが、これにはかなりの大金が必要だったと思われます。イギリスのブライトンやマーゲートでもブルジョワと貴族はかならず滞在時期をわけていました。▼避暑地での最重要課題は、社交です。そのため両者は時期をずらすわけです。マルクス家は後者の貴族の行く九月をねらっていました。妻は貴族の出身、ブルジョワとは格が違ったわけです。

思考の旅――図書館

しかし、マルクスは基本的には旅好きだったわけではないのです。むしろいやいや旅をさせられた。彼にとってもっとも幸せな旅は、おそらく「本」の中の旅だと思われます。とくにこうした旅を提供してくれるのが図書館です。

マルクスがもっとも利用したのは、大英図書館です。すでにヨーロッパでは公共図書館が整備されており、特に国立の図書館は圧倒的な蔵書量を持っていました。ヨーロッパを代表する図書館はパリの国立図書館とロンドンの大英図書館ですが、前者はフランス革命以後、後者はそれより古い一七五三年に創設されます。

すべての書物を納入するという納本制度により、マルクスが通い始める一八五一年すでに五一万冊の蔵書量を誇っていました。入館料無料、入館許可証をもらえば一日中自由な思考の旅ができるわけです。今は大きくなりすぎて大英博物館のちょっと北に移ってしまいましたが、当時は大英博物館の中にあったわけです。当時の一日の入場者数は一六八座席に対して二二八人、年間開館日数は二九一日でした。しかし毎年入館者が増えやや手狭になっていたため、館長のパニッツィ▼（1797－1879）が一八五七年に有名な円形大閲覧室を開室し、座席数三〇二と増えます。マルクスはちょうどこの頃、毎日のように大英図書館に通っていたわけです。

当時ガーネット▼（1835－1906）という博覧強記の図書館員がいたのですが、マルクスもこの大閲覧室の名物係員にいろいろと尋ねたことでしょう。彼はたたき上げの人物で、生き字引といわれていました。

マルクスがパリやブリュッセルの国立図書館を使ったかどうかは不明ですが、前者は『フォアヴェルツ』の編集部のすぐ脇にあり。使っていないと断定することはできません。町の中心にあるブリュッセル王立図書館もすでに二〇万冊の蔵書があり、その近くに住んでいたマルクスが使わなかったともいえません。ただしそれは証明できませんが。

英語で書かれたマルクスのノートの抜粋

使っていたかどうかが、よくわかっている図書館として一八四五年夏マンチェスターを訪れたときに使ったチェサム図書館があります。この図書館は一六五三に創立された由緒ある図書館です。ただし短期の滞在でした。

思考の旅——書斎

もうひとつ忘れてはいけないのが書斎です。マルクスの書斎。マルクスの蔵書がどれくらいのものだったのかというのはなかなか断定しにくいのです。なぜならマルクスは何度も引っ越し、そのたびに蔵書をどうしたかは、はっきりしていないからです。記録として残っているのは一八四九年ケルンからパリへ移動する際、友人のダニエルスに渡したメモ書きです。これが一八四九年までの彼の蔵書ということになります。その時点でもかなりの蔵書をもっています。

もちろんロンドンに滞在するようになり、蔵書の数も増えていく。友人のヴィルヘルム・ヴォルフの蔵書ももらい受け、亡くなる頃はおよそ一五〇〇冊あったのではないかといわれています。もちろん、これは今の人からすると少ないかもしれません。しかし当時、書物が高価であったことを考えるとかなりの冊数というべきでしょう。

一八八〇年『シカゴ・トリビューン』の記者がマルクスにインタビューをしています。その中でこの書斎の話が出てきます。

「会話の最中——多くの話題に触れるのだ、それに関するものは書斎の本棚の中にあるのだ。読んでいる本で人を判断することができる。新聞の読者は本棚にどんな本があったかでイメージがつかめるだろう。そこにあったのはシェークスピア、ディケンズ、サッカレー、モリエール、ラシーヌ、モンテーニュ、ベーコン、ゲーテ、ヴォルテール、ペイン、イギリス、フランス、アメリカの白書、ロシア語、ドイツ語、スペイン語、イタリア語の政治や哲学の書物などであった」。

工場監督官の報告書と議会報告書

ここに白書（イギリスでは表紙が青いことからブルーブックと呼ばれる）が出てきます。これは当時細かく取られた工場監督官の報告書です。工場における労働者の実態についてこと細かく報告されていて、これは議会での討論に使うためのものですが、誰にも見向きもしなかった。拳銃のためしうちをするにはちょうどいい厚さであり、そうした目的に使われていたといいます。

マルクスは棄てられているこうした白書の類を集め、膨大なノートをつくります。『資本論』第一巻の後半部分に展開する細かい調査報告は、まさにマルクスがこれらを丹念に読んだ成果です。もうひとつ議会報告書▼というものがあります。これもまず一般的には読まれないものです。ハンサード報告書と呼ばれている印刷業者ハンサードが出版した報告書は、議事日程などを載せているものです。もうひとつは議事記録を掲載したものです。こうした記録は膨大な量にのぼり、よほどの人物でもない限り普通の人は読まなかったわけですが、マルクスは丹念に読んでいるわけです。

こうした書物に費やすマルクスの時間は、膨大なものに上っただろうと察することができるのですが、結構彼なりに楽しんでいたのかもしれません。

祖先への旅

これを旅というべきかどうかわかりません。しかし時間を遡ることも旅の楽しみだとしたら、過去への言及は旅というべきでしょう。しかし残念ながらマルクス自身、過去の系譜についてあまり言及しているわけではありません。これは後年の伝記研究者たちの仕事の成果なのです。

それでも父親や母親との手紙や、妻イェニーの家族のことなどについて、言及しているともいえます。ロンドンでお金に困って、高価な銀の食器を質屋にもって行ったときの話です。マルクスの貧相な格好を見て店主は盗品と思い警察を呼んだ。その食器にはスコットランドの名家アーガイル家の紋章がついていた。マルクスは、これは妻の財産であり、妻はアーガイル家の末裔である旨を説明して事なきをえました。

妻はブライトンで娘の結婚相手を探すべく、「フォン・ヴェストファーレン」（貴族ヴェストファーレン家）と書いた名刺を作って配っていました。▼マルクスは、貴族を売りにしていることが昔の友人で、ブライトンで家庭教師をやっているルーゲ夫妻▼に見つかるとまずいと思い、妻に慎むように注意を促しています。いずれにしろ貴族であることはそれなりに意識していたということです。

自らの家系に関して言えば、マルクスはユダヤ人であるという意識をもっていました。彼は色が浅黒いこともあり、家族からはモール（モール人）と呼ばれていました。モール人とは北アフリカにいる人々で、アルジェリアに行ったとき、本物のモール人について手紙で言及します▼。当然自らの顔がいわゆる西欧人ではないことを理解していたわけですが、一八二四年、わずか六歳のときにプロテスタントの洗礼を受けた彼に、ユダヤ人としての自覚がどれほどあったかは、議論がわかれるところです。

しかし母親はドイツ語もたどたどしく、ユダヤ社会の中で暮らしていた人ですから、ユダヤ社会のしきたりを知らなかったはずはありえません。ユダヤ人である最大の条件は、母親がユダヤ人であることですから、まさにカールは完全なユダヤ人ということになります。もちろん父親も代々のラビの家系、母親もそうで、まさに名家という名にふさわしい家柄だったことを考えれば、ユダヤ的な色彩を隠すことはできないはずです。食事、祭事、あらゆることがユダヤ的に行われていた可能性はあります。

しかし、彼は後にユダヤ人に対して厳しい批判をするので、アンチ・セミテイスト▼ではないかといわれています。しかし、母方の親戚との手紙ではちゃんと「われわれユダヤ人は」と書いているのです▼。このあたりは単純に議論できません。当時の詳しい歴史的情況を知る必要があるからです▼。

兄弟や娘たちの旅

一九世紀は大きく世界が動いていました。マルクス自体がロンドンに骨を埋めるということもさることながら、多くの人々が移民としてアメリカやオーストラリアなどへ渡った時代でもあったわけです。マルクス自体もアメリカに行く可能性が何度かありました。結局やめましたが、アメリカに移民してもおかしくはなかったのです。

マルクスの友人エンゲルスは若い頃徒弟修業として各地を転々としたのですが、父が共同経営をするマンチェスターの会社▼で長いこと働くことになります。そこへ毎年一回、マルクスが出かけるか、エンゲルスがロンドンに来るかの交流が繰り返されます。

妹エミリアはユダヤ系のヨハン・コンラーディと結婚しますが、二人は南アフリカへ移民します。一度マルクスのロンドンの家を訪問しています。妻イェニーの弟は、プロイセンの官僚の仕事を捨てて、アメリカのテキサスに移住するわけですが、結局失敗し、ベルリンで人生を終えます。

娘たちは、三人のフランス人、そして一人のイギリス人と関係をもちます。

次女ラウラはポール・ラファルグと結婚し、パリに住みます。一九一一年二人はパリの南の郊外ドラヴェイユで夫とともに自殺します。パリ・コミューンの際、たまたま長女ジェニーと三女エレナーがボルドーに遊びに来ていたのですが、彼らは官憲に追われピレネーの小さな町サン・ゴダンスとバネール・デ・リュションに隠れます。ラファルグはそこでも逮捕される危険を感じ、山を越えスペインに逃げます。もともとスペイン語が達者だったラファルグは第一インターナショナルのスペイン支部の代表だったのです。しかもパブロという名のスペイン人のパスポートを持っていました。

長女ジェニーはシャルル・ロンゲという人物と結婚し、パリ近郊のアルジャントゥーユに住みます。マルクスは晩年一八八二年ここに滞在し、パリの北のアンギヤン・レ・バンで温泉治療を受けています。しかしジェニーは一八八三年の一月マルクスの亡くなる二カ月前亡くなります。ジェニーの死のショックがマルクスの死を決定付けたともいわれています。

三女エレナーはマルクスがもっとも期待していた娘だったといわれています。男の子のような大胆さをもった女性で、シェークスピアをこよなく愛し、演劇に夢中であった彼女は、父親ほど年上のフランス人リサガレーに恋をします。しかし両親の反対、そして彼の帰国で何度も精神的に衰弱します。結局この恋は終わりますが、次に知り合った相手エイヴェリングは妻帯者でした。マルクス死後、二人は公然とした付き合いをします。ロンドンの南シドナムに家を購入しましたが、一八九八年三月エレナーは服毒自殺を図ります。理由ははっきりしませんが、エイヴェリングは妻と別れた後、エレナー以外の別の女性と結婚したのです。しかしエイヴェリングもその年の八月に亡くなります。

第一章　マルクスはどこに住んでいたか

I－一－1　私の研究から

ロンドン

一九七六年最初にヨーロッパを訪れたとき、私はマルクスの住居の跡を訪ねることにしました。当時（今もですが）の研究者たちは、マルクスの住居に関心をもつものなどあまりいません。まして私自身も、この旅が自分の研究を決定づけるなどとは思ってもいませんでした。

まず夏の暑い日、ロンドンのソーホー地区にあるマルクスの住所を、地図を頼りに探しました。マルクスは一八五〇年代ディーン街六四番と二八番に住んでいました。この通りはロンドン中心街にあります。もちろん当時もここは中心でした。六四番にはすでにマルクスのいた頃の建物はなくなっていましたが、二八番にはそのまま残っていました。イタリア料理のレストラン、クオヴァディスというレストランになっていました。

当時ここの家賃は二二ポンド（高いか安いかは後でロンドンのところで説明します）で、最上階の部屋で

ディーン街28番の家［著者撮影］

1850年5月から56年までに住んだロンドン・ディーン通りの家

1856年10月から1864年3月まで住んだ、グラフトン・テラス

した。マルクスのいた頃、このアパートにはイタリア人コックの夫婦とそのメイド、語学教師、お菓子職人、マルクス夫妻と子供四人、マルクス家のメイド（ヘレーネ・デムート）と乳母、全部あわせて一三人が住んでいたようです。

ここから大英図書館まで目と鼻の先です。マルクスはこの小さな最上階の部屋を朝早く出て、大英図書館に通うことになります。全体としてこの家は下層階級向けというわけではありません。

しかしここが手狭になり、イェニーの母の遺産が入ってきた頃、ここからずっと北のカムデンの新興住宅地に引っ越します。今でもこのテラス・ハウスは残っているのですが、地下鉄のチョークファーム駅を降り、少し歩くとここに到着します。その後マルクスはこの地域から死ぬまで動くことはありません。大英図書館にはちょっと遠いが、イギリスの中産階級向けの典型的なテラス・ハウスで通りの名前もグラフトン・テラス、番地は四六番でした。プチブル階級の住宅という趣でしょうか、年三六ポンド、地下一階地上三階で小さな庭が付いています。

グラフトン・テラスには一八六四年まで住みます。そしてすぐ隣にメイトランド・パーク・ロードというところがあり、そのモデナ・ヴィラスには一八七五年まで住みます。ここはセミ・デタッチ（一軒家を二つに仕切ったもの）の大きな家で、第一インターナショナルの草案を書いたのも、娘二人を嫁に出したのもこの家です。や

1864年から、マルクスが亡くなる1884年までいた、メイトランドパークの家

マルクスの記念碑［著者撮影］

がて娘が出ることで、小さな家を求めて同じメイトランド・パーク・ロードの四一番に移ります。ここでイェニーは一八八一年一二月二日、マルクスは一八八三年三月一四日に亡くなります。しかし今このあたりは当時の面影をとどめておらず、当時の家も存在していません。

　マルクス夫妻は日曜日になると、よくここからちょっと北にあるハムステッド・ヒースの丘にピクニックに行ったといわれています。ドイツ社会民主党の創設者の一人ヴィルヘルム・リープクネヒト▼（1826 – 1900）はこう回想しています。「その頃、私はマルクスと一緒によくロンドンの郊外、とくに丘陵地の多い北の郊外を歩き回った」と。弁当を持参でピクニックをするというのは、当時の労働者階級の趣味ではなく、中産階級風の趣味だったといわれます。マルクスはここへ行く間、シェークスピアなどについて語ったといわれています。

　私もこの丘に登りましたが、あまりにも広く、彼らがどこで食事をしたのかなどはわかりませんでした。そこからロンドンの市内が見えます。おそらくこの丘のどこかで食事をとり、憩いの時を過ごしたのでしょう。

　この公園のすぐ脇に、ハイゲート墓地があります。この墓地にある無宗教の地区にマルクスと妻イェニーは葬られました。同じ墓に女中のヘレーネ・デムート、そしてロンゲの息子アンリが葬られています。

実は一九五〇年代になってイギリス共産党がソ連の資金を得て大きなマルクスの記念碑をつくります。高さ三メートルの威容をなす墓は、実は本物の墓よりずっと表に近い位置しています。本当の墓はこれより少し後ろの隠れた位置にあります。

パリへ

ロンドンの調査を終えた後、私はパリに向かいました。マルクスはそう長くパリにいたわけではありません。一番長くパリにいたのは一八四三年から四五年にかけての一年ちょっと。前に述べたように、パリ市長（社会党）もその住所を知らないほどの短い滞在だったわけです。

私は一九八八年、パリ国立文書館にあるこのヴァノー通りの一八四〇年代の不動産登記簿を使って、かなり細かい調査をしました。そしてヴァノー街三八番が実は今の四〇番であることを見つけました。だから実際には、今の四〇番こそマルクスが住んでいた家といえます。プレートはむしろこの角の建物につけるべきです。もちろんフランス人でこんなことに興味のある人間などいませんので、今後も詳しい調査は行われないでしょうが。

要するにこうした人物の足跡をたどるという作業は、実にマニアックであるということです。それが思想にどう関係するかと問われれば、すぐには何にも影響しないというしかありません。それは間違いありません。ではなぜこんなものを調べるのか。しかしこういう問いは、ある作家や芸術家の住んだ跡を追っかけることに対する疑問と似ています。それに対して、おそらくこう答えるでしょう。芸術の心を育てるのは生きた世界であると。思想においても同じことがいえます。思想家といえども、霞《かすみ》を食って生きているわけではないからです。

マルクスの思想の魅力は、彼が体験した苦難の生活や、その地域の匂いに実はあるといえます。私がマルクスを学び始めた一九六〇年代、学生であればマルクスについて少しぐらいは知っているのが常でした。

マルクス主義は一種の学生の「はしか」のようなものだともいわれていました。すぐに治る。確かに思想だけを一通り身に付けただけではすぐに忘れる。

なぜなのか。そこには血と肉が無いからです。

言い換えれば、その思想を理解するための追体験《ナッハデンケン》がない。だから中には、追体験をするために労働者のもとに行った人もいました。しかし、私はマルクスの生きた一九世紀に沈潜した。もちろん足跡は過去そのものではない。彼の跡を追体験することで、マルクスがいわんとしたことに血と肉を入れていく作業。その世界、その時代の匂いをかぎ取る作業、それが私の調査の旅だったわけです。

実際、マルクスの思想に親しむにはこの追体験が必要です。一九世紀の人々の感性をもたずして、『資本論』を読めば、『資本論』は、一九世紀の過去の遺物にしか見えない。

パリのヴァノー街は、ヴィクトル・ユゴーの小説『レ・ミゼラブル』にも出てきます。ジャン・バルジャンが、刑事のジャベールから隠れて目立たない生活を送る場所が、このすぐ近くです（プリュメ通り＝現在のウディノ通り）。一八三〇年、若い学生ヴァノーがここで亡くなり、その名がつけられたのです。この小説はマルクスが住む数年前を扱っていますが、フィクションとはいえ、あのジャン・バルジャンも近くにいたわけです。

ブリュッセルへ

マルクスがブリュッセルに移ってきたのは一八四五年二月はじめのことでした。彼が泊まったのは、現在のブリュッセル北駅の近くにあるホテル・ザックスです。こうしたことがわかれば、私はすぐにマルクスは鉄道で行ったのか、馬車だったのか、国境はどうだったのかなどと気になり、それを調べます。

フランスの外務省の資料室、ブリュッセルの王立文書館などでマルクスの名前がないかなどと調べるのです。この作業は、夢中になると実に面白いもので、あれもこれも知りたくなる。

ブリュッセル時代のはじめに住んだ家

答えだけを言えば、ブリュッセルとパリ間の鉄道は一八四六年に開通しますので、なかった。つまり駅伝馬車で国境を越し、ベルギーのモンスから鉄道でブリュッセルに入ったということです。

当然、駅伝馬車の時刻表をシラミつぶしに当たり（当時の観光案内書を見ればいい）、どの駅伝馬車に乗ったのか、実際一日で着くことは可能なのかも調べます。警察のような仕事ですが、徹底することでひとつのイメージが膨らむ。

結局、マルクスはこの地でも何カ所も住所を変えていて、今は当時の建物はほとんど残ってはいません。こうして一九七六年の私の調査はケルンの町を調査しただけで終わります。

それからの調査とマルクスの魅力

それから四〇年以上が経ちました。実はまだマルクスの調査は終えたわけではないのです。まだアルジェリアが残っている。それもマルセーユから船で行かねばならない。

一八八二年二月一八日マルセーユを発ち、二一日月曜日アルジェに到着する。▼一等船室の料金八〇フランを払いました。飛行機ならあっという間に行けるのですが、酔狂なので船で行きたい。残念ながら、まだこの旅は実現していません。

最近の調査（二〇〇七年）で訪れたのは、パリの北のアンギヤン・レ・バン温泉ですが、小さな湖があり、そこにかつての様子をかろうじて残す保養施設がまだある。娘の住むアルジャントゥーユからマルクスは馬車でここまで通ったのですが、今もバスが鉄道の駅前からアルジャントゥーユに出ている。なるほどそんなに遠いところではありません。

また、母方の祖先の住んでいたブラティスラヴァも二〇〇八年に訪れました。ウィーンから一時間、東に行ったところにあるこのスロヴァキアの首都の古い町のすぐ脇に、ユダヤ人街があります。ユダヤ人博物館もあり、当然ですがそこの人もマルクス家とのゆかりを知っていました。

よく三〇年以上もこんなことをできますねといわれますが、その道にのめりこんだ人ならば簡単に理解してくれることですが、ばかばかしく見えることも、やっている当人からすれば面白い。もちろんマルクス以外の人物でも、ぞっこん惚れれば私はやはり、これと同じことをしたと思われますが、何といっても世界の三分の一がマルクス主義を名乗っていた時代にマルクスを研究し始めたことが大きかった。そんな人物だったのですから、軽々しく「適当」ですますそうなどといえるわけがありません。私以外にもマルクスのテキストにのめりこんでおられる方もいます。そういう方も、実は同じ気持ちを共有していることだろうと思います。

もちろん今そんな流暢なことをいっていられる時代ではない。若い人はもうマルクスなど知らない。なるほどそうです。とはいえ、マルクスは、私が何十年にわたってばかばかしい調査をするに値する魅力を備えている人物です。彼の生きざまとその思想はやはり今でも輝きを失っていない。今もそう思います。

I-一-2　トリーア　生まれ故郷の様子　教育、宗教、文化

マルクスの両親

マルクスは一八一八年プロイセン領ライン左岸、モーゼル地方のトリーアで誕生します。トリーアから西に一〇キロ行くとルクセンブルク、そして南に少し行けばフランスです。一七九四年、革命軍はこの地に侵入し、以来一八一四年まで二〇年間フランスに併合されます。それはマルクスが生まれるわずか四年

ナイメーヘンのユダヤ教会（シナゴーグ）［著者撮影］

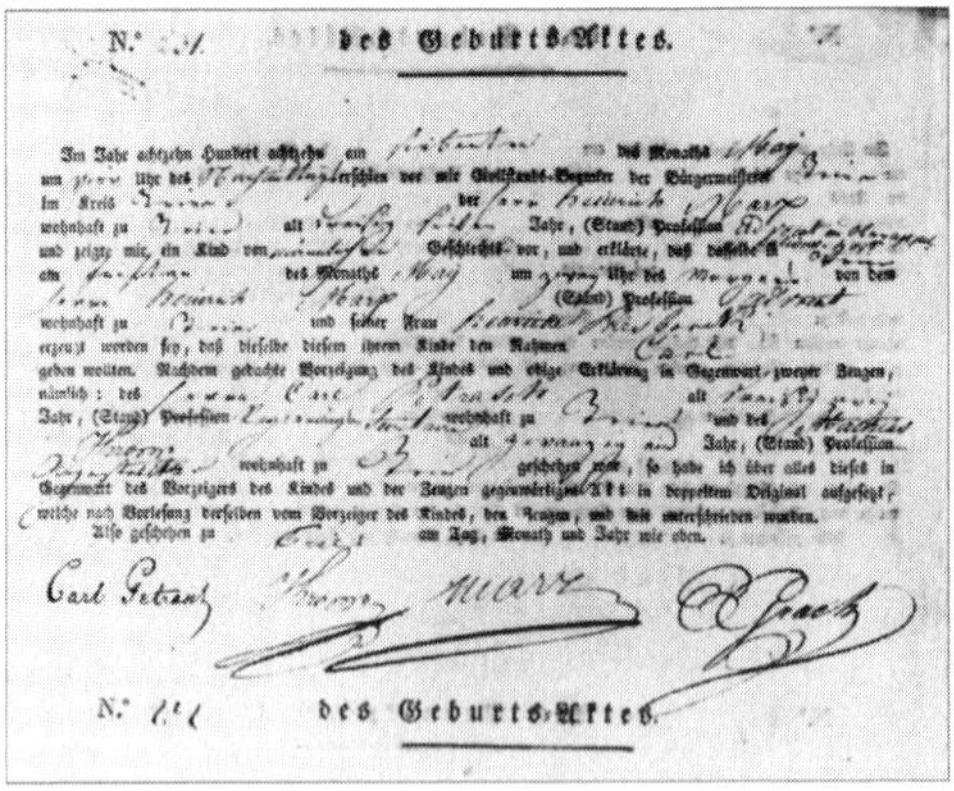

N.° … des Geburts-Aktes.

N.° … des Geburts-Aktes.

マルクスの誕生証明書

前のことでした。

代々ユダヤ人ラビの家系であった先祖は、トリーアのユダヤ人のトップに立っていたわけですが、彼らはラビという職業で所得を得ていたわけではなく、商業を営んで所得を得ていました。祖先には学者もいるのですが、代々商業を営む傍らラビを行っていたわけです。生活はけっして楽ではなく、ユダヤ人に許されていた職業も多くはなかったのです。そんななかフランス革命が一七八九年フランスで起こり、ユダヤ人の解放は進んだのです。マルクスの父ハインリヒの青春時代はこの時期であったのです。ハインリヒはユダヤ人に許されていなかった弁護士を目指し研鑽し、見事弁護士になります。

しかしトリーアは、ナポレオンの敗退の後、やがてフランスではなくなり、プロイセンに併合されます。プロイセンの法律ではユダヤ人は公職に就くことができなかったのです。父ハインリヒはこうして仕方なくユダヤ教を棄て、プロテスタントに改宗します。その時期ははっきりしていませんが、一八一七年頃のことだったといわれています。

ハインリヒは、ユダヤ社会の情報網を使ってオランダのナイメーヘンに住むラビの娘ヘンリエッテと結婚します。彼女の家系も代々のラビです。彼女の妹ゾフィーは、オランダのザルツボンメルのリオン・フィリップス▼（1794－1866）というユダヤ人商人と結婚しま

マルクスが生まれた家。現在は「カール・マルクス・ハウス」

マルクスの育った家［著者撮影］

トリーアのポルタ・ニグラ［著者撮影］

すが、その孫こそフィリップス電機の創設者です。しかも彼女の姓はプレスブルクといいますが、プレスブルクとは、先に紹介したスロヴァキアのブラティスラヴァのドイツ語名であり、そこの出身だったわけです。そしてその遠縁にハインリヒ・ハイネがいます。

トリーア

トリーアは、ローマ時代に栄えた古い都市です。当時の遺跡が今も町のあちこちに残っています。有名なポルタ・ニグラはローマ時代の門で、マルクスが育った家の前（現在眼鏡店）にあります。マルクスが生まれた家はそこからローマ橋に向かって一〇分ほど歩いたところですが、そこには現在ドイツ社会民主党の営む博物館「カール・マルクス・ハウス」があります。

わずか二キロ四方のこの町には、当時一万人少々の人が住んでいました。圧倒的にカトリック教徒が多かったのですが、プロイセン併合後プロイセンの宗教プロテスタントが入ってきて、わずかですがプロテスタント教徒もいました。トリーアのドームにはキリストが着ていたという「聖衣」が保存されていて、三〇年に一度その展示が行われますが、ドイツ中からカトリックの信者が押し寄せます（一八四四年行われた展示に関して、マルクスの妻イェニーは『フォアヴェルツ』（後述）に手紙を掲載します）。

マルクスの上には姉と兄（すぐに死亡）がいましたが、マルクスは長男として家族の期待を背負います。家庭教師について教育を受けたあと、この町のギムナジウムに入ります。この学校の校長ヴィッテンバッハ（1767－

1848）は父の友人でもあり、フランス時代から長いこと校長を務める名士で、著作も何冊も書いていた学者でもありました。そのほかにもフランス時代の教師も多くいて、フランス風の自由な空気が漂っていたというわけです。

ヴェストファーレン家

同級生にエトガーという人物がいますが、彼の姉が後のマルクスの妻となるイェニーです。彼女はマルクスの姉ゾフィーとも友人でした。

イェニーはトリーアの生まれではなく、マグデブルクやベルリンに近いザルツヴェーデルというプロイセンの町に生まれています。この町は、旧東ドイツ時代マルクスの博物館があったところです。父ルードヴィヒ・ヴェストファーレンは男爵であり、その生家は三階建てで大きな庭をもつ、格式の高い家です。父はこの町の役人だったのですが、ちょっとした失敗をしてはるばるこの新しいプロイセンに左遷されたわけです。トリーアではもはやこれといった仕事もなかったのですが、かなりいい給料をもらいながら悠々自適の生活をしていました。

マルクス少年は、この家にしばしば通ったようで、このルードヴィヒにもかわいがられ、後にマルクスは博士論文をこの人物に捧げています（しかしそのときすでに他界していました）。

ギムナジウムを卒業

マルクス家は弁護士であったこともあり、町の社交界カジノ・ゲゼルシャフトの中心人物で、郊外にブドウ畑を二カ所もっていました。プロイセン当局からはかなり目をつけられていたようです。

マルクスは　ギムナジウムでヴィッテンバッハ校長とは違うプロイセン贔屓の教頭レールから目をつけられますが、それには父親とヴィッテンバッハとの親密な関係もあったわけです。

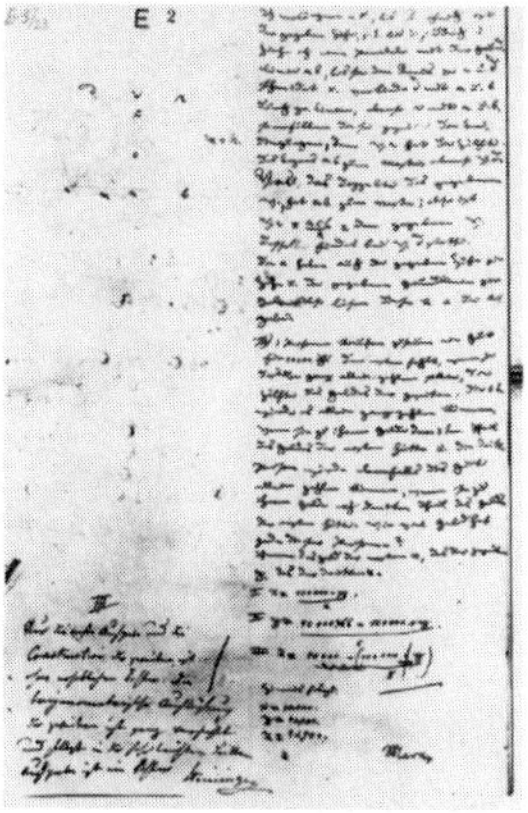

マルクスのギムナジウム卒業証書

一八三五年八月に卒業試験（アビトゥーア）が行われますが、マルクスはここで将来の職業を選ぶにあたって若者が注意すべきことは何であるかというヴィッテンバッハ校長の論文試験を受けます。ほかにも宗教に関する論文、ラテン語の論文などがあったのですが、とりわけマルクスの将来を知るために、この論文にちょっと触れてみましょう。

これは三二人の生徒に与えられた課題ですが、ヴィッテンバッハ校長がある程度生徒に示唆したであろうことを考慮して、マルクスの論文を見てみると、校長はまず名誉や野心で仕事を選んではいけない、神の授けた仕事であるかどうかが重要なことだと述べています。マルクスも基本的にこのことを理解して書いていますが、一点だけ違うところがあります。それは間違って仕事を選ぶ可能性について書いているところです。その場合のリスクは後に、マルクス自身が大学で思い知ることになります。しかもその後、彼の人生についてまわる苦しみは、まさに神の求めた仕事が、人々に苦痛を背負わせてしまう実例だともいえます。つまり、あたかも彼の未来を予感するかのような論文であったわけです。

こうしてマルクスは卒業するのですが、全体の成績を見てみると、読み書きの能力は優れているが会話能力がないこと、歴史と数学の能力があることなどが指摘されています。全体としては中の上（三二人中七番）ぐらいでの卒業でした。▼

当時大学へ進学するものは多くはなく、むしろ神学校へ進むものが多かったようです。

ボンのトリーア学生会（右側の×印がマルクス）

青年マルクス

I－一－3　長い大学時代　ボンとベルリン

ボンの町

こうしてマルクスはボン大学へ進学します。モーゼル川がライン川と交わるところがコブレンツ、そこからラインを下ったところにある町がボンです。かつての西ドイツの首都です。一八三五年一〇月一三日トリーアを船でくだり、一四日ボンに到着します。ボン大学は、ラインラントがプロイセンに併合された後にできた大学で、比較的新しい大学でした。

わずか一年しか在学しなかったのですが、この大学にはシュレーゲル兄弟のようなロマン派の大物が教鞭を執っていました。マルクスは当時は詩に夢中であったので、この大学は、けっして不満ではなかったはずです。冬学期に六科目、夏学期に四科目を取ります。

ところがこの町ではかなりはめをはずしてしまいます。入会した学生組合がいけなかった。当時学生たちは仲間をつくるために学生組合に入っていました。マルクスが入ったのはトリーアの郷土の先輩のいる「トリーア郷土団体」です。勉強もしたが、危険な遊びもし、結局父親の怒りを買うことになります。

父はやはり首都ベルリンで勉強させたほうがいいと考えます。

ベルリンのマルクス記念碑［著者撮影］

彼自身ベルリンで学んだことがあったからです。ベルリン大学へ出された証明書には、「騒乱と泥酔による一日の禁錮」と「ケルンでの武器携帯」が記されています。

マルクスのもっとも若い肖像は、ボンの南のゴッテスベルクの居酒屋「ヴァイセン・ロス」（Weissen Ross）でのこの団体を描いた絵の中にあります。スカーフをし、ひげを蓄えたマルクスは、背伸びをして大人に見せようとする若者そのものです。この町は今ではボンの一部ですが、小高い丘があり、そこから山々が見えます。ボンからのちょっとしたピクニックだったわけです。

ベルリン大学

一八三六年夏、トリーアに帰ったマルクスは、この間に親に内緒でイェニーと婚約をします。まだ一八歳であることもあり、結婚は大学を出てからということになります。イェニーはマルクスより四歳年上でした。当時こうした年の差は一般的なもので、とりわけ問題というわけではありませんでした。むしろ、後に内務大臣となるイェニーの異腹の兄フェルディナントは、妹の結婚相手をいろいろと探していただけに、後々マルクスと彼との関係は微妙なものとなります。

一八三六年一〇月二二日、マルクスはベルリン大学法学部に登録します。そして一八四一年、ベルリンを去るまで五年もこの大学で過ごすことになるのです。ボン大学を含めて大学を卒業するのに六年もかかります。

ベルリン大学は八八人の教授、三七人の私講師、学生数一六九六人の、当時としてはとても大きな大学でした。一方マルクスはベルリン時代二三〇〇ターレルという巨額のお金を使い、七回も下宿を変わります。はっきりいえば、マルクスは「ダメな学生」であったといえなくもありません。

もちろん勉強をしないから「ダメな学生」だったのではなく、勉強をしすぎて「ダメな学生」になっていたのです。詩人を志すが途中でやめ、そして弁護士という職業も断念し、哲学の道へと進むのですが、それは哲学書を昼と無く、夜と無く読みすぎたためです。

父親の知人の紹介でベルリンの住居を決めたマルクスは、やがて結核を発病し、ベルリン郊外のシュトラーロー（ここは旧東ベルリンの地域ですが、今では市内です）で療養する。留年の始まりです。トレープトウ公園駅を降りて橋を渡ると、彼の下宿です。今でも、その当時の面影をかすかに残す風情もあります。この公園にはマルクスを記念する巨大なプレートがつくられています。

当時のベルリン大学

ベルリンの生活の退廃

この頃マルクスの興味は詩から演劇に移り、盛んにゲーテの作品を観たり、演劇雑誌の創刊に熱意を燃やします。当然父親の送金の額はどんどん増える。この頃、マルクスは次第に法学への興味を失い、哲学への道を志したいと父に打ち明けます。その頃、故郷の父は病気で、結局それに同意します。やがて父は一八三八年の五月、他界します。その五カ月前、アントワープの商業学校に通い始めていた弟ヘルマンが亡くなっています。

マルクスは葬式も立ち会うことはせず、精神的支えを失い、講義への出席数も激減していきます。そしてマルクスが唯一信頼していた法学部のガンス教授▼（1797－1839）も一八三九年に亡くなります。

この頃のベルリンでの彼の生活はひどいものでした。ボン大学時代のように問題を起こしています。洋服の仕立て代の未払いを訴えられ、それ以後も何度も未払いが続き、本代の未払いも訴えられます。この訴えはすべて大学に届けられていたようです。マルクスのこの金遣いの荒さは生涯続きます。とにかく彼は手元のお金のことをまったく考えず買い物をする性格でしたから。結局母がすべての支払いを済ましますす。そのときの仕立て代を見ると、どれほど立派な仕立て服を着ていたかがわかります。

しかし母はこうした送金に怒り、父親の財産をマルクスに触らせないようにします。それに怒ったマルクスは、大学で相続法の講義を取ります。やがて金に行き詰まり、イェニーの弟や親戚のところに借りに行きます。そこで、内務大臣のフェルディナントがイェニーに結婚相手を新たに紹介したことを知り、マルクスは怒り、決闘を申し込むという騒ぎまで起こります。金に無頓着、短気、自暴自棄。まさにそれがマルクスの当時の学生生活でした。

マルクスがベルリンで住んでいた家

博士論文

マルクスは、生活を一新すべくベルリン大学医学部のあるシャリテ通りの宿に移り、そこで一八三九年冬から「博士論文」の執筆が始まります。しかしそれは簡単には完成しません。一八四〇年冬学期、マルクスはベルリン大学への登録更新を忘れてしまいます。当時四年たつと学籍が自動的に消えることになっていたため、一八三六年に登録したマルクスの学籍は一八四〇年夏で消滅するはずでした。更新料はわずかで四ターレル、そして図書館使用料一ターレルでした。実際は除籍処分ですが、マルクスは卒業していることになっています。卒業証明書はちゃんとあるのです。それには一八四〇年夏と書かれています。しかも発行は一八四一年です。この不備をどうやって解決したかは今のところわかりません。

図らずも卒業してしまったため、博士論文を提出することができなくなってしまったわけです。それとは別に、ベルリン大学では博士論文の申請が多く、審査には時間がかかり、しかも審査料が一六〇ターレル（これは学校教師の年俸に近い額です）、さらに印刷もしなければならないときていたわけで、金策に困っていたマルクスとしては、もはやベルリン大学に提出することはできなくなっていたわけです。

　そこでマルクスは、ベルリンの南の小さな町イエナの大学に提出することに決めます。そこは新しい大学で審査も早く、審査料も格安六〇ターレル、しかも印刷ではなく手書きでも受け付けた。口答試験も筆記試験もなく、論文を提出すれば、いつのまにか博士号が来るという大学だったのです。一八四一年もうベルリンにいる必要のなくなったマルクスは、博士論文を郵送し、すぐにボンに発つ予定だったわけです。

　四月一五日、晴れて博士号を取得、ボンに行きます。

Ⅰ-一-4　ジャーナリスト生活の始まり

ボン大学には仕事が無い

　哲学の私講師として必要な博士号をもらい、大学に赴任する予定でボンに向かったマルクスですが、思わぬ事態が待っていました。

　ボン大学にマルクスを呼ぼうとしていたのは、ブルーノ・バウアーでした。彼は一八三九年神学部の私講師であったのですが、無神論を主張し、ボン大学を追われることになります。一八四〇年に文部大臣のアルテンシュタイン（1770－1840）が亡くなり、再び大学の自由が抑制されるようになったことが、大きな原因でした。

　自分を後釜に呼ぶはずであったバウアーの失脚とともに、マルクスには大学への就職の道が完全に閉ざされてしまったわけです。こうしてマルクスは新しい道を探さざるをえなくなります。

『ライン新聞』

ケルンは、ライン地方最大の商業都市です。カトリックの中心地であると同時に、トリーアと並ぶローマ都市。この当時、ケルンはプロイセンとかなり対立していました。プロイセン併合後、プロイセン政府はカトリック勢力の封じ込めを図ります。そのもっとも大きな成果が混合婚でした。ケルンには、プロイセンの独身の役人が多く赴任していたのですが、彼らがカトリックの女性と結婚した場合、子供は自動的にプロテスタントになるという法律をつくり、プロテスタントの増大を画策したわけです。しかし一八三五年に選ばれたケルンの大司教クレメンス・ドロステ・フシェリンク（1773－1845）はこれに反対し、その結果プロイセン政府は彼を解任し、幽閉されるという事件が起きます。これがケルン教会闘争という事件です。

結果、子供の宗教については司教の判断にゆだねられることになりますが、国家権力が宗教より上に立っていたことが明確になります。カトリック教会への支持を全面に出していた新聞が『ケルン新聞』です。ケルンには多くのユダヤ系ブルジョワジーが住み、新しい新聞を模索していました。彼らはカトリックでもない、かつプロイセン側でもない新しい新聞を設立します。それが『ライン新聞』です。『ケルン新聞』の独占を破るため、最初はプロイセン政府もこの新聞を支持していました。

その中心には、地元の資本家グスタフ・メヴィッセン▼（1815－99）やルドルフ・カンプハウゼン▼（1803－90）などがいました。最初は、ドイツでもっとも有名であった『アウクスブルク・アルゲマイネ』新聞（一七九八－一八二九年）のヘフケン（1811－89）が編集長の座に座りますが、やがて経営者と対立してそこを去り、マルクスの学生時代の友人ルーテンベルクが後を継ぎます。その関係で、マルクスはこの新聞の編集に参加することになったわけです。

やがてアドルフ・ルーテンベルク▼（1808－69）が去り、最終的にはマルクスが編集長となります。

ケルンでのマルクスの住所は、実はあまりわかっていません。なぜならマルクスはボンに居を構え、時にケルンで泊まっていたからです。『ライン新聞』はケルンのノイマルクトにありましたが、編集会議は別の場所で開かれていました。第二次大戦で破壊されたこの町で今一九世紀の面影を探すことは不可能です。

マルクスの記事については本書の第Ⅱ部で説明しますが、プロイセン政府はプロイセンに批判的なこの新聞の検閲を強化します。一八四二年に創刊されたのですが、はやくも翌年の一八四三年一月二一日発禁処分が出ます。しかし新聞は三月三一日まで続きます。マルクス自身は三月七日編集部を去ります。

再び行き場を失ったマルクスは、アーノルト・ルーゲと新しい雑誌をつくることを企画します。しかし、それまでの半年の休みの最中、マルクスはクロイツナハでイェニーと結婚します。

Ⅰ－一－5　新しい世界を求めて

『独仏年誌』

結婚後二人が向かった先はパリでした。ルーゲとの共同の雑誌はその名も『独仏年誌』で、ドイツ人とフランス人とが執筆する国際雑誌ということになりました。それをどこで発行するか、ストラスブール、ブリュッセルという案が出ますが、結局パリに落ち着き、マルクス夫妻は一〇月はじめパリに出発します。一八三〇年以降、フランスではルイ・フィリップ▼（1873－50）が国王として君臨していました。革命によって生まれた新しい君主制ですが、コレラがまず襲い、リヨンの絹織物の織布工の蜂起が二度もあり、さらにパリでもバリケードが何度かつくられたりして、けっして順風満帆という情況ではありませんでした。

労働者の運動は、禁止されていたため、秘密結社があちこちに生まれていました。その中のひとつがオーギュスト・ブランキ▼（1805－81）の「季節社」で、一八三九年蜂起の準備をしたということで多くの人々が逮捕、または追放されます。ドイツ人の秘密結社もこのときに大打撃を受けます。

一八四〇年になると独仏危機という問題が起こります。それは何かといえば、フランスの後押しを得たエジプトのムハメド・アリ▼（1769 – 1849）がシリアへ侵攻したのですが、それがほかのヨーロッパ諸国の批判を受け戦争状態になった。そのことでヨーロッパでも緊張関係が生み出され、戦争が起こる可能性が生まれたわけです。

その頃盛んに話題になったのは、プロイセンがライン川の左岸を所有していたことです、つまりトリーアやケルンのあるラインラントの領有問題です。ライン川が、両国の自然の国境ならばラインラントはフランスの領土であるべきだという主張を、フランス人がしていたのです。

マルクスとルーゲは、この問題を両国で議論すべく、パリで雑誌をつくろうとしたわけです。その雑誌の名前は『独仏年誌』。ルーゲは先にパリに入り、ピエール・ルルー（1797 – 1871）、ジョルジュ・サンド（1804 – 76）、ルイ・ブラン（1811 – 82）などと交流し、この雑誌への投稿を呼びかけます。しかし結局誰一人フランス人はドイツ側の提案に乗らなかったのです。

マルクスとルーゲはドイツ人、ハイネやエンゲルスなどとこの雑誌をつくります。パリのヴァノー街にはルーゲ夫妻と詩人のゲオルク・ヘルヴェーク（1817 – 75）夫妻、そしてマルクス夫妻が住み、事務所もそこにありました。雑誌は一、二号合併号で一八四四年初めに出ますが、雑誌は売れず経営は成り立たず、ルーゲとの関係も気まずくなってしまいます。

『フォアヴェルツ』

そんな頃、マルクスは、パリで出ていたドイツ人のための新聞に関係していきます。その名は『フォアヴェルツ』（前進）という新聞です。この新聞はその年のはじめに出た新聞ですが、フランスではドイツのように検閲はなかったものの、多額の保証金を支払う義務がありました。この時代、一〇万フランの保証金を必要としていました。労働者一日の賃金が四フランですからいかに高いものであるかがわかります。

多くの新聞は保証金を支払わず、毎年名称を変えることで追及をかわしていました。『フォアヴェルツ』もそんな新聞のひとつであったわけです。パリには当時多くのドイツ人労働者が働いており、四万人（パリの人口八〇万人）のドイツ人がいました。新聞はパリの中心街パレ・ロワイヤル近くのムーラン通りに社屋があり、ドイツの情報をパリにいるドイツ人に伝える新聞としてスタートします。

しかしドイツの情報を伝えることは政治情報を伝えることであり、次第に政治的新聞になります。六月までは、ドイツでの出版の自由とドイツ統一を主張することが主たる内容でした。しかし七月からマルクスが加わり、新聞の論調が一変します。

編集者はルードヴィヒ・ベルナイス（1815－79）で、この新聞は次第に共産主義に興味を抱きます。その年の六月、ドイツの東にあるシレジアで織布工の一揆▼が起こります。新聞はこの記事をとりあげ、一連の論文を掲載します。ルーゲが慈善による解決を主張した記事を載せると、それに対して慈善ではなく社会矛盾の批判をするべきだとマルクスは批判します。そして七月プロイセン国王暗殺未遂事件が起きます。

エンゲルスとの出会い――そして追放

マルクスの妻は、パリで第一子を出産後トリーアに帰りました。その頃トリーアでは聖衣巡礼が行われていました。各地からたくさんの人が押し寄せ、ホテルが足りず家を貸していました。そんな頃、マンチェスターにいたエンゲルスが八月末、故郷バルメンに帰る前にパリを訪問します。

パレ・ロワイヤル近くのカフェ・ド・ラ・レジャンスで再会した二人は、意気投合し、二人の友情関係は、その後マルクスが亡くなるまで続くことになります。

ベルナイスは、その八月に「プロイセン国王暗殺未遂事件」（一八四四年八月三日）を書く。しかしこれが大きな問題を引き起こします。彼はプロイセンの絶対主義に対する批判だとして積極的にこの暗殺者を評価しますが、これがプロイセンの怒りを買います。

そこで弾圧が始まります。プロイセン政府がフランスにおけるドイツ人の新聞を弾圧することは本来できないのですが、フランス政府に圧力をかけてきます。しかし理由が必要です。そのとき先の出版法で定められている保証金の未払いという問題を当局が見つけます。そうしてベルナイスを保証金未払いで二カ月の禁錮、三〇〇フランの罰金という刑に処し、政治犯専用のサント・ペラジー監獄▼に収容します。しかし新聞はまだ続いていました。その後、続いて翌年マルクス、ルーゲ、ベルナイスなどの追放処分が出されます。マルクスはパリから追放されることになります。そして二月一日、マルクスはブリュッセルへと向かいます。

Ⅰ－一－6　追放生活

ブリュッセル

マルクスは、イギリスに行くこともできたのですが、とりあえずヨーロッパ大陸内に留まることを願い、ブリュッセルを選びます。

ベルギーがオランダから独立するのは一八三〇年ですが、外交権を確立するのは一八三九年からです。ベルギー王国は一八四〇年に起こった中東問題に端を発するフランスの孤立化政策▼の中で、フランスによってラインラントと同様に併合するべしという一種の脅しを受けていました。フランスとの関係はギクシャクしていましたため、むしろ、ベルギーはフランスを牽制すべくプロイセンとの関係を強化し、アントワープからケルンまでの鉄道を敷設します（一八四三年）。ドイツ人亡命者は、このベルギーによるフランスとプロイセンへの両面外交によって、非常に好都合な条件を得ていたともいえます。ベルギーはどちらにも近寄ったことで、亡命者を庇護していたからです。

当時ブリュッセルの人口は郊外を含めると一六万人、そのうちドイツ人人口は一六〇〇人、全人口の一パーセントがドイツ人であったと思われます。ドイツ人はアーヘンに近いヴェルヴィエ、リエージュにも多くいました。

ブリュッセルは、宮殿のある丘の上と、グランド・プラスのある平地とに大きくわかれます。丘の上が山の手でフランス語を話す階級、下がフランドル語を話す階級です。マルクスは北駅に近いホテルに宿泊した後、ほとんど丘の上に住みます。

共産主義通信委員会

マルクスは、一八四五年夏故郷に戻ったエンゲルスとともにイギリスにわたります。ロンドンとマンチェスターを訪れます。そこでドイツ人の義人同盟やチャーティスト▼と交流します。当時マンチェスターは、三〇万人を抱える工業都市で六〇パーセント以上が労働者であり、近隣の町では九〇パーセントが労働者でした。一八一九年八月一六日には数十人以上の死者を出す労働者と警官隊の衝突、ピータール事件▼が起きています。

エンゲルスは、この年『イギリスにおける労働者階級の状態』を出版しますが、この本はマンチェスターを主として対象としています。彼の書物に影響を与えたのは、イギリス人のケイが書いた『一八三二年におけるマンチェスターの労働者階級の道徳的、物的状態』（一八三二年）で、この書物は、やはりマンチェスターにいた衛生学者エドウィン・チャドウィック（1800－90）の『イギリスにおける労働者人口と健康状態に関する報告』（一八四二年）にも影響を与えます。ジェームズ・ケイ（1804－77）は、フランスにも影響を与え、ウジェーヌ・ビュレ（1810－42）の『イギリスにおける労働者階級の貧困について』が書かれます。マルクスは、当時このビュレの書物を読んでいました。

この義人同盟という組織は、一八三四年パリで創設された秘密結社「追放者同盟」からわかれてパリで創設された組織で、一八三九年五月の季節社の蜂起以後、主要な同盟員であったヴィルヘルム・ヴァイトリンク（1808－71）とカール・シャパー（1812－70）は、スイスとロンドンにそれぞれ亡命していました。当然パリにもこの同盟はあり、マルクスはパリ時代この同盟と接触します。

しかし主力は、ロンドンとスイスにわかれたためスイスとロンドンで意見の対立が生まれます。ちょうどこの一八四五年がその対立抗争の真っただ中でした。結局マルクスは、ヴァイトリンクの「財産の共同体」路線と対立するシャパー派に近づきます。

一八四六年はじめマルクスとエンゲルスは、ブリュッセルで共産主義通信委員会を結成します。この組織はヴァイトリンク派に対して批判的組織であり、イギリス人、フランス人との交流を通信によって促進するという組織です。イギリスの駐在員がロンドンの義人同盟のシャパーでした。パリへの懐柔にはエンゲルスが派遣されます。プルードンとヴァイトリンクはこの組織への加入を拒否します。

こうしてマルクスとエンゲルスは、ロンドンでシャパー、さらにチャーティストのジュリアン・ハーニー（1817－97）に接近していきます。義人同盟が共産主義者同盟に変わる一八四七年、シャパーはマルクスとエンゲルスに入会を勧誘し、共産主義通信委員会は、共産主義者同盟に吸収され、エンゲルスとマルクスは『共産党宣言』の執筆を依頼され、彼らはこの組織に積極的に関与することになります。

民主協会

ちょうど同じ年ブリュッセルで民主協会が設立されます。これは九月七日に開催された労働者宴会のメンバーによって結成されます。この宴会を組織したのはエンゲルスとベルギー人のベルトラン・ジョトラン（1804－77）、そして『ブリュッセル・ドイツ人新聞』のボルンシュテット（1801－51）でした。

この組織の目的は、イギリスの友愛協会のような世界における友愛の実現で、メンバーは国際的でした。議長はフランス人のメリネ将軍（1768－1852）、副議長にベルギー人のジョトランとプロイセン人（国籍は一八四五年に失っていましたが）のマルクスでした。こうした国際性のゆえに四人の通訳がそこにいました。具体的な課題はフランドルの民族運動、スイスの民主運動、ポーランドの独立運動の支援でした。

ボルンシュテットの編集する『ブリュッセル・ドイツ人新聞』は、一八四七年一月にブリュッセルで発刊されます。出版の自由、教会と国家との分離、市民の自由などを掲げた新聞として出発しますが、プロイセンからにらまれ、その命令を受けたベルギー政府が彼の追放を決めます。そこで実際にはマルクスの友人となるヴィルヘルム・ヴォルフが編集しますが、その関係で、マルクスもここに執筆します。

マルクスは、ブリュッセルの労働者協会の設立に深く関係し、その関係もあり八月頃からこの新聞に深い関係をもちます。労働者協会の議長カール・ヴァーラウ（1823－87）は印刷、その会員フォークラーはこの新聞の販売を担当しました。労働者協会の新聞とでもいえる新聞だったわけです。

マルクス最初の単著

マルクスは、この販売を担当していたカール・フォークラー（1820－?）の出版社から『哲学の貧困』をフランス語で出版します。これはプルードンの『貧困の哲学』（一八四六年）の批判書であり、マルクスの最初の単著でした。

ブリュッセルでのマルクスは、後年『ドイツ・イデオロギー』という名で呼ばれる書物をエンゲルス、ヘスとともに書きます。ドイツの真正社会主義者を批判する目的で書かれたこの著作は、結局出版されることはありませんでした。

しかしこのブリュッセルでの著作といえば、何といっても『共産党宣言』です。この作品を書き上げるや否やパリで革命が起きます。そしてマルクスは逮捕されます。三月二日付でベルギー政府から追放処分を受けたマルクスは、深夜荷造りをしていた時、すなわち三月三日突然逮捕されたのです。革命のために武器を購入したという理由ですが、すぐに嫌疑は晴れ翌日パリ行きの汽車に乗ります。

Ⅰ－一－7　革命の中

パリでの生活

マルクスは、仲間の社会主義者フェルディナント・ヴォルフ（1812－95）と一緒にパリに三年ぶりに戻ります。その数日前ロンドンから共産主義者同盟の本部がブリュッセルに移ってきていましたが、もはやブリュッセルは運動の中心地ではなくなり、パリが新たな活動の中心となります。

パリの喧噪の中、ドイツ人はやがて祖国で革命が起こったという知らせを聞きます。マルクスは、パリのリシュリュー通り近くグラモン通りにあるホテル・マンチェスターに三週間暮らします。この地域はかつて『フォアヴェルツ』の社屋のあった近くで、ドイツ人亡命者が多く住んでいた地域でした。

当時パリのドイツ人組織は大きく二つにわかれていました。マルクスの所属する共産主義者同盟を中心とするドイツ人労働者クラブ、ヘルヴェークを中心としたドイツ人民主協会は、ドイツでの革命をどう支援するかで、大きく対立していました。この両組織ともマルクスの住居の近くにありましたが、前者は革命の様子を静観する立場、後者は武器をもってドイツに行き、革命を支援するという立場でした。

マルクスは、この革命はブルジョワ革命であり、ブルジョワが権力を取った後でなければプロレタリア革命など実現できないと考えていました。そのために、今はブルジョワを支援するだけでいいという立場にいました。それに対し、民主協会はバーデンに入り、そこで共和国を実現しようと考えていました。

パリのドイツ人民主協会はやがて武器を調達し、パリを後にします。そしてシュトルーフェがその当時バーデンで起こしていた蜂起に参加しようとしますが、国境の手前のフランスで勾留されてしまいます。▼

ケルンに行く

こうして平和路線を主張したマルクスは、三月三〇日フランス政府からパスポートを取得し、四月六日にケルンへ向けて出発します。四月一一日ケルンに着いたマルクスは、ケルンにいたヘス、アンネケ（1818頃－72頃）、ゴットシャルクなどの企画していた『新ライン新聞』に参加します。やがてマルクス以外のメンバーはこの新聞から手を引きます。

この撤退の理由は、ケルンの労働者協会を抑えていたゴットシャルクと、新参者マルクス派（ここで民主協会をつくります）との対立でした。結局マルクス派が勝利するのですが、六月一日に第一号が発行される頃には、大方の株主はこの新聞から手を引いてしまいました。結果、編集長マルクス、編集委員は大方マルクス派で固められます。

この新聞は一時六〇〇〇部も発行しますが、九月二六日ケルンの民主主義者への弾圧の後、発行停止処分を受けます。発行停止処分は一〇月の一一日まで続けられ、編集者に対する逮捕状も出たため、財政的にピンチに立たされます。マルクスは幸いにもプロイセン国籍をもっていないため追放になることはありませんでした。

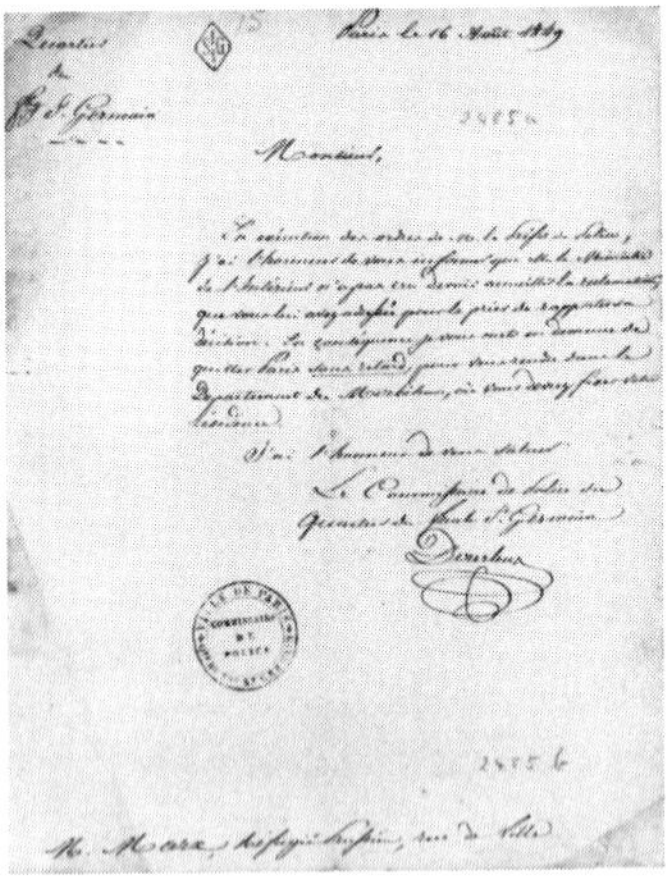

パリの警察による、マルクスをモルビアンに追放する命令書

しかしながらプロイセン政府への批判をやめないこの新聞は、当局からの弾圧をそれ以降も受け、結局翌年五月一八日マルクスも追放命令を受けます。そして五月一九日『新ライン新聞』は全面赤インクで印刷した最終号を出して廃刊となります。

再びパリへ

マルクスは、再びパリへ戻ってきます。六月三日から八月二六日まで、マルクスはかつてエンゲルスが住んでいたリール通り四五番のホテル・ヴォルテールに滞在します。ここはエンゲルスが一八四六年に半年ほどいた宿です。その頃ドイツでは革命が最後の呻きをあげていました。エンゲルスは故郷バルメン（ヴッパータール）での抵抗に失敗し、共和主義者のいるバーデンに行きます。そこに各地での革命に敗れた人々が集結していました。

ドイツの南、そしてフランスと接するこの地方では三回蜂起が起きます。革命直後の四月一二日から二三日まで、そして九月二一日から二四日、最後が一九四九年五月八日から七月二三日までです。前二回の中心人物は、グスタフ・シュトルーフェでしたが、いずれも敗北し、彼は投獄されます。

一八四九年にはバーデン軍内部で反乱があり、バーデン公の逃亡がきっかけで臨時政府が設立されます。ドイツ中から集まった義勇軍がこの地に合流し、プロイセン軍とドイツ連邦軍の連合軍と戦います。最後の戦場はカールスルーエの南のラーシュタット▼で、七月二三日ここに籠城した革命軍は敗北します。

こうしてフランスやスイスに大量のドイツ人亡命者が集まる中、ルイ・ナポレオン政府は、ドイツ人のパリ近郊への移住を禁止する処置を実行します。そして彼らをブルターニュのモルビアンに移住させる計画を立てます。マルクスはモルビアン行きには従わず、イギリスに渡ります。

一八四九年八月二六日、先のフェルディナント・ヴォルフと一緒に北駅発ブローニュ行の列車に乗車します。そしてブローニュから船でイギリスに渡ります。マルクスはフランス政府から二四日に、パスポートを取得していました、妻と娘たちはその約一カ月後の九月一九日に同じブローニュからイギリスに渡ります。

Ⅰ－一－8　ロンドンでの生活

ロンドンの状態

ロンドンでの生活は三四年に及びます。とても長い生活であり、その生活を逐一追うことはできません。そこでマルクス家の生活だけを中心に述べます。

この当時のロンドンの人口は二一〇万人、世界最大級の人口をもつ都市でした。一八三七年に即位したヴィクトリア女王（1819－1901）の時代は、通称ヴィクトリア時代といわれています。まず特徴として、ロンドンの景観がそれまでとまったく変わったことがあげられます。ヴィクトリア様式という建築物が建ち始めます。そしてロンドンの行政も変わります。その頃できたマルクスも見たであろう建物をあげると、ロイヤル・アルバート・ホール、大英博物館大閲覧室、国会議事堂、イングランド銀行、リージェント・ストリートなどです。現在のロンドンを象徴するような建物がこの頃建てられているわけです。そして貧民窟化する中心から離れたところに、中産階級の住宅が建ち始めたのもこの頃です。

チャドウィックを中心とする衛生委員会が、伝染病の撲滅のために上下水道の改善、糞尿だめの汚物処理に力を注ぎ始めます。マルクスが、ちょうどロンドンに到着したこの八月、ロンドンではコレラが蔓延していました。当時コレラの原因は、コレラ菌であるとは知られておらず。空中伝染を恐れ下水道の汚物を取り除くという作業が行われ、それがかえって伝染病を拡大してしまいました。九月には六五〇〇人が死んだといわれています。

マルクスが住んだ住居のトイレは、こうした衛生管理の進展の中で水洗便所になっていました。一八六六年を最後にコレラは姿を消します。

ロンドンはあらゆる意味で魅力にあふれた都市でした。一八四三年劇場法が施行され、公共良俗を乱さない限りすべての演劇の上演が許可されていました。マルクスはホルボーンのサドラーズ・ウェル劇場でシェークスピアの演劇を観たといわれます。博覧会以後ジオラマ、パノラマの登場、常設の遊園地クレマーン公園の登場、ラグビー、テニス、クリケットなどのスポーツが普通に行われるようになったのもこの頃のことでした。

貧困とマルクスの財政

とはいえ、マルクスのロンドンでの最初の生活は、貧困との闘いでした。まずロンドンでお金に窮します。『新ライン新聞』に注いだお金を回収できなかったこと、さらにロンドンに着の身着のままで逃げてきたこともあり、十分なお金をもっていなかったことです。

マルクス家のロンドンでの家計情況について見てみましょう。マルクスとエンゲルスとの往復書簡で、かなり細かいことがわかります。▼

まず収入を見ていくと、エンゲルスが、父親が協同出資するマンチェスターのエルメン・アンド・エンゲルス商会で働くようになってからの仕送りが第一にあげられます。エンゲルスは一八五〇年代マルクスに対して毎年五〇から六〇ポンドを送っていたと思われます。一八六〇年代になると二〇〇ポンドから九〇〇ポンドへと上昇します。一八七〇年にエンゲルスがマルクス家の近くに住みつくと、すべての財政問題は解消します。エンゲルスがロンドンに住みつくまでにマルクスに送った総額はだいたい三〇〇〇ポンドです。

次に遺産相続から入る収入があります。これは分かっているだけで、スコットランドの親戚の遺産一五〇ポンド、イェニーの母の遺産一二〇ポンド、マルクスの母の遺産六〇〇ポンド、友人ヴィルヘルム・ヴォルフの遺産八二四ポンド、これらを合わせると総額一七〇〇ポンド、それに母親からの仕送り一六〇ポンド、株式収入四〇〇ポンド、そして唯一つのマルクス自身の労働による収入である『ニューヨーク・デイリー・トリビューン』からの原稿料の総額七〇〇ポンドを含めねばなりません。そうすると二〇年間に、全体でほぼ六〇〇〇―七〇〇〇ポンドの収入があったことになります。

平均すると年三〇〇ポンド、ただし一八五〇年代は一〇〇―二〇〇ポンド、一八六〇年代は二〇〇―一〇〇〇ポンドとなります▼。

この収入は多いのか少ないのか。当時召使が一人いる程度の下層中産階級は年収は平均一二〇ポンドでした。これを基準にすると、一八五〇年代はまさにぎりぎりの中産階級であったといえます。そして三〇〇ポンド以上を得るようになった一八六〇年代は、中産階級の上の所得に近づいたということになります。とはいえ貧しいかどうかは、客観的な収入の額によって決まるものではありません。どれだけ支出するかによって決まるからです。今度は、支出の方を見てみましょう。マルクス夫妻は二人揃って金銭感覚がなかったといわれています。

マルクスはエンゲルスに借金をするために一八五八年七月一五日いかに大変な生活をしているかを手紙に書いています。これによるとマルクスは収入以上の生活をしていることがわかります。その足りない分は、質屋に通ったり、借金をしたりしているわけです。

マルクス家の住居

マルクスの貧困問題を知るにはまず住宅を検討する必要があります。家は社会的ステータスを表すものだとすると、まずどんな地区に住んだかということが問題になります。

当時のロンドンを大きく区分すると西と西北が高級住宅地で、東が労働者住宅地です。もっと具体的にいえば、最悪の地域はロンドン塔から北のホワイト・チャペルや、セント・ジャイルズ地区です。マルクスの住居は、ひとつの例外を除き中心街のソーホーから北の地域に集中しています。最初レスター・スクエアにあった宿にいたのですが、やがてロンドン西のアンダーソン街四番に部屋を借ります。ここの部屋代は月六ポンド、年七二ポンドに上りました。

いまでもこの家は残っていますが、ここは高級な繁華街ナイツ・ブリッジにあります。この部屋代の高さは、この地区が高級な地区だということを意味しています。ここからは追い出されるように出ていきます。

次にホテルの二部屋を借りますが、ここも週五ポンド半です。それまでのマルクス家はかなりいい住宅に住んでいたわけで、その生活が抜けなかったと思われます。これに懲りたのかディーン街二八番の家（現在イタリア料理のレストランの店）に引っ越します。ここはトイレが共同でおまけに一階にしかない建物ですが、労働者の住宅ではありませんん。最上階を借りますが、年の家賃が二二ポンドです。

しかし家族と女中、ナースという世帯では狭いということもあり、一八五六年北のグラフトン・テラスに引っ越します。この地域ケンティッシュ・タウンは比較的高級な地区でした。このテラス・ハウスは年三六ポンドでしたが、地上三階、地下一階と庭つきでした。これは中産階級の住宅であったことは間違いありません。一階の表に居間、裏が食堂、二階が寝室という配置で、居間の窓は張り出し窓でした。

次に引っ越したセミ・デタッチの家は、大きな一軒家を二つに仕切ったものですが、部屋代も年六五ポンドとかなり上がります。妻のイェニーはこの家をこう表現しています。「素晴らしく広い部屋をもつ、うっとりする家を見つけました」と。一八六四年四月にこの家に転居するのですが、その年の一〇月一二日、マルクス夫妻はここで舞踏会を開催します。その招待状にはこう書かれてありました。「マルクス博士とフォン・ヴェストファーレン家出身イェニー・マルクス夫妻は、舞踏会に友人の皆様をご招待いたします」と。しかし娘たちが出て行った後、夫妻はちょっと小さめの近所の家に引っ越すのですが、住宅のレベルは同じでした。

家政婦のヘレーネ・デムート

家族の死と子供の成長

さて、マルクス家ですが、長女ジェニーが一八四四年に生まれ、次女ラウラが翌年、そして一八四七年に長男エドガーが生まれます。ロンドンに来た当初この三人の子供と、家政婦のヘレーネ・デムート（1820－1890）がいました。その後一八四九年、ロンドンでギドーが生まれます。このギドーはアンダーソン街の家で亡くなりますが、借金に追われたマルクスは息子の棺を買う余裕もありませんでした。そして翌年一八五一年三女フランツィスカが生まれます。その数カ月後ヘレーネが男の子を生みます。父親は後にマルクスだとわかります。二人の関係は、ちょうど前の年の夏、金に困った妻イェニーが乳飲み子のギドーを連れてオランダに行っていた間のことだったと思われます。この男の子はエンゲルスを父としてフレデリック（1851－1929）と名付けられ、里子に預けられます。そしてそのフランツィスカも翌年亡くなります。しかし、長男エドガーの一八五六年の死は、マルクス夫妻に大きなショックを与えます。その前の年に生まれたエレナーは長男の生き写しとして夫婦の寵愛を一身に受けることになります。

生き残った三人は淑女教育を施されます。上の二人は南ハムステッド・コレッジという女学校に通います。授業料は二人で年三二ポンドにも上っています。アムステルダムのマルクス家の資料には彼女たちが学校で取った賞品が残されています。

彼女たちは、ピアノも習っていました。中古のピアノを買い、七ポンドを払ってピアノを家で習ってもいたわけです。そして時折乗馬も習っています。避暑地のヘイスティングスで乗馬のレッスンを受けていることが、手紙に書かれています。乗馬をマルクスもたしなんでいました。さらにマルクスは射撃や木刀やサーベルを使うスポーツもたしなんでいました。

このようにマルクス家の生活を、ただ貧困という形だけで形容するのは正確ではありません。ロンドン時代の初期にそうしたことがあっただけで、しかも、それはあまりにも高い住居を借りたこと、そして持前の経済観念のなさが生んだことにすぎません。なぜなら、ロンドンにはマルクスよりはるかに金銭的に苦しい人々が、それなりの生活をしていたからです。

もちろん『亡命者偉人伝』（後述）で辛辣にマルクスが批判したリッチなドイツ人亡命者たちもいたことはいました。たとえば、キンケルは革命後の脱獄とイギリスへの亡命で、イギリス中の話題をさらい、亡命者のヒーローになりましたが、彼はマルクスよりずっといいセント・ジョーンズ・ウッドに住んでいたからです。

第二章　マルクスの旅

Ⅰ－二－1　社会運動の旅

ロンドンと『共産党宣言』

一八四七年暮、マルクスは、ベルギーの港町オーステンデでエンゲルスと落ち合いロンドン行きの船に乗り込みます。公の目的は、ブリュッセルの民主協会の副議長としてイギリスの民主協会で講演をすることでした。

ちょうどこのとき、ロンドンでは共産主義者同盟の新しい宣言をどうするかの議論が行われる予定でした。すでにエンゲルスは「共産主義の原理」を共産主義者同盟に提出していたのですが、どうもそこでの評判がよくなかったわけです。

実は、マルクスはブリュッセルで、共産主義通信委員会という組織をつくった張本人ではあったものの、会議に出ることはあまりありませんでした。その年の六月、共産主義者同盟の旗揚げの際も出席してはいませんでした。

会議は案の定、エンゲルス案をめぐって議論がなされ、結局それは否決されます。しかしそれでは誰が書くのかという議論になり、最後はマルクスが書くということになります。マルクスは「これまでの案をすべて考慮し、書き上げるべし」という命令を受けます。時期は翌年の一月末まででした。

当時マルクスはブリュッセルの民主協会の副議長であり、労働者協会の主要メンバーかつ『ブリュッセル・ドイツ人新聞』の執筆者であり、労働者のための講演、自由貿易に関する講演なども行うという忙しさの中でそれを書かねばならず、なかなか書きあがりませんでした。

この旅によってマルクスは普及の名作『共産党宣言』を執筆することになるのですが、忙しい中で執筆がはかどらない中、ヨーロッパはその年の暮から政情不安が続いていました。フランスでは、選挙での宴会から暴動が起こり、ミラノではオーストリア軍との対立が起きていました。その前の年から経済は下降線をたどり、人々の不満がたまる中、二月革命が起き、その最中マルクスの『共産党宣言』は書かれ、ロンドンで印刷されます。

ちょうど出版された時は、革命騒ぎの時でした。あわてて印刷されたせいで初版にはいくつも誤植がありました。しかも刷り上がった『宣言』は、こんな状態で、各国に配布し、翻訳をつくるという初期の目標も実現できませんでした。こうしていわば忘れられる形になってしまったわけです。

東欧への旅

革命後ケルンで『新ライン新聞』の編集者となったマルクスは、八月革命の様子を知るべくウィーンやベルリン、ドレスデンを訪れます。とりわけウィーンへの旅は、革命の将来を占う上で重要な転機となります。

マルクスは八月二七日ウィーン西駅に到着します。ちょうどウィーンの市民からなる国民軍が労働者のデモ隊を阻止したときでした。ウィーンの革命は、次第にブルジョワ権力に移行しつつあった中、マルクスはそこで演説し、階級闘争の意味を語ります。九月七日まで約一〇日間、マルクスはウィーンに滞在します。

その翌月ウィーンはヴィンデシュ＝グレーツ▼（1787－1862）とクロアチアのイエラチッチ▼（1801－59）に制圧され悲惨な最期を迎えます。その後、訪問したドレスデンでも労働者の五月蜂起が起こるのですが、弾圧されます。

そもそもこの旅によって、マルクスは、革命は終焉に向かっているのだという確信をもちます。民族主義の台頭と革命との確執。民族主義の勝利は、そのまま近代国家を進めるヨーロッパ列強の政治的流れとなります。民主主義という普遍的理念による革命より民族主義的独立が優先されることで、ブルジョワジーの権力掌握が失敗するわけです。その結果、当然、マルクスが予想した労働者とブルジョワジーとの対立も遅延するわけです。革命が反動に向かって進むという予想は、こうした民族主義の台頭から来ていました。

第一インターナショナルとハーグ

その後、マルクスは社会運動に参加することもなく、ロンドンでひたすら経済学を研究するために大英図書館にこもるわけですが、第一インターナショナルの始まる一八六四年に政治活動を再開します。一八六四年九月二八日セント・マーチンズ・ホールで国際労働者協会が産声をあげます。マルクスはやがてその組織に参加します。

もともとこの組織は、労働者が自由に移動をすることで、安い賃金の国から労働者が移動し、賃金の高い国の労働者が不利益を被らないようにとつくられた組織で、いわば「国際」という名称にもかかわらず、実際には国内の労働者の保護を目的とした組織でした。とはいえ、そのために国を超えて労働者が組織をもつという組織は、初めての試みでした。マルクスは、労働組合を中心としたこの運動の柱になる規約を自宅で書きます。

各国の労働者代表が、各国の労働組合を組織する一方、ロンドンにある本部は総会の開催、細かい規約の改正などを行うことになります。組織はロンドンを中心に動くわけですが、このロンドンを牛耳るマルクスは、直接には表に出てきません、仲間をそこに送り込んでコントロールしていました。

当然ながら、こうしたロンドンの独裁的体制を批判する人々が出てきます。それがバクーニン派を中心としたフランス、スイス、イタリアの組織です。こうしてパリ・コミューンが終わった直後の一八七二年ハーグで開かれた大会でいよいよバクーニン派との対決が起きます。それまで大会に一度も出なかったマルクスはそのときだけは乗り込みます。

マルクス夫妻そして娘のラファルグ夫妻がハーグに行きます。マルクスのこの旅行は、大会出席だけでなくオランダのハーグの海岸にあるスフェーヴェニンゲンでの温泉治療も兼ねていました。結局、マルクスは全体として多数派になっていたバクーニン派を中央委員会の場で退け、排除に成功します。しかし事実上、それは第一インターナショナルの終了宣言でもありました。

このときマルクスはアムステルダムを訪ねています。そしてアムステルダム支部のたばこ労働者、印刷労働者の前で講演します。マルクスは、この講演でオランダ、イギリス、アメリカのような先進国では平和的に社会主義に移行することができるが、それ以外の国は、暴力革命が必要だと述べたようです。

I－二－2　新婚旅行の旅

クロイツナハとビンゲン

マルクスは一八四三年六月一九日、イェニーとクロイツナハの教会で挙式します。この町はライン川にあるビンゲンの町から少し南に入った温泉町です。イェニーは母親の温泉治療のためにここに滞在していました。その町を流れる小さな川の脇に立つ教会で二人の挙式は行われたのですが、教会の前に二人がここで結婚式を挙げたという碑文があります。

結婚の際、二人は契約書を交わしています。契約は六月一二日に三人の証人の前で行われました。当時結婚に際して詳しい契約書を交わす風習がありました。実はマルクスの両親ハインリヒとヘンリエッテも契約書を作っています。一八三八年五月一〇日父が亡くなった際の遺産相続はこの契約にしたがって行われたわけです。

マルクス夫妻の契約書の内容はこうでした。第一は将来の夫婦の財産は共有であること、第二は不動産に関しても共有であること、第三は結婚以前の借金も二人で返済しなければならないこと。この結婚の知らせは『クロイツナハ新聞』六月二〇日号に紹介され、二二日には『トリーア新聞』にも掲載されました。

実はマルクスはクロイツナハには一八四二年一〇月にも訪れたことがあります。そのとき、ベルリンで知り合ったベッティーナ・フォン・アルニムに会っています。ベッティーナのベルリンのサロンをマルクスが訪れたのは一八四一年でした。ベッティーナは二人の娘とこの町のホテルに滞在していました。

このときマルクスは、ベッティーナを連れて、クロイツナハの近くにある景勝地ライングラーフェンシュタイン▼を観光しています。

さて、結婚式の後マルクス夫妻は、ビンゲンに出てライン河への新婚旅行に向かったとされています。実際、それ以上のことはわかっていません。のちの話から、このとき二人はカバンの中にお金を入れ、中にどれくらいの金が残っているかに無頓着で使いたいだけ使ったようです。これが、やがてマルクス夫妻の財政をいつも破綻させる原因となります。

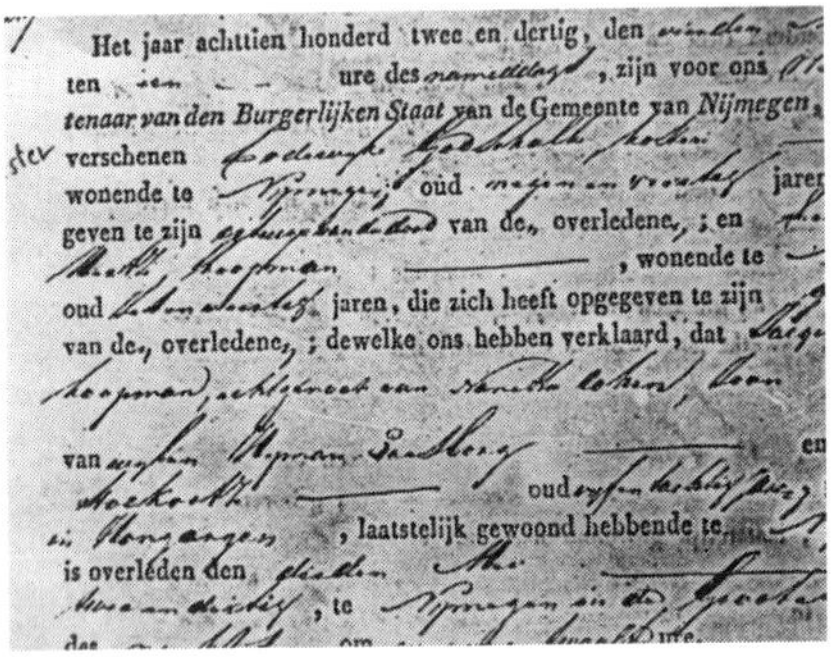
Het jaar achttien honderd twee en dertig, den
ten ure des namiddags, zijn voor ons
tenaar van den Burgerlijken Staat van de Gemeente van Nijmegen,
verschenen
wonende te oud jaren
geven te zijn van de, overledene, ; en
, wonende te
oud jaren, die zich heeft opgegeven te zijn
van de, overledene, ; dewelke ons hebben verklaard, dat
van
oud
, laatstelijk gewoond hebbende te
is overleden den
, te

マルクスの父と母の結婚証明書

I―二―3　読書の旅

暇と金のないものにとって、本の中で旅をすることは最後の手段です。旅行雑誌の中であたかも行ったような気分になる。もちろんこうした直接的なものでなくとも、世界中のことについて書かれた書物を読めば、行かずしていろいろなことが想像されるわけです。

マルクスが、大英図書館で読んだ書物の中には、とりわけインド、中国、インドネシアなどの書物があります。マルクスはアジアに旅行したことはないのですが、当時、世界のニュースに目を光らせていたためか、実にいろいろな世界のことに通暁していたわけです。ここでは、その中から、インドとインドネシアの書物を取り上げてみます。

マルクスはベルニエ▼（1620－88）の『ムガル帝国誌』を読みます。ベルニエは一七世紀の人物で、哲学者ガッサンディ（1592－1655）の弟子です。一六六六年ベルニエは一三年にわたるオリエントの旅に出ます。そしてこの経験をまとめた書物を一六七〇年と七一年に出版します。

マルクスのインド論は、この書物に大きく影響されています。一七世紀のこの旅行記はすぐに英語訳が出版され、海賊版も出るほど読まれました。アダム・スミスやモンテスキューにも影響を与えています。マルクスはそこから、インドには土地の私有制度がないことを学びとります。ベルニエはインドを近代化するために土地を私的所有にすることが必要だという西欧の議論の基礎をつくったわけですが、マルクスもまさにそうしたインド観の影響を受けます。

なぜ、私有制度がないのか、それはこの地域の天候に原因があると考えました。サハラ砂漠からアラビア、ペルシア、インド、タタールからアジアの高地に至る地域は砂漠的世界であり、水を利用するためには巨大な灌漑設備が必要になる。その仕事を国家がやらねばならないために、いつも国家権力が肥大化し、それが私有化の発展を妨げ、結果として個人の自由を妨げるのだと考えるわけです。マルクスは、アジアのもっと細かい世界を調べて知識を膨らましていくのではなく、かなり大雑把なアジア観でアジアのイメージを膨らましていきます。このことはヘーゲルも同じで、ヨーロッパ人の多くがいわば一方的なイメージをアジアに押し付けたわけです。これは後にサイード▼によって批判的にオリエンタリズムといわれるようになります。

こうして生まれたアジアにおけるアジア的専制と土地の共有という観念。だからマルクスはインドの未来は、こうした共同体を破壊し、資本による文明化、すなわち私的所有の実現がなければならないと主張するわけです。

同じ頃、マルクスはラッフルズ▼（1781－1826）の『ジャワ史』（一八一七年）を読みます。ラッフルズといえばシンガポールの創設者として、有名なラッフルズ・ホテルにその名をとどめている人物ですが、この本は、自分のアジア観を再確認するために読みます。つまりアジアにおいて私的所有は存在しないということの確認のために。

マルクスは、ジャワ島の中でとうとう一カ所私的所有が存在する例外を発見します。それは、スンダ人が住んでいる地域、島の西側の森と山岳地帯の間には私的所有地があるという事実です。しかしこの地域はムスリムが進出していない。とするとムスリムと共同体的所有は関係するのではないか。マルクスは土地の共有とムスリムとを結びつけることで、何とかアジアにおいては共同体が存在しないことを確認するわけです。

こういう次第でマルクスは大英図書館でさまざまな書物を借り、見ることもできないアジアの世界を旅していたわけです。

Ｉ－二－４　調査報告書の旅

同じタイプの旅は、『資本論』第一巻に引用される膨大な工場調査の資料の旅です。マルクスはこまめに実地調査をするタイプではなく、たいていは工場調査官の膨大な報告書を読みながら、当時の実態を描いたわけです。とりわけ第八章の「労働日」にはそうした報告書がふんだんに使われています。第三節では、当時の悲惨な児童労働の実態が報告されています。そこではまだ幼いながら朝から晩まで働く子供の姿が描かれています。「この子はいつも一六時間も働いていたのです」という言葉は、当時のイギリスの工場がどれほど過酷な児童労働の搾取をしていたかを示しています。

そして、鉄道事故の審問を受ける運転手たちは、「昔は八時間の労働だったが、今では休みなく五〇時間くらい働くこともあるよ」（『資本論』第一巻、第八章第三節）と語ります。そこには過労による注意の散漫という問題が起こっているわけですが、こうしたことを知るには、実際に見るより報告書を読んだ方がいいわけです。

いたいけな子供たちの教養のほどが述べられている箇所もあります。そこである少年は「プリンセスは男だ」とか、「ぼくはイギリスに住んでいることなど知らない」とか、「大地を作ったのは神だと聞いたことがある」とか、わけのわからないことを言っているのです。幼い頃から何の教育も受けずに工場で労働しているためです。

そしてしまいには毎日学校に行って学ぶ子供より、工場労働をしながら学ぶ子供の方が集中力があるという報告書まで引用されます。そして学業の中に労働という習慣を入れるべきだという議論がまことしやかに入ってくることをマルクスは批判します。

金持ちたちは、自分の子供たちを難しい学問をやる学校に入れ、貧民の子供たちには職業教育をほどこすべきだと主張する、この身勝手な論理にマルクスは憤りを感じたりしています。理論的な書物の読書と違い、まざまざとその実体が映る報告書は、マルクスにとってまったく知らない世界への旅と同じような意味があっただろうと思われます。

Ⅰ―二―5　療養の旅

マルクスの療養

マルクスは、必要にせまられて旅をせざるをえなくなります。マルクスの生まれた家庭には病気が蔓延していました。父も、弟も、そして妹も肺結核で亡くなります。マルクス自体もベルリン大学時代肺結核にかかり、療養生活をしいられます。そのため兵役を免除されます。しかもマルクスは、気管支炎にも悩まされています。

『資本論』を執筆中のマルクスは気管支炎、肺結核、肝臓病、ヨウ、セツといった皮膚病を患います。マルクスは結局、気管支炎から肺炎となって亡くなります。マルクスはこれらの病気を治療するため、方々へ旅をすることになるのです。

まず海岸での治療があります。海岸での治療は海水の飲用療法でした。ロンドンの近くにあるラムズケート、マーゲート、ジャージー島に行きました。これはヨウやセツといった皮膚病の治療がおもな目的でした。

しかし『資本論』第一巻を出版してからはかなり健康を害し、その治療のために海外の温泉に出かけることになります。現在チェコのカルロヴィ・ヴァリとドイツのノイエンアールに出かけます。ここでの治療の目的はもっぱら肝臓病の治療でした。マルクスの手紙によると、まず朝、噴泉に行き、そこで七杯の温泉水を飲み（次の一杯を飲むのに一五分の間隔をあけて）、そして一時間歩き、最後にコーヒーを飲むという治療だったようです。

アルジェリア旅行

しかし、マルクスの人生最大の旅はアルジェリアへの旅行です。一八八二年二月ロンドンを発ち、マルクスはアルジェリアへ向かいます。二月一六日までパリに滞在し、パリのリヨン駅からマルセーユ行の列車に乗り、翌一七日マルセーユに到着します。翌一八日蒸気船の一等船室に乗り込み、アルジェに二晩がかりで到着します。これは暖かい気候を求めての旅行だったのですが、この年のアルジェリアはいつも以上に寒い天気が続いていました。

アルジェ郊外ビスクラのペンション・ホテルに滞在します。そこでの治療は、マルクスの体にこたえたようです。医師はドイツ人だったのですが、かなり厳格で外出禁止、本を読むのも禁止。しかも社交まで禁止されたようです。肋膜炎の治療が目的でしたが、塗り薬に時間がかかり、精神的ストレスもたまり、アルジェリアから抜け出そうとするのですが、医師の許可がなかなか出ませんでした。

こうして場所を変えることになります。やっとの思いでアルジェリアを脱出したマルクスは、五月二日マルセーユ行の船に乗ります。そして出発前マルクスは気分を変えるべく、あの有名なぼさぼさの髭と髪をバッサリ切り落とし、記念写真を四月二八日に撮ります。これが、マルクスの最後の写真です。▼

マルクスはこの後、モンテカルロに一カ月滞在し、娘のいるパリ郊外アルジャントゥーユに滞在し、パリ近郊の温泉アンギヤン・レ・バンでの治療に通います。ここのアンギヤン水という硫黄分を含んだ水を飲んでいたわけです。

Ⅰ―二―6　『資本論』の旅

一人のドイツ人女性との船旅

マルクスは、『資本論』の原稿をハンブルクの出版社に渡した後、船でロンドンに帰る途中、ある若い女性と親しくなります。彼女はロンドンに行くのだが、ロンドンはまったくわからない。そこでマルクスは道案内を申し出ます。旅の疲れでクタクタであったマルクスですが、女性にはやさしいマルクスは、自分の家と方角が違うにもかかわらず彼女を案内します。

最後にその女性の名前を聞いてびっくり、実は彼女はあのビスマルク▼（1815－98）の姪であったのです。このことによほど驚いたらしく、マルクスは手紙でそのことに言及しています。ラサールとビスマルクとの和解は有名ですが、マルクスとビスマルクとの和解など考えようもありません。マルクスは一八四九年にプロイセンを去って以降、ビスマルクによる恩赦の際にもイギリスを去ることはありませんでした。もちろん、マルクスはブリュッセル時代に国籍を失っているわけで、この法律自体はなんの意味もなかったのですが、踵を返し、故郷に戻って何事もなかったかのように要職を探す友人を半ば軽蔑していたマルクスですから許すはずもありません。

『資本論』という長い旅路

このハンブルクへの旅行は一八六七年四月だったのですが、マルクスは、その地にある出版者、オットー・マイスナーに原稿を手渡しに行ったわけです。この出版社との契約は一八六五年三月に取り交わしました。それによると五月に原稿を渡し、一〇月に出版することになっていました。しかしそれは遅れ結局二年後になったわけです。

クーゲルマン博士

この二年の遅れというのは実は『資本論』の執筆という長い旅から考えると大した遅れではありません。マルクスが『経済学批判』の書物を書こうと思ったのは一八四四年からですから、実に二三年を要したことになります。経済学のノートを取り始めたのがパリで、それと並行して『経済学・哲学草稿』が執筆されます、そして『政治学・経済学批判』の出版契約を一八四五年に交わすのですが、結局実現せず、経済学の本格的研究は、ロンドンに移って以降始められます。

一八五七年頃に形として残されたものができますが、これは『経済学批判要綱』といわれているもので、草稿のまま寝かされ、一八五九年『経済学批判』という書物が出版されます。しかし一八六一年から六三年にかけてまとめられますが、これも完成せず、結局一八六七年になってやっと完成するわけです。この長いマルクスの『資本論』の旅は、彼の精神と肉体の力を奪い尽くしてしまったともいえます。

すっきりした気持ちでハノーファーの友人の医師クーゲルマン博士▼（1830－1901）の家に泊っていたマルクスに、ハンブルクで用をすました後、エンゲルスはこう手紙を書いています。

「君がずいぶん長い間計画していた、この忌まわしい本こそ、君のあらゆる不幸の根本的原因であり、この本を追い払わない限り、君は不幸から抜け出すことはないだろうといつも感じていました。この永遠に終わることのないものが、君の肉体、精神、財政を圧迫してきたわけで、この悪夢を追い払ってしまった今となって、君がまったく違った気分でいることは簡単に想像がつきます。特にこの理由は、もう一度世間にもどってみても、世間が以前のように鬱陶しく見えないからです」（一八六七年四月二七日のマルクス宛ての手紙『マルクス＝エンゲルス全集』第三一巻）。

エンゲルスは、マルクスのとても長い旅を十分知っていたからこそこうしたことを手紙に書けたわけです。

Ⅰ-二-7　遺産の旅

一八五六年六月マルクスの妻イェニーは二人の娘を連れて故郷トリーアに帰ります。ロンドンを出て、ベルギーのオーステンデを通り、ケルンに出、そこからコブレンツまでライン河を上り、トリーアへ行きます。この旅行費用は前年亡くなった叔父の遺産から出ていました。

母は当時八一歳、すでに重い病に伏していました。そして七月二三日母は亡くなります。こうして遺産相続の問題がもちあがりました。実際予想したほどの額ではなかったのですが（一〇〇ポンド程度）、二年連続して遺産を獲得できたことで枯渇したマルクス家の財政は一息つき、子供たちが亡くなった忌まわしい家を出て、郊外のテラス・ハウスへの引っ越しが可能になったわけです。

次にマルクスの母の遺産問題があります。母は一八六三年に亡くなりますが、今度は、マルクスがトリーアへ帰郷します。母は父の死後財産をオランダのザルツボンメルのフィリップス家に投資していたおかげで、かなりの額の財産を残していました。すでにマルクスは何度かこのお金を使っていますが、残った財産もかなりのものだったわけです。マルクスの姉ゾフィーはオランダのマーストリヒトに嫁いだのですが、その娘もこのフィリップス家の人物と結婚しています。当時マルクスの妹の一人ルイーゼはやはりこのフィリップス家の紹介でザルツボンメルのユタと結婚しています。

マルクスはトリーアに着くと、母の面倒を見ていたトリーアの水道局員と結婚していた妹エミリアの家に泊まります。そこでマルクスの貰う遺産はザルツボンメルの叔父が管理していることを知り、オランダへ行きます。

ザルツボンメルは、ライン河（オランダではワール河）に面した小さな町です。マルクスはすでに何度かこの地を訪れています。シント・マルテンス教会を中心とした町です。その旧広場の九番の家に「この家で（フィリップス電機の創始者）ヘラルド・フィリップス、アントン・フィリップスが生まれた」とプレートが付けられています。二人の祖父こそリオン・フィリップスです。ヘラルトは一八五八年の生まれですからこのとき五歳だったはずです。

実はマルクスは、このとき病気で思わぬ長期滞在をこの地で強いられます。そのときリオン・フィリップス家には、一八三六年生まれのナネッテーという娘がいました。マルクスは彼女と親しくなります。マルクスが彼女に一目惚れしたのではないかという話もありますが、マルクスの女性好きは有名な話で彼女以外にもいろいろと噂はあります。いずれにしろ二カ月も滞在して帰国します。

マルクスの姉ゾフィーの娘ベルタはリオン・フィリップスの娘ナネッテーの姉ヘンリエッテとファン・アンローイの息子レオナルド・ペーターと結婚するのですが、このファン・アンローイはザルツボンメルの医師でマルクスも世話になった医師です。

アンローイにはザルツボンメルにレーンホフという知人がいました。その家の女性ピアニスト、シュザンヌ・レーンホフはこのザルツボンメルで、印象派の画家エドゥアール・マネ▼（1832－83）と一八六三年一〇月二八日結婚します。その年マネは「草の上の昼食」と「オランピア」を描き、サロンで落選するのですが、マルクスがこのザルツボンメルを訪ねたのは結婚式のその二カ月後のことでした。シュザンヌの父親はこの教会のオルガン弾きで、フランツ・リスト▼（1811－86）とも知り合いで、リストはこの彼女の家に泊まったこともあります。そしてリストは彼女の才能を認めパリに留学させます。パリで彼女はマネ家のピアノ教師をし、そこで、この画家と知りあったわけです。一八六五年に書かれた「読書」というマネの作品に彼女のこの頃の姿が描かれていますが、今、この絵はパリのオルセー美術館にあります。

第三章　家族、友人との旅

Ⅰ－三－1　エンゲルスの旅

マルクスとの友情

マルクスの生涯の友人であったエンゲルスは、マルクスが生まれた二年後バルメンという町の工場経営者の息子として一八二〇年に生まれます。エンゲルスは隣の町エルバーフェルトのギムナジウムを出た後、ブレーメンに徒弟修業に出かけます。その後、志願兵となりベルリンに行き、そこでベルリン大学の聴講生となります。そこでヘーゲル左派に関心をもちます。

エンゲルスは、ブレーメン時代から新聞に記事を投稿する早熟な青年であったのですが、マルクスとの出会いは、一八四二年一一月はじめの『ライン新聞』の社屋においてです。このときはマルクスにいい印象を残さずに、エンゲルスはマンチェスターの父の会社へ旅発っていきます。

しかしマルクスが、パリに移った後、エンゲルスとの関係は密になります。彼の書いた「経済学批判大綱」は、マルクスの経済学研究へ火をつけたからです。やがてパリで友情を誓い、二人は翌年共著で『聖家族』を出版します。この年、エンゲルスは『イギリスにおける労働者階級の状態』を書き、二人はイギリス旅行をし、『ドイツ・イデオロギー』をブリュッセルの家で執筆します。その後はつねにマルクスの隣にはエンゲルスがいて、エンゲルスの隣にマルクスがいてという状態が続きます。

とはいえ、二人が一緒にいることはあまりあったわけではありません。ブリュッセル時代エンゲルスはパリで仲間を増やすための活動をし、エンゲルスがブリュッセルに戻るとマルクスはパリに追放され、やがてドイツで二人は再会します。

一八四〇年代はエンゲルスが経済学においてマルクスをリードしていた時期かもしれません。しかしマルクスは持ち前の努力でたちまち経済学の分野でもエンゲルスを凌駕していくことになります。

一八四九年『新ライン新聞』では、マルクスが主として新聞をリードする一方、エンゲルスは政治活動にかかわっていきます。こうしてエンゲルスはエルバーフェルトの蜂起、バーデン蜂起などに武器をもって参戦していきます。パリに追放されたマルクスとは別に、エンゲルスはバーデンで武器をもって戦います。

マルクスが一八四九年八月にロンドンに亡命する頃、エンゲルスはスイスの収容所にいました。やがてエンゲルスはアルプスを越え、ジェノヴァ経由でその年の暮ロンドンにやってきます。

エンゲルスとマルクスは『新ライン新聞』の続刊『新ライン新聞—政治経済評論』（一八五〇年）を月刊雑誌として企画します。そしてロンドンの共産主義者同盟の覇権掌握などを画策しますが、ことごとく失敗し、経済的問題を解決すべくエンゲルスはマンチェスターの「エルメン・アンド・エンゲルス商会」で事務員として勤めることを決意します。

エンゲルスの二重の生活

エンゲルスは、昼間は事務員、家に帰ると革命家という生活を送ります。この二重の生活の秘密はほぼ完ぺきに守られました。エンゲルスは二つの住所を持ちます。一方は公的生活の場、もうひとつは彼の愛人であったバーンズ姉妹の家です。バーンズ姉妹とはメアリー（1821－63）とリディア（1827－78）で、アイルランド出身の女工です。彼らの家には共産主義関係の資料を置いていました。

昼間の世界では、マンチェスターの社交界、シラー協会▼やアルバート・クラブ▼で活躍していました。マルクスとエンゲルスは、毎年数回一緒に時を過ごしています。マルクスがマンチェスターに来るか、エンゲルスがロンドンに来るかは別として、つねに親密な議論をしていたことは確かです。離れている間は書簡を通じていろいろな連絡をとっています。

エンゲルスの昼間の仕事はマルクスを支援するための資金稼ぎの場でした。マルクスには仕事らしい仕事がなかったがゆえに、エンゲルスの仕送りは大きな意味を占めていました。

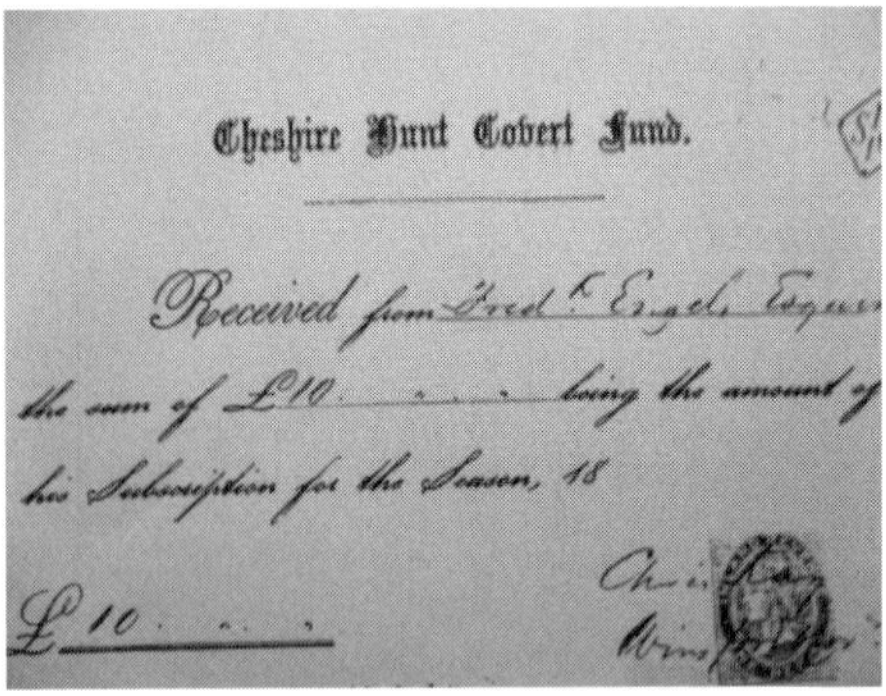

エンゲルスが入っていたクラブのひとつ「チェーシャー・ハントクラブ」の会員証

エルメン・アンド・エンゲルス商会はエンゲルスの父とエルメン家が共同出資して設立した会社ですが、一八三七年に設立されたこの会社は、エンゲルスキルヘンに工場があり、マンチェスターは綿花買付けの仕事をしていました。当時エンゲルスは、革命に参加したことによって父から経営を任されず、たんなる事務員として働きます。年収は最初一〇〇ポンド、しかし利益配当があり、最初の四年間は五パーセント、次の四年間は七・五パーセント、それ以降は一〇パーセントを獲得していました。一八六四年には二〇パーセントの利益配当を獲得し、一八七〇年に持ち株をすべて売り、ロンドンに出てくることになります。

マンチェスター時代のエンゲルスには、当然執筆にかける時間が制限されていたため、作品らしい作品はなく、もっぱら軍事問題に関する論稿が多くなります。エンゲルスの綽名は「将軍」（General）といいますが、その理由は彼が軍事問題に詳しかったからです。当時の作品としては「ポーとライン」（一八五九年）、「サヴォア、ニースとライン」（一八六〇年）、「プロイセンの軍事問題とドイツ労働者党」（一八六五年）があります。

エンゲルスの家系

エンゲルスの家系は代々ヴッパー川の工場経営者でした。バルメンとエルバーフェルトの境界地域はエンゲルス・ブルッフともいわれる地域ですが、この地域で、染色業を始めたのが曾祖父のカスパー・エンゲルス一世（1715－87）です。その孫であるエンゲルスの父（1753－1821）は「カスパー・エンゲルスと息子」という名を会社名に付けていました。

祖父のカスパー二世は宗教活動を展開し、ビザンチン様式の教会を建立しています。しかも労働者用住宅を工場のすぐ脇に建設したり、労働者の子弟のための小学校を建設したり、貧窮院で貧民の救済も行っていました。

その息子であるエンゲルスの父フリードリヒ・シニアは労働者保護と熱い宗教精神を受け継ぎ、子供たちをそうした環境の中で養育します。一八一九年少し北の町ハムのギムジウム校長の娘エリザベート（1797－1873）と結婚し、エンゲルスはその長男として生まれます。

エンゲルス家は、音楽と宗教に囲まれた家庭でした。家族がそれぞれ楽器をたしなんでいました。エンゲルスはチェロとファゴットを演奏していたようです。

ロンドン時代のエンゲルス

一八七〇年エンゲルスは、マルクスの住むメイトランド・パーク・ロードから遠くないリージェント・パークロード一二二番に住みます。エンゲルスは毎日のようにマルクスの家を訪れたといいます。直線にしたら近いこの距離も、ユーストン駅からマンチェスター行きの鉄道の線路がこの二つの地域を切断しています。しかしすでにこの鉄道をまたぐ高架橋ができており、エンゲルスはここを通ってマルクス家に通ったものと思われます。時間にして二〇分程度の距離です。

この地でエンゲルスは一八七二年「住宅問題」を執筆します。そして一八七八年『反デューリング論』を執筆します。この書物の一部をマルクスの娘婿ラファルグに懇願され、『空想から科学へ』という題で一八八〇年、別途出版します。そしてのちにソ連邦で『自然弁証法』として出版される原稿もここで書かれています。

マルクスの死後

マルクスは一八八三年に亡くなりますが、エンゲルスは一八九五年に亡くなるまでマルクスの遺稿の整理を行います。マルクスの家にはマルクスが書き貯めた原稿と蔵書が残っていました。これらの遺稿と蔵書は基本的にエンゲルスの家に運びこまれます。

「エンゲルスの家」[著者撮影]

エンゲルスはこれらを使ってマルクスの書物の再版、編集、翻訳などを行います。なんといっても『資本論』の残された草稿を整理し、『資本論』第二巻(一八八五年)、『資本論』第三巻(一八九四年)を完成させたのは、このエンゲルスです。特に第三巻に関しては十分な整理をマルクス自身がしていなかったこともあり、エンゲルス自身が、加筆することで完成します。

しかも、エンゲルスは翻訳にも気を使っていました。彼自身いろいろな言語ができたこともあり、翻訳の正確さには驚くほど神経質でした。翻訳者に求めた条件は第一にドイツ語が堪能なこと、第二に母国語が堪能なこと、そして第三に専門能力が長けていること。これらを実際すべて満たせるものはエンゲルス以外にないともいえるわけです。

こうした編集は、マルクスの思想の普及を意図したもので、エンゲルスこそマルクス主義をつくったといわれる理由がそこにはあります。エンゲルス自身も高齢のため、新たな編集者が加わります。ドイツ社会民主党▼に対する弾圧を逃れてロンドンに来ていた、カウツキー▼（1854 – 1938）とベルンシュタインがその作業に参加します。こうしてエンゲルスの家がマルクスの死後の思想の中心となるわけです。

I－三－2　祖先の旅

マルクスの祖先——父方

マルクスの父方の祖先も、母方の祖先も多くはユダヤ教のラビでした。トリーアのラビの歴史は、マルクス家の歴史ともいえます。トリーアにユダヤ人が住み始めた時期は、マルクスの祖先がトリーアに来た時期とほぼ同じです。最初にユダヤ人が町の中に住むことを許されたのは一六世紀末ですが、しかし、町の中での立場はけっして楽なものではなかったわけです。

マルクス家がやってくるのは一七世紀末で、その頃ユダヤ人に対しても、キリスト教徒と同等な政策が行われるようになってきます。ヨゼフ・イズラエルが最初のマルクスの祖先です。次に息子のイーザーク・ヴォルムス、コーヘンとなりますが、このコーヘンはポーランドのクラクフから来たのですが、クラクフ（今のポーランド）では、学校長の家系でした。学校といえば、その妻もパドヴァ（今のイタリア）の学校長の家系でした。

マルクスの祖父はモルデシャイで、マルクスの父はその次男として生まれます。モルデシャイはナポレオンがトリーアに来る一八〇四年に亡くなります。ちょうどその時期ハインリヒは弁護士を志すわけです。

兄のザムエルはラビでしたが、当時のラビの生活は困窮していて、父ハインリヒはフランス革命によって生まれたユダヤ人への職業の開放を利用して、こうした生活苦から脱出を図るわけです。

マルクスの祖先――母方

母はナイメーヘンから嫁いできたのですが、彼女の父イーザークは、ブラティスラヴァ（プレスブルク）に生まれました。そして、祖先はこの都市の名前ブラティスラヴァのドイツ語名プレスブルクをとってプレスブルクという名字をもっていました。一六九三年ジモンがブラティスラヴァ郊外のユダヤ人地区に住む権利を取ったときこの名前を付けます。そのジモンの娘サラは、やがてはウィーンに住みつきます。ウィーンに住みついた家系の子孫が、ザムソン・ハイネ（1756－1828）と結婚しますが、その子供がハインリヒ・ハイネ（1799－1856）となるわけです。

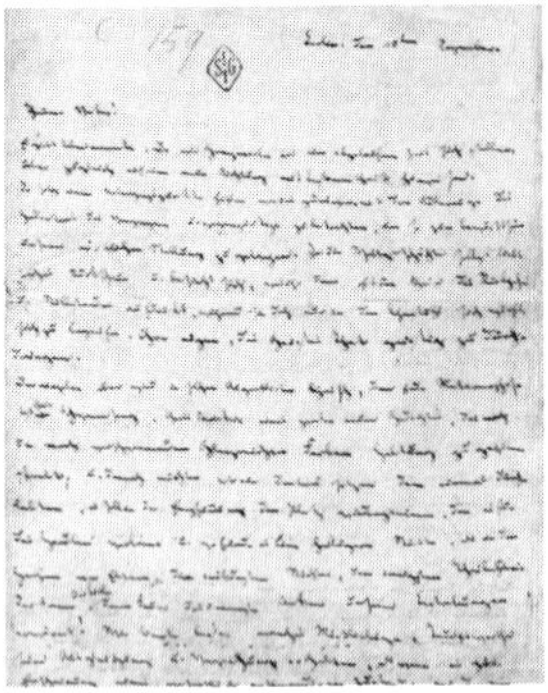

息子マルクスが父ハインリヒにあてた手紙

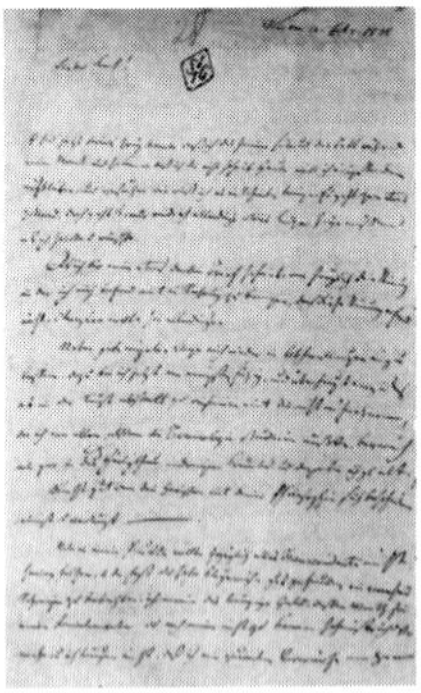

父ハインリヒが息子マルクスにあてた手紙

さて、ナイメーヘンに移ったイーザークには四人の子供がありましたが、一番の下の妹はザルトボンメルのリオン・フィリップスと結婚します。そして、そこには七人の子供が生まれ、フレデリックの子供がフィリップス電機の創設者ということになるわけです。

妻イェニー・ヴェストファーレン家の祖先

マルクス家以上にヴェストファーレン家は名門の家系です。イェニーはトリーアで育ちますが、生まれたのはサルツヴェーデルでした。彼女が生まれたのは一八一四年二月一二日です。時まさにナポレオン軍

右の写真に同じく、マルクスと娘ジェニー

マルクスと娘ジェニー

とプロイセン軍が一進一退の攻防をこのあたりで繰り広げていたときです。父ルードヴィヒは、この町の副市長でした。

ルードヴィヒの父はフィリップといいました。ルードヴィヒの祖先は、代々郵便局に勤める家系で、貴族の出身ではなかったのです。しかしこのフィリップがブラウンシュヴァイク公▼（1721－92）の秘書となり七年戦争で大活躍をします。それによって男爵の爵位が与えられたのです。

しかも、彼はその戦争中に知り合ったイギリスの貴族の娘、ジェニー・ウィスハート・オブ・ピッターロウと結婚します。この家系はスコットランドの名家アーガイル家▼とつながる名門貴族です。

ルードヴィヒは最初貴族出身のリゼッテ・ヴェルトハイムという女性と結婚します。彼女はイェニーの母ではありません。彼女には四人の子供が生まれますが、一八〇七年亡くなります。のちに内務大臣になるフェルディナントはイェニーの兄ですが、リゼッティの息子で母違いの兄ということになります。

ルードヴィヒは、そのあとカロリーネ・ホイベルという女性と結婚しますが、彼女こそイェニーの母です。カロリーネは、貴族の出ではありません。父は平民で馬術教官だったのですが、その妻の姉の息子、すなわちカロリーネのいとこがドイツ最初の書籍取扱業を始めたフリードリヒ・ペルテスです。カロリーネからはイェニーのほか、エトガーが生まれます。エトガーはマルクスと同学年で彼をつうじて二人は知りあうことになります。

エトガーは、ベルリン大学に進学します。本来彼の性格は官僚向きであったのですが、自由な世界にあこがれマルクスの仲間になります。しかし夢を求めてテキサスにわたります。それも三度。数年後このテキサスでの開拓に失敗し失意のうちに戻ってきます。やがてベルリンに戻り、そこで法律事務所に勤め静かな人生を終えます。

マルクスの妻となるイェニーには、ヘレーネ・デムートという幼い女の子が身の世話をするために付けられました。一八二三年に生まれた彼女は八つか九つかでこの家にやってきたわけです。イェニーより九歳も歳の離れた彼女は兄弟のように育てられていきます。

マルクスとイェニーがパリに行ったとき、彼女も付いていきます。のちにロンドンのマルクス家にはもうひとり家政婦が付きます。一八六二年一二月二三日突然マルクス家で亡くなったマリアンネは、彼女の異腹の妹です。

I－三－3　兄弟の旅

マルクスの兄弟は、マルクスが、一歳のとき死んだ四歳上の長男モーリッツ、二歳上の姉のゾフィー、一歳下のヘルマン、二歳下のヘンリエッテ、三歳下のルイーゼ、四歳下のエミリエ、六歳下のカロリーネ、八歳下のエドゥアルトがいました。ユダヤ人にとっては長男が重要ですが、事実上、マルクスは長男同様に扱われたともいえます。

姉のゾフィーは、オランダのマーストリヒトのシュマルハウゼンと一八四二年に結婚し、そこに移ります。すぐ下の弟のヘルマンは、マルクスと違って成績も悪く、かつ病気がちであったようです。やがてギムナジウムを終えた後は、ブリュッセルの商業学校に進学しますが、一八四二年肺結核で亡くなります。そのすぐ下のヘンリエッテも肺結核で亡くなります。一番下のエドゥアルトは一八三七年父よりも早く亡くなっています。そして一番の下の妹カロリーネも一八四七年に亡くなっています。

結局、生き残ったのはマルクスとゾフィー以外は、ルイーゼとエミリエでした。ルイーゼは公証人のヤンハン・ユタと結婚し、皆でアフリカに移民します。そこへ行く途中ロンドンのマルクス家を訪ねています。

エミリエは水道局員のヤコブ・コンラーディと結婚し、母へンリエッテの面倒を見ます。すでに述べたようにマルクスの母が亡くなった際、遺産の整理をしたのは、このコンラーディでした。

Ｉ－三－４　娘たちの旅

ラファルグ夫妻

マルクスの子供たちも、彼の兄弟同様、長生きしたものは少なかったわけです。何とか生き残ったのは三人の娘、ジェニー、ラウラ、エレナーの三人でした。

最初に結婚したのは次女のラウラでした。ラウラの結婚相手ラファルグは後にフランス社会主義に大きな功績を残す人物ですが、彼の血筋は変わっています。彼の家族は一八五一年一二月カリブ海のキューバのサンチアゴからフランスに移っていたのですが、彼の祖父ジャン・ラファルグはそれより半世紀前フランスからカリブ海に移住したわけです。この祖父はすぐに亡くなり、妻（現地人との混血）と子（ラファルグの父親）は一時ニューオリンズに住み、ナポレオンのフランスとスペインとの戦争後戻ってきます。ラム酒で富を築き、父はアルマニャック地方から来たユダヤ系の女性と結婚するのですが、そこからパブロという息子が一八四二年に生まれます、パブロはフランス語ではポールといいます。マルクス家の人々は、この色の黒いポールに「さまよえるニグロ」と綽名をつけていました。

ラファルグ家はボルドーに住み、やがてラファルグはパリ大学医学部に進学します。大学でブランキ主義とプルードン主義に関心をもち、次第に社会運動の道へ入っていきます。ちょうどその頃、法学部にいた後に義理の兄弟になるシャルル・ロンゲと知り合います。

ラファルグは一八六五年フランスの三色旗を汚した罪で退学処分を受け、医学を継続すべくロンドンにやってきます、しかし彼は、ロンドンでスペイン支部の通信員としてインターナショナルで活動を続けます。

ロンゲとラファルグは、マルクス家をしばしば訪問します。ラファルグは何とかイギリスで医者の免状を獲得し、一八六八年四月二日ラファルグは次女ラウラと結婚します。フランスではフランスの医師免状をもたないものは開業できないことになっており、ラファルグのパリでの生活は困窮します。

普仏戦争とコミューンの後

コミューンでのスペインへの亡命はすでに述べたので、その後の夫妻の話をします。ロンドンに亡命したラファルグ夫妻は、マルクス家の近くに住み、写真業を開業しますが、一八八二年四月パリに帰国します。

ちょうどこの頃ラファルグはロアンヌとサン・テチエンヌの労働者集会に出席しますが、暗殺事件を画策したという罪で六カ月の服役を強いられます。一八八三年三月マルクスが亡くなった時、彼は刑務所の中にいたわけです。そこでラファルグは名著『怠ける権利』（一八八三年）を書きます。

『怠ける権利』は今でも読み継がれている書物で、内容は労働運動がそれまで無視していた労働することへの疑問です。労働運動は、働かない権利も要求すべきであるという主張は後に人民戦線▼時代のヴァカンス法▼の成立へとつながります。

出所後、一八九一年五月一日の北の鉱山町フルミエでのメーデー（一八八九年、第二インターでシカゴの事件を記念して五月一日をメーデーとすることが決められた）で、労働者に軍隊が発砲し何人かが死ぬ事件が発生します。▼この事件は軍よりも労働者側に問題があるとして、それを煽った罪でラファルグは裁判にかけられ一年禁錮刑を受けます。怒った住民は、ラファルグを議会選挙に担ぎ出し、結局勝利し、国会議員となります。

二人の自殺

二人の間には、三人の子供が生まれましたが、いずれも早死にしています。常々二人は七〇歳になったらこの世を去るということを述べていたようですが、一九一一年一一月二六日パリの南、ドラヴェーユの町で二人は自殺します。二人はシアン化カリウム、すなわち青酸カリを飲んでの服毒自殺でした。遺書には、「数年来、私は七〇歳を超えないことを約束してきた。四五年間続けた運動が、近い将来勝利することを確信することで、最高の喜びをもって死ぬことができる。共産主義万歳！　国際社会主義万歳！」と。

ところで当時パリに住んでいたレーニンは、その前年の夏クルプスカヤ▼（1869－1939）とともにこのドラヴェーユのラファルグ夫妻を訪ねています。二人はラウラの中にマルクスの面影を探ろうと訪ねたようです。二人の遺体は、パリのペール・ラ・シェーズ墓地に眠っていますが、一二月三日盛大な葬儀が行われました。ドイツからはカウツキー、ロシアからはレーニンが参加し、焼かれた後納骨堂に収められました。今二人の墓は、ペール・ラ・シェーズの南東のパリ・コミューンの戦士が処刑されたすぐ近くにあります。ここには長女のジェニーと夫ロンゲも眠っています。

ロンゲ夫妻

二番目に結婚したのは長女のジェニーです。二人の娘は、足しげく通うフランス人の二人の青年と結ばれるわけです。シャルル・ロンゲはカーンに生まれ、パリ大学の法学部に進みます。ジェニーと結婚したのは、パリ・コミューンの直後の一八七二年ですが、それまでインターナショナルのベルギー通信員やパリ・コミューンの一六区の委員にも選ばれています。からくもロンドンに亡命した後ジェニーと結婚したわけです。

ロンゲがフランスに戻ったのは一八八〇年パリ・コミューンの恩赦の後でした。ラファルグと違って、社会運動での活躍も少なく、またジェニーが夭折したこともあり、マルクス研究の中でもほとんど彼が言及されることはありません。

パリ郊外のアルジャントゥイーユに住んだ夫妻には、六人の子供が誕生します。二人の子供は幼くして亡くなりますが、四人は成長しています。その中でも、息子のジャン・ロンゲは弁護士となり社会党の代議士となっています。孫のカールは、マイヨール▼（1861－1944）に師事する彫刻家でした。一八八三年母と同じ年に亡くなったアンリは病弱で、マルクス家で息を引き取ります。彼はハイゲートの墓地に眠っています。

マルクスの娘ジェニーと夫シャルル・ロンゲ

エレナーの悲劇

末娘のエレナーは、その悲劇的な死によって名を残しています。マルクスは二人の娘を自殺で失っておりますが、自殺についてどう考えていたのでしょうか。

実はエンゲルスが編集した『ゲゼルシャフツ・シュピーゲル』にマルクスは、「ブッシェの「自殺論」」という論文をコメント付きで翻訳投稿しています。そこでマルクスは、自殺が起きる原因は貧困ではなく、社会的関係が微妙に関係していることを指摘します。二人の娘の自殺、まして末娘の自殺は、彼の分析でいえば、父親の厳格さからともいえるし、複雑な人間関係からともいえるわけです。

エレナーの最初の恋の相手は、やはりフランス人のリサガレでした。リサガレは一八三八年バスク地方に生まれます。一八六〇年パリに出、やがては田舎に帰り、そこで『未来』という雑誌を編集し、親戚でもある保守派の議員カサニャックと対立し、決闘をします。決闘で深い傷を負いますが、リサガレの名前は一躍有名になります。共和制下のフランスの将軍ガンベッタのもとで軍事委員となります。マルクス家での彼の綽名は「戦士」でした。コミューンでも彼は活躍します。重要人物だった彼はフランス軍に追われた際、娼家に隠れ、ベルギーに何とか脱出します。そしてロンドンに来たわけです。

二人が最初に会ったのは、一八七二年エレナーがまだ一七歳の時で、リサガレは当時すでに三四歳でした。最初ハンガリー人のコミュナール戦士レオ・フランケル（1844 – 96）が彼女を見染めたのですが、婚約したのはリサガレでした。

マルクス夫妻はこの結婚には反対でした。イギリス人かドイツ人がいいと考えていたからです。上の二人の生活を考えると不安であったことも確かでした。やがて父と喧嘩した彼女はブライトンの学校教師としてロンドンを離れます。

彼女はリサガレと再会できることを期待しつつ、父の答えを待ちます。しかし父は拒否しました。マルクスはけっして二人の関係を認めることはなかったのです。一八八二年マルクスがアルジェリアに発った直後の二月二〇日、パリのサン・ラザール駅でリサガレと再会します。これが最後の出会いでしたが、リサガレは最後まで独身を通します。

一方父に交際を厳禁にされたエレナーは父の死後エイヴェリングと同棲をします。エイヴェリングは一八四九年ストーク・ウィントンで生まれます。父は独立派教会の牧師で雄弁家でした。やがて彼はロンドン大学のユニヴァーシティー・カレッジに入学し、医学を専攻します。ケンブリッジのマイケル・フォスター▼（1836 – 1907）の助手となり、マルクス家の近くのカムデンの女学校の教師となります。マルクスの家のすぐ近くで、一八七二年「昆虫と花」という講演を行い、その時マルクス夫妻と娘は彼と知り合います。

彼はすでに妻帯者でしたが、やがてマルクスの死後二人は同棲を始めます。しかしエイヴェリングは各地で金銭上のトラブルを起こし、エンゲルスやハインドマンといった運動家の信頼を失います。妻は一八九二年に亡くなるのですが、エイヴェリングは名前をアレックス・ネルソンに変え、一八九七年女優のエヴァ・フライと結婚しています。

一八九五年エンゲルス死後マルクス遺稿の事実上の管理人だったエレナーは、一八九八年三月三一日服毒自殺をします。自殺の理由はわかっていません。

エレナーとエイヴェリングは、マルクスの作品を翻訳、出版しています。『ニューヨーク・デイリー・トリビューン』のマルクスの記事を編集した『東方問題』（一八九七年）や、『賃金、価格、利潤』（一八九八年）、『一八世紀秘密外交史』（一八九九年）、『ドイツにおける革命と反革命』（一八九六年。この作品は後にエンゲルスが書いたものであることがわかります）などがそれです。

第Ⅱ部　マルクスは何を考えたか——マルクスの思想と著作

第一章　哲学に関する著作

マルクス哲学を特徴付けるもの、それは何といっても哲学と実践との関係です。哲学を実践に移すこと、すなわち実践の中で哲学を構築することはマルクスが生涯に渡って追求したことでした。

フランスのマルクス主義哲学者ルイ・アルチュセール（1918－90）は、『レーニンと哲学』▼中で、レーニンが哲学について語ったことをこう書いています。それはレーニンがイタリア滞在中、ゴーリキに「哲学」について何か語ってくれと頼まれ、それを拒否した時の答えです。「哲学を語ることはできない。なぜなら哲学は実践であるからだ」というものです。

マルクスにおける哲学を議論するとすれば、それは哲学が思弁的世界から飛び出て、世界を変革できる可能性をいかに持ちうるかということを議論すること以外にないともいえます。しかし、それを強調すると、哲学は形而上学という固有の分野を乗り越え、現実世界にある世俗の社会運動そのものとなりかねないわけです。

哲学の緻密な議論を無視し、現状批判のみに終始することは、偶然に身をゆだねることでもあります。だから現実というものを、ひとつの運動としての世界、すなわち唯物論的世界として描き、そこにひとつの法則を見つける必要があります。とはいえ、そこで見つけ出される唯物論弁証法が、人間の思索の営みからかけ離れた、ひとつの機械仕掛けのような物理的法則になれば、それはいわば哲学の死を意味します。

マルクス主義社会学、マルクス主義法学とその後名付けられるさまざまな諸学が、唯物論弁証法といった経済学的客観法則に規定された二義的学問の座につき、学問的発展を押し留められたとすれば、それはまさにこの哲学の死と同じ理由からであったともいえます。

初期から後期へ?——哲学から経済学へ?

哲学は実践であると言ったとき、そこに展開されるのが、哲学的議論からかけ離れた唯物論弁証法であったり、階級闘争であったり、唯物史観であったりすれば、哲学はそれらの従属的学問となり、マルクス哲学について語ることは、唯物論弁証法や階級闘争を作り出す経済学について語ることになりかねません。しかし、マルクスはベルリン大学時代以来長い間、哲学の学徒であり、哲学的に思考することに長けた人物だったのです。とすれば、マルクスの語る実践とは哲学的思考からかけ離れたものではないはずです。哲学的思考こそ彼の学問であったとすれば、哲学を唯物論弁証法や、階級闘争や、唯物史観に取って代わらせるという発想はおかしなことになります。

そこで、マルクス主義者の間では、長いこと哲学から経済学への研究対象の変化は、マルクスの思想の発展であると考え、哲学学徒の時代を初期マルクス、経済学学徒の時代を後期マルクスと分け、後者の時代を真のマルクスと位置づけることで、マルクスの思想の本質を後者の時代に限定する方法が取られてきました。

後期とは『資本論』に代表される時代であり、マルクスを学ぶことは『資本論』(経済学)を学ぶこと、あるいはそうでなくても『資本論』を哲学的に分析することでした。だからこそ、経済学の研究者がマルクス哲学の研究を行い、固有の哲学の研究者はマルクスを避けるという奇妙な構図ができあがっていきます。

Ⅱ-一-1　『デモクリトスとエピクロスの自然哲学の差異』(一八四一年)

マルクスが最初に書いた哲学的著作は、イエナ大学に提出した博士論文『デモクリトスとエピクロスの自然哲学の差異』(『マルクス=エンゲルス全集』大月書店、第四〇巻所収)です。これはある意味で奇妙な論文です。それはなぜか。それは後期マルクスの思想とまったく違っているからです。マルクスは自然を、人間の営為の世界からいったん切り離した自然それ自体と置き、その自然を経験主義的に観察、分析することによって自然哲学を構築したデモクリトスを徹底的に批判し、むしろ、人間の存在から離れた自然を無視し、経験と観察という道具を捨て、人間的思弁の中で自然を考え抜いたエピクロスを高く評価しているからです。

二人の哲学者を明確に分けている問題は、原子の運動をめぐるクリナメン▼(偏奇)の問題です。原子がまっすぐ運動するとすれば、それが曲がることはない。曲がるとしたらそれは奇異である。デモクリトスはこう考えます。経験的に観察できることに嘘はない。エピクロスは、この命題をさかさまにとって、原子は曲がるかもしれないと主張する。二人とも正しければ、自然には二つの真実があることになります。

しかし、エピクロスが問題にしているのは、自然とは客観的にどうあるかということではなく、自然はわれわれにとってどうあるかという、人間の意識との関わりです。自然を観察する人間の意識の問題、すなわち自然をどう理解するかという自己意識の問題として捉えたわけです。

マルクスがエピクロスを高く評価している点は、それはエピクロスが、自然とは人間の自己意識から離れた客観的な存在ではなく、人間の自己意識の反映だと主張している点です。与えられた世界に人間がどうかかわり、どう認識し、どう関与していくのかという、人間の自己意識の問題として、マルクスがエピクロス論について語る主要な論点なのです。

マルクスはその意味で、博士論文を通じて自然などの客観的な与えられた世界に対して、迂闊にそれをそのまま信じず、その背後に隠れている真実を見抜く人間の主観、自己意識の力を、エピクロスから学んだわけです。

Ⅱ－一－2　「ヘーゲル法哲学批判序説」と「ユダヤ人問題によせて」（一八四三年執筆、一八四四年掲載）

博士論文から二年後、「ヘーゲル法哲学批判序説」が書かれ、「哲学はプロレタリアを揚棄することなく自らを実現できず、プロレタリアは哲学の実現なく揚棄することはできない」という文章が書かれます。そこでマルクスは、哲学は頭であり、プロレタリアはその心臓であると言います。

ここでの「哲学」とは、自由な自己意識を獲得しえた哲学のことです。フランス革命の精神を獲得し、時代の最先端まで進んだ哲学。ただし、それは現実的な自由が得られないという現実社会の代償としての頭の上だけの自由です。とはいえ、この哲学は、すすんで、世界の矛盾を分析できる能力をもちます。

しかしながら、哲学から離れて現実の現象だけ見るとどうでしょうか。一八四〇年代のドイツは、まだ絶対主義国家プロイセンの下にありました。だからプロイセンの人々はイギリスやフランスの自由に憧れていました。そのイギリス、フランスで起こっている問題、ブルジョワ階級対プロレタリア階級との階級闘争の問題などは彼らにはまだ見えない。

このズレ、現実にまだ見えないもの、しかしいずれは見えるものを分析することこそ哲学であるとすれば、すでに先進国のレベルまで自由な自己意識を獲得したドイツ哲学には、このズレが見えるはずです。

そこでマルクスは、現実の背後に隠れる真実を見出すために、哲学という道具を使うことになるのです。こうして頭（哲学）による、身体＝現実（プロレタリア）の揚棄を行おうというのです。哲学における自由の実現は、現実社会における自由の実現、すなわちプロレタリアの揚棄をともなわざるをえないし、プロレタリアは哲学を通じて現実の背後に隠れている本質を抉り出し、それを批判することでしか自由を実現できないわけです。

マルクスは、哲学を通じて獲得した真実を見抜く力（＝自己意識の力）を利用して、現実の社会を変革しようというのです。ここでのマルクスは、けっして哲学を捨て、哲学以外のところに真実を見出そうとはしていません。むしろ哲学そのものの中に、新しい社会をつくり出す力があるとさえ、主張するのです。「ユダヤ人問題によせて」の中で、マルクスはユダヤ人の社会的解放の問題を議論します。ここで問題になっているのは社会（私的世界）と政治（公的世界）との対比です。それは現実世界と哲学との関係に似ています。ユダヤ教は、徹底して貨幣経済、すなわち金儲けに活路を見出すことで、私的世界、市民社会の世界に生きている。その彼らを解放するということは、徹底して公的世界（人倫の世界）に連れていくことであるわけですが、公的世界自体に真実があるとしても、当時のプロイセンにそうしたものは存在していない。

存在するとすればそれはヘーゲル哲学の中だけだというわけです。むしろ現実は、ユダヤ的世界が進行しつつあるわけで、それを無視して公的世界を謳うことは時代を遡ることにすぎない。キリスト教が国家と一体になって人倫の世界を語ることは現実を無視することです。

ユダヤ的世界が現実の世界なら、その世界をどう乗り越えるか。まさにそこに哲学の使命があるわけです。哲学は現実世界から滋養を引き出しながら、真に現実世界を反映する国家を目指す。しかしそうした国家ができても、ユダヤ的な貨幣経済のもつ市民社会の問題は解決されないわけです。その問題を乗り越える新しい国家を建設することは、当時のフランスやイギリスにおいてもできていない。マルクスはこうしてそうした国家を建設すべくユダヤ化した現実世界の問題に哲学的研究の視点を進めていきます。

Ⅱ－一－3 『経済学・哲学草稿』（一八四四年四月―七月執筆『パリ草稿』ともいわれる）

経済学・哲学草稿

疎外された労働――第一草稿

とはいえ、哲学と現実とのズレは、哲学自体の欠陥も含んでいます。すなわち、哲学が経済学や政治学といった現実的運動との接点をもたないことです。マルクスは、パリで経済学のノートと政治学のノートを取ります。ちょうどその頃書かれたのが、『経済学・哲学草稿』です。

マルクスはスミスやリカードなどの国民経済学者が前提としている私的所有が、いかに大きな問題を引き起こすのかを語ります。とりわけ生産手段が私的所有である場合、そこで労働した労働者の生産物は自らのものにはならない（第一の疎外―生産物からの疎外）、そこで労働者たちはその生産手段に対してもよそよそしいものになる（第二の疎外―生産過程からの疎外）、労働者が暮らしている人間類としての類的共同体からの疎外（第三の疎外―類的疎外）、その当然の帰結として人間の人間からの疎外（第四の疎外―人間疎外）が生まれるわけです。

フォイエルバッハの感性的人間▼という概念を前提として人間の本質という問題を検討したマルクスは、ヘーゲル同様人間のもっとも重要な本質を労働と考えたわけです。労働によって人間は自然との関係を取り結ぶ。この労働は、生きるためにものをつくるという活動のことを意味するが、それには当然ながら労働を通じて生まれる人間社会の形成、自然とのふれあいといった人間の類としての関係が含まれます。

ここでの労働は、たんにものをつくるという生産過程にのみ限定されていない。そこには、国民経済学者が前提にする資本主義的世界が逆に労働を、価値を生む生産過程にのみ労働を限定していることへの批判があります。ここでの労働は自然史的過程としての労働で、その労働には人間と人間との交通である類としてのコミュニケーション、子供をつくるという労働、家事を行うという労働など、人類が自然の中で生きるうえで培うさまざまな労働が含まれています。

国民経済学者が語っている私的所有の世界はこうです。人々はそれぞれ利己心をもち、個人の豊かさを求めて活動する。そうして競争や独占が生まれるが、人々は豊かになる。マルクスはこう言います。「国民経済学者は概念的（begreiffen）に把握していない」（『マルクス　パリ手稿』山中隆次訳、御茶の水書房、二〇〇五年、七四頁）と。もし本当に豊かになるのだとしたら、なぜ労働する人間がますます貧しくなり、生産物から、生産過程から、共同体から、人間としての生活から疎外されていくのか。

それは、国民経済学者が、この世界の現実を概念的に（いいかえれば自己意識的に）把握していないからです。概念的に把握すれば、資本主義社会とは、自然の必然的過程としての人間の労働過程（自然史的過程）を解体し、たんなる物質的な富の生産という労働過程（生産過程）をつくり出すことだということになります。だから、人間の労働はますます自然との関わり合い、人間同士の関わり合いから離れ、物的利益を個人がいかに獲得するかという世界となります。

私的所有批判――第三草稿

マルクスは、労働という概念の中に広く人間をつくる労働、すなわち子供を産み、育てるという労働も含ませている。その意味では人間もそのほかの動物と差異はない。こうした労働は、人間の類としての労働に支えられてきた。子供を育てること、弱いものを守ること、こうしたことは、個人の欲望ではなく、類の欲望として人間の自然の機能として刻印されてきたものです。

私的所有がなぜ問題であるのかといえば、私的所有が、本来、人間の人間類として必要だった社会的労働を私的にし、それをひとりひとりの個別の所有にしてしまうからです。社会的性格の私的性格化という形で後に明確に表される概念は、本来社会的なはずの資金が、個人の私的な所有である資本になっていることを意味します。

そこで第三草稿で私的所有が批判されます。私的所有という概念は、人格的（個人的）所有ではない。人格的所有とはその個人が自らの労働によって個性を表現し、自らの人間らしさを表現する意味において認められる所有です。私的所有は、類的共同体が大勢の労働によってつくりあげた果実をひとりの個人が独占することであり、これはその個人の労働によるものではない。むしろ類的性格、社会的性格をもった労働を私的に独占することです。

私的所有が批判されるとしたら、社会的な生産物を私的に所有することに対してです。社会的な生産物は社会的なままでなければならない。社会的な生産とは類が類として再生産するための費用、子供を産み、教育し、働けないものを保護していく費用を意味する。社会的所有とは、人間の自然史的過程に刻印されたものであり、個人であろうとも、あるいは労働者であろうともそれを独占的、排他的に所有することはできない。

だから私的所有批判に当たってもっとも批判されるのが、「粗野な共産主義者」たちなのです。粗野な共産主義者たちは、資本家のもっている私的所有を自分たちの所有に変えようと考える。自分たちとは具体的には共産主義を主張する男性労働者を意味していて、これら男性労働者は女性を自分たちの所有とするように、社会的所有物を自分たちのものにする。マルクスは、これは私的所有の完成以外の何ものでもないと批判しています。それは社会的なものを社会全体に返すのではなく、共産主義を望む一部の男性労働者の所有にするだけだからです。

では社会全体の所有とは何か。社会全体の所有とは、人間が生きていくために必要な条件をすべて分かち合う類の所有ということになる。類としての生存のためには、労働するか、しないかに関係なく、社会的資金は人々にそれなりに平等に配分されねばならないわけです。

真の共産主義

真の共産主義とは、私的所有を揚棄した社会のことです。その社会をマルクスはこう描いています。

「人間の人間に対する直接的な、自然的な、必然的な関係は、男性の女性に対する関係である。この自然的な類関係の中では、人間の自然に対する関係は、直接に人間の人間に対する関係であり、同様に、人間に対する［人間の］関係は、直接に人間の自然に対する関係、すなわち人間自身の自然的規定である。したがってこの関係の中には、人間にとってどの程度まで人間的本質になったか、あるいは自然が人間的本質となったかが、感性的に、すなわち直感的な事実まで還元されて、現れる。それゆえ、この関係の性質から、人間の全文化段階を判断することができる。この関係の本質から、どの程度まで人間が類的存在として、人間として自分となり、また自分を理解したかが結論されるのである。男性の女性に対する関係は、人間の人間に対するもっとも自然的な関係である。だから、どの程度まで人間の自然的態度が人間的となったか、あるいはどの程度まで人間的本質が人間にとって自然となったかは、男性の女性に対する関係の中に示されている。また、どの程度まで人間の欲求が人間的となったか、したがってどの程度まで他の人間が人間として欲求されるようになったか、どの程度まで人間がそのもっとも個別的な現存において同時に共同的本質であるか、ということも、この関係の中に示されているのである」（前掲書、一三二―一三三頁）。

男と女との関係とは、動物的再生産の基本条件である。その関係の中に支配と被支配そして類的所有のすべてがコンパクトに詰まっている。人間を人間として欲求する社会をマルクスは共産主義と呼ぶのです。共産主義とは、私的所有の完成ではなく、積極的止揚のことですが、それはけっして人間だけの幸福を目標にするものではなく、自然的存在としての人間を認識することでもあります。だから、それは同時に人間と自然との対立を止揚することでもあるわけです。

受苦と欠乏

人間は自らの欲望のために、労働から離れることはできない。それは労働することこそ、人間を自然の一部にするものだからです。しかし労働は苦痛である。労働することの苦しみをマルクスは受苦と述べています。もちろんその受苦的（leidendes）（同、一三八頁）労働とは、たんにものをつくるという行為だけを意味してはいません。人間がこの世界で生きていくあらゆる行為を意味しています。人間がこの社会で自己享受をするということは、一方で生きていく現実の苦しみを背負い込むことでもあります。

労働が受苦だというのは、労働がつねに能動的ではなく、受動的に与えられているからです。命令されたものはやりたくないというのが人間の性《サガ》なら、受動的な労働はつねに避けたい。しかしながら、労働を欠く、つまり労働のない社会では、人間相互の関係は疎遠になります。とすれば、当然労働はいつの時代にも必要不可欠なものということになります。この労働は積極的な能動的労働である。しかしながら、苦痛を伴わない積極的労働などはないのです。

そこでマルクスは、欠乏（Armut）という概念を出してきます。人間の受苦をつくるものは、人間の中にある豊かさへの欲望にある。とりわけ物的欲望が人間のあくなき欲望をつくり出す。こうした欲望を実現するために行わねばならない労働は、受苦以外の何ものでもないのです。

しかし、人間の人間に対する欲求は、逆に欠乏から生ずる。お互いが欠乏すること、欲望が充足されないことが、労働を必然的に要求し、それがお互いの関係を密接にする。人間の他の人間に対する関係は、物的欲望の量と比例しない。むしろ反比例することがある。しかも欠乏は、お互いの欠陥を補いあう関係にある。ある人に不足するものを、ある人が補う。人間の人間に対する関係はこうした関係によって充実していくわけです。

Ⅱ-一-4　「フォイエルバッハの一一のテーゼ」（一八四五年　マルクスの手帳にメモ書きされたもの）

マルクスは、『経済学・哲学草稿』において、経済学を哲学的思索から、概念的に把握し、それによって国民経済学者への批判を行ったわけですが、その限りでは、マルクスの哲学は、依然として経済学の主人の位置にあったといってもよいのです。しかしある時から、マルクスは哲学的思索をある意味放棄し、哲学を実践に移していったのではないかと思われます。

それを象徴する言葉として、人口に膾炙《かいしゃ》した言葉、フォイエルバッハに関するテーゼの一一番目の言葉があります。フォイエルバッハのテーゼとは、当時の手帳に書かれたメモ書きを後年エンゲルスが、『フォイエルバッハ論』の中で公表したものです。マルクスの言葉として、「万国の労働者よ、団結せよ」と同じくらいこのテーゼ一一は有名です。

その言葉とはこうです。


「哲学者たちは世界をさまざまに解釈しただけであり、世界を変革することが問題である」（拙訳「フォイエルバッハのテーゼ」『最高の思考法』日本実業出版社、二〇一八年、三一五頁）。

前後の脈絡抜きに解釈すれば、哲学者たちはこれまで世界を解釈してきたが、もうそれは十分である。これからはその哲学を実践に生かし、世界を変革することであると。マルクスは哲学を捨て、現実を対象とする経済学へ進んだのでしょうか。

確かに、哲学が思弁の世界、経済学が現実の世界を対象とするとすれば、哲学の仕事はこれで終わりです。哲学の世界を支配していたドイツ観念論哲学によって完成の域に達した哲学という道具をもってすれば、経済学に新たな地平が見えてくるし、現実社会の変革にも光が見えるはずです。

こうして、マルクスはヘーゲル哲学が、形而上学で行った方法を現実に適用することで哲学とわかれたというのです。ということはヘーゲルがつくり上げた弁証法を、唯物論に適用しただけの仕事を行ったのがマルクスということになります。

しかし『経済学・哲学草稿』の序文とされる部分でマルクスは、こう述べているのです。

「本書の結びの章、すなわちヘーゲル弁証法と哲学一般への対決は、今日の批判的神学者と反対に、私はどうしても必要だと考える。なぜならこの仕事はまだ成し遂げられてないからである」（『マルクスパリ手稿』前掲書、二〇〇頁）。

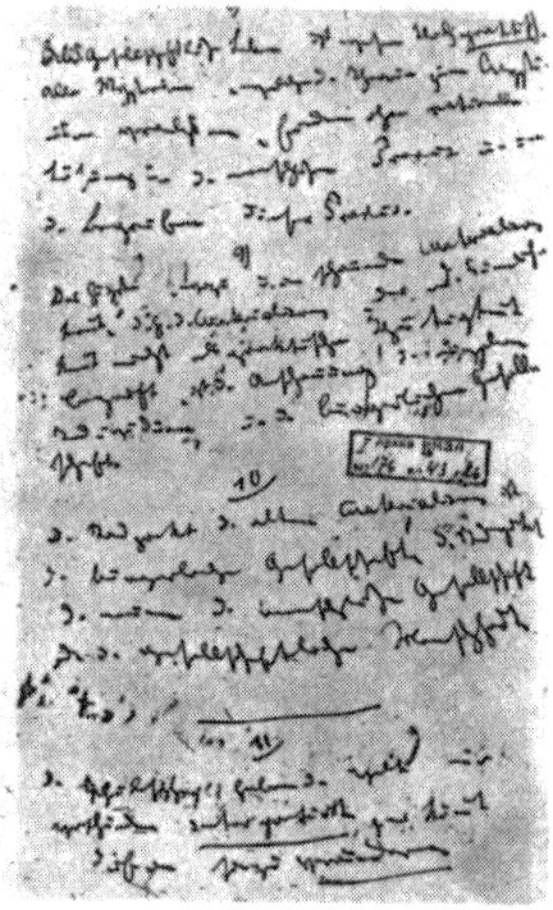

フォイエルバッハのテーゼ

批判的神学者とはブルーノ・バウアーたちでありますが、彼らと違いマルクスは実はフォイエルバッハ同様、ヘーゲル哲学、それもその弁証法と対決するために『経済学・哲学草稿』を書いたのだというのです。

とすればいささか奇妙である。マルクスは、ヘーゲルの弁証法を現実の歴史に応用することで、新しい地平を切り開いたとすれば、マルクスはヘーゲルを批判したことにはならない。批判というからには、ヘーゲルの方法それ自体を根本的に批判しなければならないわけです。

初期マルクスと後期マルクスとの分離問題

まさにこのフォイエルバッハのテーゼをめぐって、長い間初期マルクスと後期マルクスの間の断絶か継続かという問題が争われてきた。この問題は、価値論研究同様、マルクス主義最大の問題といってよいのです。

もちろん断絶といっても、マルクスが哲学の方法論を唯物論に生かすことで、唯物弁証法をつくり上げたというきわめて卑俗な見解が断絶問題なのではありません。こうした卑俗な解釈は、マルクス主義のいわゆる三つの源泉（ドイツ観念論、フランス社会主義、イギリス経済学）同様、ほとんど何も意味していないといえます。これは、マルクスがドイツ観念論という武器を片手に、社会主義や経済学に殴り込みをかけたというだけのものにすぎません。

この議論にもっとも大きな問題を提起したのは、フランスのアルチュセールです。『マルクスのために』（一九六五年）こそ、その問題を提起した書物であったといえます。マルクスはフォイエルバッハテーゼを通じて、新しい地平に立った。それまではフォイエルバッハ的な地平でヘーゲル批判をしていたが、テーゼによってマルクス独自の新しい地平に立った。それはけっしててヘーゲルの方法を経済学に移した、あるいは哲学を実践に移したといったものではないはずです。

ヘーゲルの方法を乗り越える方向を明確に指し示したことこそ、マルクスがそれまでのマルクスではなく、新しいマルクスになったことであると。それでは新しいマルクスとは何か。それについてアルチュセールの答えは明確ではないのです。『資本論』にいたる後期マルクスは、実践の哲学という新しい地平に立ったのだが、しかしマルクスはそれを明確に示す言葉を欠いたため経済学批判というレベルに留まった。しかし、マルクスの経済学批判という課題は、ヘーゲル哲学による経済学批判というものではなく、哲学の新しい形、新しい哲学はこうした社会批判という形式を取らざるをえないということの裏返しの表現にすぎない。

アルチュセールが『マルクスのために』と同時に、『資本論を読む』（一九六五年）という書物を編んだのは、まさにこのためであったわけです。この課題は、『資本論』を哲学的に読むというのではなく、『資本論』を新しい哲学として読むということでありました。その中の論文で、マシュレ▼は、マルクスとスピノザとの接点を出している。スピノザはヘーゲルにとって反弁証法の哲学者であるが、スピノザがマルクスに影響したとすれば、マルクスを反弁証法的に読むこともできるということです。そうなると、歴史発展の段階法則や二つの階級の階級闘争などを、弁証法的に読むということも、再検討されざるをえなくなります。

Ⅱ－一－5　『ドイツ・イデオロギー』（一八四五―四六年執筆）

マルクスは、一八五九年の『経済学批判』の序文の中で、歴史発展法則をきわめてコンパクトにまとめています。生産力の発展につれて新しい生産諸関係が生まれ、その生産諸関係は法律や文化といったもろもろの上部構造をつくりあげていく。歴史の起動力は、生産力と生産諸関係との矛盾によって起こる階級闘争である。階級闘争の揚棄の結果、新しい社会が生まれるとすれば、それは弁証法そのものといってもよいわけです。

ましてや歴史が、原始共産制、古代奴隷制、封建制、資本主義、社会主義と弁証法的に発展していくとすれば、弁証法的発展図式こそマルクス主義そのものであることになります。これを表だって批判することは確かに難しい。しかし、マルクスでさえ、同じ頃に書かれた「序説」の中で、こうした発展図式が必ずしも実現されない保留条項を取り上げていたわけです。例えば、戦争、国家、国際関係です。特に芸術をとりあげ、生産力の低いギリシアがなぜあれほどの上部構造たる芸術を生み出したかという疑問を出しています。

まさに問題は、弁証法的図式が往々にして実現されないという点にあります。まさにこの問題こそ、アルチュセールが提示する重層的決定の問題です。生産力と生産諸関係を国家やイデオロギーが抑制することによって、矛盾は爆発しない。最終的審級として最後には実現するとしても、それはあくまで最後の段階であり、当面、矛盾はむしろ激化しない。「国家イデオロギー装置▼」としてアルチュセールが提示する現実の資本主義国家のあり方は、弁証法の図式とまったく逆に上部構造が下部構造を規定してしまうというものです。もちろん、長い視点で見ると、矛盾はやがて爆発するかもしれないが、当面そうならないことは重要です。

マルクスの歴史発展の法則モデルは、一国家という規定の中では説明できても、世界という中では説明できないモデルでもあります。世界市場では国内の内的要因よりも、外的要因に左右されることが多すぎるからです。世界が一国家のような状態になれば、社会体制の変動は弁証法的に説明できるでしょうが、実際にはそうなっていない。

この難点こそ、マルクスが『資本論』を未完成にさせた理由でもあります。資本一般のモデルを一国家の枠組みで捉え、そこで社会の変化を説明すれば、モデルとしては可能です。しかし、世界市場モデルを入れると、戦争や国家権力、資本移動などの問題が起こり、モデルは崩壊する。階級対立は内部における対立よりも、外部要因によって左右されやすくなるのです。外部要因による説明こそスピノザ的論理▼でもあります。

マルクスとスピノザとの接点を求めることで、マルクス解釈の仕方は大きく変わったと思われます。マルクスとスピノザとの文献的接点は、博士論文執筆時に『神学・政治論』と『往復書簡集』を読んだ事実だけです（詳細は、拙稿「スピノザとマルクス」『ユートピアへの想像力と運動』御茶の水書房、二〇〇一年）。

とはいえ、マルクスのスピノザへの言及はいくつもあります。マルクスの末娘の恋人でもあったリサガレは自著『パリ・コミューン』の中で、「スピノザの方法を、社会科学に適用した」（『パリ・コミューン』上巻、喜安朗、長部重康訳、現代思潮社、一九六八年、二一頁）人物とマルクスを紹介しています。

いずれにしろ、アルチュセールの問題提起以後、資本主義社会の分析に対して、スピノザ的なマルクス読みが果たした役割は大きいと思われます。しかしながら、アルチュセールに対して、マルクスをこのように読めるのかどうかをめぐって大きな批判が生まれたことも確かです。アルチュセール自身が『資本論を読む』の中でいう、第二の徴候的読解、すなわち著者が述べることができなかったことを著者に代わって主張すること、すなわち「マルクスのために」マルクスが言わなかったことを新たに付け加えることは、硬直し、衰退したマルクス主義にとって新鮮な刺激であったことは間違いないでしょう。

シュティルナー批判

同じ頃、わが国においても、フォイエルバッハのテーゼをめぐって、初期マルクスと後期マルクスの問題に新しい見解を提出した人物がいました。それは廣松渉です。廣松は、エンゲルスの役割を高く評価し、マルクスを唯物史観に誘ったのは、エンゲルスであると主張しました。初期マルクスと後期マルクスを分断するきっかけはエンゲルスがつくった。エンゲルスの誘いのもとに、フォイエルバッハとシュティルナーを媒介にして後期マルクスが登場するからです。

『経済学・哲学草稿』では、フォイエルバッハの感性的人間を中心に、人間の本質が語られ、その本質を疎外するものとして資本主義社会の私的所有が批判されました。しかし、マルクスは、シュティルナーの『唯一者とその所有』（一八四四年）を批判的に読むことで、人間には本質などというものはなく、あるのはその時代の人間と人間の相互関係だけであると考えるのです。間主観的人間という概念を導き出したことこそ、後期マルクスの後期マルクスたる所以であるというのです。こうして間主観性という概念がマルクスに生まれます。

デカルト以来の主体概念が放棄され、「間主観」という関係概念に変わったことこそマルクス哲学の新しい展開であるとすれば、マルクスが批判するのは、あれこれの本質から乖離した人間の姿ではないわけです。むしろ、人間関係を人と人ではなく、物と物として、物的な関係にしている構造だということになります。物と物との構造とは、商品生産社会がつくる物象的関係です。こうして廣松渉は、「疎外論から物象化論へ」という流れを設定し、後期マルクスの視座として物象化理論を置きます。

マルクスは物象的世界を批判するために、経済学にのめりこむ。経済学批判という体系は物象化を機軸として読むべきだというのです。

こうした視点からすると、マルクス哲学は、物象化論として生き延び、哲学的世界を超えて現実的世界と取り結ぶことになります。廣松理論は、フッサール、ハイデガー以降の新しい哲学を取りこむことで、マルクスの思想に反近代の影を見ることになります。近代的生産力主義に堕していたマルクス主義を超えるモチーフを提示したことにおいて新しい可能性を出したともいえます。

『ドイツ・イデオロギー』（一八四五―四六年に書かれた草稿）

初期と後期とを分断すべきだというアルチュセールと廣松渉の主張は、初期を観念論哲学、後期を唯物論、すなわち経済学という単純な手法で分けるものでなかったことは確かです。むしろ、初期をヘーゲル主義的哲学、後期をマルクス・オリジナル哲学に分けるものであったというべきかもしれません。後期マルクスの視座はお互いに違ってはいたが、後期こそ真のマルクスであるという主張は、両者とも明確です。

アルチュセールによると後期マルクス最初の文献といわれるのが、『ドイツ・イデオロギー』です。『ドイツ・イデオロギー』の中では、ブルーノ・バウアーをはじめとしたドイツのイデオローグたちが批判の対象となっています。なかでも珠玉はフォイエルバッハの章です。哲学的イデオロギーの成立過程を人類の分業から説き起こすところに、確かにマルクスの哲学的な新しい試みがあるといえます。

その新しい試みとは、哲学を含めたイデオロギーや国家といった社会問題それ自体を経済的諸問題から説明したことです。国家は、分業の結果起こる「一般利害と特殊利害の矛盾」（前掲書、六七頁）を解決する手段として誕生する。一般的利害というのは『経済学・哲学草稿』の言葉で言えば、社会全体の利益であり、特殊利害というのは私的利害、すなわち私的所有から生まれる利益である。資本主義社会では、社会全体の利益を代表する国家は、幻想の共同体として出現する。現実には、私的所有の側を有利にするために存在するのだが、理念として、すなわち実体がないただの幻想として、社会全体（共同体）を代表するものとして出現するのです。

したがって共同体としての国家は、もちろん幻想であり、現実的なものではない。しかし一般にはこの幻想が現実的なものとして理解されている。だから現状の国家を批判することは簡単なことではない。

イデオロギーもこれとまったく同じです。「人間は利己心の動物である」という考え、これは、実はイデオロギーです。人類の歴史の上では利他心が支配的であったが、ある時から利己心が人間の本質に取って代わった。これは分業の結果生まれた人間諸関係がつくりあげたイデオロギーであるが、いつの間にか実際にある真実に取って代わったというのです。ヘーゲルを含めた哲学はまさにこうした〝転倒〟した意識の反映である。だからこそ、こうした哲学による解釈は、イデオロギーにすぎない。そこから、哲学者の仕事は、哲学を解釈することでなく、社会を変革することであるというフォイエルバッハのテーゼは出てくるわけです。

哲学が、転倒した世界の反映ならば、それを変革するとはどういうことか。それは、転倒したイデオロギーの

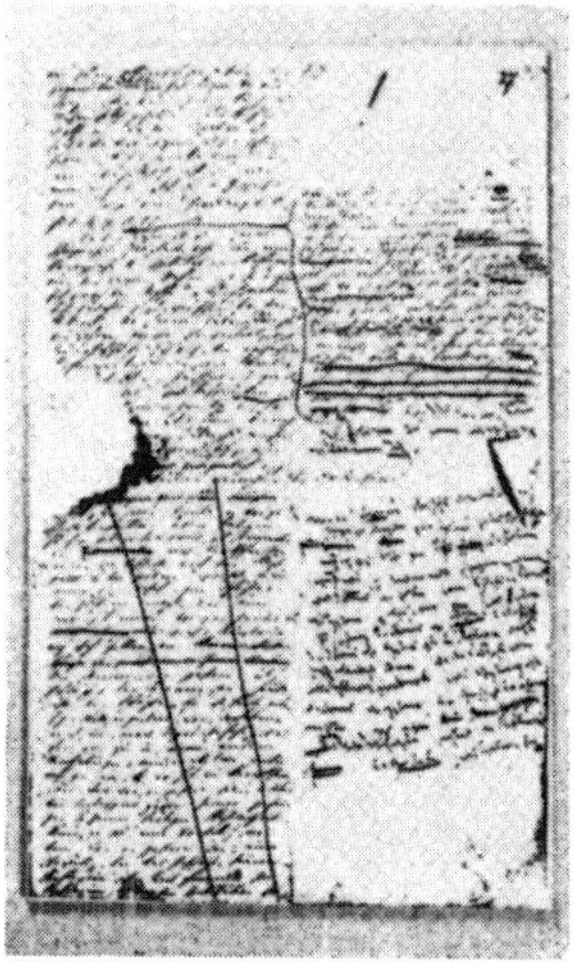
『ドイツ・イデオロギー』

性格を不断に批判し、それを元に戻すことである。資本主義社会では、「人間は利他心をもった動物である」という考えはむしろ虚偽の意識である。同じく、人類がつくりあげていた共同体も、虚偽の意識だと考えられています。

資本主義社会のイデオロギーを批判することは、真と偽が転倒した関係を再転倒することである。しかし、これは簡単なことではない。マルクスはこうした転倒した関係を再転倒すること、このことを「共産主義」と呼んでいます。

「共産主義というのは、僕らにとって創出されるべきひとつの状態、それにしたがって現実が正されるべきひとつの理想ではない。僕らが共産主義と呼ぶのは、（実践的な）現在の状態を止揚する現実的な運動である」。▼

こう語るマルクスは、『経済学・哲学草稿』で主張した積極的揚棄としての共産主義をそのまま引き継いでいて、現実社会を支配する転倒したイデオロギーを再転倒することを運動として引き受けることだと主張するわけです。

人類史と自然史、そして共産主義

こうした共産主義の運動の背景には、人類の自然史的過程としての連綿とした人間の類としての生存という概念がマルクスにはある。人間の生産は、人類の再生産でもあり、それは、類としての動物の生命の再生産と同じである。

マルクスの新しい哲学は、いわば人間社会を動物行動学（Ethnology）のように考えることです。哲学の多くはある時代の社会に生まれた概念を真実として前提している。しかし、こうした概念をそのまま受けただけでは、哲学することはできない。哲学とは積極的に人類史の奥底にひそむ人間行動を研究することでなければならない。

マルクスが主張する共産主義という概念は、たんに資本主義社会の諸矛盾を解決し、プロレタリアートに利益を誘導するものではない。むしろ、人類が培ってきた自然の中の人間という状態を運命として引き受け、その中で真に自然と向き合うことです。その意味で、人間が生きること、すなわち生産することには、男と女の差別、知的労働と肉体労働の差別、人種差別などの入る余地はないのです。

プロレタリアートに与えられた課題は、彼らが権力を独占する社会を実現することでも、彼らが物的に豊かになる社会を実現することでもない。労働を通じて自然と物質代謝を行うプロレタリアートの課題は、自然との融和を図る社会をつくることである。この意味でフォイエルバッハとスピノザのマルクスへの影響は大きいといえます。

共産主義を語ることが、哲学を語ることであるというのは、まさに共産主義こそ真に実在的なものを実現することだからです。イデオロギーから抜け出る哲学の可能性を示した点において、マルクスの哲学史に占める位置は大きなものであるといってよいかもしれません。

第二章　政治に関する著作

マルクスは、若い頃フランス革命についての書物を書く予定をしていたのですが、結局書けませんでした。その理由はいろいろあります。革命研究の際の最大の関心は一七九三年以降の国民公会▼がなぜ恐怖政治を行うに至ったかという問題でした。その中に、マルクスは恐怖政治という問題を超えたところにある、ブルジョワ階級を乗り越える何かを読み込もうとしたわけです。

マルクスのフランス革命論の発想に大きな影響を与えたのがルヴァスール・ド・サルト（1747－1834）の『回想録』▼でした。そこから、マルクスは、ブルジョワ階級は革命の徹底がプロレタリア革命につながるということを恐れ、革命に尻ごみしたことを知ります。結果としてクーデターによる後戻りをブルジョワが支援することになるのですが、結果は逆に出て、革命は山岳派による急進的な革命へと進みます。

マルクスは、そこからブルジョワ階級の階級的尻ごみが、革命の不徹底を生み出すこと、そしてそこから未来の革命的階級が出現することを見つけます。しかしブルジョワ階級による権力の掌握は、彼らの政治的野望ではなく、むしろ経済的野望の実現のためであることを見つけたマルクスは、政治よりもその経済的利益を実現しようとする市民社会の分析に関心が移っていきます。

マルクスは、一八四三年に始めたフランス革命史研究のためのノートをとりあえずやめ、経済学のノートを取りはじめます。その意味でマルクスは固有の意味をもつ「政治」への関心を失ったともいえます。しかし、実はここに大きな二つの流れの問題が出てきます。いわゆるイギリスのような血なまぐさい革命を経なかった国と、フランスのように悲惨な革命を経た国の流れ。マルクスは前者については経済学を、後者については政治学を考えていたわけで、後者を忘れたわけではなかったのです。しかし結局、前者の執筆だけで人生を終えてしまった。後者については関心が薄れたのか、あるいは実現できなかったのか、完成することはありませんでした。

しかし、ことあるごとに後者であるフランスの議論にも立ち返っています。それが一八四八年革命後に書かれたフランス三部作という作品です。初期の作品は哲学的であると同時に政治学的なものですが、明確に、政治学的課題だけを探求した作品はこの三部作です。

Ⅱ－二－1　『フランスにおける階級闘争』（一八五〇年『新ライン新聞―政治経済評論』に掲載）

なぜ革命は失敗するか

一八四八年のフランス革命の失敗に関して、マルクスは「フランスにおける階級闘争」という連載論文を自ら編集する『新ライン新聞』に掲載します。一七八九年のフランス大革命は少しずつ急進化していった。しかし一八四八年革命はむしろ少しずつ保守化していった。この後退の原因を捉えることが本書の課題になります。

当初マルクスは『共産党宣言』の段階で、革命の二段階論を考えていました。まずはブルジョワ革命、そしてプロレタリア革命。それはなぜかといえば、ブルジョワ階級が全面的に発展しない限り、プロレタリア階級の発展は、ありえない。だからまずブルジョワ階級の権力掌握を支援する。もちろん急進的ブルジョワ階級と連携するわけです。彼らが議会で普通選挙の権利を獲得し、やがてプロレタリアートが議会に代表を送り、政権を奪取する。

こうした革命はどうやって起こるかという問題が残されます。むやみやたらに革命を行っても意味はない。革命は、生産力と生産関係の矛盾から起こる。すなわち恐慌です。フランス革命を研究するなか、その原因としてブルジョワ権力の絶対王制権力からの権力奪取が、この書物のテーマになったのも、まさに生産力と生産関係の矛盾ということなのです。ルイ一六世下における経済的破綻が、階級闘争を激化させた。

この問題を一八四八年革命に移せば、一八四七年に起こった経済的恐慌が革命の引き金を引いたということになります。事実そうした痕跡はあった。恐慌が政治改革の火をつけたことは間違いないわけです。となると二月革命の分析にはまずこうした経済の分析が必要となってくるわけです。その意味で、本書ではマルクスは、経済的問題を確かに取り扱っている。しかし、それならなぜ革命は衰退したのか。恐慌が十分ではなかったのか、それともフランス革命のときのようにブルジョワがひるんだのか。

実際、少なくともフランスの二月革命は最初うまくいった。しかし四月の普通選挙でプロレタリア階級は敗北し、かつ六月蜂起▼で完全に彼らの息の根は止められてしまいます。そして、急進的ブルジョワまでが力を失い、秩序を回復するための戒厳令的な状態が支配します。

選挙の過程といい、その後の六月蜂起といい、階級闘争は思わぬ事態が起こるということを意味しています。つまり、それは経済ではなく政治という世界での力関係がなせるわざであるということです。マルクスは、この変遷の過程を追求します。

ルイ・ナポレンの大統領当選

入れ替わり立ち替わり革命の主導権を握る諸階級の闘争を、ブルジョワ階級の裏切りとして描くことでこの問題に決着をつけます。マルクスにとって決定的だったことは、六月蜂起でした。急進的革命の最後を飾るこの蜂起はフランス革命の国民公会にも似ていますが、わずか数カ月で終わる。あとは、秩序を回復させるという動きの中で、ブルジョワが手を引き、残った王党派や秩序派は、カリスマ的な権力者にすりよる。そこで登場するのがルイ・ナポレオンです。

ルイ・ナポレオンは、仕事のないルンペン・プロレタリアを利用したとマルクスは分析します。彼らを誘導警備隊▼として組織し、さらに農民を使った。マルクスはこう述べています。「一八四八年一二月一〇日は農民の反乱の日であった。この日から初めてフランスの民にとっては二月革命が始まった」（『マルクス＝エンゲルス全集』第七巻、四一頁）。

ルイ・ナポレオンは五〇〇万票を超える得票で大統領に当選するのですが、彼はブルジョワ階級の支持を得ていたわけでもなく、不確かな中で安定を求める民衆票によって大統領になるわけです。

Ⅱ-二-2　『ルイ・ボナパルトのブリュメール一八日』（『レヴォルツィオーン』第一号、一八五二年掲載）

ナポレオンのクーデター

一二月一〇日の大統領選挙で当選したルイ・ボナパルトは、ナポレオンの甥です。一八四八年革命の初めまでほとんど問題にされていなかった人物がなぜ大統領になりえたのか、そしてさらに皇帝まで上り詰めたのはなぜか。これを扱ったのが本書です。

この書物は、マルクスの政治学をめぐる議論の白眉とされています。それはここでは経済学的議論がとりあえず言及されず、フランスにおける政治的力学の問題が議論の対象となっているからです。

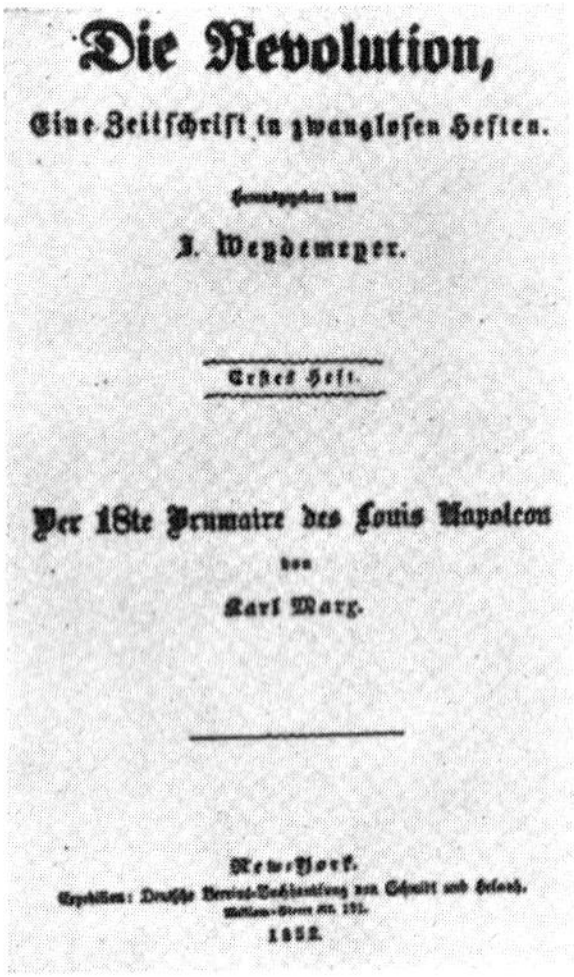
Die Revolution,
Eine Zeitschrift in zwanglosen Heften.
J. Weydemeyer.
Erstes Heft.
Der 18te Brumaire des Louis Napoleon
von
Karl Marx.
New-York.
1852.

『ルイ・ボナパルトのブリュメール一八日』

ルイ・ナポレオンが一八五一年一二月二日にクーデターを行ったことを、叔父大ナポレオンに比較して分析します。有名な文章で始まります。「ヘーゲルはどこかですべての世界史上の大事件と大人物はいわば二度現れると言っている。ただ彼は、一度目は悲劇として、二度目は茶番として、と付け加えるのを忘れていた」（『マルクス＝エンゲルス全集』第八巻、一〇七頁）。

最初のクーデターは、一七九九年一一月九日、すなわち革命歴ブリュメール一八日の日に行われます、第一執政官となったナポレオン・ボナパルトはやがてイギリスの大陸包囲網にあって危機となったフランスの救世主として、共和国によって、一八〇二年終身執政官となり、一八〇四年に皇帝となります。この過程は、共和制の中で合法的に行われたことに特徴があります。それは憲法改定という行為によって正当化されたわけです。

ルイ・ナポレオンのクーデターも同じように合法的に行われます。一八四八年の憲法で大統領になった彼は、憲法を改定することによって共和国の皇帝になります。ルイ・ナポレオンは、フランス史上初めて国民投票によって大統領になった。しかし一方で、国民議会との間にはつねに対立がある。国民議会を代表する権力は、ナポレオンを支持しているわけではない。そこでナポレオンは、国民議会の力を弱める方法に出ます。議会を解散するといって、脅すことで、つねに大統領が優位に立つという方法です。そして、ローマ法王救出作戦、すなわちローマ共和政を潰すための海外派兵を行うことで、フランスの危機を煽り、やがて憲法改定へと進んでいきます。その内容については後述する「フランスの憲法論」で述べることにします。

国家イデオロギー装置

本書の素晴らしさは、政治権力と経済権力の関係がともに照応していないということを指摘し、政治権力の独立性を分析したことにあります。フランス革命を研究したマルクスは、経済権力を掌握したブルジョワは、必ず政治権力を奪取する、それも直接にと考えていました。フランス革命は、その意味で、恐怖政治という事態を招いたわけです。マルクスは、恐怖政治を急進的ブルジョワによる権力のさらなる進歩だと考えていました。その意味で、恐怖政治はブルジョワ体制を超えた未来を示してもいると考えたわけです。フランス革命はブルジョワの政治権力の奪取、すなわちブルジョワ革命であることは間違いないと考えていたわけです。

しかし、一八四八年革命は事態が違って、むしろブルジョワ革命は徐々に後ろ向き（保守的）になっていた。ブルジョワは、むしろ政治権力から離れていったわけです。そうして生まれたルイ・ナポレオン政権と、その後に生まれる帝政という政治体制は、ブルジョワ支配をむしろ否定しているように見える。なぜ、ブルジョワは政治的権力を放棄したのか、なぜ帝政を支持するのかという問題を解かねばならなくなってきたわけです。

経済的な力をもった階級が、政治権力をなぜ取れないのかという問題は、イギリスと比較すると極めて対照的です。イギリスは、経済権力とブルジョワ支配がほぼ照応した。だから経済学を分析することが、政治を分析することにつながったわけです。しかしフランスではそうはいかない。フランスでは、政治を語ることが経済を語る以上の大きな問題をもっていたわけです。マルクスは、この問題から一八四八年革命の変遷をいったん経済の問題から離して考えたわけです。

ブルジョワが権力を握らないとすれば、国家権力は、どうなるのか。フランスのマルクス主義者ルイ・アルチュセールはこの問題を国家イデオロギー装置という言葉で表現しています。近代国家は、経済的支配階級が支配する装置ではなく、階級的支配から距離を置いた中央集権的に現状を支配するだけの機械装置になっているという意味です。革命の中でつねに変わらなかったことは国家という装置が中央集権的な指令システムであったことです。権力者が誰になろうと、そのシステムは変わらなかった。ルイ・ナポレオンはその意味で権力の支持基盤がないところでも存続できた。それは国家機構の肝心な点、資本主義社会を動かす装置を変えなかったことです。

国家は、支配権力からいわば中立しているように見せながら、支配権力が要求する資本主義の発展を推進していった。だからブルジョワはあえてこの体制に反抗しなかったということです。帝政か共和制であるかどうかではなく、資本主義社会を促進する政治であったことが重要なことだったわけです。マルクスは、ここに政治権力、すなわち国家と経済権力との微妙なずれを見ます。それが次の二〇年後書かれた書物で、ひとつの国家解体という新しいアイデアにつながっていきます。

Ⅱ－二－3　『フランスの内乱』（インターナショナル総評議会のパンフレットとして一八七一年出版）

国家をどう収奪するか

一八七一年三月から五月パリでは、コミューンが起きます。マルクスはインターナショナルの本部ロンドンの総評議会でコミューンに対してどういう立場をとるかという宣言を起草します。それが『フランスの内乱』です。

パリ・コミューンは、革命は既存の国家をそのまま収奪して可能かどうかという問題を突きつけます。そこでこうマルクスは書きます。

「しかし、労働者階級は出来合いの国家機関をそのまま掌握して、自分自身の目的のために行使することはできない」（『マルクス＝エンゲルス全集』第一七巻、三一二頁）。

既存の国家の権力を収奪したところで、その装置をそのまま受け継げば結局ブルジョワの利益になる。

この国家は、中央指令装置として、労働者を動員し、資本に従属するようなシステムになっている。そうであれば、その国家を破壊するしかないわけです。

国家を破壊しなければ、結局、その国家は元に戻る。この場合、国家を破壊するというのは国家そのものを破壊することではなく、国家の装置を破壊することです。装置とは、中央集権的に国民を一律に管理していく機構です。いわば「近代人」をつくる装置です。

こうした装置が破壊されない場合、国家権力の執行者がたとえ代わってもまた次の執行者がそのまま労働者を搾取するようになるだけである。その労働者が貢ぐのが資本家であるか共産党であるかは、ことの本質を変えてない。規律化された人間は、機械のように労働し、それを吸い取る権力に奉仕するだけであるということになります。この問題は、政治権力の問題を分析することなく解決しません。マルクスは当然銀行の国有化などについても語っていますが、肝心な問題は、国家の装置をどう破壊するか、そしてどう新しい国家をつくるかという問題です。

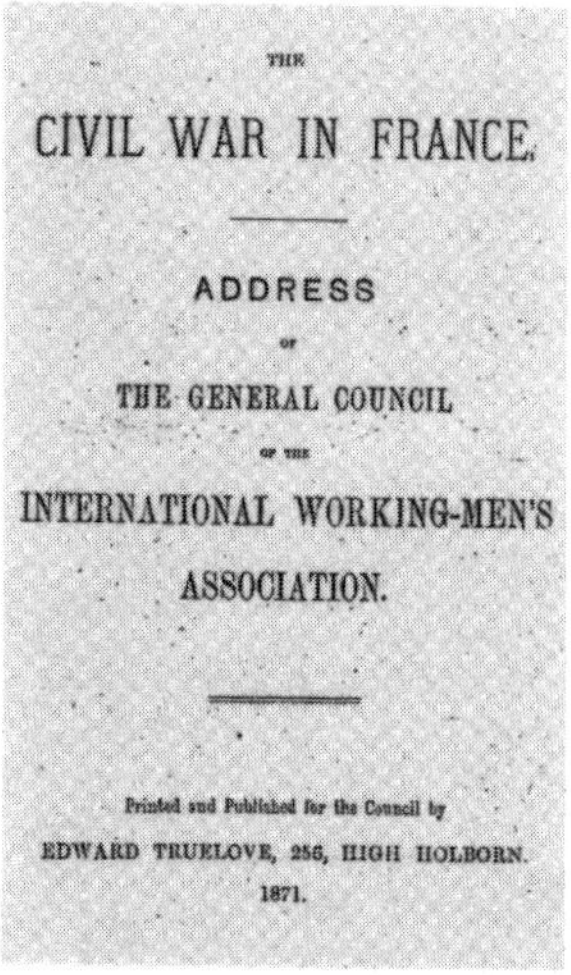

『フランスの内乱』

新しい可能性

当時、パリ・コミューンは国家に抵抗する一地域の運動と見られていました。普仏戦争の敗北によって第二帝政政権は崩壊しました。しかし国家装置はその後もやむことなく続いていたわけです。それが、新しいフランス国家（第三共和政）です。パリはそれに対抗する国家ではなく、たんなる一地方だと考えられたわけです。

そこでマルクスはこのコミューンを新たに解釈しな

おします。このコミューンは、非国家なんだと。それは国家形態に対抗する新しい運動であり、ただの一地域社会などではないと。そうした読み方は、ある意味ではマルクスの深読みかもしれません。しかし、マルクスが、長い間フランス革命という政治的問題を研究した結果行きついたひとつの見識であったことは間違いありません。

そしてこう述べます。「コミューンの本当の秘密はこうであった。それは、本質的に労働者階級の政府であり、横領者階級に対する生産者階級の闘争の所産であり、労働の経済的解放を成し遂げるための、ついに発見された政治形態であった」（『マルクス＝エンゲルス全集』第一七巻、三一九頁）。最初は、パリ・コミューンに批判的だったマルクスが、運動の進展の中に新しい可能性を読み取ろうとしている姿が見えます。この闘争は、経済闘争であると同時に、政治闘争であることを確認しています。それは新たな国家を目指す闘争であると。

しかし、実際にはこの闘争は崩壊します。それは、新しい「国家」を創造するという闘争が時期尚早であったからですが、マルクスがこの闘争の中に新たな可能性を見たことは重要なことでしょう。

Ⅱ-二-4　「フランスの憲法論」（一八五一年六月一四日チャーティストの雑誌 *Note to the people* に掲載）

権力の構造

さて、フランス憲法について書いた短い論文を一つあげます。それは一八四八年革命によって生まれた第二共和制の憲法について書いた論文です。

チャーティストのジョーンズは憲法に関する特集を組んでいて、もっともよくできた憲法といわれるフランスの一八四八年憲法とそれ以外の憲法との相違についてマルクスに書いてくれるよう依頼します。しかしマルクスはこの中で非常によくできているはずのこの憲法に潜む落とし穴について語ることになります。

まず「序文」についてこう触れます。内容はこうです。フランスは共和国であること。フランス共和国は不可分の民主政体であること。原理は自由、平等、博愛であること。その基礎には労働、家族、所有、公共秩序があること。他国を尊重し、他国の自由を尊重し、他国を侵略してはならないこと。

非常に立派に見える「序文」ですが、すでにここにはいくつかの問題が含まれているというのです。ここには、当初意図された無償教育の権利、労働権、国家の人民に対する援助などがすべて消えている。六月蜂起によって労働者の力が弱まったことで、こうした権利は必要なくなったというわけです。つまり、この序文は、労働による所有を謳うことで、国家が労働者を保護する権利を放棄したわけです。

こうして出てきたのは、一般的な意味での自由と個人の独立の権利です。そして、そこにはある条件の下ではそれすら守られないという留保がつきます。しかも、憲法を基礎にして生まれたはずである法律が、憲法に足かせをするという形で留保が付けられます。憲法がすべての基礎をつくり、それによって法律が生まれるというのではなく、憲法を法律が縛り上げていくという転倒した関係が生まれます。つまり、国家が危機の場合こうした権利は守られないということ、外国人は警察によってどうにでもなること、市民は公務員の判断でどうにでもなること、異常事態と判断したら、裁判も行われないことなどです。

確かに政治犯の死刑はなくなりましたが、灼熱のカリブ海の島に裁判なく送られ、そこで死ぬことは認められているわけです。公共の安全という概念の解釈が、恣意的にまかされることで、すべての自由が侵害される可能性が出てきたわけです。出版の自由はすでに六月に制定された法律で、損なわれます。抵当金の導入、印紙税の導入、記事の署名の義務などで、すでに四八年体制以前のように出版の自由が否定されてしまった。結社の権利、集会の自由も六月制定の法律で警察の判断に委ねられることになってしまっている。四九年には、政府が危険だと判断したクラブは廃止できることが決まった。

もっとも踏みにじられた規定は、選挙に関する規定です。二一歳以上の男性すべての投票権が認められたにもかかわらず、政治犯などには選挙権がない。反対派はことごとく政治犯であるがゆえに選挙から無縁となる。

大統領に関する規定において、「大統領は少なくとも三〇歳以上でフランス生まれ、フランス国籍を失ったことのないものである」という規定になっているが、すでにルイ・ボナパルト大統領自体フランス国籍を失い、イギリスでスパイをやり、スイス国籍をもっている人物です。しかし、彼は大統領に選ばれてしまった。だから、すでにこの憲法は憲法に違反した人物を認めてしまっているわけです。

大統領は、四年任期で、四年のインターヴァルを置かないと再選されないという規定になっている。そうなるとどうなるか。為政者は息子や妻などありとあらゆる傀儡を作ろうとする。もちろんこの共和国憲法はそれも避けるために六親等までの親族の大統領への被選挙権を奪っているのです。

優れた憲法は優れていることで改憲される

だからこそ為政者はこの憲法を変えるしかない。逆にこの立派すぎる憲法が、大統領の独裁を生むわけです。大統領が悪い人間で、立派な憲法を押し付けられたらどうなるか。当然それを改定する。まるでこの憲法は破ってくださいと言っているようなものです。

そこで、憲法の改定をしたくなる。ではどうやったら改定できるか。この憲法にも当然改憲の規定がある。しかも細則まで規定している。改定に当たっては議会がこれを行う。議会の投票には、少なくとも五〇〇人の議員の投票が必要であり、憲法改定委員会が三カ月以内に設立される。しかし、ここに「緊急の場合」という但し書き事項がついていて、簡略化が可能であるとなっているのです。つまり、この規定には緊急の際にはこうした規定が守られないことが規定されているわけです。

マルクスは、この憲法の特徴をこうまとめます。読者はよく読み、これほどよくできた憲法の中にさえも巧妙な抜け穴が隠されていることに気づかねばならない。たとえその穴が見つかったとしても、すでに憲法を無視した数多くの法律ができたことで、憲法がそれに縛られ、身動きできなくなっていて、法律ではなく憲法を変えざるをえなくなっていることに気づかねばならないと。こうマルクスは、人民に語りかけます。「人民よ。原則ばかりでなく細則に注意せよ」と。

ひとつの例をマルクスはあげます。自由を謳ったこの憲法の下での労働者に対する監視の話です。どの労働者も名前、出生場所、職業などが書かれた手帳を警察から交付され、それを雇用先に提出しなければならない。彼が、そこを去る際その理由が書かれる。それは、やがて警察に回覧され、その労働者についての資料となる。労働者は警察からこれを受け取り、他の場所に移るのだが、結果としてすべての報告が伝えられる。これは、労働手帳いわゆる労働ビザで、パスポートの役割も担っているわけです。悪いことがあるとそこに警察によってそのことが付加される。「このもの故郷に帰るべし」と。こんなことは封建時代の農奴制にも、インドのパーリア制にもなかったことだとマルクスは述べるのです。

最後にこう結論します。ナポレオンには、ひとつの選択しかなかった。それは憲法に挑戦し、軍を掌握し、議論を空虚にし、合法的にその機能を捨て去ることとしか。

そして、マルクスの教訓はこうです。憲法はすでに条例、法律などによって実は破壊されている。法律がこうなっているからといって憲法改定がせまってくる。けっして原則が定めているように、憲法から、条例といった順序ではないということに注意しろということです。

第三章

経済に関する著作

市民社会の分析

マルクスは、一八四四年に経済学に関するノートを取り始めます。スミス、リカードなどの書物をフランス語で読み始めたわけです。後年、経済学への興味は、『ライン新聞』時代に「木材窃盗問題」や「モーゼルの農民問題」についての記事を書いたこと、そしてエンゲルスの「経済学批判大綱」を読んだことから始まったと述懐していますが、基本的にはヘーゲルの法哲学における国家と市民社会との分裂、前者が政治、後者が経済という枠組みの中で、後者の問題を理解するためだったわけです。

以来、マルクスほぼ全生涯を通じ経済学の研究に勤しみます。その最初の成果が、プルードンの『貧困の哲学――経済的矛盾の体系』（一八四六年）を読んで、その批判を書いた『哲学の貧困』です。経済学に関する研究は、ロンドンで深められ、一八五九年に『経済学批判』として出版されますが、その前に取られたノートは『経済学批判要綱』として今では重要な書物として出版されています。

しかし、何といってもマルクスの生涯最大の著作で、かつ主著は『資本論』でしょう。マルクスは、この著作によって歴史上に不滅の名前を残しているともいえるわけです。

このように見るとマルクスは、第一に経済学者であると考えることができます。もちろん、それには幾分の保留が必要ですが、彼の第一の研究領域が、経済学であったことは間違いありません。『資本論』のために書かれた草稿だけでも膨大な量に上ります。しかも、最初のプランは壮大なもので、もしこれが完成していたら、数十巻の書物になったのではないかと思われます。

経済学批判の意味

それでは、マルクスは、なぜこうも経済学にこだわったのかという問題があります。社会の変化が生産力とそれに照応する生産諸関係によって引き起こされるのだとすれば、さまざまなこの社会の変化は経済学の分析なくして成り立たない。とりわけ市民社会の中で経済権力を握るブルジョワを分析することが、将来の経済的権力を収奪するプロレタリアの予測につながる。

前章で述べたように経済的権力をもつものが、政治的権力を奪取する。それが革命ならば、経済的権力を実現するブルジョワの経済的内容を知る必要がある。そもそもそうした意味でマルクスは、ヘーゲルの『法哲学』から、そして、フランス革命史研究から、市民社会、すなわち経済学の研究に進まざるをえなかったわけです。その構造がわかることで、市民社会の論理がつかめる。

実際、こうした意味での市民社会、すなわち商業社会の論理は、イギリスで発展しています。フランスやドイツでは、こうした社会は発展しなかった。イギリスでは、こうした市民社会に関する業績がやがて経済学という学問をつくりあげるわけですが、その意味では経済学という学問は、イギリス以外に存在しえなかったといえます。ドイツにおいてそれを肩代わりしたのが哲学、フランスにおいては政治学であったとすれば、イギリスの経済学はイギリス独自のものということになります。しかし、マルクスはこのイギリスにおいてすべての歴史の秘密があると思ったことも事実で、彼の研究が、哲学や政治学よりも経済学に向かったのは、まさにこうした意味があったわけです。

そこで分析の俎上にあげられたのはスミス、リカードといった古典派経済学です。一八四四年の『経済学・哲学草稿』の第一章「疎外された労働」では、のっけからこの古典派経済学が、所有を前提にしているといって批判されます。マルクスの経済学への接近は、初めからその批判という視点で始まります。以後、数十年マルクスは、古典派経済学の論理を追いかけながら、そこに潜む一種の矛盾を暴き、そこに階級支配の謎を探ることになります。しかし、その過程はきわめて長いものでした、理由は、古典派経済学のもつ深さを知る必要があったからです。それを批判することは、最初に考えたほど簡単なことではなかったからです。

Ⅱ－三－1　『哲学の貧困』（一八四七年ブリュッセルで出版されたフランス語で書かれたマルクス最初の単著）

アソシアシオン

『経済学・哲学草稿』での経済学への批判はいさましいものでしたが、実は、当時のマルクスは価値論の意味も十分認識していなかった。その後、数年経済学の勉強を進めます。そして一八四七年、そのひとつの成果としてフランス語で『哲学の貧困』を執筆します。

この書物は、プルードンの「構成された価値」という概念を批判しています。プルードンは商品の価値はそのまま労働時間で表現できると思っている。しかし現実社会では価値は貨幣で表現されています。プルードンは貨幣という概観をとっぱらって労働時間で価値を計算すればいいではないかと考えるわけです。しかし、実際価値は決まった量としてあるわけではないわけです。後に社会的必要労働時間▼という日々変動するものを概念としてマルクスは導入するようになるのですが、その社会的必要労働時間は前もってわかるわけではないわけです。だから貨幣というものを使いながら計算するしかない。
問題は、価値が貨幣という形を取るか、あるいは労働時間という形を取るかではなく、商品生産社会では、価値は貨幣という形を取らざるをえないという問題です。プルードンはこの点を問題にしないがゆえに、価値を貨幣という形でしか表せない社会の問題が解けない。そこでマルクスは、商品生産を超える社会を構築することを主張するわけです。

プルードンは、集合労働力という概念を提示します。ひとりひとりばらばらの労働力よりも、集合された労働力は大きい、しかし、ひとりひとりに支払われる賃金は、ひとりひとりの労働力に対する代価である。集合労働力が、つくり出した総額とひとりひとりに支払われる労賃総額との差、その差額こそ利潤であるというわけです。だからこの利潤を管理すればいいということになりますが、経済学的に見れば、これはかなり乱暴な議論です。

いつの時代でも集合された労働力は、ひとりひとりの労働力より大きい。問題はなぜそれが利潤を生むのかの説明です。マルクスは後に、労働力の使用価値と交換価値の差額ということで、この問題を解きます。しかし、この問題を解いたからといっても、すべての問題が解決するわけではない。なぜ労働力は、使用価値と交換価値にわかれるのか、その問いが重要なのです。

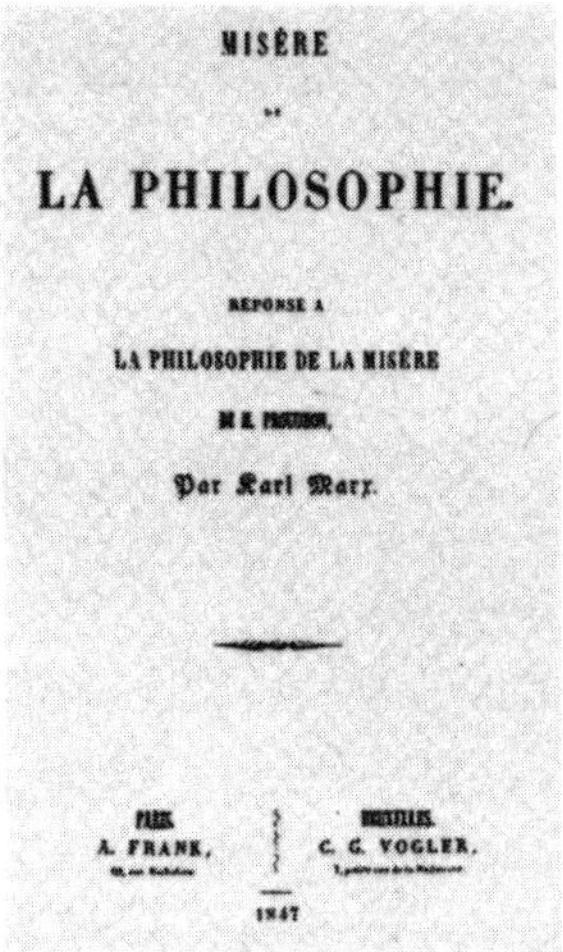
MISÈRE

LA PHILOSOPHIE.

RÉPONSE A

LA PHILOSOPHIE DE LA MISÈRE

Par Karl Marx.

PARIS. A. FRANK,

BRUXELLES. C. G. VOGLER,

1847

『哲学の貧困』

プルードンは、こうした利潤を管理するためにアソシアシオン▼を考えます。アソシアシオン、すなわち労働者の管理する組合をつくって利潤を管理しようというわけです。なるほど問題は、そのアソシアシオンの内部では解けます。しかし、実際には、このアソシアシオンは、ほかの資本主義的企業と競争せざるをえない。とするとそこでの利潤の確保は難しくなる。

マルクスは、商品生産社会の中で考えられうるこのアソシアシオンを批判しながら、一方で、それを乗り越えるアソシアシオンを主張します。商品生産社会を揚棄したアソシアシオンです。しかし具体的に、マルクスは、アソシアシオン論を十分に展開してはいないのです。ちょうど、その一年後に書かれた『共産党宣言』でも「アソシエされた個人」（拙訳『新訳　共産党宣言』作品社、六頁）という言葉が出てきますが、これも意味が不明です。『資本論』では、第一巻の最後の第二四章「いわゆる本源的蓄積」で、否定の否定、すなわち個人の労働に基づく所有を否定した、資本主義的領有（他人の労働の収奪）のさらなる否定によって、社会的領有の中で、個人の労働による所有が出てくる社会をあげますが、実はこれもかなり抽象的です。

政治と経済

アソシアシオンとならんで、重要なことは労働運動のあり方について述べたところです。「社会運動は政治運動を拒否する、といってはならない。政治運動であって、同時に社会運動でないものは存在しない」（『マルクス＝エンゲルス全集』第四巻、一九〇頁）。

労働運動が、政治問題ではなく、経済問題、すなわち賃上げ闘争へと還元されることへの批判です。当時マルクスはアソシアシオンを中心に考えていましたので、労賃の運動だけに労働者の問題は限定されないことを意識していたわけです。しかし、この問題ならむしろプルードンの方が積極的に議論しているテーマでもあります。政治的自主管理の問題、労働者がアソシアシオンをまず自主管理するということです。これは管理であると同時に政治でもある。経済の相互主義と政治の連合主義がまさにプルードンの思想です。少なくともマルクスは、この書物の中では労働者がアソシアシオンを組織していく政治的な運動については積極的に評価しているのです。

当然この問題は、政治に関するフランス三部作と関係しています。経済的権利闘争は政治闘争を含まずになされうるか。少なくともフランスにおいてはなされない。つねに階級闘争の問題が出てくるのです。外部に共産党という政治組織の前衛をもてばいいというのは、ある意味でマルクス主義の固有のテーマですが、しかしそれでは労働者の政治意識は形成されない。アソシアシオンというものが、たんに所有における問題のみならず、政治参加の問題を含むならば、両者の政治問題は重要な課題となるわけです。マルクスは、この書物の中でこの点についてかなり積極的に展開しています。

Ⅱ－三－２　『経済学批判』（一八五九年ベルリンで出版）、そして『経済学批判要綱』（一八五七－五八年草稿）

序文――生産力がすべてを決定する？

経済学批判は、いわば『資本論』の序説になっているのですが、『要綱』と同じようにやや歴史的な側面に力を入れすぎている。その意味では、貨幣論の歴史的叙述などは『資本論』より充実しているといえます。とはいえいかにも中途半端な著作です。

実はマルクスはこの著作を出版する前に、ある程度まとまった形の大部の書物を書いています。それが『経済学批判要綱』といわれるものです。しかしこれは未刊の草稿として残されてしまった。『経済学批判』はこの『経済学批判要綱』と一緒に見たほうがいい書物です。

とくにこの『経済学批判』の序文は有名ですが、それはそこに有名な唯物論の定式が書かれてあるからです。それは一方で『要綱』の序説とも深く関係しています。唯物論の定式とは次のようなものです。すなわち生産力の一定の発展段階に照応した生産関係が土台にあり、その上に法的・政治的制度や社会的意識形態などの上部構造が乗っている。土台は上部構造を基本的に規定していて、土台が覆ることで上部構造が変革されうる、と。

要するに、発展していく生産力が、それを支えていく人間相互の関係である生産関係を変えていく、それによってもろもろの規制、たとえば法律であるとか、政治であるとかが変化していく。だから経済学の研究こそ、もっとも重要な研究であるというものです。なるほど、この議論をあまりに強調することは、すでに述べた政治学や哲学の議論を無意味にしてしまいかねます。あくまでも大筋においてそう考えられるわけであり、たいていの場合、それぞれの学問は独立しています。

だから『経済学批判要綱』の序説として描かれたかなり長い文章を読むと、それとは趣を異にする文章に遭遇します。四章からなるかなり長い序説です。

その中で、ギリシアの生産力と文化との非照応関係について疑問を呈しています。つまりそこでは非常に断片的な形なのですが、こうした唯物論的な歴史発展が可能でない場合についての叙述が書かれてあるのです。マルクスはこうした定式化を非常に恐れた人物ですが、その理由は、彼がとにかくありとあらゆる可能性を指摘するという性格の持ち主だったことが深く関係しています。ここでもそうでない場合をいくつかあげ、それを具体的に研究するつもりだったのでしょう。しかし、実現してはいませんが。

後にフランスのルイ・アルチュセールは、「重層的決定論」（生産力が直接社会を規定するのではなく、最終的に規定するのだという考え）という名称でこの問題を解きますが、それはまさに生産力は最終審級にすぎないのであり、たいてい生産力とは関係のない条件によって変化しうるということを指摘するわけです。それはこの序説の文章に影響されています。

歴史と理論——方法の問題

『要綱』で非常に有名なものは、資本主義社会とその歴史性に関する問題です。それは国民経済学者が前提としている資本主義以前の人間の本来の性格についての疑念から始まります。すなわち利己心をもった人間とは、はたして資本主義以前からいたのかどうかという問題です。

マルクスはこう書いています。「スミスやリカードがまったくその影響下にあった一八世紀の預言者たちは一八世紀のこうした個人（著者―利己的個人）を（略）過去に実在した理想として思い浮かべていたのである。歴史の結果としてではなく、歴史の出発点として」（『要綱』第一巻、大月書店、五―六頁）。

スミスは、利己的人間という考えを歴史貫通的なものと考えたのですが、マルクスはそうではないと主張します。彼らの方法論は、今を過去に読み込むという発想ですが、マルクスはそうではなく過去を過去として読み込むという発想で歴史を分析します。

『経済学批判』

『経済学批判要綱』

そうなるとどうなるか。過去の共同体は利他的な社会であった。するとどこかで大きな変化が生じたということになります。少なくとも利己的であるということは歴史的なカテゴリーであり、歴史貫通的な人類普遍のカテゴリーではない。しかし、経済学という学問は、いつもある時代の人間を設定し、それを一般化したがる。そのため現状肯定的になるのです。そこでマルクスは歴史という問題をこの『要綱』で展開する。『要綱』はその意味で、資本主義社会に至る歴史過程が詳細に分析されている。しかし、実は問題もあります。なぜなら、過去の歴史が、こうだからと言って、未来は過去と同様に変わるという予想はできないのです。現在は、歴史の終焉かもしれない。そうすると一度開いた利己心という性は永遠のものかもしれない。歴史主義の陥る罠があるわけです。

マルクスはそのことを十分承知していたわけです。歴史と理論は違う。歴史は前提として問題にできるが、理論の中でこれを問題にすれば、理論を阻害する。それでは理論を理論として扱えばどうなるかというと、歴史を捨象せざるをえなくなる。これはひとつのアポリア（解けない問題）です。

そこでこの方法論上の難点を解かねばなりません。実は『要綱』を書き上げてそれがわかった。そのため『要綱』の序説と本論が矛盾している。本論は歴史的であり、序説はこの歴史主義を打破しようという方法論を展開するわけです。

序説では「商品」なる概念にどうしてたどり着いたかと書いています。こうして上向法という方法が語られるのです。すなわち、抽象的なものから具体的なものへと説明していく方法。研究はそれとは逆です。下向法といわれます。細かい現実の問題を調べる。その中からもっとも重要な本質的要素を抽出していく作業が研究です。そしてその中からひとことでその時代を表現する言葉を探す。それが抽象です。マルクスがたどり着いたのは商品という言葉だったわけです。

この商品というものは、たとえば鉛筆や机ですが、商品という言葉にはあらゆることが含まれている。売るために作るということです。これはこうした財のみならず、人間や貨幣も含みます。人間も労働力商品であり、貨幣も商品です。こうして資本主義のメカニズムは、すべてを商品化するという点にあることにたどり着きます。

この商品は、当然歴史的には、共同体と共同体が交差するところに生まれたはずですが、現在、目の前にある商品を見てもそのことはわからない。とりあえず商品をあるがままにとらえようと考えます。そう考えると『要綱』はそうなっていない。まさに商品の歴史的経緯が書かれている。マルクスはこの草稿を放置することを決定します。それは方法と合わないからです。

逆にいえば、『要綱』の方がわかりやすい。それはなぜか。それは具体的な歴史的経緯が詳しく書かれていて、理論と違って楽に理解できるからです。

三つの段階

この『要綱』全体を貫いている歴史主義を知るためには、三つの段階を知る必要があります。『要綱』の第一二章ですが、そこでこう述べています。資本主義以前の「人格的依存関係」の時代が、市民社会において「物的依存関係」の時代に変わり、それがやがて「自由な個体性」の時代に至り、高次に再現された「人格的依存関係」の時代が復活すると述べています。

これは否定の否定という後の『資本論』で、展開する論理ですが、過去のある時代にあったものが、形を変えて復活するという論理です。『資本論』では第二四章の「いわゆる本源的蓄積」の最後で、個人的所有の再建として述べられているものです。

もう少しわかりやすく説明しますと、人格的依存関係の歴史とは、人間と人間が、その人格によって結び付き合っている社会を意味します。この時代には、階級や身分がすべてを決定する。階級や身分が、人格として社会を規制するからです。ところが商品生産が一般化してくると、つまり商業社会が一般化すると、人間の価値は貨幣量によって決まってくる。貨幣の量が力を与える。そうなると人間相互の関係は、義理や人情ではなく金、すなわち物になるわけです。こうして物的依存関係が生まれる。

物的依存関係はすべてを商品に変えることで、世界を規制していくわけですが、この時代が再び新しい時代を創ることになります。それが自由な個性をもった人格的依存関係の時代。この時代の人格関係は身分や階級ではなく、人間としての尊厳ということになりますが、具体的にそれがどんなものであるかは書かれてはいない。

ただ、こうした歴史の論理と理論とをどう結び付けるか、これは『資本論』に受け継がれるわけです。

Ⅱ－三－3　『資本論』（第一巻は一八六七年ハンブルク、オットー・マイスナー社で出版。第二巻はエンゲルスの手で一八八五年、第三巻もエンゲルスの手で一八九四年同社から出版）

出版の反響

一八五〇年代から大英図書館にこもりながら研究を続けたマルクスは、一八六〇年代『要綱』を改め、新たな草稿を執筆します。しかしこの『一八六一年―六三年草稿』もさらに書き改め、第二巻、第三巻の原稿もある程度仕上げた（かなり不完全なものですが）中で、第一巻の原稿を執筆し始めます。

一八四五年に経済学に関する書物を書くといって出版社と契約して、二二年後、念願の書物はやっと完成するわけです。この書物は、八〇〇頁の厚さです。その最初の反響は静かなものでしたが、次第に大きな反響を呼んできます。一八七二年仏語版が分冊で出版され、一八七三年にはドイツ語第二版が出版されます。それ以降についてはあえて語る必要もないくらいの名著となります。

マルクスが苦笑しながらこの原稿料はこれを書くために吸ったたばこ代にもならなかった、といっているほど長い時間をかけて書いたこの作品ですが、文章はかなり難解です。それは当然です。彼の批判の相手はブルジョワを支援する大学の大勢の教授たちだったからです。内容は労働者のための書物ですが、書き方は経済学という学問を支配している経済学者の言説批判です。

彼らの論理に乗っかりながら、結局彼らの結論が間違っていると説くわけですから、とりわけドイツの当時有名だった経済学者たちはマルクスに怒った。マルクスなどというどこの馬の骨かわからない素人に、彼らの専門である経済学を批判されたわけですから、マルクスが言っていることは、すでに自分が前に言ったことだ、などというおかしな反批判も出てきました。最初はこうした経済学者たちに無視されたのです。

商品

『資本論』第一巻は七篇に分かれています。商品と貨幣、貨幣の資本への転化、絶対的剰余価値の生産、相対的剰余価値の生産、絶対的剰余価値と相対的剰余価値の生産、労働賃金、資本の蓄積過程（フランス語版は八篇に分かれ、最初の四篇は同じですが、第五篇が剰余価値生産に関する最終的な影響、第六篇が労賃、第七篇が資本の蓄積、第八篇が本源的蓄積となっています）。この篇別を見ると大体マルクスの書こうとしていた筋が見えてきます。

資本主義社会を商品という細胞でできている社会と考え、まずそれを分析することが、第一篇の内容です。序文でもこのことを述べているのですが、この表現に最初は面食らいます。なぜ資本主義社会を特徴づけるものが商品なのか、なぜ利潤や資本ではないのかと誰でも思うからです。そこでマルクスは、そうした資本主義世界のカテゴリーをひとつひとつ分析していって、最後に行き着いたのが商品であることを示します。これが研究過程の下向法（具体的なものから抽象的なものへ至る過程、これに対して上向法というのは抽象的なものから具体的なものへ向かう過程）でした。

利潤も資本も、商品という細胞から起こる。ではその細胞とは何か。それは売るために生産するということだといいます。これは共同体の崩壊過程で始まる。要するに、人類の歴史を長い間規制していた共同体の社会が、崩壊するとともに商品生産社会が始まる。つまりこれとともに人間の在り方、つまり利他心から利己心への変化が生まれるわけです。

この商品の中でも、その価値を体現する特殊な商品があります。それが貨幣です。貨幣は商品でありながら、そこから外に出てもっぱら他の商品の価値を測定するだけの商品となります。この商品の使用価値は価値を測ることで、価値はもっぱらそこに体現されている労働量ということになります。貨幣や商品は、資本主義社会でなくとも存在しています。

商品生産社会は、まだすべてが商品ではないのです。まだ部分的な商品生産社会です。完全な商品生産に発展するのは、資本主義社会、すなわち、人間までもが商品として労働力を売るようになる社会になってからのことです。

こうしてありとあらゆるものが商品となる社会となり、その社会を映し出すものが商品ということになります。そこでマルクスはその商品の構成要素、使用価値と交換価値という二重性から、その商品に体現されている価値の実体である労働を導き出し、その労働は労働力商品によって生み出されるのだということを語ります。

労働力商品

この労働力にも使用価値と交換価値があります。交換価値とは自らの労働力の価格である賃金、すなわち再生産費用の部分、使用価値とは資本家のために支出する全労働のことです。この差額によって生まれるのが剰余価値です。

こうして商品の売買過程に特殊な世界が出現します。商品生産が一般化していくには、そこには詐欺瞞着がなく、等価交換されるという前提があります。毎日交換される商品は等価である。だからこそ普及する。しかしそれだとおかしなことが起きます。どこから利益は生まれるのか。

そこで特殊な商品の存在を指摘するわけです。それが労働力商品。商品と商品との交換において不等価交換を生むのだが、けっしてそれが見えないもの、それが労働力商品です。労働力商品の売買においては不等価交換が行われるが、それが見えない。等価交換に見える。資本主義の利益はここから生まれる。当然商品だって価値通り売られていないという言いかたはなされますが、これは古典派経済学が示している通り、長期的には等価に落ち着くはずのものです。そうでなければ安心した売買は成り立たない。商品交換は交換する相手がお互いに信用できる自由な存在であるという前提があります。だから商業社会は、市民社会です。

しかし労働者と資本家との間には等価は成り立たない。なぜか。つまり、お互いが自由な関係にないからです。そこで労働者がどうやって生み出されるかを分析する必要があります。これは歴史的過程ですが、土地を追い出され、労働力以外に売るものがない人々の出現が示されます。彼らは不利な位置にあることで、労働力を安く買いたたかれる。ここに資本主義社会のもつ階級闘争といった性格があるのです。市民社会、すなわち商業社会がつくりあげた独立した人格の自由な交換といった原則が、資本家と労働者の間では成立しない。

こうして貨幣は、資本として工場に投入され、労働力商品を購入したことで、剰余価値を生み出す、資本となります。資本は価値を増殖することに意味を見出すわけで、資本主義社会はその限りにおいて、独立生産者を徹底して破壊し、彼らを労働者にしなければなりません。もてるものともたないものの闘争は、この収奪関係、階級闘争の中に存在するわけです。

労働力商品からの絞り取り方——絶対的剰余価値と相対的剰余価値

さて工場に入った労働力商品は、まず工場に張り付けられることで、労働時間を強制されます。賃金は労働力商品の価格ですが、これは一定の労働時間に対して支払われます。よって、なるべく多くの時間労働させ、安い賃金に抑えたいという欲求が出てきます。抵抗のできない労働者はそれに従います。

もちろん二四時間という絶対的な限界、再生産に必要な睡眠、食事の時間という限界の中で、多くてもせいぜい労働時間は一六時間が限界です。しかしこの時間働いた労働の中で、賃金として支払われるのは必要労働の部分、すなわち八時間にすぎません。残り八時間は資本の価値増殖のために働く。そうでなければこの商品を買った意味はありません。こうやって労働時間を延長することで得られる利益を絶対的剰余価値といいます。

やがてさまざまな社会問題が起き、労働時間を減らそうという労働争議が起きます。資本は最初抵抗しますが、あっさりとこの問題を解決します。機械の導入です。

機械の導入は、労働時間の減少の問題を解決します。機械の導入によって生産力はアップし、一商品当たりの価値が減少します。その結果労賃として支払うべき価格も減少し、一方で労働者の単位時間当たりの労働も強化されます。たとえば、一二時間、一〇時間と労働時間が減っても、労働者に支払うべき労賃の部分、すなわち必要労働部分も減少しますので、剰余労働はたっぷりと獲得できるようになります。これを相対的剰余価値といいます。

歴史的には絶対的剰余価値から相対的剰余価値へという進展ですが、絶対的剰余価値が失われたわけではありません。労働時間を延ばせるなら延ばしたい。実際、機械は文句を言いませんので二四時間稼働させ、文句をいう労働者だけを三交代で変えているわけで、絶対的な時間はフルに使っているわけです。

労賃

労働時間に対して正当な賃金が払われているかどうかは労働者にとって関心のあることです。一二時間労働した労働の対価が労賃だとすれば、当然それだけの対価を受けているかどうかが気になります。しかし実際にはその労働時間に応じたものを獲得していないわけです。六時間が彼らの賃金相当部分であれば、当然、それ以上は働くことをしなくなります。そこでこの関係が不分明なままにする必要がおきます。

労賃は、労働の対価で払われているわけではない。ここに大きな問題があります。賃金は歴史的条件によって、規定されている。しかも、それは当然国によっても、生活に必要な商品の価格、労働運動などによっても左右されています。労賃の決定には、基本的には不確定な政治的要素が入るわけです。

そこで資本は、一度購入した労働力の労賃に対して、一定の労働時間を働いてもらう代償であることを強調する意味で、後払い方式を取ります。それは時間払いから月払いといった形で次第に労働時間と必要労働との関係が見えない形に進展します。月給といった形では、具体的にどこまでが必要労働時間なのかということさえわかりにくくなっています。

究極は、出来高払いです。ある一定の結果を出さねば労働したとみなさない。出来高は能力給ですが、実際その出来高が本来の労働時間とどう関係しているかなどとは問うことさえできません。なぜなら、そこには労働時間という外観が消えているからです。

資本がこうした狡猾な手を使うのは、そもそも労賃が階級闘争と深く関係してくる問題だからです。文句をいわない労働者からは有無をいわさず絞り取る。

資本蓄積

資本はこうして労働者を搾取しながら自己増殖をしていくわけですが、ここでひとつの疑問に突き当たります。その資本はどこから来たかということです。誰もがずっと平等であったとすれば、資本をもっているものがいないわけです。そこでこういう神話がつくられます。「昔々勤勉な人がいました。その人の子供もやはり勤勉で、その孫もまた勤勉でした。一方で怠け者がいました。その子供もやはり怠け者で、その孫もやはりそうでした。数千年がたち、お金持ちと貧しい者に分かれました」と。そこからこの話は始まるわけです。

確かに資本主義の話は、資本主義以前を問題にしないと始まらない。しかし資本主義以前の歴史がわかるとまずい。だから、勤勉な人の歴史を創り、資本主義を美化する必要があるわけです。経済学者の多くはここで、過去の歴史の汚点を封印します。

そこで真実はどうだったかという問題を一〇〇〇年近く前まで遡ぼります。資本が蓄積されるには、いくつかの歴史的条件が必要であったこと。まず労働の習慣を徹底させること、労働以外で生きていけないものをつくりあげること、そして彼らを雇う資本を蓄積すること。これは国によってそれぞれその過程が異なるものの、あるときは国家権力によって、あるときは法律によって、あるときは宗教によって、あるときは軍隊の動員によって行われたのです。資本家となったものはあるときは泥棒であったかもしれないし、あるときは強盗であったかもしれない。しかし、資本にはそのことは刻印されていない。しかも金持ち同士も戦いあい、より強い金持ちが弱い金持ちから収奪していった。集中と集積による資本蓄積の結果、資本主義生産の基礎はできあがる。そして、法律や制度といったものによって、勤勉の習慣も教え込まれる。あたかも数千年前から人類はこうした生活をしていたかのように思えるような世界をつくっていったわけです。

否定の否定

こうしてマルクスは、独立生産者が追い出され労働者となっていくさまを描き、それ私的所有から資本主義的所有への変化と書きます。こうした資本主義的所有は、労働を搾取する権利をもつ所有、すなわち領有をつくり出した。そして資本主義社会を発展させた。しかし、やがてこうした所有は、どんどん集中集積を繰り返しながら資本の社会化をつくっていく、つまりごく一部の資本家に集中していくわけです。労働者は、この闘争の中で次第に力を貯え、大きな闘争を行えるようになる。そうしてこの資本家たちから生産手段を収奪することが可能になる時が来るであろうと予測します。

冷静な分析から突然、未来予測に至るというやや離れ技をしていますが、階級闘争の書物であることを理解すれば、それも無理はありません。資本主義的生産形態は、階級闘争をとことんまで推し進め、そして資本家が収奪したものを再度プロレタリアが収奪するであろうというのがマルクスの論理だからです。

これは『要綱』での三段階論と極めて似ています。表現はもちろん異なっていますが、変化の具体的な内容はそっくりです。

第二巻、第三巻

実は、マルクスは第一巻を書きあげ、ある程度できあがっていたにもかかわらず、第二巻、第三巻を出版することができなかったわけです。その理由は、病気、経済の変化、インターナショナルの仕事、新しい論理の問題の発生などいろいろあります。エンゲルスが編集した残りの巻について簡単に述べておくことにします。

第一巻は、資本の生産過程でしたが、第二巻は資本の流通過程、そして第三巻は総過程となっています。第二巻は、資本が回転していく中で流通過程がどのような問題をもつかを分析している書物です。大きく、資本の循環、資本の回転、再生産にわかれます。

マルクスは、生産過程の分析から始めたのですが、重商主義者は貨幣資本の循環から、重農主義者は商品資本の循環から、そして古典派は生産資本の循環から分析する。やはり最後の分析の仕方が正しい。このことを循環についての特徴を分析しながら述べます。最大のポイントは、流通過程の中で、生産物の価値が貨幣と交換されるという問題です。だからこそ、商品資本の生産過程は、一方で貨幣資本の流通過程として現れる。資本は生産されたものを販売し、貨幣を回収しなければならない。その際どうしても売れない期間が出てくる。したがって売れない期間における生産を維持するためには、最初の生産に投資した以上の貨幣を持っておく必要がある。これが遊休資本として存在しなければならない。資本はこの売れない期間をなるべく少なくしようとするが、解消することはできない。ここに、生産資本の継続を図るための信用の問題が出てきます。再生産過程はまさに、こうした貨幣資本と生産資本との交換関係を分析することです。あらかじめ用意された貨幣資本

『資本論』第2巻、第1章の草稿

が再生産過程において必要になる。このことは当然資本主義が拡大再生産である以上、余分な貨幣の存在を必要とするわけです。こうして流通過程は、貨幣量の増大の危険性をつねにもつ。

この内容を見ればわかるように、流通過程では階級闘争の問題が明確に見えてきません。むしろ生産物が貨幣に置き換わることで、搾取関係がはっきり見えなくなっています。だからこそ、当然の結果として流通から見れば、剰余価値は生産における労働者の搾取からではなく、むしろ流通における不等価交換の結果として見えるわけです。流通から見れば、剰余価値、すなわち利潤は、投入した生産費用、つまり不変資本と可変資本という費用価格から利潤が生まれるように見える。そこで第三巻の内容は、この流通においてそう見える世界を批判することに充てられます。

第三巻の篇別構成を見ると、剰余価値の利潤への転化、利潤の平均利潤への転化、利潤率の傾向的低下の法則、商品および貨幣資本の商品取引資本および貨幣取引、利子つき資本、超過利潤の地代への転化、諸収入とその源泉です。

総過程とは、さまざまな資本の競争の世界です。だから個別企業の問題から、他の企業との競争の問題が出てきます。競争を経ることで、利潤は労働者の搾取から生まれるのではなく、他の企業との競争の中で生まれるように見える。なるほど生産性の低い企業からの利潤の収奪もありえますが、それも結局はそうした企業が生み出した剰余価値からの収奪である点において、労働者からの収奪なのですが、平均利潤率＋費用価格という生産価格の概念からは、搾取の実態はまったく見えず、利潤は、もっぱら他の企業との競争から生まれるように見えるわけです。

その意味で、生産性をあげれば利潤が多く得られる。つまり生産性が高いということは、過去労働である不変資本が大きいということで、資本主義の競争は、どんどん不変資本部分を増大させていく。結果利潤率、すなわち不変資本と可変資本を足した総額で、利潤を割った値は、どんどん下がっていく。これを利潤率の傾向的低下の法則といいます。

しかし、利潤率の低落は利潤の総額を増やす意味において、資本にとって楽なものではありません。つまり、資本は大規模投資で少ない利潤をあげるよりも、小規模投資で大きな利潤をあげることが普通だからです。これは矛盾します。当然利潤率の傾向的低落を阻止する要因がでてきます。こうして再び利潤率をあげるための努力がなされるわけです。それは第一巻で述べられた絶対的剰余価値、相対的剰余価値を引き出す動きであり、またなるべく早く商品を売りさばき、回転を速めることなどです。こうして信用という手段が大きな役割を担います。

まさに信用制度の出現によって、資本主義社会の転倒した擬制的世界が生まれます。いわば信用制度の展開は、資本論の白眉でもあります。信用とは、銀行に集積された資本が何倍にも膨れ上がり、実際の生産能力を超えた資金をつくり出す過程ですが、これは資本主義社会が、擬制的（fictive）な世界をつねに、貨幣という力で持ちうることを意味します。生産能力を超えたところに擬制的につくられた貨幣が出現することで、資本は巨大な力を持ち、しかもそれによって、利潤を生み出す生産における資本家対労働者という構図は消え、利潤をめぐる利子生み資本たる銀行対生産資本における資本家との闘争に見えるようになります。ここでの資本主義は、生み出される擬制的架空の貨幣資本が生み出す利潤をどう取り扱うかということが議論になっていて、利潤が生産、それも労働者の搾取から生まれるという概念は完全に消滅している。いわば資本主義社会の価値は生産ではなく、流通において生まれるというまったく転倒した世界として出現しているわけです。

次の地代と諸収入は、まさにこの問題のひとつのヴァージョンとして扱われます。つまり利子生み資本が生産資本の利潤を収奪するのと同じように、地主の地代は生産資本から利子たる地代を取る。最初に搾取した生産資本が獲物を殺したライオンだとすると、彼らから奪おうとするハイエナは利子生み資本、そして地主はハゲタカということになります。これらの階級は、本来は、一括して利潤をむさぼり食うという意味ですべて資本家階級なのですが、実際には、資本主義社会は最初に価値を生み出した労働者階級をそっちのけにして、生産資本と地主、金利生活者のすさまじい利益争奪戦に見えてしまう。

　こうしてマルクスは、総括として三位一体、すなわち労働－労賃、資本－利潤、土地－地代という世界を整理し、これらの現実に見える闘争は、実は労働者対資本という階級闘争の現象形態にすぎないことを分析します。そして最後に「諸階級」という途中で終わっている草稿が来るのですが、マルクスは、ここで資本主義社会はこうした幻想的、錯視的な世界ではなく、根源的には階級闘争の世界なのだということを主張したかったのだと思われます。

　こうして、マルクスは資本主義社会に見える現象形態たる、利潤、生産資本、貨幣資本、地代というカテゴリーを、本質を見えなくする錯視的概念にすぎないとし、第一巻で分析した生産における価値の問題の正しさを再確認するつもりだったと思われます。

　とはいえ、ここまで断定するのは断定しすぎともいえます。なぜなら、『資本論』第二巻、第三巻は未完の草稿だったわけで、実際にマルクスがどう展開しようとしていたかは、あくまでも現行の第二巻、第三巻を解釈する限りにおいていえるにすぎないからです。

プラン問題

『資本論』にはプラン問題というものがあります。これはもともとマルクスが『経済学批判』をどのようなプランで書こうとしていたのかという問題です。第一のプランは、『要綱』の序説にあるプランで、大きく前半の体系（抽象的規定、ブルジョワ的構造、国家形態におけるブルジョワの総括）と後半の体系（生産の国際的性格、世界市場と恐慌）でふりかえります。同じ要綱にもうひとつ別のプランが掲載されています。それは（1）資本、（2）土地所有、（3）賃労働、（4）国家、（5）外国貿易、（6）世界市場という順序です。そして資本は、a資本一般、b諸資本の競争、c信用、d株式会社となっています。

　問題は、マルクスがこの最初のプランを変更したかどうかということにあります。もしこの順序で書かれたとすれば、『資本論』は少なくとも（1）であった可能性があります。狭く限定すればaの資本一般、広く見て資本。しかし第三巻には土地所有、階級、賃労働などもある。プランを変更したとすれば、『資本論』は、すべてを含む可能性があります。しかし、いずれにしろ、『資本論』は未完の断片で終わっています。

こうした問題は、『資本論』第二巻、第三巻をどう理解すべきかという問題と関係しています。確かにマルクスは第一巻で、第二巻、第三巻で平均利潤率などを扱うことを予告しているので、第二巻、第三巻を出す予定であったことは間違いないのですが、どこまでが、その範囲なのかがわからないのです。たとえば現行の第三巻は、予定された第三巻の範囲を超えて、それ以降の断片も入っているのではないかとも考えられるからです。エンゲルスは、マルクスの計画を第三巻まであったとし、そしてそれがすでに出来あがっていたという前提で編集していますので、すべての断片をこの中に入れた。しかしもしそうではなかったならば、かなり混乱したものを編集したことになります。だから、とりわけ第三巻は、かなり落ち着きの悪い内容をもっているともいえるわけです。

Ⅱ－三－4　『賃労働と資本』（一八四九年四月『新ライン新聞』に五回にわたり連載）、『賃金、価格および利潤』（一八六五年インターナショナルの中央評議会で行った講演草稿で娘エレナーによって刊行）

『賃労働と資本』

これは、一八四七年ブリュッセルのドイツ人労働者協会での講演記録です。ここでは労働力と労働という概念が十分区別されていませんが、マルクスの賃労働の基本的概念は述べられています。労働者が生産手段を奪われた弱い条件のもとにいること、そのために労働力を売らざるをえないこと、そしてそれは剰余価値を資本家に与えることによってのみ成り立っていることが明確に述べられています。

資本家間の自由競争によって、労働者のみならず資本家の一部も労働者に落ちていかざるをえないこと、そして労働者は産業予備軍▼によって賃金を押しとどめられることなども書かれています。

『賃金、価格および利潤』

この講演は、当時、労働者の賃上げ要求に対して、賃上げは、物価上昇をもたらすだけだと唱えていたイギリスのジョン・ウェストン▼を批判するために行われたものです。結局賃金の上昇は、利潤率の低下はもたらすが、物価には影響しないということを述べています。とりわけ、この議論は当時完成しつつあった『資本論』の内容をコンパクトにまとめているという点でも、『資本論』入門という性格をもっています。賃上げ闘争は、階級闘争であり、賃金にはあらかじめ固定された基金のようなものはなく、闘争によって決まるものであり、闘争は失われた賃金を再獲得するだけのものであり、物価上昇などという議論に惑わされてはいけないと述べます。

第四章 ジャーナリストとしての著作

ジャーナリストとしてのマルクス

マルクスの仕事は、本来ジャーナリストです。大学教師の道を閉ざされた後、新聞社に勤務します。以後、中断はあるものの、ジャーナリストとしての活動を続けます。実際、当時印刷された多くの論文も、新聞に掲載されたものが多いのです。

初期の木材盗伐や出版法に関する論文は『ライン新聞』、初期の傑作である「ヘーゲル法哲学批判序説」、「ユダヤ人問題によせて」は彼が編集した『独仏年誌』に掲載されたものですし、『フランスにおける階級闘争』は、『新ライン新聞—政治経済評論』、『ルイ・ボナパルトのブリュメール一八日』はアメリカの『レヴォルツィオーン』に掲載されています。

とりわけ一〇年以上にわたって書き続けた『ニューヨーク・デイリー・トリビューン』の記事は、まとめると『資本論』を超えるマルクス最大の著作ですし、毎週二回書き続けた彼の筆のマメさに驚きます。

もちろん、これが、エンゲルスの支援をのぞけば彼の唯ひとつの収入源だったからですが。

もちろんジャーナリストといってもたいていの場合、大新聞ではなく、小さな反政府的な新聞の記者だったわけです。マルクスの時代を見る目が確かなのはジャーナリストとしての感覚にあると思われます。

一九世紀のジャーナリズム

一九世紀までの新聞、雑誌の特徴は、当時の印刷技術のレベルと識字率の影響を受けていて、高水準の内容をもつ、少数のエリートのためのものでした。ところが、一八三〇年代に技術革命が進展し、一時間に一〇〇〇枚の新聞の印刷が可能になります。一八一四年にドイツ人ケーニヒ（1774－1833）がイギリスで開発したシリンダー印刷機の革命です。輪転機印刷は一八四七年に開発され、以後高速印刷の時代に進みます。こうして日刊一万部以上の日刊新聞が誕生します。印刷技術の発展は読者人口を拡大し、新聞の内容、形態、価格、読者層は大きく変わっていきます。

それまでの新聞の読者層はエリートであり、新聞の内容は極めて政治的で、どの新聞も政治的特徴を持っていました。マルクスが参加した『ライン新聞』はまさにそうした新聞だったわけです。紙面構成を見ると政治論説、各都市からの政治情報が中心で、広告、連載小説、その他の情報などはほとんど掲載されていませんでした。

しかし、一八三〇年代に新しい革命が起きます。それはエミール・ジラルダン（1806－81）による新しいタイプの新聞の登場です。彼は一八二八年『ヴォルール』（『盗人』）という新聞を発行します。これは文字通り盗人で、他の新聞の記事で面白い部分だけを切り取り、提供するというものです。新しい情報よりも、情報の質を比較するという手法をとります。さらに彼は『モード』という、政治記事を完全に廃止した、流行を掲載する情報誌を創刊します。

とりわけ彼の名前を有名にしたのは『プレス』の創刊です。『プレス』（一八三六年）は発行量を増大し、購読料を下げ、広告収入を主要財源とします。この新聞の特徴は各紙の比較、実用記事、連載小説です。購読者が拡大することで、読者はエリート層から民衆へと拡大します。その意味で実用的記事や小説、そして広告のもつ意味が大きくなります。

とくに連載小説は新聞購読者の拡大と話題性をつくります。マルクスが好んだバルザックの『老嬢』の連載を皮切りに次々と小説が連載され、お茶の間の話題になります。マルクスが、パリ時代にもっとも話題をさらったのが、ウジェーヌ・シュー（1804－57）が『ジュルナル・ド・デバ』に連載した「パリの秘密▼」です。

こうした新しい新聞の登場で、新聞界はまさに大きく変わりつつありました。バルザックは、当時の新聞の種類を『ジャーナリズム博物誌』（新評論、一九八六年）の中で二つあげています。第一はこれまでのスタイルである政治使命に燃えた新聞、もうひとつは金儲けのための新聞。次第に後者が力を持ちつつあった時代に、マルクスは、ジャーナリズムに参加したわけです。

したがってジャーナリストとなるためには、学者のような博識や、堅実な取材だけでは十分でなくなっていたのです。まず文章の力、読ませる技術です。そして大見得を切ったレトリックと風刺の登場です。そして口語調の文章の登場です。

レトリック

マルクスもこれに無関心であったわけではありません。いわば商品としてものを売るということが必要になったことを自覚していました。彼が、出版した著作のタイトルを見ても極めてジャーナリスティックなものだということがわかります。エンゲルスとの共著『聖家族』（一八四五年）は、そのタイトルそのものがキリストの家族、聖家族という題です。人目を惹くタイトルです。ブルーノ・バウアーなどの改革論者を聖人にたとえたわけです。しかもその冒頭で出てくるシューの『パリの秘密』はまさにその当時の話題の小説。マルクスはこの中の主人公ゲロルシュタイン公が世の中の悪をいささか残酷な形で、慈善という手法で解決していくさまを、聖人にたとえているわけです。もちろん風刺です。批判の相手はセリガ（フランツ・フォン・チヒリンスキー▼（1816－1900））ですが、バウアーも含めた聖家族を慈善主義的改良だと批判するわけです。マルクスは、当然この本が話題になるだろうという気持ちを込めてこのタイトルをつけたものだと思われます。

その二年後のフランス語で出版した『哲学の貧困』は、プルードンの『貧困の哲学』を揶揄したものですが、まさに当時の問題であった貧困問題を解決する書物プルードンの『貧困の哲学』の中のたったひとつの視点、すなわち方法論だけを抜き出し、この本は、結構なことが書かれているが、最大の欠点は、方法の欠如であると逆ねじをくわせるのです。哲学、つまり方法が欠如しているのです。しかしもとの『貧困の哲学』も売れなかったこともあり、ほとんど話題にさえ上りませんでした。

マルクスのジャーナリストとしての才能がもっとも結実しているのは、後述する『フォークト氏』、『ケルン共産主義者裁判』、『亡命者偉人伝』でしょう。いずれも身の回りの友人、知人を批判の相手とするわけですが、理論のみならず、性格や生活、そして噂に至るまで微に入り、細に入り批判していきます。『亡命者偉人伝』は比喩、隠喩、神話、詩や小説の引用、全面レトリックだらけの書物です。『フォークト氏』は、もっともマルクスの執念深さと語気の荒さが目立つ書物でしょう。一年間『資本論』の執筆を中断し、マルクスの名誉を傷つけたフォークトの生活を徹底して暴きます。『ケルン共産主義者裁判』はうってかわって、レトリックを抑え、ルポルタージュ風の報告文に徹しています。

マルクスの文章スタイルは時によって色々と変わるのですが、当時有名だったコンスタン▼（1767－1830）やシャトーブリアン▼（1768－1848）のようなセンスはないものの、トップクラスのジャーナリストの感覚をもっていたともいえます。

検閲制度

当時、ジャーナリストは国によっては厳しい検閲制度の中で生き抜くしかありませんでした。マルクスが住んでいた国、とりわけプロイセン、フランス、イギリスは検閲制度という点で大きな違いをもっていました。プロイセンは厳しく、フランスは制度的には検閲制度はないものの、かなり厳しい規制がかかっていて、イギリスは自由でした。

プロイセンは、一八一九年に検閲制度が確立します。まず新聞に関しては一八二二年から一八七三年に印紙税制度ができます。これは新聞一部について一年当たり国内販売の場合一ターレル、国外の場合一ターレル一〇グロシェンを取るというものです。これはかなり高い税金です。事実上、これは検閲の手数料となるわけです。また出版物一般についても一ボーゲン（一六頁当たり）三グロシェンの検閲手数料を取るというものでした。▼

一八四〇年代になり、ヴィルヘルム四世によってやや検閲制度が緩やかになります。運用面での自由を認めたわけです。一八四二年一〇月には二〇ボーゲンを超える頁数の書物は、すべて自由になります。これがきっかけで各地に新聞ができます。『ライン新聞』はそうした検閲の緩和の中で創刊されたわけです。こうして各地で出版の自由の問題が議論されます。マルクスが『ライン新聞』にライン州議会で『ライン新聞』のメヴィッセンが、この問題について議論したことを記事にします。

しかし逆にこれがプロイセン当局の反感を呼び、検閲制度が厳しくなり新聞への検閲は強化される事態となります。一八四三年に『ライン新聞』、『ライプツィヒ新聞』などが発禁処分となります。

マルクスが、プロイセンでのジャーナリズム活動を辞め、フランスに移ったのはそうした検閲の厳しさが理由でした。フランスでは、（1）保証金制度、（2）郵送料の地域格差、（3）印紙税によって規制されていました。保証金についてはすでに述べたのですが、かなり高い保証金を当局に抵当金として積んでおく必要がありました。高い額（二四〇〇フランから一〇万フラン）を積むとそれだけ売れなければなりませんし、政治的な暴言を吐いて発禁処分になることは、避けねばなりません。結果的に牙が抜かれるということになるわけです。郵送料は、地域によって郵便料金が違うことで、販売が制限されていたということです、販売網を拡大すればするほど負担が多くなるということになります。印紙税はプロイセンのように検閲ではなく税金で、新聞の価格に上乗せされることになります。

しかし実際は、これらを払う新聞はごく一部で、たいていは払わず毎年名前を変えて新しい新聞として出し続けるという方法を取ります。比較的自由だったことは確かですが、『フォアヴェルツ』のように、政治的な発言は、保証金未払いという経済的な罪の理由で弾圧されるという、弱小新聞にとって表現の自由があったというわけではありません。

Ⅱ－四－１　『ライン新聞』（一八四二年から一八四三年まで寄稿）

モーゼル危機

マルクスは、後に自分が経済問題に興味をもつきっかけになったのは、生まれ故郷の経済問題に関心をもったからだと書いています。その部分を引用するとこうです。「一八四二年から一八四三年にかけて、『ライン新聞』の編集者として、初めて私は、いわゆる物質的利害関係に口出しせざるをえなくなった。木材窃盗と土地分割に関するライン州議会の議事、当時のライン州長官、フォン・シャパー氏▼(1812－70）がモーゼル地域の農民の状態について『ライン新聞』を相手に起こした公の論争によって――私が経済的問題に初めて携わることになった」（大月文庫、一四頁）。そしてエンゲルスもそれを確認すべく「マルクスから聞いたのだが、彼が本当に政治から経済関係へ、そして社会主義に進んだのは、正確には木材窃盗取り締まり法とモーゼルのブドウ栽培者の状態に関心をもったことである」と述べています（エンゲルスの一八九五年四月一五日リヒハルト・フィッシャー宛の手紙」『マルクス＝エンゲルス全集』第三九巻）。

この問題は、父親が弁護士として長い間かかわってきた問題でした。マルクスは、こうして『ライン新聞』に、「モーゼル通信員の弁護」（一八四三年一月）と「木材窃盗取り締まり法に関する討論」（一八四二年一〇月―一一月）という論文を書きます。

「木材窃盗取り締まり法に関する討論」

そもそもこの問題は、ライン州がプロイセンに併呑されたことによって起きた法律上の問題でした。モーゼル地域には長い間領主の土地を慣習的に住民が利用する法律がありました。たとえば森ですが、この森が次第に産業発展によって少なくなり、そこにプロイセンが産業のための針葉樹林を植える政策を取るようになります。そこで住民の利用権を制限しようという政策が出てきたわけです。それが森に入って薪を拾う行為を泥棒とするという法律です。

フランスであった時代もずっとこの慣習的権利は続いてきていたのですが、プロイセンが初めてそれを否定した。住民は反対運動を起こします。トリーアの南のタールファングでは農民が一八二六年（マルクス八歳の時）訴訟しますが、その裁判を引き受けたのがマルクスの父親のハインリヒだったわけです。つまりマルクスはこの問題を幼い頃から熟知していたはずなのです。結局この時の訴訟の後、プロイセン政府は薪の利用は認めます。しかし、一八四一年七月一〇日ライン州議会で「木材窃盗取り締まり法」が施行されるわけです。マルクスはこれを批判するわけです。

マルクスは、この論文で父親譲りの知識を披露します。本来この問題は、修道院などが所有した土地をプロイセン国家が取得し、それまで行われていた利用権を廃止したというところから起こったわけですが、マルクスはこれをやや強引にプロイセンではなく、領主経営から私的地主に変わった問題として取り上げているということです。だから、問題の本質は、資本主義的経営に視点が移っています。しかしマルクスの目の付けどころは、素晴らしかった。なぜなら、後の彼の関心はそこに向かうわけですから。

「モーゼル通信員の弁護」（一八四二年）

モーゼル通信員から、モーゼル川流域のブドウ農家の苦情が寄せられます。内容はこういうものでした。もともとモーゼルのワインはライン地域に比べ銘柄的なネームバリューが少なかった。しかし一八二〇年併合されたプロイセン地域であったこの地域は、関税同盟の利点を生かして高い関税を受けるライン・ワインよりもよく売れたわけです。しかし、やがてライン・ヘッセンとの関税同盟が結ばれたことで、ライン・ワインが安く買えるようになります。こうなるとモーゼル・ワインの価格は暴落します。

もともとモーゼルの農民は、ワインの売れ行き拡大を狙って借金経営に入ります。将来を当てこんだ農民たちの予測は外れ、土地を手放さざるをえなくなります。借金を貸し付けたのは高利貸です。

もともとこの論文は、モーゼルから上がるワイン税の少なさは、彼らが故意に出荷量を偽造しているのではないかという当局の批判に答えるという形で始まります。確かに出荷量は上がったのですが、販売価格が減少したことで収益が減って、支払えなくなったということから起きていたわけです。マルクスは、モーゼル通信員の報告はその意味で確かで、当局は現在起こっている農民の危機についての認識が甘いと批判するわけです。

マルクスはここで土地を担保に資金を貸し付ける高利貸について批判をしています。これがマルクスに経済学的認識を生み出すもとになったというわけです（拙稿「モーゼル危機とマルクス」『一橋論叢』一九八七年参照）。

Ⅱ-四-2　『フォアヴェルツ』（一八四四年）

シレジア織布工の一揆

マルクスは、このパリのドイツ人向け新聞（週二回刊行）に一八四四年の後半から積極的に携わっていきます。マルクスがこの新聞に参加した時に起こったのが、六月四日から始まるシレジアの織布工の一揆です。これは警官が、工場の前で抗議していた労働者に発砲したことから起こった事件です。もともと労働者たちは賃金の値上げ、または一時金の支払いを要求していたのですが、これに怒った労働者は経営者の住宅を襲い、この運動は広がります。時の国王フリードリヒ・ヴィルヘルム四世（1795－1861）は、こうした一揆に対して慈善的給付金で対処しようとします。ここで折から「パリの秘密」に見られるような慈善対策ははたして解決策になるのかという議論が出てきます。

さっそくルーゲが「プロイセン国王と社会改革——プロイセン人」（七月二六日）という論文を書きます。これは国王の政策を支持するものでした。これに対してマルクスは「「プロイセン国王と社会改革——一プロイセン人」に対する批判的論評」という論文を掲載します。

「「プロイセン国王と社会改革——一プロイセン人」に対する批判的論評」（八月七日）

マルクスはこう批判します。ルーゲはプロイセン国王の慈善よりも、社会の危機の方に目を向けるべきであると。この一揆は国王に向けられているのではなく、ブルジョワに向けられているのだから、国王がそもそもブルジョワの問題に介入するというのはおかしい。これはブルジョワとプロレタリアとの対立を単に無視しているだけの問題である。キリスト教的な慈善精神は、問題の本質を曇らせるだけであると。

ちょうど、その頃ゲオルク・ヴェーバー（1816－91）という人物が、まるでマルクスの影の人間のように同じような批判を書きます。八月一〇日に掲載された「アルザスのオスターヴァルトコロニー」という記事では、現存の私的所有社会を前提にしたような理想社会の実現は、最終的には崩壊せざるをえず、私的所有そのものを批判しなければならないと批判します。また同じ号には、トリーアに帰っていた妻の手紙「一ドイツ婦人からの手紙」（八月一〇日）も掲載された。これは、七月に起こった国王暗殺事件との関連を問題にしながら、マルクスの生まれ故郷トリーアの町で一八四四年に行われている宗教祭典「聖衣巡礼」を取り上げ、暗殺事件が起こるということは事実上、国王の神聖さがもはや失われていることを意味していて、この暗殺事件をむしろごまかすかのようなこの祭典は奇妙な祭典だと批判していました。

そのちょっと前に編集長ベルナイスは「プロイセン国王への暗殺未遂事件」（八月三日）を書きます。この中でこう述べます。国王を銃で暗殺しようとしたチェコ人は政治的な人物ではなかったが、逆にそうだからこそこの人物は今のプロイセン社会の不安定を表現している。個人的な恨みからの犯行であるということは、彼が個人的にプロイセンの絶対王政に批判的であるということであり、絶対不可侵の神話が崩れたに等しい。だから、王政打倒という考えは今後広がるだろうと。

パリでも、国王ルイ・フィリップを暗殺しようとするドイツ人が参加したケニス事件▼が起こっており、フランス政府は神経を尖らせていたわけです。しかもそのパリで暗殺を支持するような論文が出たことで、やがて、プロイセン政府からフランス政府に、この記事を書いた人物および『フォアヴェルツ』を発禁処分にして欲しいという要請を受けたギゾー政府は、すぐに反応することになります。

当時のマルクスは、もはや資本主義社会の矛盾はたんなる慈善的な処置では解決不可能であると考えるようになっていたということがわかります。

Ⅱ－四－3　『ブリュッセル・ドイツ人新聞』（一八四七－四八年）

『ライニッシュ・ベオバハター』紙のコミュニズム」（一八四七年九月一二日）

一八四七年にマルクスは、この新聞と関係をもつようになり、いくつかの論文を書きます。そのひとつがこれです。やはりここでもプロイセン国王の慈善が問題になっています。当時、マルクスは、ブリュッセルで民主協会の副議長をやりながら、盛んにケルンの民主協会と連絡をとりあいながら、急進的ブルジョワジーの政治への参加、そしてそれによるプロレタリアの選挙権の獲得を工作していたところです。やがてそれは四八年革命でのブルジョワ急進派への支援に進んでいきます。結局それは裏切られることになります。その内容はこうです。

プロイセン国王は、人民と仲良くしようといろんな誘いをかけている。そのためいろんな慈善を施し、ブルジョワの仲間になるなと言っている。しかし、実際こうした慈善に乗る人民などは一部しかいない。人民の多くは、慈善で貧しさから抜け出せるなどとは思っていない。同じことはイギリスのチャールズ一世（1600－49）も行った。そしてルイ一六世（1754－93）も行った。結局彼らはどうなったか。断頭台の露と消えたのだ。要するにブルジョワ社会による階級分化に抵抗することはできない。いやむしろそれを推進すべきである。その意味で国王の話に乗ってはいけない。むしろブルジョワ階級の発展が、民主主義の機会をやがてつくってくれるのだ。むしろ彼らによって民主的政治を実現する必要があるのだと。

「道学者的批判と批判的道徳」（一八四七年一〇月二八日、三一日、一一月一一日、一八日、二五日）

これは、その数カ月後に書かれたものですが、ここでの話は、プロレタリアはどこまでブルジョワ権力から自由になれるかということです。ここでは、はっきりと二段階革命論が展開されています。プロレタリアがどうでしゃばってみたところで、ブルジョワ階級の政治的発展がなくしては、かえってフランス革命のような恐怖政治の悲劇を繰り返すだけであると。その意味では前の論文と一貫していて、とりあえずブルジョワの発展を期待するという文脈であり、その意味であえてプロレタリアのでしゃばりを阻止するという意味です。

Ⅱ－四－4『新ライン新聞』（一八四八－四九年）

エンゲルス「民主的汎スラヴ主義」（一八四九年）とマルクス「ウィーンにおける反革命の勝利」（一八四八年）

マルクスは、ブルジョワ社会の進展による資本主義の発展が、やがてブルジョワ社会をつくり、それによってやがてプロレタリア革命が起こるだろうと考えていました、だから一八四八年の自由貿易論者の議論でも、自由貿易賛成、その結果ブルジョワ社会がどんどん進展すれば、プロレタリアにとってもそれは好都合だという視点から見ていました。

そうして起こった二月革命においてマルクスは大きな失敗を体験します。それはブルジョワ階級の裏切りであり、とりわけその大きな痛手は、ドイツ人に支配されている民族の、スラヴ人の裏切りから来たわけです。

マルクスは、一八四八年八月から九月までの夏ウィーンに行き、そこの革命家たちのために応援演説をしていました。そのウィーンでクロアチアの領主イエラチッチが革命軍を蹴散らすのです。そのショックにマルクスは、スラヴ人への怒りを爆発させます。基本的には、マルクスは、ポーランドを防波堤としてロシアの侵入を防ぐ。その意味でポーランドの独立は重要であるが、オーストリアの支配にある民族は、まだそこまで民主的革命を行う能力がないので、いずれ民主主義、すなわちブルジョワ革命は普及するにしても、当面はまだ遠い段階になると考えていました。だから南スラヴの裏切りは、予想を超えたものだったのです。この遅れた地域をどうするかという問題はその後も取り上げられるテーマです。

とりわけ有名なのが、エンゲルスが書いた「民主的汎スラヴ主義」（二月一五日）です。エンゲルスはこの時の怒りをこう表現しています。

「繰り返して言う。ポーランド人、ロシア人、およびせいぜいトルコのスラヴ人を除いては、スラヴ族のひとつとして未来をもっているものはない。それはそれ以外のすべてのスラヴ人は、独立と生存能力のために必要な第一の歴史的、地理的、政治的、産業的条件を欠いているという簡単な理由による。かつて固有の歴史をもったことがなく、最初の最も粗野な文明段階に達したその時からすでに外国の支配を受けている民族、あるいは外国のくびきによって最初の文明段階に引きずり込まれる民族、そういう民族は生存能力をもっておらず、どんな独立も決して到達することはできないだろう」(『マルクス＝エンゲルス全集』第六巻、二七一頁)。

これはもちろんマルクスが編集する『新ライン新聞』に掲載されたものですが、マルクスは、ややトーンはダウンしますが、それより前に同じような内容の論文を書きます。「ウィーンにおける反革命の勝利」(一一月七日)です。そこでクロアチア人による革命への裏切りに、怒りをぶつけます。とはいえ、真の原因はブルジョワの裏切りであることを指摘しており、怒りがそのまま出たという内容ではありませんでした。

一方で当時バクーニンを中心とするスラヴ主義が西欧ヨーロッパの民主革命を阻む形で展開することを恐れ、今は民族主義の時ではなく、とりあえず市民革命を支持しろと主張します。そのため、七月六日にはバクーニンをロシアのスパイであるとまで言い切っています。

Neue Rheinische Zeitung.
Organ der Demokratie.
№ 1. Köln, Donnerstag, 1. Juni 1848.
Redaktions-Comité:
Karl Marx, Redakteur en Chef.
Heinrich Bürgers,
Ernst Dronke,
Friedrich Engels,
Georg Weerth,
Ferdinand Wolff,
Wilhelm Wolff,
Redakteure.

『新ライン新聞』の第一号

Ⅱ－四－5『ニューヨーク・デイリー・トリビューン』

マルクスと『ニューヨーク・デイリー・トリビューン』

この問題は、やがて数年後インド問題にまで拡大します。マルクスは一八五一年八月からニューヨークで発行されていた、当時発行部数において世界有数を誇った『ニューヨーク・デイリー・トリビューン』に毎週二回定期的に記事を書く仕事を始めます。一八四一年発行された新聞の編集者チャールズ・デナーが、四八年に渡欧した際ケルンの『新ライン新聞』社でマルクスと会い、それが機縁でマルクスにヨーロッパ特派員になるよう求めてきたわけです。ところがマルクスは英語ができない。そこで二年ほどはエンゲルスの力を借りて原稿を書くということにします。

この新聞でマルクスはロシアの南下政策を中心にクリミア戦争、イギリスの政治批判、インド問題、中国問題を執筆します。こうしたアジアに対する視点は、一方で西欧から見たスラヴとの関係がそのまま投影されます。一八六二年にメキシコ問題を執筆するまで約一一年にわたる長期の記事の執筆が始まるわけです。マルクスとエンゲルスはデナーが編集した『ニュー・アメリカン・エンサイクロペディア』（全一六巻）にも多くの項目を執筆しているので、マルクスが書いた最大の作品は、アメリカで英語で出版されていたわけです。

アジアの問題

さて一八五三年六月二日、マルクスはエンゲルスに手紙を書きます。そこでマルクスはベルニエが一七世紀に書いた『ムガル帝国誌』の第三章の「インドの国内状態」について触れ、この本以上に素晴らしいものはないと彼に語っています。マルクスはこの書物の一八三〇年版を読んだのですが、特に関心をもったのがインドの国土、産業、政治、軍事について詳しく述べている部分です。なぜか。それはインド、いいかえればアジアの土地所有制度の問題を指摘しているからです。「ベルニエは正当に、オリエントのすべての現象についての基礎形態を――彼はトルコ、ペルシア、ヒンドゥースタンについて語っている――土地の私有が存在しない、ということのうちに見いだしている」（『マルクス＝エンゲルス全集』第二八巻、二一〇頁）。

この土地私有制度が、アジアに存在しないということが、まさにマルクスのインド論の骨格をなすと同時に、西欧的私有制度の、いいかえれば私的所有制度による個人の発展という問題、そして資本主義の発展という問題と深く関係しています。

エンゲルスは、それに答えて六月六日こう書きます。「土地所有が存在しないということは、実際オリエント全体の鍵である。政治史でも宗教史でも眼目はそこにある。だが、オリエントの人々が土地所有に、封建的なそれにさえ、関わりを持たないのは、いったいどうしてであろうか。思うに、それは主として地政学と結びついている気候のせいだ。とくにサハラからアラビア、ペルシア、インド、タタールを横切って、最高のアジア高地まで連なる大砂漠地帯と結びついている気候のせいだ。灌漑はここでは農耕の第一条件である。そしてそれは共同体か地方政府の仕事である。オリエントの政府にはいつでも三つの部門の仕事しかなかった。すなわち、財政（国内の略奪）、戦争（国内および外国の収奪）、公共事業すなわち再生産のための配慮、という三つがそれである」（同全集、第二八巻、二四頁）。

エンゲルスは、マルクスの考えをいわば単純に要約し、アジアの風土の影響が土地所有を決定し、それが共同体の力を強め、国家の機能を支配にのみ集中させているというのです。

「イギリスにおけるインド支配」（一八五三年）

この下準備を整えた後、マルクスは六月二五日、「イギリスにおけるインド支配」という論文を掲載します。そこでほぼエンゲルスの手紙の内容を繰り返す形で、「アジアでは一般に、太古以来、三つの政府部門しかなかった。財務省すなわち国内略奪者、軍事省すなわち国外略奪者、最後に公共事業省である。天候と地形上の条件、とくにサハラからアラビア、ペルシア、インド、タタールを経て、アジア最高の高原にまで広がっている広大な砂漠地帯のために、運河と用水による人口灌漑が、東洋の農業の基礎となった」（同全集、第九巻、一二三頁）。

しかし、実際には一八五〇年代イギリスによる綿工業の発展によりインドの共同体は危機的な状態であったわけです。そもそも記事は、インドはイギリス資本主義から逃れうる余地があるか、いやむしろイギリスの直接統治によって資本主義を発展させた方がいいのかどうかという問題でした。

マルクスは、東洋的専制支配を支えてきたこの大土地所有制を前提とした村落共同体の崩壊を、イギリス資本主義がもたらす資本の文明化作用として積極的に肯定します。ここにマルクスのひとつのストーリー、それは数年後の『経済学批判要綱』や『資本論』で展開される論理、古い制度を徹底して破壊し、民主的社会をつくる資本の文明化作用という原理が見られます。

しかしここでアジアの専制支配、西欧的所有関係とはまったく違う所有関係があるということを完全に確認する必要があります。そこでマルクスは、周辺も調べます。中国、日本にも及ぶのですが、十分であったとは言い難いわけです。当時一人で、それだけ読むというだけでも大変なことだったからです。ここからマルクスの土地制度へのしつこいまでの執念が生まれます。

第五章 政治活動家としての著作

政治運動との出会い

最後に、政治活動家としてのマルクスを取り扱います。一般にはマルクスは革命家として知られているわけですが、具体的な彼の政治運動との関わりは、あまり明確ではないのです。当時有名だった政治運動家、バクーニン、コンシデラン▼(1808－93)、ルイ・ブラン、ヴァイトリンク、シャパーなどと違って、具体的な政治活動からちょっと離れたところにいたというべきでしょう。

マルクスが初めてこうした運動と関係を持った一八四三年のパリにおいても、実は深入りはしていません。共産主義通信委員会を創り、ロンドンのシャパーから共産主義者同盟への誘いがあった時、そして、ブリュッセルで民主協会の副議長になった時、この時が初めて明確に政治運動に参加した時というべきでしょう。

そうした意味で、具体的な政治運動についてのみ見るなら、一八四五年以後ということになるかもしれません。もちろん、青年ヘーゲル派をたんに哲学の革新運動とみなすことはできませんし、『ライン新聞』での活動をたんなるジャーナリズム活動とみなすこともできません。これらは政治批判であり、そのために大学教師の道を閉ざされ、ドイツで、ジャーナリズム活動を行うこともできなくなったわけです。

パリ滞在以後は、ますます政治批判に磨きがかかり、そのためフランスから追放になったわけです。だからこれらの活動を政治活動家としての活動からはずすというのもいささか変であるかもしれません。

しかし、ここでは、あえてそうした間接的な政治活動と切り離して、具体的な政治運動団体との関わり、とりわけ主要な活動家としての関わりを見ることにします。そうすると最初は、共産主義者同盟との関係ということになります。そして、次が第一インターナショナルとの関係です。そして、社会民主主義労働者党（アイゼナハでマルクス派のリープクネヒトなどが中心となって一八六九年に結成された党）、ドイツ社会主義者労働党（全ドイツ労働者協会）、社会主義民主労働者党が一八七五年ゴータで合同大会を開いて結成した党との関係です。

それ以外では、マルクスの政治運動家としての姿を見るいくつかの注目すべき論稿があります。『亡命者偉人伝』、『フォークト氏』、『ケルン共産主義者裁判』です。マルクスがほかの運動家をどう見ていたかを知る格好の材料です。

II－五－1　『共産党宣言』（一八四八年）

共産主義の亡霊

マルクスの書物で、もっとも読まれたものはおそらくこの『共産党宣言』でしょう。この初版二三頁の値段は、現在の市場価格でいうとなんと二〇〇〇万円は下りません。それほどの市場価値がついているのも、数が少なく市場に出ることが極めて珍しいということにあります。それはこの初版が印刷される頃二月革命が起き、『共産党宣言』どころの騒ぎではなく、早く国に帰って革命を支援する必要にかられたため、冊子の多くがどこかに消えてしまったからです。

『共産党宣言』は共産主義者同盟の綱領ですので、当然革命運動の指針が書かれているのですが、現実の革命の方が先に来たため、出版と同時に忘れ去られるという運命を不幸にもたどったわけです。そのため関心が薄れ、忘れ去られます。それが初版の値打ちをあげているわけです。

この本は四章に分かれます。大まかにいえば、第一章は資本主義社会の階級闘争の歴史、第二章は共産主義者は何をなさねばならないか、第三章はこれまでの社会主義、共産主義者の理論への批判、第四章は今どういう運動を展開すべきか、という実践への指針です。

まず序文は次の文章から始まります。

「ヨーロッパではひとつの亡霊がうろついている。それは共産主義の亡霊である。旧ヨーロッパのすべての権力はこの亡霊に対して神聖な取り締まりを行うべく団結している。その団結とは、法王とツァー、メッテルニヒとギゾー、フランスの急進派とドイツの警察である」（拙訳『新訳　共産党宣言』四二頁）。

衝撃的な文章です。なぜなら、地下に潜った共産主義者たちが亡霊のように立ち現れるからです、映画の「ゴーストバスターズ」（一九八四年公開）よろしく、時の権力は亡霊退治に必死になっている。しかし、もし実際そんな状態であれば、共産主義は世間によく知られているはずです。でも実際はその逆で、だれも共産主義者など本当は知らない。だから少々大見栄を切ってマルクスは書いているわけです。当局は共産主義という大変な力におびえきっている。だからわれわれには力があるのだと鼓舞しているわけです。

もちろんここで共産主義者と当局が恐れているのは共産主義者ではなく、民主主義者のことです。ちゃっかりとそれを自分たちにしてしまうという芸当をマルクスはここで行っているのです。もっとも、それは必ずしも間違ってはいないのです。なぜなら、マルクスたちはこの民主主義者と協定を結び、彼らを後方支援するつもりであったのですから。マルクス自身、表の世界では、ブリュッセルの民主協会の副議長だったわけです。

階級闘争とは

第一章は、「これまですべての社会の歴史は階級闘争の歴史である」（前掲書、四三頁）という文章で始まります。しかしすぐその後で留保条件がついています。つまり資本主義以前の階級闘争は、真の意味ではそうではなかったのです。

それまでの階級闘争の歴史には、確かに支配するものと支配されるものという闘争があった。しかし、それは実は明確ではなかった。その間にさまざまな亜種の階級があり、資本主義のように明確に二つに分かれる闘争にはなりえなかった。

その理由はこうだというわけです。資本主義社会はすべてを経済的闘争に巻き込むことで、もてる者ともたざる者をとことんまでつくっていく。それに比べそれまでの時代の階級闘争は経済的な側面があったといえども、経済がすべてを規制していたわけではない。むしろ政治闘争や経済闘争が混交している。こうした中では純粋に階級闘争は発展しないのだと述べます。

その意味でいえば、冒頭のこの言葉もある意味では、未来を予測しているにすぎず、現実のものではありません。資本主義こそ階級闘争を全面化するというわけです。資本主義は、最終的には中間階級をとことん貧困に陥れ、二つの対立する階級をつくり出すのだというわけです。

それには、資本主義というこれまでの歴史と違う世界があるわけです。これまでの世界の階級闘争はつねに、外部というものが前提にされます。たとえば、国内で階級闘争が起きるとしても、それは外の国への侵略、植民地化によって抑制することができます。つねに外との戦いを繰り返すというのは、まさに国内における闘争を外に向ける装置です。資本主義は、こうした装置をはずしてしまうシステムを内蔵しています。資本は国境をどんどん越えていく。最大限の利潤を求める資本は、やがて世界市場へと進み、そこをどんどん内部に内包していく。もっと簡単な言葉でいえば、外部の封建的世界をそのまま搾取し、国内の利益にするというのではなく、封建的世界そのものを破壊し、資本主義市場にしていく。

こうしてある時期は国内における階級闘争は、外から入る利益で緩和するが、やがて外に資本が投下されることで、その地域の賃労働者が国内の賃労働者を没落させる。こうして再び国内の階級闘争が先鋭化するというわけです。マルクスは今問題になっているグローバリゼーションのことを言っているわけですが、資本は国境をもたないことで、最終的には階級対立は激化するということです。

その意味で、国家という枠を超えて、世界的な意味でも資本主義社会は階級闘争の歴史である。だから狭い意味で階級闘争とは、もはや外部を欠いた世界ということになります。

ブルジョワの要求は、プロレタリアの要求である

共産主義者は、所有を否定する、結婚を否定するといって恐れられている、しかしそれは実は逆であると第二章でいいます。むしろブルジョワが約束していることをブルジョワに代わって実現することだと。ブルジョワは私的所有を提供するというわけです。しかし実際たとえば家をもちたいという要求は、ますます貧困になることで実現できない。ブルジョワは、共産主義者は個人の所有をすべて収奪して、全員の所有にしようとしていると批判する。しかし実はそうではない。ブルジョワ的所有こそ、所有を否定する所有の独占なのだと批判するのです。

共産主義者は、むしろ個人的所有を確保するのだというのです。もちろん生産手段は社会的所有ですが、個人の所有は積極的に認められるのだと。ここで個人的所有と私的所有とをわけています。それは、マルクスのイメージに独立生産者の所有の復活というイメージがあるからです。

家族についてブルジョワはこう批判する。家族を廃止すると。むしろそうではない。資本主義の方が、結婚できるだけの豊かさを個人に保証していない。だからブルジョワ社会でいっている所有は資本主義社会よりも共産主義社会で実現されるのだというのです。

そして共産主義者は売国奴だという批判です。共産主義者は外国の労働者と手を組んで国を売り飛ばすと。しかしこれもおかしい。むしろブルジョワの方が国を売り飛ばそうとしている。安い賃労働を求めて自国の工場を閉鎖する。共産主義者の方は、むしろ外国人と組んでこういう卑劣な行為が行われないようにするのだというのです。

マルクスは、ブルジョワが言っている要求は、実はブルジョワ社会では実現できない。共産主義社会でしか実現できないことなのだと逆手に取るわけです。

共産主義者は民主主義者である

こうして共産主義者が要求していることはすべてブルジョワの要求なんだと逆手に取ることで、自らこそ実は民主主義者であると述べるのです。もちろんここでいう民主主義はブルジョワがいう民主主義ではありません。ではどういう民主主義か。それは代議制民主主義ではない。すでに一八四七年の『哲学の貧困』で述べたアソシアシオンという概念がここで出てきます。

ブルジョワ民主主義は、絶対王政がつくり出した権力の集中をそのまま乗っ取る形で成立するわけです。その形式は、代議制民主主義をとるが、あくまでも形式的民主主義にすぎないわけです。選挙で委任された権力は結局ブルジョワの権力となる。

そこで、こうした民主主義の擬制をどう克服するか。ここで登場する概念がアソシエされた人間という概念です。これは政治と経済とを分離したブルジョワ的概念ではなく、政治と経済を融合した概念ということになります。ブルジョワ的概念によれば、経済と政治がわかれることでますます政治は、専門の政治家に委任されていくわけです。アソシアシオンにおいては、労働者は、生産の現場ですでに政治的世界にいるということになります。その意味で、この経済的共同体がそのまま政治的共同体になる。だからそこで実現される民主主義は直接民主主義でなければならないというわけです。

『共産党宣言』の意図

さて、このように『共産党宣言』で主張されていることは、未来を先取りしているが、いまだそうした世界になっていないわけです。資本主義社会もそこまで発展しているわけではない。その意味で、階級闘争が全面的に展開しているともいえない。宣言は未来を予知しているのです。

現実の世界の未来を見通すことで、その未来に新しい社会を展望しようとしている。その意味で、最初に権力が亡霊だと述べたことは、まさに正しいわけです。当面実現しないものをいつか実現すると信じ戦うことをこの宣言を読む共産主義者たちにいわば暗示することを目標としているともいえるのです。

第三章で、さまざまな共産主義、社会主義の主張が批判された後で、いよいよいったい今何をしたらいいかという具体的な指針が出てきます。それは国や地域によってまったく違う指針です。それぞれの地域の社会のレベルに格差がある以上、それを前提に革命運動は展開されねばならないわけです。ドイツにおいては、何といってもブルジョワ革命すらなされていない。そのためまずはブルジョワ革命を実現させるという、いわゆる二段階革命論が展開されます。

「あらゆる地域のプロレタリアよ、団結せよ！」

こうしてまずは資本主義社会がどんどん進展していく。いわばブルジョワが起こり革命は進む。そうして国家を超えた資本主義の拡張が起こる。そこで、世界中の労働者は団結する必要が出てきます。いわば資本家とプロレタリアとの階級闘争が完全に展開する時代が来る。その時はもはや国という概念がない。

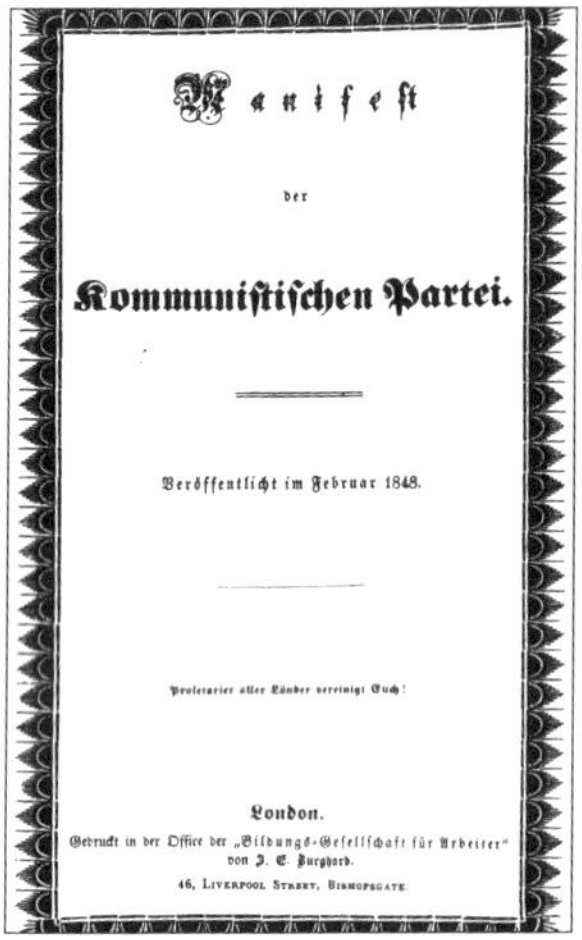

『共産党宣言』の初版（ブルクハルト版）

だからあらゆる地域の労働者が団結するしかないということになります。

「プロレタリアートが革命において失うものがあるとすれば、それは自らをつなぐ鎖だけである。共産主義者は世界を獲得しなければならない。あらゆる地域のプロレタリアよ、団結せよ！」（前掲書、七九－八〇頁）

『共産党宣言』はこの言葉で終わります。マルクスの数ある言葉の中でもとりわけ有名な言葉です。プロレタリアはくびき、すなわち資本のもとに鎖でつながれている。それは賃労働という形でつながれているのですが、その鎖は、解き放たれる。しかし、一方で労働するというくびきが労働者相互に一つの輪をつくっていることも忘れてはいけません。労働者がこのくびきから自由になるということは、資本家と同じように労働から自由になることではない。むしろ賃労働から自由になることではあるが、労働から自由になることではない。プロレタリアは、労働によってむしろ団結することができるのです。

一般的には、万国と翻訳される場合が多いのですが、私はここで地域と訳しています。それはマルクスの『共産党宣言』は当時見られた労働者の国を超えた連合《アソシアシオン》をモデルにして、ずっと未来に出現するであろう国家を超えた世界の連合という意味を含んでいるからです。もちろん実際にはそれができるかどうかは、わからない。だからまずはそれぞれの地域での革命が要請されているわけです。しかし、未来にはそれが実現する。『共産党宣言』には遠い未来のことを語ることで、確信をもたせるという意味と、現実社会でどうするかという短期的な意味とが二重に込められているのです。

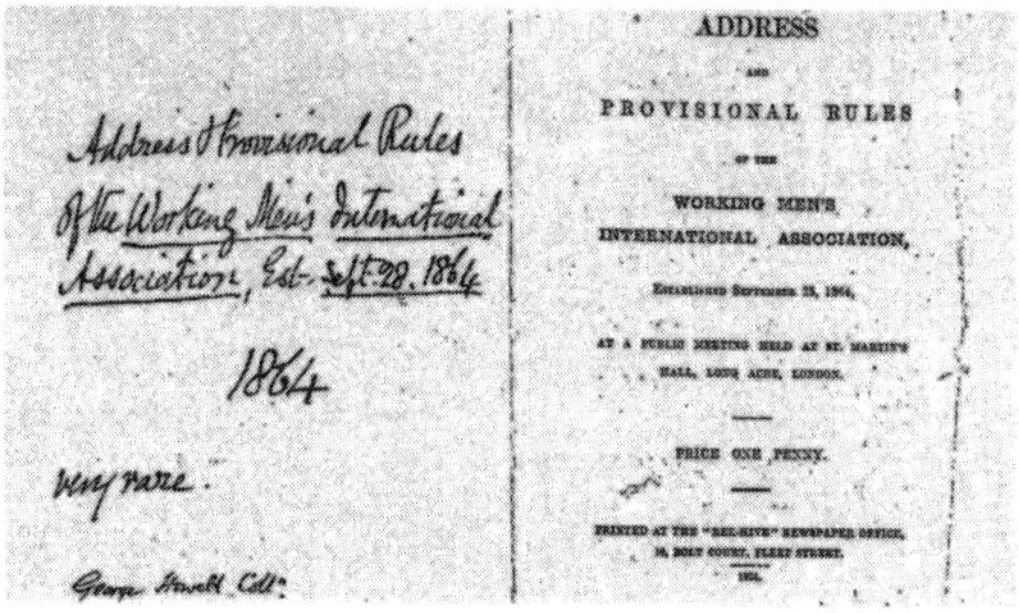

「第一インターナショナルの宣言」

第一インターナショナルの宣言文の１頁目

Ⅱ-五-2　第一インターナショナル

「第一インターナショナルの宣言」（一八六四年）

一八六四年一〇月マルクスは、九月に結成された第一インターナショナルのために宣言を起草します。

内容はこうです。マルクスはまずここ二〇年のイギリス経済発展の統計をあげます。予想によると二倍に経済が発展すれば貧困はなくなるということであったが、実際はどうなったか。むしろ貧困は強まっている。たとえば農業労働者の労働は、刑務所の労働よりひどい。所得格差にいたっては、イギリスのトップ三〇〇〇人の所得は全農業労働者の所得に等しい。工業労働者はどうか。彼らも名目所得が上昇したが、実質所得は減っている。しかも労働運動も停滞させられた。

とはいえこの二〇年の成果はあった。それはまず工場法の実現による一〇時間労働法の実現と協同組合運動の発展である。これらに対して資本家側からの干渉はあるが、成果はあげている。やはり政治権力を労働者が掌握することが重要である。そのために労働者党をつくる必要がある。そして、ヨーロッパの国々の労働者が連帯し、自国の労働者の利益のために海外の労働者を憎悪することをしてはいけない。まさにそのために、九月二八日世界の労働者がロンドンに集まって会合を開いたのである。

この「宣言」は事実上第一インターナショナルの内容を表しているのですが、その目的は、国内の階級闘争を回避するために、海外の労働者を憎悪しないことでした。

「一八世紀の秘密外交史」（一八五六年）

マルクスはロシアとイギリスとの秘密外交文書を見つけ、「一八世紀の秘密外交史」という記事をイギリスの新聞に掲載しています。

一八四八年革命以後、労働運動の停滞を見たマルクスは、国家によるある種の取引に関心を持ちます。それはとりわけ、プロイセン、ロシア、フランス、イギリス間の外交的取引です。そこでその例を大英図書館に眠る外交文書から見ようとします。イギリスは野蛮なロシアと取引をすることで、むしろロシアの力を増大させた。しかしそれはイギリスの資本主義にとっても好都合であった。要するにルイ・ナポレオンとロシアとの関係がうまくいくことで、それぞれの国の労働運動が抑えられていくさまを暴きたかったわけです。一八四八年革命以後の革命家に対する締め付けは国家の枠を超えており、それは国家による秘密の外交政策によって行われているのだという発想です。この論文が第一インターナショナルの労働者の団結のために使われたのは、こういう理由からです。

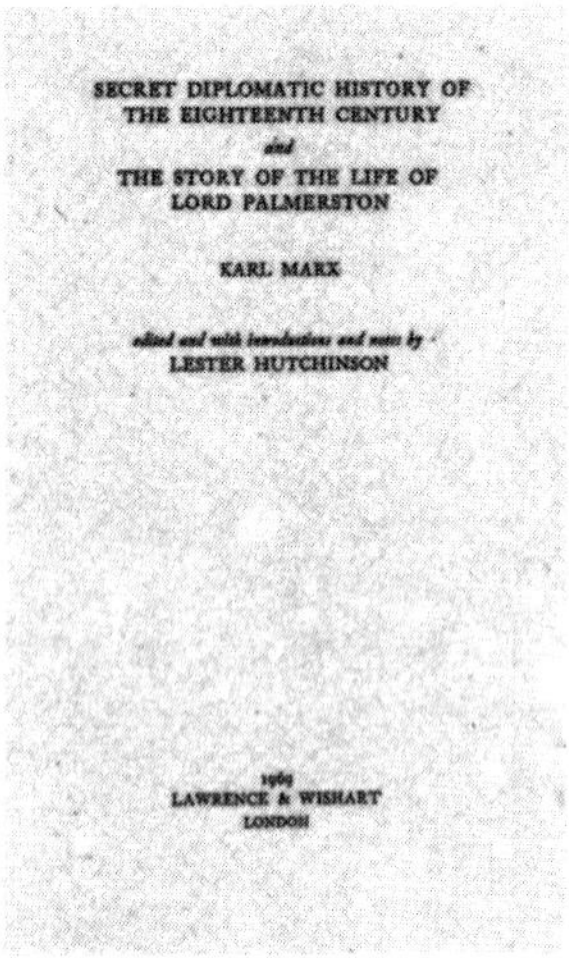
SECRET DIPLOMATIC HISTORY OF
THE EIGHTEENTH CENTURY
and
THE STORY OF THE LIFE OF
LORD PALMERSTON

KARL MARX

edited and with introductions and notes by
LESTER HUTCHINSON

LAWRENCE & WISHART
LONDON

「一八世紀の秘密外交史」

マルクスは宣言起草後、中央評議会の実権を掌握します。ほぼこの宣言と同じ頃に書かれた規約もマルクスの筆になるものですが、そこで政治運動は、労働者階級が資本への従属から解放されるための手段として必要であることが書かれています。こうした目的実現のためにも各国の労働者階級の連帯こそ必要であると述べるわけです。マルクスは、その規約で毎年一回総会を開催すること、その中心にある総評議会はそれを延期することなどできないと書くのですが、そこで早速力を握ったマルクスはすぐに総会の開催を延期します。

第一インターナショナルでの闘争

こうして第一インターナショナルでもマルクスの権力掌握が始まり、それに不満をもつ各国の労働者との軋轢が生じます。とりわけ大きな問題はバクーニンを中心とするジュラ派▼のメンバーとの対立です。インターナショナルは、ロンドンに本部を置く総評議会が事実上権力を握ってしまっていて、各国の労働者の代表が確かにそこに参加しているとはいうものの、それは形式的にそうであるにすぎない。そこでバクーニン派は、第一インターの権力分散を要求してくるわけです。

一八七二年マルクスとエンゲルスは、総評議会のために「意図された第一インターナショナルの分裂」という長い文章を発表し、そこでバクーニンが国際社会民主同盟という分派組織をつくったことを糾弾します。そしてその年の九月オランダのハーグで総会が開催されます。総会でマルクスとエンゲルスはバクーニンを完全に退けますが、結局これが第一インターナショナルの事実上最後の大会となります。

それ以前の共産主義者同盟でもマルクスはほぼこれと同様のことを行っています。まず、執行部の権力を抑え、それによって多数派の参加する総会を牛耳る。そして、最終的には、総会も同盟自体も解散に追い込む。第一インターナショナルも、マルクスが権力を維持する中で結局解散へと進んでいくわけです。政治運動家としてのマルクスのある側面を表現しているわけです。つまり完全な政治運動家になりきれないという。

こうしてマルクスは第一線から退きます。しかし、その三年後ゴータでドイツ社会主義労働者党が大会を開いて決議した「ゴータ綱領」に対して、厳しい批判を書いています。これは当時発表されたものではないのですが、マルクスの晩年の政治的立場を知るうえでは重要なものです。

Ⅱ-五-3　『ゴータ綱領批判』（『ドイツ労働者党綱領評注』一八七五年）

一八七五年五月全ドイツ労働者協会（ラサール派）と社会民主主義労働者党（アイゼナハ派）が合同の大会を開催し、ドイツ社会主義労働者党が誕生します。そこで採択された綱領に、賃金鉄則や労働収益論に近いラサール派の議論が多く含まれていたことに怒ったマルクスはこれを逐一批判します。マルクスはこの批判の書を送りつけたのですが、それは生かされることはなかったわけです。

この批判の中でとりわけ有名なものが、「労働に応じた分配から、必要に応じた分配」という社会主義と共産主義の違いについて述べた部分です。

この綱領批判はひとつひとつの綱領の内容について批判をするという形になっていますが、主要なものをいくつか紹介します。

「労働がすべての富と文化の源泉である」（『ゴータ綱領批判』望月訳、岩波文庫）。これは間違いである。自然も富を生み出す。むしろこの言葉はブルジョワ社会の言葉である。富の源泉という概念はブルジョワ社会にのみある。ブルジョワ社会は富を労働に限定することで搾取を可能にしているのだ。党はブルジョワの言葉をそのまま使ってはいけない。

「労働の解放は労働者階級の仕事でなければならない。それ以外のすべての階級は反動的である」（前掲書、四〇頁）という文章は、おかしい。『共産党宣言』ではこうなっている。「今日ブルジョワジー階級と対立しているすべての階級のうちで、真に革命的な階級はプロレタリアだけである。それ以外の階級は大工業とともに、消えていく」（前掲書、五三頁）と。ブルジョワもその意味で革命的であり、それに対抗する革命的な階級がプロレタリアなのだ。

「社会問題を解決するために、ドイツの労働者党は国家による、働く人民による監視を行う、生産者の協同組合を要求する」（『ゴータ綱領』前掲書、四九頁）。これはラサール的な発想で、生産協同組合は国家の援助と一切関係ないことだ。

「自由な国家を基礎づける」（前掲書、五一頁）。自由な国家が社会主義だということだが、国家はブルジョワ的であるがゆえに国家である。問題はその国家から解放されることである。ブルジョワ社会から共産主義社会に移る時期には、プロレタリア独裁という過渡期が必要である――等など。

当時この組織にはラサール派が多かったことから、マルクスの批判は生かされなかったのですが、マルクスの死後一八九一年にこの批判は公表され、現在でもマルクスの重要な作品となっています。

Ⅱ－五－4　『亡命者偉人伝』、『フォークト氏』、『ケルン共産主義者裁判の真相』

マルクスは何度か政治的生命を断たれるピンチに陥っています。ひとつは誤ってスパイであるバンジャ大佐という人物に、ロンドンに住むドイツ人亡命者のあらいざらい語った『亡命者偉人伝』を渡したこと、もうひとつはケルン、パリ、ロンドンを結ぶ線で当局が共産主義者の蜂起計画をでっちあげたこと（「ケルン共産主義者裁判」）、最後はベルリンの『ナツィオナール・ツァイトング』に掲載されたフォークトのマルクスに対する誹謗記事です。

『ケルン共産主義者裁判の真相』（一八五三年）

この事件は、ライプツィヒで、ある人物が、一八五一年五月警察に逮捕されたことから始まります。この人物から押収した住所録にケルンとロンドンの共産主義者の名簿があったわけです。そしてマルクスの仲間ビュルガース（1820－78）、ダニエルス（1819－55）などが逮捕されます、そして彼らは国家転覆を図ろうとした罪で訴追されます。その後、パリでも共産主義者の陰謀が発覚し、共産主義者が逮捕される事件が起こります。こうしてケルンとパリを結ぶ線上でロンドンのマルクスが話題となります。

マルクスは、こうした陰謀話を画策したのは、ロンドンで革命を考えていた共産主義者同盟の、マルクスと敵対するシャパーたちであると考え、自らの無実を晴らす必要に迫られます。そうして書かれたのがこの批判の書です。これは一八五三年アメリカンのボストンで発行されていたドイツ人向け新聞に掲載されます。当時ケルンにはマルクス派の本部があり、そこのメンバーが根こそぎ逮捕されるという事態は、はっきりとマルクス派を殲滅《せんめつ》するための企みだと思えたからです。

裁判は、一八五二年一〇月に始められたのですが、マルクスは、この文書の中でこれらの事件は本来存在せず、共産主義者同盟のマルクス派をつぶすためにシャパーが仕掛けた罠であることを主張します。裁判の結果は七人が禁錮刑となり、やがて共産主義者同盟自体も消滅します。

『亡命者偉人伝』（一八五二年）

実は、この事件の進行中マルクスは思わぬ失策をします。当時ロンドンは多くのドイツ人亡命者でごった返していました。当然プロイセンやオーストリア政府も、これらの亡命者が何かやらかすのではないかと不安をもっていて、何人ものスパイを送り込んでいました。ちょっとした噂話でも誰かを売り飛ばすことになりかねない。そんな状況だったわけです。当時ロンドンのドイツ人社会は、三つに区分されていました。まずはハイソサエティー組で、ハイドパークの北あるいは西に住む裕福な人たち、その中でとりわけ有名だったのが革命の英雄としてイギリスに迎えられたキンケルです。バーデン蜂起の後シュパンダウ刑務所で服役中の一八五〇年、後に南北戦争で活躍するカール・シュルツ▼（1829 – 1906）の手引きで脱走に成功し、見事イギリスに到着したわけです。この話はイギリスの新聞で大々的に報道されたため、彼は英雄的扱いを受けます。

次がマルクスなどの中産階級で、ロンドンの郊外に住む人々。三番目がロンドンの貧民街に暮らす労働者。当時ロンドンにはキンケルの亡命者クラブとルーゲの扇動クラブという組織がありました。特に二つのセクトの対立は激しく、マルクスは、この対立をこの本の中で「鼠と蛙の戦争」と呼ぶのですが、それは亡命者活動の中心に立ちたい人物たちの覇権争いでした。ルーゲは亡命当初ヨーロッパ民主中央委員会のドイツ代表となり、キンケルは、それに負けじと亡命者クラブを組織し、アメリカで募金活動などを行いました。やがてマルクスは、この募金の一部をくすねたのではないかとフォークトに糾弾されることになります。

当時のマルクスは貧困に苦しみ、こうした活動どころではなかったのです。そんな頃、バンジャ大佐なるハンガリーの人物がマルクス家を訪れ、マルクスと懇意になります。マルクスはこの愚かな亡命者の対立を本にしたい旨をこの男に話し、彼は出版者を見つけるといってその原稿を持って行ってしまいます。なんとその男はスパイだったのです。マルクスはいわばロンドンの亡命者の状態を本にして、自らの立場を表明するつもりだったのですが、結局スパイの資料になってしまったというわけです。

その内容ですが、実際はそう問題のあるものではありません。ロンドンに住む豊かな革命家たちが、いかに馬鹿げた夢を追っているかを面白おかしく、彼らの姿を実際よりはるかに大きく、慇懃《いんぎん》無礼に描いた作品です。ここで批判されているのは、ルーゲ、キンケルのみならず、バーデンを「共和国」にする計画を立てたシュトルーフェ、バーデン蜂起の英雄ヴィリヒ（1810－78）などで、彼らはロンドンでありえない革命の話をしてみんなから金をせしめている輩であると述べているわけです。

結局マルクスの手元に原稿が残っていたことで、今この作品を読むことができるのですが、完成原稿はスパイの手によってプロイセン警察の手に渡ったようです。結果としてマルクスはスパイに仲間を売ってしまったというわけです。しかし、これは表沙汰になることはありませんでした。

『フォークト氏』（一八六〇年）

マルクス最大のピンチは、フォークトなる人物による中傷でしょう。一八五〇年代後半になるとドイツ人亡命者の革命騒ぎも落ち着き、アメリカに渡るものは渡り、やや活動はおとなしくなっていました。一八五八年から五九年にかけてロンドンでドイツ人のための新聞がいくつも出されます。もっとも長く続くのがキンケルの『ヘルマン』（一八五九年一月―一八六九年一二月）ですが、マルクス自身『ダス・フォルク』（一八五九年、五―八月）という新聞に深く関係します。もちろん一八六〇年にプロイセンで恩赦があり、ドイツ人の多くがドイツへ帰ることでこうした新聞はすぐに消えていきます。

キンケルは、一八五九年一一月に行われるシラー一〇〇年記念祭を取り仕切るために『ヘルマン』という新聞を創刊したのですが、この新聞はドイツ統一を目指すシラー協会の運動に関係していました。エンゲルスは後にマンチェスターのシラー協会の会長の職につきます。

さて、一八五九年にカール・フォークトという人物が『「アルゲマイネ・ツァイトゥンク」に対する私の訴訟』という書物をライプツィヒで出版します。これはマルクスがロンドンで革命の陰謀を図っていることを批判する書物でした。もともとの発端は、マルクスがこのフォークトなる人物がルイ・ナポレオンのスパイであり、彼から金を受け取っているという事実をつかみ、それを『アルゲマイネ・ツァイトゥンク』（一八二六―一九〇七年）に掲載したことから始まります。これは『ヘルマン』の編集をしていたカール・ブリントから得た情報だったわけです。フォークトはこの記事に怒り、告訴することになったのですが、その結果生まれたのがこの本というわけです。

ブリントはシラー協会を支援している関係もあり、自分はそんなことを言った覚えはないと主張します。そこでマルクスは、本当にフォークトがルイ・ナポレオンのスパイであることを自ら突き止めなければならなくなるわけです。そこで一年間、フォークトなる人物がどんな人物であるかを批判するため『資本論』の研究を一時やめ、徹底した調査を行います。

後にこのフォークトなる人物がルイ・ナポレオンから資金援助を受けていたことが証明されます。

本論のおわりに

さて本書の本論はここで終わります。マルクスのすべてを知るため、第Ⅰ部はマルクスの生活、第Ⅱ部は彼の主要著作を中心に扱ってきました。もちろん、マルクスの生活を伝記的にもっと詳しく述べたり、またすべての著作に満遍なく言及するということは、このような小著においては、不可能なことです。その意味で、もっとさらに深く知りたいという読者には、私と数人の仲間で編集した『新マルクス学事典』(弘文堂、二〇〇〇年)をはじめとするさまざまな書物を読まれることをお勧めします。

本文の中でいくつか抜け落ちた重要な問題は、この後の補遺に回しています。まず、その第一はマルクスの最大の友人であり、あるときは共同執筆者でもあったエンゲルスの作品についての説明です。マルクスとエンゲルスはどこが似ていて、どこが違うのか、これを説明しないとマルクスについても誤解が生じてきます。そこでエンゲルスの作品の特徴について若干ですが、補遺に加えることにしました。

次に現在われわれが読むことのできるマルクスのテキストの編集の特異な歴史についても触れねばなりません。本書でマルクスの著書として扱われているものの多くが、マルクスの死後出版されたものです。それらは彼の遺稿を後の人々が整理して出版したものであるわけです。エンゲルスやカウツキー、さらにはソ連がマルクスの草稿を整理し、書物として出版したわけですが、マルクスの思想を正確に知るには、マルクスの遺稿の歴史を知る必要があります。

そしてこれはもはや本書の本来の課題ではないのですが、マルクスの思想は現代までどう継承されていったのかということについても少し触れておく必要があります。マルクス主義は二〇世紀において国家を変えるほどの大きな力をもちました。その意味でマルクスの名前は、良くも悪くもむしろこのマルクス主義によって名をとどめているということができます。とはいえ、マルクス主義の歴史など簡単にまとめられるわけがありません。これは数巻もの書物が必要なテーマですので、ほんの概略だけを提示するにとどめます。

最後にエピソードがありますが、これは『情況』誌に連載したものです。本文と重複する所がありますが、それはそれとしてテーマごとにまとまっていますので、エピソードとして読むことで本論の説明内容がより理解できることでしょう。

補遺1　エンゲルスについて

エンゲルスのものとしてのマルクス

マルクスの思想の真髄が、哲学を揚棄することではなく、哲学を実現することであるとすると、エンゲルスとマルクスの思想の間には大きな距離があると考えてもいいと思われます。

エンゲルスが、マルクスの死後は果たした役割は、マルクスの思想を世間に流布することでした。エンゲルスはマルクスの著書の再刊に自ら必ず序文を書きますが、その書き方はきわめて謙虚に行われているのだという外見を取っています。

「私に示してくださった敬意のほとんど大部分は、マルクスの生き残った代理人としての私に与えられたにすぎない」とか、「私がそれにふさわしいものであることを示すためにやれるすべてを、私としても行わねばなりませんが、それについては信頼していただきたい」▼

このような一見謙虚に見える文章は、マルクスの書物について、言及したり、翻訳したり、書き直すべての権利をエンゲルスが所有しているのだということを示しています。そして、こうした謙虚さの最後で、こう言います。「もしマルクスが今日この手稿を発表するとしても、おそらく彼自身もそうするであろう▼」ように書き直したと。こうしてエンゲルスはマルクスに成り代わり、時にはマルクスの文章を変更します。

「あらゆる本質的な点でこの目的を達成するのに必要な、少数の変更や追加を今回の新版のために行うのは、マルクスの精神に従うやり方である、と確信している」、「これはマルクスが一八四九年に書いたままのパンフレットではなく、ほぼ彼が一八九一年にはこう書いたはずだと思われるパンフレットである▼」。

なるほどエンゲルスは、マルクスを熟知し、彼の思想とマルクスの思想は一心同体であった。だからそれも当然だ。当時の人々は確かにそう思っていました。

エンゲルスは、翻訳に関して「いかにマルクスを翻訳してはならないか」（一八八五年）という論文を書き、翻訳者としてふさわしい条件をあげています。それは、まずドイツ語に堪能なことそして専門能力に長け、マルクスの思想に通暁していることです。これらはもちろん当然の条件なのですが、実は、この三つの条件をクリアできると判断するのはエンゲルス自身である以上、それはエンゲルス自身か、彼が選んだ人間以外にないということになります。とはいえ長い間エンゲルスの権威について疑問を挟む者がいなかったことも事実です。

エンゲルスのすばらしさ

一八四〇年代初めまでは、マルクスよりエンゲルスの方が、現実社会の分析という点で先行していたのは事実です。すでに一八四四年の『独仏年誌』に「国民経済学批判大綱」を掲載し、イギリスの状態について新聞に連載していたエンゲルスの方が、唯物論的発想を現実に理解していたという点は間違っていません。マルクスは『経済学批判』の序文で、エンゲルスは自分とは別の道を通って、同じ結論に達したのだと述べています。

マルクスが「ヘーゲル法哲学批判序説」で書いた、イギリスやフランスにおける現実社会の悲惨さを、自らの体験の中で身に付けたエンゲルスが、マルクスに経済学の重要性を気づかせたというのは、当然ありうる話なのです。

とすると、唯物論的内容をマルクスに教え、哲学などの思弁的世界から経済学などの現実的世界に導いたのはエンゲルスであったという議論が出るのも、あながち間違いではないということになります。もちろん、マルクスの思想展開が、観念論から唯物論へという直線的な展開だとしたならばです。マルクスの思想が、すでに見たようにあくまで観念論的世界から唯物論的世界にではなく、観念論的世界の中で新しい方法を見つけるという方向に進んでいたのだとすれば、エンゲルス優位というのは妥当しません。

かつて「エンゲルス第一バイオリン説▼」という議論がありました。要するに最初マルクスを引っ張ったのはエンゲルスでした。マルクス主義的唯物史観が形成される中で、それを最初に指導したのはエンゲルスであったということです。唯物史観が、歴史の発展は、生産力と生産関係との矛盾から起こるというただそれだけのものであるならば、「エンゲルス第一バイオリン説」というのは間違っていません。しかもヘーゲル哲学の弁証法をたんに歴史的発展に応用するというのが唯物史観であるとすれば、エンゲルスの果たした役割は大きなものといえます。


『空想から科学へ』（一八八〇年）**――マルクスの発見**

マルクス主義の概要を知るための書物は、エンゲルスの『フォイエルバッハ論』と『空想から科学へ』と一般にいわれてきました。その理由は、そこにマルクス主義の特徴たる唯物論弁証法、唯物史観、階級闘争などが明確に示されているということにありました。

『空想から科学へ』は、マルクスの娘婿ラファルグの願いを受けて、フランス人にマルクス主義を理解してもらう目的で一八八〇年に出版されたものです。フランス語版にはマルクスの序文があり、そこで、マルクス自身が、社会主義の入門書であると語っています。内容は、フランス語のタイトルで『空想的社会主義と科学的社会主義』とあるように、空想的社会主義批判と科学的社会主義の紹介です。

ここでエンゲルスは、唯物論の流れと弁証法の流れをまず説明します。まずは、唯物論は静態的観察を重んじる機械的唯物論の歴史であると述べられ、次に生成、発展、消滅、変化といった流転の過程を問題にする弁証法が述べられます。しかしヘーゲルの弁証法は、ヘーゲルによって完成されたが、「いっさいのものは逆立ちされ、世界の現実との関連は完全に転倒されていた」。もちろん唯物論も弁証法もそれぞれ欠点をもっていた。

機械的唯物論から導き出される可能性は、現実への分析にすぎない。観念論的弁証法から導き出される可能性は、社会発展の変化だけです。だからこの二つを統合すべき、そこから見えるものこそ、現実世界における社会変化であるというのです。社会変化を象徴するものが階級闘争です。その意味で、社会階級は、生産と交換関係の、別の言葉でいえば経済的諸関係の産物であることになります。

こうして、唯物論と弁証法を合体させる天才の出現が要請されます。その天才こそマルクスです。資本主義社会の内実を暴露する二つの発見、収奪原理としての剰余価値と生成発展を歴史的に分析する唯物史観を発見した人物こそ、マルクスです。

エンゲルスにとって、マルクスの最大の貢献は、ヘーゲルの弁証法とフランスの唯物論を統合し、ひとつの原理、唯物史観を創り出したことです。その意味で、マルクスは基本的には方法をヘーゲルから譲り受け、唯物論をフランスの哲学者から譲り受けたわけです。だから、マルクスは、これまでの諸理論を集めて統合した体系家ではあるが、新しい発想を示した発見者ではないということになります。

この視点で一八四五年の「フォイエルバッハのテーゼ一一」を読むとこうなります。「哲学者たちの観念論的解釈を、実践の中に移すことがこれからの使命である」。つまり、逆立ちした弁証法を元に戻したのがマルクスの貢献であると。

哲学の消滅

エンゲルスにとってマルクスの哲学は、ひたすら現実社会の分析に終始するものです。だからそこには弁証法と論理学のみが残されます。それを使って資本主義社会の法則を分析するだけの学問が哲学です。資本主義社会から社会主義社会への移行は、次のように必然的法則として説明されます。

資本主義社会が、生産力と生産関係の矛盾によって必然的に生じたように、社会主義社会も必然的に生じる。社会主義社会の出現は、願望ではなく、必然であり、だから社会主義の到来は科学的予想によって可能になる。空想的社会主義が批判の対象とされたのは、それがあくまでも人間の願望によるものであったからである。科学的社会主義は人間の意志から離れた生産力と生産諸関係がつくりあげる必然的世界である。

資本主義社会の矛盾は、巨大化した生産力によってつくり出された生産の社会化（資本の社会化）と、それに照応する私的所有（私的所有）が矛盾することから起こる。生産力の社会化は、資本家による私的領有による消費の限界をもつというのです。この矛盾は度重なる恐慌を導き出し、次第に社会的生産力を社会的所有によって規制する計画経済に席を譲るようになるはずだということになります。

こうして国家が、社会的規制をする装置として役割を増し、国有化が始まる。しかし独占と国有化の進んだ資本主義社会が依然として資本主義社会であることには変わりはない。だから、最終的には資本主義社会は転覆されねばならない。それがプロレタリアによる国家権力の収奪の時である。

当面、国家はさまざまな反権力分子がいるので必要であるが、そうした人々がいなくなるにつれて、国家はその役割を失う。こうして国家は廃止されるのではなく、死滅することになると。

しかし、重要なことはこの必然の法則の中で、展開される国家の消滅ではありません。むしろ哲学の消滅の方です。歴史の発展法則が、必然の法則へと転化し、そうした法則への疑念をもつことさえ許されなくなった人々には、もはや哲学などは存在しないのです。哲学の消滅を問題にした書物こそ『フォイエルバッハ論』です。

『フォイエルバッハ論』（一八八六年『ノイエ・ツァイト』に掲載、一八八八年単行本）

一八八八年エンゲルスは『フォイエルバッハ論』を単行本として出版します。ここでは、ヘーゲル的弁証法を欠いた唯物論が批判の対象となっています。「ヘーゲルの体系は、方法においても内容においても、観念論的に逆立ちさせられた唯物論に他ならず▼」、「ヘーゲルとともに哲学一般が終る▼」。にもかかわらず、その時代フォイエルバッハ哲学の復活、さらには新カント派の哲学が流行していました。エンゲルスはそれに対して批判の刃を向けます。

フォイエルバッハの唯物論の欠点として、機械論的唯物論の残滓、非歴史性があげられます。フォイエルバッハに欠落しているのは、エンゲルスがいう弁証法です。もちろん、その弁証法は逆立ちした弁証法ではなく、地に足で立った弁証法である。「われわれは、現実の事物を絶対的概念のあれこれの段階の模写と見ないで、再び唯物論的にわれわれの頭脳のうちにある概念を現実の事物の映像と見た。このことによって弁証法は、外部の世界および人間の思考の運動の一般的な諸法則にかんする科学となった▼」。

エンゲルスは弁証法の科学性を、当時の三つの科学的発展によっても証明します。それは細胞の発見、エネルギーの転化の発見、ダーウィンの進化論である。エンゲルスは「自然弁証法」という大部の草稿を残していますが、それも弁証法と自然科学との関係を対象としています。しかし、自然の世界での生成と消滅と人間社会の生成消滅との相関関係を、科学的法則という形で簡略化するというエンゲルスの発想は、人類史をすべて必然の法則に還元するという危険性を秘めています。

「歴史的出来事は大体において同じように偶然に支配されているように見える。しかし、表面で偶然がほしいままにふるまっている場合には、それはつねに内的な、隠れた諸法則に支配されているのであって、大切なことはただこれらの法則を発見することである」。

近代の歴史を階級闘争、そしてそれをつくり上げる経済的諸問題に還元し、それらを発見することの目的が、科学法則を発見することだけにあれば、歴史研究は経済学の研究だけでいいということになります。さまざまなイデオロギーが歴史的制限を受けているとしたら、イデオロギーを研究することも、経済学を学ぶことに含まれます。

エンゲルスによると、経済学から離れたイデオロギーは哲学という形を取るといいます。そうである以上、哲学をそれ自体として学ぶことに意味はない、その哲学をつくりあげる社会諸関係を分析することが哲学となります。そうなると哲学はどうなるのか。

「かくして自然と歴史から追放された哲学にとって残るものは、なお残るものがあるとすれば、純粋な思想の領域、すなわち思考過程の諸法則に関する理論、論理学と弁証法だけである」。

エンゲルスはこうして、マルクス主義における思想の位置を、科学に応用する純粋に方法論的なものに還元することで、哲学そのものの存在を著しく縮小していきます。こうした哲学軽視は、経済学以外のすべての学問にも応用され、王道としての経済学、その下僕としての諸学という世界をつくりあげていきます。

マルクスとの相違

マルクス主義として理解されてきた理論の多く、さらに既存の社会主義諸国で実施された政策の多くは、エンゲルスの理論に負うところが大であったといえます。またマルクスの諸作品も、エンゲルスの『空想から科学へ』と『フォイエルバッハ論』という眼鏡をかけられ、唯物史観（と唯物論弁証法）、階級闘争論としてあまりにも狭い観点から読まれてきたともいえます。

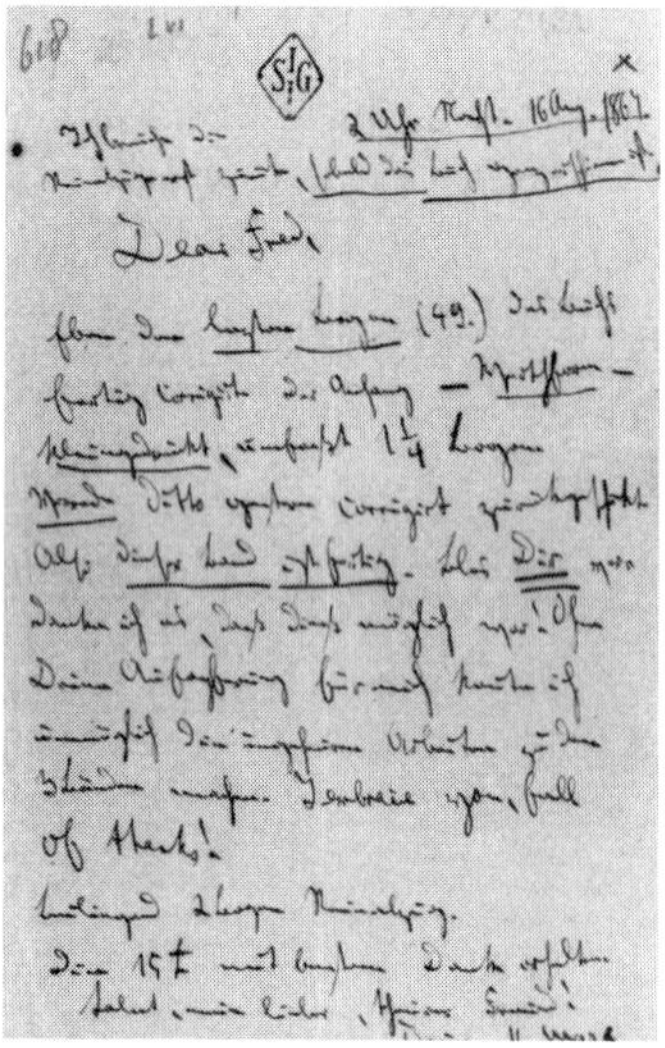
Dear Fred,
I embrace you, full of thanks!

『資本論』第２巻第１章の草稿

しかし、マルクスの作品を流れる思想をしっかりと読み込むと、今ではこうした単純な発想で読むことは許されないでしょう。マルクスが対象とした領域の広さを確認しただけでも、その意味が理解されます。マルクスにとって人間は、自然というくびきに縛られた存在でした。その労働は、たんに物をつくるという生産過程にとどまらず、人類を再生産していく類全体の営みを意味しています。

資本主義社会は、そうした自然史的過程としての人間の労働過程を、生産過程という価値増殖過程に限定したことに大きな問題をもっていました。労働者からの収奪は、こうした問題を象徴している。すなわち労働を、価値を生み出す点に限定しているからです。マルクスにとって共産主義社会とは、生産過程における剰余価値の収奪をプロレタリアが再収奪していくことだけではありません。共産主義社会は、たんに生産の社会化と領有の社会の矛盾を解決していくという経済的過程にとどまりません。

むしろ問題は逆です。すべての歴史を生産に限定しようとする社会を揚棄することです。マルクスはその意味で、すべてを価値に還元する資本主義社会を批判しているのです。エンゲルスは、巨大な生産力を生み出した資本主義社会の生産力をそのまま利用し、所有の社会化によって、共産主義を実現しようとしていたともいえます。むしろ問題は、資本主義社会のつくり出した巨大な生産力が、自然の中の人間の生活を今後とも持続させうるかどうかということにあります。

その意味で、自然の存在なくしては生きられない人間にとっての労働の問題は、経済のみに限定されるわけではありません。この問題こそ、哲学的思索を必要とする部分であり、経済学にヘーゲル的弁証法を導入しただけで理解できるような問題ではないのです。

エンゲルスは、『フォイエルバッハ論』を執筆する際、『ドイツ・イデオロギー』のフォイエルバッハの章を読んだが、参考にはならなかったと序文で述べています。エンゲルスは、多分この章にある「共産主義とは現在の状態を止揚する運動である」という言葉をそのとき理解できなかったのかもしれません。それはエンゲルスが求める共産主義が、資本主義社会にある即物的欲望、すなわち資本家がもっている富をたんにプロレタリアに与えるだけで、欲望自体の根本的変革がなされない社会になっていたからです。マルクスは、即物的欲望それ自体、資本主義的欲求それ自体を揚棄するといっているのですが、それをエンゲルスは理解できていなかったといえます。

今後マルクス主義は、エンゲルス的媒介からマルクスを解放することが重要であると思われる。とりわけエンゲルスによって論理学と弁証法にまで引き下げられた哲学の復活は急務であると思われます。

とはいえ、エンゲルスが、すべて間違っていたと言うべきではないでしょう。当時、エンゲルスはドイツ社会民主党の政策のために、あえてマルクス主義を単純化する必要があると考えていたからです。しかも、当時の哲学情況の貧困も、エンゲルスの思想の単純化に資してしまったといえます。ちょうど、ベルグソン（1859－1941）やフッサール（1859－1938）といった次世代の哲学がまさに生まれんとする直前にエンゲルスはこの世を去ってしまったからです。

エンゲルスのためにあえて弁護するならば、初期の作品のもつ現実感覚はマルクスを圧倒しただけのことはあります。初期の書物はエンゲルスの白眉といってもよいのです。

補遺2

マルクスの遺稿

マルクスの遺稿といわれるもの

マルクスは、一八八三年三月一四日に亡くなります。そのあと、マルクスの書いた原稿、そして書物類はすべてすぐ近くに住んでいたエンゲルスの家に移されます。やがてそこでエンゲルスによる草稿の整理と、出版の仕事が始まります。現在草稿の多くはアムステルダムの社会史国際研究所▼にありますが、そこではだいたい次のように分類整理されています。

A　マルクスの草稿
B　マルクスの抜粋
C　マルクスの手紙
D　マルクスへの手紙

E　マルクスに関する資料
F　イェニー・マルクスの書簡と資料
G　マルクス家の草稿、書簡、資料

もちろんこれらにはマルクスの死後集められたものもありますし、自殺したエレナーの資料もありますので、それらを取り除いたものが、マルクスの残した遺稿であったと思われます。もちろん、さらに次女のラウラに渡った草稿がモスクワ▼にありますし、手紙の類は日本も含めて世界各地に点在しています。

書物は一五〇〇冊程度あったといわれていますが、その後エンゲルスの蔵書と合体され、しかもエンゲルス死後管理した社会民主党の杜撰な管理のため、その内容については正確なことはわかっていません。

エンゲルスはマルクスの遺稿についてこう述べています。「一八四八年以前のものはすべて大丈夫。当時マルクスが推敲した草稿（ねずみがかじっていない限りは）はほぼ完全だし、手紙も完全だ。当然一八四八年以後は完璧で、一八六二年以後はきちんと整理されている」（『マルクス＝エンゲルス全集』第三六巻、四一－四二頁）。

こうしてエンゲルスの手によって『資本論』第二巻と第三巻が公刊されます。

エンゲルスの死後

一八九五年八月五日エンゲルスが亡くなります。エンゲルスは遺言状を書いているのですが、その中でマルクスの遺稿の所有権はすべてエレナー・マルクスにわたることになり、エンゲルスの草稿や書物は社会民主党に移ることになります。そして、蔵書はすべて社会民主党に移管されます。

しかし、その三年後の三月三一日マルクスの遺稿の法的な相続人であったエレナーが自殺します。こうしてマルクスの遺稿はパリ郊外に住むラウラの手に移ります。エレナーはマルクスの『ニューヨーク・デイリー・トリビューン』の記事を編集した『東方問題』（一八九七年）、『賃金、価格、利潤』（一八九八年）、『一八世紀秘密外交史』（一八九九年）、『ドイツにおける革命と反革命』（一八九六年——後にこれはエンゲルスの作品だとわかります）を編集します。実際にはマルクスの草稿は、エンゲルスのもとで、数人の社会民主党の党員、たとえばカウツキーやベルンシュタインの手で編集作業が進められており、草稿自体は社会民主党が管理していました。

カウツキーは一九〇五年に『資本論』第四巻、すなわち『剰余価値学説史』を刊行します。そしてメーリンク（1846－1919）は『カール・マルクス、フリードリヒ・エンゲルス、フェルディナント・ラサールの学問的遺産から』という論文集を一九〇二年出版します。これには初期の論文と手紙が含まれていました。一九一三年にはベーベルとベルンシュタインによる『マルクス＝エンゲルス往復書簡集一八四四年－一八八三年』が刊行されます。

ベルリンへの移動

エンゲルスの死後、ほとんどの遺稿はそのままドイツ社会民主党の管理下に置かれ、そのままロンドンに保管されていました。ドイツ社会民主党はマルクスの遺稿にあまり関心を示しておらず、この遺稿を使って全集をつくろうという動きも活発ではありませんでした。その意味でマルクスの遺稿に対する管理も杜撰なものになります。

社会民主党内で少なくとも遺稿に関心を示していたのはカウツキーだったわけですが、エンゲルスが彼を嫌っていた（カウツキーの離婚した妻はエンゲルスの秘書になっています）こともあり、事実上、遺稿の管理から外されていました。もう一人メーリンクも遺稿に関心をもっていた人物でした。彼は一九一八年遺稿を調査して書き上げた『マルクス伝』を出版しています。

とはいえカウツキーとメーリンクはこのマルクスの遺稿をめぐって対立します。もともとラサールに傾倒していたメーリンクをカウツキーがよく思わなかったこと、しかもそのメーリンクがマルクスの娘ラウラの信頼を得ていたことが気にくわなかったことが原因です。さらにロシア人のリャザノフがカウツキーの支援者として登場します。

リャザノフはロシア革命後、「マルクス＝エンゲルス研究所」の所長となり、『マルクス＝エンゲルス全集』▼編集の中心人物となります。このロシア人がすでに一九〇〇年頃からマルクスの遺稿を読みあさり、一九一一年にはマルクス死後三〇年の記念事業として数人の仲間と『マルクス著作集』を編集する計画を立てています。そして革命後、一九二七年『マルクス＝エンゲルス全集』がソ連で刊行されます。

リャザノフは社会民主党にある遺稿をすべて写真に取り、それをドイツ人に解読させながら編集するという方針をとります。こうしてソ連が遺稿の事実上の継承者として大きな力をもち始めます。

遺稿の旅

マルクスとエンゲルスの遺稿はロンドンからベルリンにあるドイツ社会民主党のアルヒーフに運ばれます。一八七八年にできたこのアルヒーフ▼は実は、その年ビスマルクが出した社会主義者鎮圧法によって、ロンドンへ移っていました。ベルンシュタインのロンドンの住居に移されたのです。一八九〇年この鎮圧法が失効したことで九一年アルヒーフはベルリンに戻ります。そしてマルクスの遺稿もここに移ります。

さて時代は進み、ナチスが登場します。当然このアルヒーフの避難が必要になってきました。遺稿はやがて隣の国デンマークのコペンハーゲンの銀行の保管庫に移されます。その頃、アムステルダムにある社会史国際研究所がマルクスとエンゲルスの遺稿に興味をもちます。ドイツ社会民主党も亡命生活を強いられる中、資金が必要となり、この話に乗ってきます。一九三四年パリで売買交渉が行われますが、当然この話を聞きつけたソ連が参入してきます。この交渉にはすでに失脚したリャザノフの後を受けた所長のアドラツキーのみならず、党の最高幹部の一人で著書も数多くあるブハーリンを送り込みます。当然政治的関係もはらんだ駆け引きが行われ、結局、アムステルダムが遺稿を獲得することになります。

一九三八年五月一九日にハーグで売買契約の調印が行われますが、すでにこのころドイツのオランダへの侵攻の噂もありました。アムステルダムからコペンハーゲンに移った遺稿はすぐに避難しなければならなくなったわけです。一九三八年九月二七日イギリスのハロゲートに保管すべく最初の積み荷が出発します。そして戦争中はオックスフォードに移されます。一九四〇年六月ナチスがアムステルダムの研究所を訪れたとき、すでに遺稿はイギリスに移っていました。間一髪難を逃れたわけです。ナチスは「国家社会主義研究所」をつくる計画をもっていて、その資料として遺稿を欲しがっていたわけです。

一九四五年五月、戦争が終わり、社会史国際研究所の復興が始まります。翌年の一〇月、遺稿はイギリスからアムステルダムに送られてきました。オランダの社会民主党が支援したこの研究所も戦後財政難に陥り、結局、今はオランダの国立アカデミーに属しています。▼

補遺3

マルクス全集の編纂

マルクスのテキスト

一九〇四年、幸徳秋水(1871－1911)と堺利彦(1871－1933)による日本で最初の『共産党宣言』の翻訳が行われて以来一〇〇年たった今も、マルクスの書物は邦訳され続けています。したがってどのテキストを読もうとも、それなりに信用のおけるものであることは間違いありません。

しかしながら、マルクスのテキストの原語であるドイツ語の版が信頼できるものかどうかについては、マルクスのテキストに関する歴史を振り返って確かめてみなければなりません。最初の『共産党宣言』の邦訳がアメリカのテキストを使っているように、最初は、英語を通して学ぶという時代があったからです。その理由は当時マルクスのまとまった全集がなかったということにあります。

マルクスが生きている時代、マルクスの作品は残念ながら『資本論』を除いて手に入れにくかったのです。出版されたテキストが少ないということだけでなく、彼の書物がほとんど売れなかったことにも原因はあります。

マルクス死後、エンゲルスはそれを補うべくマルクスのすでに出版された作品の再版作業を行います。実際、ドイツ社会民主党員の間でもマルクスやエンゲルスの文献はあまり読まれていなかったようです。もっとも読まれたのはエイヴェリング（1849 – 98）の『ダーウィンの理論』、ベーベル（1840 – 1913）の『女性と社会主義』でした。

マルクスの作品は、長い間社会民主党のディーツ出版から出されてきました。『資本論』のディーツ（1843 – 1922）からの出版は、著作権がオットー・マイスナー（1819 – 1902）に握られていたことで遅れますが、それ以外の書物はほぼこの出版社から再版されます。一八八三年マルクス死後最初の企画が『哲学の貧困』のドイツ語訳です。こうして、マルクスの文献の普及が始まり、次第に社会民主党はマルクス主義の政党に変わっていきます。しかしこの時期は、社会主義者鎮圧法の時代で、結局ドイツでマルクスの作品が十分に普及することはなかったわけです。

法律が、失効した一八九〇年代マルクスの書物は徐々に普及していきます。しかし、これらは、実はエンゲルスによる再版であり、全集ではありませんでした。ソ連での『マルクス＝エンゲルス全集』が出るまでは、もっぱらこのディーツ版を使って邦訳が行われます。とはいえ、戦前の日本ではまだ自由に翻訳できない時代でしたが。

第一次の『マルクス＝エンゲルス全集』

一九一七年ロシア革命によってソ連が誕生し、ソ連がマルクス主義の中心に躍り出てきます。そうした中『マルクス・エンゲルス全集』の企画が持ち上がるわけです。一九二一年レーニンからマルクス・エンゲルス研究所の所長に任命されたリャザノフは、ドイツ社会民主党とフランクフルト社会研究所の協力を得て『マルクス・エンゲルス全集』の編集にかかります。この全集は、マルクスの未刊の草稿も出版するという意味で、初めての企画でした。こうして『ドイツ・イデオロギー』や『経済学・哲学草稿』などが出版されます。計画では全四二巻ということでした。通常これを旧メガ（MEGA［*Marx Engels Gesamtausgabe* の略］）と呼びます。

一九二七年五巻が出版されますが、その後、一九三一年、スターリンの大粛清によりリャザノフは逮捕されやがて粛清されます。その後所長となったアドラツキーが規模を縮小して編集作業を始めます。しかし、結局一九三六年この事業は中止となり、戦後ヴェルケ（*Werke*）と呼ばれる規模を縮小した『マルクス＝エンゲルス著作集』が出版されます。もともと一九二八年から続けられたロシア語版が二八巻で一応の完成をみたことから、それをもとにしてできた版でもあります。一九五五年からロシア語第二版が出版され（一九八一年、全五〇巻、五四冊で完結）、翌年からはドイツ語版が出版されます（一九六八年、全四〇巻、四三冊で完結）。それがヴェルケです。日本では大月書店から『マルクス＝エンゲルス全集』として翻訳されますが（全三九巻、四三冊、補巻一一巻。基本的にドイツ語版からの翻訳ですが、補巻は初期著作集を除いてロシア語版によっています）、今でもこれに代わる邦訳のマルクス全集がないので、一般的にこれが使われています。

日本語版『マルクス＝エンゲルス全集』の計画

しかし、戦前には日本でも大きな全集の刊行の話がありました。日本には労働運動の研究所として大原社会問題研究所▼という機関が、マルクス・エンゲルス研究所より前に大阪に存在していました。一九一九年に設立された研究所は高野岩三郎▼（1871 － 1949）を所長に迎えます。一九二六年ヨーロッパへ出張した高野は、モスクワのマルクス・エンゲルス研究所と交流し、帰国後もその関係が続きます。

やがて、日本でもマルクス・エンゲルスの全集を出そうという話が一九二八年もち上がります。もちろんソ連での刊行もまだ途中であり、日本独自の編集をする必要がありました。しかし、全集出版計画は改造社と五社連盟（岩波書店、同人社、希望閣、弘文堂、叢文閣）が同時に計画していました。二社競合という事態が起こり、大原社研は五社連盟の事業を受けることになります。この年、共産党員への弾圧事件が起こり、河上肇（1879－1946）、向坂逸郎（1897－1985）、大森義太郎（1898－1940）などが大学を追われる事件▼が起きます。そのため結局出版されることはありませんでした。

一方、改造社版は一九二八年第一巻が出版され、一九三三年全二七巻補巻五巻が五年で完成します。ソ連の全集が遅遅として進まなかった中、ソ連版の全集の影響を受けたとはいえ、当時、世界でただ一つの全集であったことは間違いありません。

第二次の『マルクス・エンゲルス全集』

戦後ふたたび全集計画がソ連で復活します。刊行は一九七五年から始まります。この『マルクス・エンゲルス全集』は、新しい企画であることから新MEGAと呼ばれます。一九六五年から編集事業が始まったのですが、編集上の形式は旧MEGAに負っています。つまり全体を四つに分け、第一部は『資本論』を除くマルクス・エンゲルスの著作、第二部は『資本論』およびその草稿、第三部は書簡、第四部は抜粋、抜き書きです。全体のスケールは一〇〇巻を超えるもので、各巻二冊（一冊は本文、二冊目は注釈）でした。一九九一年ソ連が崩壊するまで第一部一四巻、第二部一〇巻、第三部八巻、第四部七巻が出版されます。

しかし、ソ連崩壊でこの計画はとん挫します。もともと全集がソ連共産党と東ドイツ社会主義統一党の直属であったことから、マルクス主義＝レーニン研究所は解体されることになります。こうした中、国際的な「新MEGA」支援委員会が生まれ、IMES（国際マルクス・エンゲルス財団）が結成されます。大幅に予定の巻数を減らし、編集の指針を改定し、再出発します。今も刊行され続けています。

出版社も変更されました。東ドイツの成立とともに、東ドイツではドイツ社会民主党とドイツ共産党が合同し、社会主義統一労働党が結成されます。それまで社会民主党の出版局であった蛇のマークのハインリヒ・ディーツ出版は、この社会主義統一労働党の出版局となります。しかし西ドイツにも出版局があり、裁判で争われますが、そのまま一九九一年一二月一日、西ドイツ側からの差し止めまで出版社は継続します。以後カール・ディーツという名前に変わり、継続しています。

東ドイツで出版されたヴェルケや新メガはすべてこのハインリヒ・ディーツ出版から出ています。こうして一九九九年から新メガからディーツ出版という伝統的名前が消えます。

そのほかの国の全集

このようにマルクスのテキストのドイツ語原本は長い間ドイツ社会民主党、ソ連共産党に押さえられていたともいえます。こうした中そうしたイデオロギー色のない編集版はなかったのかというと、実はマクシミリアン・リュベル版というものがありました。これはフランスのガリマール出版のプレイアード叢書から出ている『カール・マルクス著作集』▼（全四巻）です。

ウクライナ出身のリュベルは一九三四年パリ大学で博士号を取ったあと、ソ連製マルクス・テキストを批判します。幸いにもマルクスの遺稿はソ連ではなくアムステルダムにあったことで、リュベルの編集作業はソ連とまったく別に進んでいきます。この四巻は、第一巻（一九六三年）、第二巻（一九六八年）が経済学、第三巻（一九七七年）が哲学、第四巻（一九九四年）が政治学で、各巻に長大な序文と三分の一を占める注釈が付されています。

これはすべて一人の仕事です。実は、彼は新しいマルクス全集を編集する計画をもっていました。スイスの出版社から全三三巻、マルクス死後一〇〇年（一九八三年）記念事業として立てられた計画です。しかし、出版社の財政悪化から中止になったのですが、大きな編集の枠は、（1）イデオロギー批判、（2）政治学批判、（3）政治経済学批判という三つの柱でした。リュベルは、『資本論』を特別扱いする編集に疑問を提示し、マルクスの哲学、政治学にも光を当てることでこうした三つのトリアーデを主張したわけです。それともうひとつエンゲルスをマルクスから分けるということです。かつてリャザノフもその意図をもっていたのですが、リュベルは、エンゲルスがマルクスの思想を間違って理解していると考えています。だからこそエンゲルスをマルクスから分ける。それと同時にエンゲルスの序文や、エンゲルスの編集したものを取り除くこと。これを主張しています。具体的にはマルクスが未完のまま放っておいた『資本論』第二巻、第三巻をエンゲルス版とは別のマルクスの草稿ノートとして編集することです。

ソ連の全集はそのままソ連のプログレス出版によって外国語に翻訳されています。英語訳は、全五〇巻にも及びます。フランスにはモリトール個人によるコスト版▼やエディシオン・ソシアール版▼などの全集がありますが、これらは完全な全集ではありません。しかしながら、英語、フランス語に関しては、マルクス自身による翻訳もあり、それを読むことのできる人々は、独自の解釈を行うことができたわけです。たとえばフランスでは、今もマルクスが校訂したロワ訳による『資本論』を読んでいます。こうした伝統と同時に、マルクス主義政党の歴史もソ連より古いこともあり、ソ連の解釈と一線を画しています。

それに比べ日本は、ソ連版に忠実で、ソ連による解説まで翻訳しています。しかも、そのドイツ語版の頁数まで書いてあります。

伝記の歴史

伝記についても同様のことがいえます。世界的にも誇りうると自称していたマルクス研究の盲点の一つが、ソ連製テキストへの盲信でした。伝記に関しても同様のことがいえます。伝記という分野がほとんど顧みられないという我が国の土壌を措くとしても、膨大なマルクス研究がありながら、日本人独自の調査による伝記が書かれることは、ほとんどありませんでした。

いわばオリジナル・テキストの研究と独自の伝記の編集が、研究の指針を決めてしまうのだとすれば、その二つにオリジナルをもたない日本の研究は、致命的欠陥をもっていたともいえます。向坂逸郎氏によるマルクスの伝記を含めて、多くがソ連製の伝記をそのまま踏襲するという形で書かれてきました。全集の付録でもあったゲムコー編集の伝記がそのまま利用されていました。

リュベルがマルクスの生活を調べ、彼の思想をつかんだとすれば、オリジナルな伝記も必要だったといえます。幸いソ連以外の国で出た伝記の翻訳という形で（やはり外来種によってですが）、ソ連製ではないマルクスを知ることはできます。ここ三〇年の伝記に関しては後に譲りますが、簡単にソ連の編集以前の伝記の歴史を振り返っておきます。

マルクス伝の最初は、エンゲルスが『フォルクスカレンダー』▼（一八七八年）という雑誌に書いた「マルクス」です。その後、エンゲルスはマルクスが亡くなった後、『ゾツィアール・デモクラート』という雑誌に葬儀の際に述べた弔文を掲載します。本格的なものは『国家学事典』▼（一八八九－一九九四年）の「マルクス」です。

マルクスの論敵が書いたものをあげると、最初のものとしてはカール・ハインツェンの『ドイツ共産主義の英雄――カール・マルクス氏に捧ぐ』▼（一八四八年）があります。また、マルクスが、非常に怒った伝記、ミュラー・テラーリンクの『マルクスとエンゲルスという将来のドイツ人独裁者についての味わい』▼（一八五〇年）というものもあります。

『資本論』執筆後、オイゲン・イェーガーという人物による『近代社会主義――カール・マルクス、インターナショナル、ラサール、ドイツ社会主義者たち』▼（一八七三年）▼という書物と、オランダのケルダイクの『一一日で読む名士伝、第一〇巻－カール・マルクス』（一八七九年）という伝記もあります。

この二人はマルクスに直接書簡を送り、彼の人生についての資料を請求しています。マルクスは確かにこの二人に資料を送っています。とりわけマルクスが高く評価したのは、アーネスト・バックスが『近代思想』に一八八一年に掲載した論文です。▼

マルクスとエンゲルスの死後いくつかの伝記が出ますが、何といっても定評があるのがメーリンクの

『マルクス伝』（一九一八年）です。メーリンクは一八八三年『ヴェーザー新聞』にマルクスの死亡記事を書いてもいます。マルクスの次女ラウラと親しくなったメーリンクは初めて、直接の関係者や敵でもない人物として、客観的な資料を使った伝記を書きます。これは、今でも重要な文献です。

　現在まで定評のある伝記をあげると以下のようになります。邦訳で読めるのはE・H・カー『マルクス伝』（未来社、一九三四年）、ブリューメンベルク『マルクス伝』（理想社、一九六二年）、バーリン『カール・マルクス』（中央公論社、一九三九年）、マクレラン『マルクス伝』（ミネルヴァ書房、一九七三年）、外国語文献としてはニコラエフスキー『カール・マルクス伝』（一九三三年）、コルニュ『カール・マルクスとフリードリヒ・エンゲルス』（一九五四－一九六八年）。いささかマニアックになりますが、郷土史家ハインツ・モンツ『カール・マルクス――伝記と作品の展開のための基礎』（一九七三年）もあげるべきでしょう。

　マルクス伝の内容は、一九八九年のベルリンの壁崩壊、一九九一年のソ連崩壊以後、大きく変わります。これまで社会主義圏での伝記は、マルクスを英雄視、神格化するものがほとんどであり、逆に西側の伝記はブルジョワ的伝記として社会主義圏の人々から批判されてきました。しかし、ブルジョワ的伝記が主流になりつつあることは確かです。

　最近の伝記で最初に紹介するべきは、ソ連崩壊の頃に出たフランソワーズ・ジルー『イェニー・マルクス』（幸田礼雅訳、新評論、一九九五年）です。この書物は、マルクスを女好きの、家庭を顧みない自分勝手な人物として描いており、社会主義圏で流布した英雄伝説を覆すものでした。こうした極端なものは別として、マルクスのユダヤ性、マルクスのブルジョワ趣味、マルクスの主張した民主主義、とりわけマルクスが主張したグローバリゼーションを取り上げるものが多くなっています。特筆すべきは、もっとも流布したフランシス・ウィーンの『カール・マルクスの生涯』（田口俊樹訳、朝日新聞社、二〇〇二年）、グローバリゼーション論者としてマルクスを扱ったミテラン元フランス大統領の補佐官であったジャック・

アタリ『世界精神マルクス』（拙訳、藤原書店、二〇一四年）かもしれません。

しかしまた一九世紀の歴史が専門のジョナサン・スパルバーの『マルクス　ある19世紀の生涯』（上下巻、小原淳訳、白水社、二〇一五年）、二〇一七年に出たイギリスの労働運動史家ステッドマン・ジョーンズの『カール・マルクス　偉大さと幻影』（Penguin）も興味深い伝記です。前者は一九世紀のヨーロッパ、ドイツの細かい歴史に気を配りながら、そこにマルクスを位置づけ、後者は市民マルクスを抉り出そうとしています。英語圏の文献が世界市場の中でもつ影響力を考えれば、ほかの作品以上の影響力をもっているといえます。

一方、肝心のドイツではどうなっているのでしょうか。二〇一八年、マルクス生誕二〇〇年のこの年、かなりの数（一〇を超える）の伝記が出版される予定ですが注目すべきは全三巻予定のミハイル・ハインリヒの『カール・マルクスと近代社会の生成』（第一巻、二〇一八年）です。新しい方向として注目されるべきは、ケヴィン・アンダーソンの『周縁のマルクス』（平子友長他訳、社会評論社、二〇一五年）かもしれません。この作品は一九九〇年代に始まった資本主義の積極的意味を評価する流れではなく、むしろ非ヨーロッパ圏に関心を抱くマルクスという設定になっています。

補遺4

マルクス以後のマルクス主義

社会民主党とマルクス主義

エンゲルスが亡くなる頃、マルクス主義はドイツ社会民主党の中で大きな力を持ち始めます。エルフルト綱領▼が採択され、ラサール派の影響が減少し、マルクス派の影響が浸透します。

しかし、社会民主党が合法的活動を許された時から、党内では大きな対立が起きてきます。それは修正主義論争といわれるものです。ベルンシュタイン、アウアー（1846－1907）、フォルマル（1850－1922）などは、労働組合組織を中心とした、議会政党への道を全面的に推し進めることで、現実妥協的路線を主張します。それに対しカウツキー、ベーベルたちはマルクス主義の正当な路線を守ろうとします。

ロンドンに亡命したカウツキーたちはマルクス主義の影響を強く受けたのですが、多くの党員はマルクス主義の影響を受けていませんでした。マルクスやエンゲルスが批判したロードベルトゥス（1805－75）やオイゲン・デューリング（1833－1921）に、むしろ強い影響を受けていたのです。

そしてカウツキー等が、提唱したマルクス主義も、一種の進化論的なマルクス主義、つまり生産力の発展とそれによる生産関係が変化することで、自然に社会主義が生まれるかのような科学主義であったことも事実です。

フォルマルは、社会民主党は現実主義的であるべきだと主張し、議会活動による民主主義の実現を強調します。こうした事情もあり、マルクス主義の文献を読むことで党の指導方針を打ち立てるという発想がドイツ社会民主党内に流布することはありませんでした。その意味でも『マルクス全集』の計画などこの党の中で実現することはなかったわけです。

ボリシェビキのマルクス主義

こうした中、新しい勢力が誕生します。それはレーニンを中心とするロシアのボリシェビキです。ロシアとマルクス主義との関係は『資本論』がいち早く一八七二年にロシア語訳されたことで、すでに一八七〇年代マルクスはロシアでは議論の対象になっていました。マルクスは、ロシアの共同体に関心をもつことでロシア人とも交流していました。この問題に関してはロシア人女性でナロードニキのヴェラ・ザスーリッチ（1849－1919）と書簡を交わしています。

その意味では、マルクスはザパードニキ（西欧主義者）ではなく、むしろロシアの共同体を中心とした非西欧的発展を主張する人々との関係が深かったともいえます。さかんにマルクスの文献を消化したプレハーノフ（1856－1918）はその典型です。

しかし、ロシア革命を引き起こした勢力は、実はこうしたナロードニキの勢力ではなく、西側の発展を理解しつつ、その中の革命を意図したレーニンを中心とするボリシェビキであったことに注目すべきでしょう。

レーニンは『帝国主義論』を書き、一九世紀後半以後の資本主義の発展を、いわば帝国主義国家による覇権闘争として描き、帝国主義国は、植民地の争奪戦を繰り返し、宗主国、植民地といった資本主義の新しい体系をつくると主張します。こうした世界全体の発展の中で、どちらともつかないロシアのような国家は、帝国主義の矛盾をもっとも受けやすい国家となるわけです。植民地でもなく、帝国主義国でもない国家は、いわば資本による搾取の修羅場になり、革命はこうした結節点である、半周辺地域から起こるということを主張します。事実、ロシアで一九一七年革命が起こります▼。

こうしてロシアはソ連と名称を変え、マルクス主義による国家創設を謳います。銀行の国有化、土地の国有化などを宣言することで、マルクス主義を取る社会主義のひとつのイメージをつくります。第一次大戦下という特殊事情もともなう、ある意味で偶然の革命ですが、戦争終結とともに起こる帝国主義列強によるソ連への干渉の中、とりあえず一国において社会主義を完成させるという理念が勝利を収めます。

トロツキー、ローザ・ルクセンブルク、ブハーリン、プレオブラジェンスキー

もともとボリシェビキ内には、いくつの理論的差異をもった派閥がありました。まずトロツキーです。トロツキー（1879－1940）は『永続革命論』を書き、資本主義は世界経済の中で存在している以上、一国において革命を成就することによって社会主義社会を建設することはできない。マルクスの理論は、もともと世界のプロレタリアの団結であり、そのためには一国での革命ではなく、世界の他の国に、革命は輸出されねばならないという発想をもっていました。

これと同じ発想をもったのが、ドイツ社会民主党から離れることになるローザ・ルクセンブルク（1871－1919）です。『資本蓄積論』を書いた彼女は、資本主義の資本蓄積は世界経済の中で行われる。搾取が植民地地域に広がっている以上、一国革命という議論それ自体意味がないと主張します。

それに対し封鎖と国内経済の危機の中、ソ連は一国社会主義を取らざるをえなくなります。こうして、ソ連は第三インターナショナル（コミンテルン）を組織化することで世界革命の指示を行う指令機関となるものの、もっぱら関心は、ソ連国内経済の沈静化そして経済発展という方向に向かいます。

その中に二つの方向が出てきます。ひとつはブハーリン▼（1888－1938）による、従来の資本主義的経済発展を見据えた緩やかな発展を期待する理論（『過渡期の経済学』）、もうひとつは一挙に農村から富を収奪し、工業化を図るというプレオブラジェンスキー▼（1886－1937）の『新しい経済』の理論です。前者は戦時共産主義からネップに至る時期に意味をもった理論ですが、後者は、レーニン没後の一九二四年以降五カ年計画による経済発展の中で意味をもちます。とりわけ、社会主義の工業化促進が農村を犠牲にして行われるという資本蓄積のメカニズムは、その後多くのマルクス主義者に、工業優位というイメージを植え付けることになります。

スターリン理論とスターリン批判

こうした中で実権を握ったのがスターリン（1878-1953）です。スターリンは、トロツキー、ブハーリンなどを次々に失脚させ、粛清することで、権力を掌握します。マルクス主義のひとつのイメージは、まさにスターリンによってできたともいえます。一党独裁と権力の集中、これによる監視社会、大量殺りくといったイメージは、スターリンの死後共産主義社会のイメージとして残ります。

スターリンは『ソ同盟における経済の諸問題』という書物を書き、資本主義社会は最大利潤を獲得しようとする傾向にあり、それを追求する独占資本主義と闘うことがマルクス主義者の役割だとし、各国の労働者にソ連が描いた闘争の筋書きを押しつけるという戦略を展開します。そのための機関が「コミンテルン」（正式名称は、共産主義インターナショナル。別名、「第三インターナショナル」）で、戦後は「コミンフォルム」（正式名称は、「共産党・労働党情報局」）と名称を変えます。一党独裁と国有化による国家への政治と経済の集中は、社会主義的本源的蓄積という初期段階としてはなるほど成果をあげますが、次第に先進資本主義国に後れを取るようになります。

やがて一九五三年スターリンが亡くなると同時に、さまざまな問題が社会主義国内で起こってきます。有名な事件がハンガリー動乱▼で、ソ連の命令に背いた国家に対するソ連の軍事介入は、ソ連という国家のもつイメージを大幅にダウンさせます。それと同時にマルクス主義それ自体への非難が起こってきます。

そうした事態の中で、同じ年フルシチョフ（1894－1971）によるスターリン批判が行われ、スターリンが行った粛清、独裁などへの批判が起こります。しかしこれは個人崇拝という問題として片付けられ、ソ連という国家の制度のもつ問題への批判には至りませんでした。もちろんマルクス主義＝レーニン主義＝ソ連という等式が疑われることもありませんでした。

ヒューマニズム的マルクス主義

一方、西欧マルクス主義も、こうしたソ連のマルクス主義の発展とは別に、独自の発展を遂げていました。政党としてのドイツ社会民主党、そしてフランス社会党もマルクス主義の路線を取るというところまでは進みませんでしたが、ヴァカンス法を制定する人民戦線内閣の出現によって社会党勢力が政治的権力を掌握するところまで進んでいました。

むしろ議会制社会主義という枠の中でマルクス主義の芽が潰えることはなかったのです。フランクフルト社会研究所▼やアムステルダム社会史研究所は、ソ連とは距離を置いたところでマルクスの研究を進めます。コルシュ（1886－1961）の『マルク主義と哲学』やルカーチ（1885－1971）の『歴史と階級意識』は、こうした中での大きな成果のひとつともいえます。

とりわけ第二次大戦が終わり、戦後アメリカ的民主主義がナチス批判を展開する中で、マルクス主義にも世間の注目が集まり、戦後アメリカ的民主主義とマルクス主義が同居するという事態が生まれます。その媒介項をなしたのが、ヒューマニズムという概念です。西欧マルクス主義に流れる人間主義は、貧困対策と平等という側面にのみ目が向けられていたマルクス主義を、人間の解放という側面へ引き戻します。

そうした中、戦後民族独立運動、植民地抵抗運動が展開する中で、人種差別批判、人権問題、男女平等思想としてマルクス主義が語られるようにもなります。

戦後実存主義思想のスターになったフランスのサルトル（1905－1980）がマルクス主義へ大きく傾いたことで、こうしたヒューマニズム的人間解放主義のマルクス主義は一気に発展します。一方で、これまで知られていなかったマルクスの初期草稿がソ連によって発表されるという事情も手伝っています。「疎外」、「階級意識」、「労働」という概念が初期マルクスに遡って研究されることで、経済問題にのみシフトしていたマルクス主義が、人間解放の問題、哲学的議論へとシフトしていきます。

アジアの新しい動き

そうした中、新たな運動が起きてきます。それは、植民地諸国の独立運動と、それらの国がマルクス主義を標榜し始めたことです。もっとも衝撃的出来事は、ベトナム戦争の拡大とキューバ革命、中国の文化大革命です。これらはソ連的でもないし、かつ西欧的でもない。まったく新しいタイプのマルクス主義の運動でした。

ベトナム戦争はまず、ソ連が支援する北ベトナムとアメリカが支援する南ベトナムの戦いでしたが、一方で人民による巨大な権力に対する戦闘という側面もありました。無差別に落とされる爆弾の中で逃げ惑う人々への同情は、人民という言葉をマルクス主義の中に再燃させたといえます。そして、キューバ革命は、社会主義でもマルクス主義でもなく、アメリカ資本の傀儡であるキューバのバティスタ政権を引きずり下ろすという人民の熱情が起こしたものです。やがてソ連がキューバを支援することでキューバはソ連圏に位置づけられますが、それを超えたところにあったことも間違いありません。ゲヴァラ（1928－1967）は革命を輸出すべくボリビアに向かいます。人民の抵抗は、その地で解放の神学▼、ゲリラ闘争、サバティスタ運動▼となって後々にまで生き続けます。

その時代にとりわけ衝撃的だった出来事は、中国の文化大革命でしょう。なるほど政権維持に苦しんだ毛沢東がしかけた、ある意味での政権維持のための苦肉の策だったという考えも成り立ちますが（つまり都市部における権力の喪失を農村部で補う）、革命はつねに連続的であるという思想をもった、永続革命論の出現です。都市と農村の分離、分業化による非人間化を、農業と工業を結びつけることで解決する。文化大革命を担った若者たちは、労働と学業の両立、工業と農業との両立という高邁な理想のもと地方に分散しました。その結果、たんなる政治的エリートによる政治革命という革命論を、民衆の参加する文化的革命論に変えるという大きな衝撃が与えられたわけです。しかし、当然ながら工業化の進展によってこうした革命はマイナスになっていきます。鄧小平による毛沢東の後任の四人組の追放と、アメリカへの接近、資本主義的産業発展政策の推進は、毛沢東思想を過去のものとしてしまいました。しかし理論的話としては、今でも魅力的なものをもっています。

マルクスの思想の中にそうした問題があるかどうかよりも、これが資本主義、すなわち近代主義、西欧主義への批判であったことは間違いありません。こうした新しい時代の息吹は逆に西欧のマルクス主義者たちをひきつけます。

アルチュセールと西欧マルクス主義

こうした中で、もっとも影響力をもった人物がマルクーゼ（1898 – 1979）、エーリヒ・フロム（1900 – 80）、アルチュセールでしょう。カストロ（1926 – 2016）、ゲヴァラ、ホーチミン（1890 – 1969）、毛沢東（1893 – 1976）は次第にヨーロッパでも関心を惹きつけます。行き詰まったソ連型マルクス主義、ヒューマニズム的マルクス主義への批判の手段として浮上してきます。フロムとマルクーゼは西欧型ですが、アルチュセールはむしろ毛沢東主義的色彩を色濃く残しています。

ソ連型マルクス主義は、国家権力が肥大化し、民主主義が機能不全を起こし、巨大な軍事国家となったことで、大きな欠点をもち始めていました。大方多くのマルクス主義者はこうしたソ連型社会主義に失望をもち始めていました。中ソ国境紛争はその表れで、社会主義国には戦争がないという議論が崩壊し、たんなる国家のひとつにすぎないということが明確になります。

ヒューマニズムは、人間中心の世界をつくることですが、一方で海外の植民地における人種差別、搾取に対して十分な配慮を欠いていました。西欧におけるヒューマニズムは、こうした植民地的世界を後背地にもつことの結果であることが理解されていなかったわけです。さらに環境問題が注目されることで、世界が動植物を含めた自然のバランスによって成り立っていることがわかり、人間だけの発展というものには問題が多いということがわかってきました。それは成長の限界という議論を呼ぶことになります。

アルチュセールは『マルクスのために』（一九六五年）を書き、マルクスの中に近代を超える問題を発見します。近代の言葉で書かれながらも、それを乗り越える意味をもつマルクスの言葉を探します。「徴候的読解」という言葉からマルクスの言葉の背景を探ることを提唱し、やがてわれわれの思想の中にある国家によって規制された国家イデオロギー装置を取り去ることを提唱します。革命はただたんに経済にあらず、生産力が必然的に新しい世界を生み出すのではなく、上部構造を含めたさまざまな要因がそこに作用するのだという重層的決定論という言葉も生み出します。

まさにアルチュセールは、マルクスの思想をある方向のみから読まされている現代を批判の俎上に取り上げたわけです。こうしてまず近代の枠を取り払うことで、マルクスの見えなかった部分が見えてくるというわけです。それはまさに毛沢東の試みでもあり、彼は毛沢東主義に大きな影響を受けます。

同じように当時の学生たちもこうした動きに敏感に反応しました。ベトナム戦争、公民権運動などなど。経済成長とともに生まれる環境破壊、都会の孤独。やがて近代に対する異議申し立てとしての学生運動が生まれます。サブカルチャーであったロック、ヒッピー文化、薬物、ポルノグラフィー、フリーセックスといった新しい自由の波が、既成概念の権威に対する批判として登場します。こうしたときに読まれたのがマルクーゼ、アルチュセール、フロムの書物だったわけです。

こうしたマルクス主義思想は、その後近代社会の自己管理メカニズム批判やイデオロギー装置批判などの分野で大きな貢献をします。そしてマルクス主義が弱いと言われていた国家論や政治論の分野でも新しい解釈をもたらします。

日本のマルクス主義――河上肇、福本和夫、宇野弘蔵

日本に目を移してみましょう。幸徳秋水と堺利彦の『共産党宣言』に始まるマルクス主義の紹介は、アメリカ経由で到来したものでしたが、アメリカの労働運動の影響から始まった日本のマルクス主義は、当初はアナキズムの影響を強く受けていました。

日本において初めてマルクス主義と本格的に取り組んだのは京都帝国大の教授であった河上肇（1879－1946）です。大正時代、留学から帰った河上は『貧乏物語』をベストセラーにし、人々の社会問題への関心を引き起こします。やがて本格的に『資本論』の研究に取り組み共産党へ接近していきます。とはいうものの河上は、河上的理論と呼ばれるほどのものを残していません。

やがてソ連指導型のマルクス主義が一九一〇年代後半に流入することで変化します。一九二〇年代には福本和夫（1894－1983）が出現し、日本独自のマルクス主義がスタートします。

福本は、一九二四年ドイツ留学から帰国後、ルカーチやコルシュの影響を受け、プロレタリアを意識変革し、革命の遂行を可能にするものは、前衛たる共産党の指導であると主張しました。多くの左翼政党が存在していた日本においてこの福本の理論は、大きなショックを人々に与え、共産党の権威を高めることになります。その理論は彼の名前を取って「福本イズム」とまで称され、ソ連の指導部から一定の距離を置いたいわば日本独自のマルクス主義をつくり上げます。しかも、福本は、またたく間に共産党の幹部に上りつめ、大きな影響力を行使し始めました。

しかし、やがてソ連共産党の厳しい批判を受け、その名声は一挙に失墜します。しかし福本イズムはその後ことあるごとに問題にされることになります。

そのころ、野呂栄太郎（1900－34）が『日本資本主義発達史』を書きます。これは明治以後の日本の産業発展を階級社会として分析した本で、たんなるマルクスの解釈を超え日本資本主義における階級闘争を位置付けた書物です。同じく山田盛太郎（1897－1980）はマルクスの再生産表式▼を使って日本経済を分析します。

同じくドイツに留学した宇野弘蔵（1897－1977）は、帰国後マルクスの『資本論』に関する画期的な研究を発表します。マルクス経済学を原理論、段階論、政策論と分け、『資本論』を原理論として純化していきます。そして『資本論』を経済原論の書物、すなわち資本主義経済のメカニズムを分析した書物とし、そこから革命などは展望できないとして、そうした問題は段階論そして政策論にゆだねます。純化された資本主義論は、非常にアカデミックに純化されたことで、政治運動や社会運動よりは大学のアカデミックな世界で影響力をもつようになります。

戦後日本のマルクス主義

その後一九三〇年代のマルクス主義への弾圧を経て、第二次大戦が終わるとともに、マルクス主義の再生の時代がやってきます。共産党、社会党を中心とした政治闘争、社会運動も活発化する中、マルクス主義の研究はどんどん精緻化していきます。宇野弘蔵の価値論研究は戦後価値論争ブームをつくりあげ、久留間鮫造▼（1893－1982）、遊部久蔵▼（1914－77）などがそれに続きます。

しかしこうしたいわば講壇マルクス主義は次第に、現実の運動から退くことで精緻なマルクス解釈を発展させますが、現実の運動との関係が切れるようになります。そうした中、日本共産党大会で戦後の方針が変わり、議会内政党への道を共産党が歩みはじめると、若い学生を中心とした共産主義者同盟の運動が展開します。そこからやがて、一九六〇年安保条約以後、急進的な活動が生まれます。スターリン批判以後のマルクス主義政党が、マルクス主義思想から次第に離れる一方、若者たちはマルクス主義の中に新たな展開を期待するという逆転した関係が生まれていきます。それは一方では運動のラジカル化と他方では理論の新しい展開を生み出します。

こうした中で宇野弘蔵と並んで、戦後マルクス主義者にもっとも批判された人物に廣松渉（1933 − 94）がいます。ほぼアルチュセールと同時代に、マルクス思想の核心的な部分に関して、新しい主張をします。初期マルクスと後期マルクスの思想の差を物象化論を視軸にして読み解くという方法を展開します。ハイデガー哲学の関係論を使いながら、マルクスの批判の視点を、ものとものとの間の関係に対する批判として展開する物象化論は、初期マルクスに貫くヒューマニズム的視点と後期マルクスの経済学的視点をつなぐひとつの輪でした。

一九六〇年代以降、労働者の中ではなく学生紛争の中から生まれた政治への批判は、たんに政治権力への批判だけでなく、文化批判、社会批判などさまざまな批判を含んでいたわけです。その中でフェミニズム、オリエンタリズム批判、環境問題などさまざまに拡散していきますが、こうした拡散を決定づけたものはソ連の崩壊でした。

冷戦崩壊――ソ連の終焉

ベルリンの壁の崩壊とソ連の崩壊は、いわば、ロシア革命以来続いた社会主義社会の崩壊であったと同時に、マルクス主義への信頼の崩壊でもありました。資本主義しかない、歴史は終わったのだという議論が出てきた時代です。こうした中でソ連、東欧、中国は、西欧的近代化、民主主義が不十分であった地域、言い換えれば独裁国家、全体主義国家であったという議論が正当化されていきます。

社会主義とさえ呼ばれず、たんなる全体主義国家。もはやマルクス主義はナチズム同様の全体主義をつくった反近代的思想ということで片付けられるようになります。こうした中で多くのマルクス主義者がマルクスを離れ、マルクス憎悪が生まれていきます。各大学にあったマルクス経済学などの講座もどんどんとりつぶされ、また政党や労働組合の中でのマルクス主義の意味もどんどん消されてきます。

こうして新しい神話が形成されるのです。その神話とは、「世界には資本主義しか選択肢がない」という神話です。そしてこの資本主義は西欧文明の成果であり、資本主義と市場社会しか民主主義をつくりえない。そしてその資本主義とは西欧の成果であると。これを明確に述べたのが、フランシス・フクヤマ（1952－）の『歴史の終わり』▼です。彼の主張とともに、ヘーゲルからマルクスではなく、マルクスからヘーゲルへという流れが起き、西欧的理性社会への崇拝が始まります。当然ながらこうした中で批判の意味を失ったマルクス主義に代わって、イスラム原理主義が台頭します。それはこうした西欧的理性主義に対する唯ひとつの批判勢力だったからです。しかしこのイスラム原理主義も当然のごとく遅れた非文明の成果だと決めつけられるわけです。そう決めつけたのは、サムエル・ハンチントン（1927－2008）の『文明の衝突』▼です。

グローバリゼーションの中のマルクス主義

しかし資本主義独り勝ちのこうした社会は皮肉なことに、マルクスが予想した社会であることは間違いありません。資本が国家を超え、世界中で資本と賃労働との対立を広めているわけですから。

二〇世紀は、国家が資本と相携えたことでできた近代国家の時代であったといえます。限られた市場の中で国民を搾取する。そしてやがて植民地をつくり、そこを搾取する。こうした時代の中で植民地および半植民地だった国が、抵抗して社会主義国となった。ロシアや中国はまさにそういう位置にいます。その限りにおいて、近代国家が力を失うとその意味も失う。

資本主義社会は、国家を超えて技術や資本、そして労働者が動く。それによって巨大な生産力を実現できる。国家はいわば連合化している。ひとつの国家ではない。社会主義国は逆に国家の中心に計画経済ができたおかげで、国家をむしろ強化することになってしまった。

だからこそ国家連合による生産力についていけなかった。こうしてどんどん社会主義国という名の二〇世紀的近代国家は飲みこまれていった。そしてひとつの巨大な市場が成立したわけです。

それではこのままで終わりかというと、逆に新たな問題が生まれました。まず世界的な規模で、巨大な利益を取得する階層の出現です。これまで保護されていた地域まで資本は押し寄せ、人々を搾取するようになりました。国家もなく、労働組合もなく、搾取し放題の中、年俸一兆円という信じられない利益を獲得する資本家が出現したわけです。わずか数人の所得が、アフリカ人全体の所得より多いという、この格差は人類史上にはこれまで存在していませんでした。こうした中で実は新たな階級闘争が始まっているともいえるわけです。

もちろんこのまま国家が消滅し、世界国家となり、資本とその資本が雇う軍隊が出現する時代になるわけではありません。実は資本にとって軍や国家を自ら自身もつことは、本来の意味からいっても無理だからです。つまり資本はつねに自らが担いきれない、インフラといった社会的費用の担い手として、また破綻した時の救援者として、景気刺激による利益の供給者として、国家を必要としているわけです。

アフリカで、資本に対する抵抗があったとしても、資本は自らのお金で軍を送るような無駄と自己責任は請け負いません。そこで国家の軍隊、あるいは国連軍という第三者に頼まねばなりません。資本はその点ではある意味巧妙で、直接人を殺りくすることはないわけです。こうして資本の補完的機能として、むしろ国家は重要な役割をもちつづけます。

ましてや二〇〇一年、九・一一という思わぬ事態が起きました。この事件は、世界に衝撃を与えました。なぜなら、弱小といわれていた集団ですら、資本主義の超大国アメリカにショックを与えうるということを、世界に知らせてしまったからです。資本はこうした事態に備えるべくテロ活動への監視を強めるために、各国は軍事、警察権力を増大させています。しかも石油などの資源、環境問題の悪化などによって、どんどん経済外的な負担が増えています。それを国家に補塡してもらう必要がある。いやそれ以上に、信用投機のしりぬぐいをしてもらうために国家機関が必要である。グローバリゼーションによって、かえって国家が拡大するという条件が出ているのが最近の事態です。その意味で、アントニオ・ネグリ（1933－）が『〈帝国〉』▼で述べたように、マルチチュードと資本家との対立が世界的規模で起こるというよりも、国家による規制がむしろ増大しているというのが現状です。

二〇〇八年、リーマン恐慌といわれる事件が起きました。これは一九二九年の世界恐慌に匹敵するものです。「リーマンショック」という言葉でごまかしていますが、リーマン・クライシス、リーマン恐慌です。過剰資本と過剰生産のはけ口を失った資本主義は、自らバブルをつくりあげるしかなくなり、その破綻がこの現象でした。この破綻を最小限に食い止めるために、国家が膨大な国債を発行し、景気刺激策を展開するという状況が生まれ、グローバル化よりも、国民国家化という現象が出現しました。

二九年恐慌の時もそうでしたが、強い国家による総力戦体制は最終的に国家同士の戦争へとつながり、戦争による破壊という手段を通じて、過剰資本と過剰生産を克服しました。現在もアメリカやEUなどでも一国主義が幅を利かせ始めています。長引くリーマン恐慌の克服にしびれを切らした人々が、ナショナリズムにとびつくのは当然です。

しかも、グローバル化、バブル化によって生じた貧富の格差があまりにも進んだことにより、国家間の貧富の格差よりも、国家内での貧富の格差が拡大しました。結果として、国内における不満の解消をナショナリズムで救おうという人々の出現は当然のことです。

アメリカの経済学者シュンペーター（1883－1950）は、過剰生産と過剰資本化による資本主義の危機を超える手段「創造的破壊」という概念をもち出しましたが、環境問題の深刻化、独占資本が新しい生産物を創造しないという環境の中で、再び利潤率は低下し、利子率ゼロ度という状況、国家負債と国立銀行の負債増で、国家破綻という危機すら噂されるようになりました。

　そうした時代に、再びマルクスは資本主義の終焉の理論として読まれるべきでしょう。時代遅れになったのではなく、マルクスの理論は今まさによみがえる時代が来たといえるのではないでしょうか。▼

エピソード

最後にエピソードを入れました。このエピソードは雑誌『情況』に書いた論稿を集めたものです。それぞれテーマにしたがって、ひとつの読み物になっています。本編よりも読みやすさを重視していますので、こちらを先に読むとマルクスの人物像がよりはっきりとしてくるかもしれません。

1　怪人ヴィドックとマルクス

ヴィドック復活

フランスで二〇〇一年公開された映画『ヴィドック』は、コンピューターグラフィックスを駆使した撮影で注目を集めた。最大の見物は、一九世紀前半のパリの再現であった。一八五〇年代の大改造以前のパリは、路地が入り込み、泥棒、女衒、殺人者、詐欺師などの巣窟であった。特に現在の観光メッカ、シテ島のノートルダム寺院界隈は、見知らぬ者は道に迷ってしまうほど街路は複雑であった。

ジェラール・ド・バルデュー主演のこの映画のフランスでの興行成績はそれなりのものであった。しかし、日本では二〇〇二年に公開されたが、今一つのようであった。その理由は、一九世紀のパリとヴィドックなる人物への関心が今ひとつ低いということにある。フランスではこれほど人気のあるヴィドックとは、一体何者なのか。

フランソワ・ヴィドックの『回想録』(一八二八―二九)は、一九八八年作品社から邦訳された。この三宅一郎訳は名訳でもある(フランソワ・ヴィドック『ヴィドック回想録』三宅一郎訳、作品社、一九八八年)。また、藤原書店から出版されている「バルザック人間喜劇コレクション」にも、ヴィドックの話はときどき出てきている。とはいえ、一八世紀、一九世紀のフランス史の専門家でもない限り、あるいはフランスの犯罪史、警察史に関心がない限り、ヴィドックについて詳しい知識をもつものは少ないであろう。

もっとも、バルザックの『ゴリオ爺さん』、『娼婦と栄光と悲惨』に登場するヴォートランのモデルは彼であり、またヴィクトル・ユゴーの『レ・ミゼラブル』に登場する主人公ジャン・バルジャン、あるいは彼を追うジャベールのモデルはヴィドックであるともいわれているので、それなりに関心をもつものもいると思われる。一八二八年出版された彼の『回想録』は、多くの作家に大きな影響を与えた。

バルザック、ヴィクトル・ユゴーなどは、実際にこの奇怪なる人物ヴィドックに会っている。マルクスがパリに移った一八四三年パリでもっとも読まれていたのが、ウジェーヌ・シューの『パリの秘密』であった。その作者シューは「ひとことで言えば、『パリの秘密』の最初の作者、それは少なくとも場所や、真実、重要なことがらに関するかぎり、ヴィドックである」とさえ言いきっている。実際、シューの作品を補うために、いや流行に乗って売るためかもしれないが、ヴィドック本人が『回想録』の続編『パリの真の秘密』という作品を一八四四年に出版している。

この映画が上映されたせいか、二〇〇一年当時フランスでヴィドックに関する書物が何点か急に立て続けに出版された。私の手元にあるだけでもエリク・ペランの『ヴィドック』(一九九五年)とブルノ・ロワ＝アンリの『ヴィドック――徒刑場から警視庁へ』(二〇〇一年)の二冊がある。フランスでは、ヴィドックはちょっとしたブームになった。

ヴィドックの人物像

それではヴィドックとはどういう人物であるのか。彼の名前が登場するとすれば、まず極悪非道の徒刑囚で、脱獄の末パリ警視庁特捜部長にまで上り詰めた立志伝中の人物としてであろう。囚人と警視庁特捜部長、奇妙なとりあわせである。

一七七五年北フランスのアラスで生まれた彼は、青春時代にちょうどフランス革命に遭遇している。フランスの警察制度の混乱と、政治の混乱によって、囚人から警察官(内偵)へという奇妙な出世をしたとも言えよう。

もともと豊かなパン屋の息子として生まれながら、反抗心からぐれていった彼は、ひょんなことから文章偽造に関係し、それがもとで留置場に入れられた。しかし、彼は脱獄する。その結果再逮捕、脱獄を繰り返し、罪がどんどん重くなっていく。何回か脱獄を繰り返すうちに重罪犯となり、パリのビセートル監獄、そしてブレストの徒刑場送りとなる。やがて、船の中に監獄があるトゥーロンの徒刑場に入れられる。ここはジャン・バルジャンが入っていた監獄でもある。しかも、そこからも脱獄することによって、その名声は世間に知れ渡った。

その彼が、ちょうどナポレオン時代の終わり、すなわち一八一〇年代、仲間を裏切り、警察へたれ込む。スパイとして仲間を売ることによって、身の保全を図るようになる。やがて、警察の間諜へと昇進し、当時のパリ警視庁警視総監パスキエとアンリ警察部長に庇護され、パリ警視庁の秘密特捜班を取り仕切ることになった。パリの危険な階級を熟知したヴィドックは、変装によって神出鬼没、悪の集団を片っ端から捕まえていく。悪の集団から恐れられたヴィドックは、パリの犯罪浄化運動の促進者になる。

一八二七年警視庁を辞めた後、一八三二年には再びパリ警視庁警視総監ジスケの下で請われて職場に復帰する。しかし、一一月蜂起鎮圧の責任をとって辞任する。その理由はルイ・フィリップ国王を支えていたオルレアン派と対立したからであった。その後はパリで探偵社を営んだ。しかし、オルレアン派ににらまれたヴィドックは警察の告発を受けたり、家宅捜索を受けたり、さんざんなめに遭う。一時期イギリスに逃げていたこともある。イギリスでは『回想録』を語り聞かせることによって所得を得ていた。財政的にせっぱ詰まったヴィドックは、所有していたブリューゲルやジョットーなどの絵画コレクションを販売した。

一八四八年二月革命とともに、友人ラマルチーヌが権力の座に就き、臨時政府の間諜としてロンドンへ、ルイ・ナポレオンの調査のために派遣された。やがて、一二月ルイ・ナポレオンが大統領に就くと失脚し、一八五七年五月一一日失意のうちに亡くなった。

ヴィドックとマルクス

マルクスは、一八五三年五月五日、ニューヨークで出ていたドイツ人亡命者の『ニューヨーク犯罪新聞』にスパイについて書いた。当時ロンドンには多くのスパイがいた。近づいてきたスパイのパンジャ大佐に、マルクスは、何とロンドンのドイツ人亡命者の暴露本の出版を頼んでしまったのである。その気まずさの弁明がここに掲載された「ヒルシュの告白」である。マルクスが書いた結論は、スパイなるものの活動はどうせたいしたことがなく、彼が渡した原稿もたいして意味をもたないというものであった。

スパイがたいしたことをしてない例としてマルクスは、何人かのスパイの回想録を読まねばならなかった。彼が読んだのは、ヴィドックの『回想録』、シェニューの『陰謀家たち』（一八五〇年）、リュシアン・ド・ラ・オッドの『一八四八年二月における共和国の誕生』（一八五〇年）。

マルクスは一八四四年から四五年にかけて、フランスの貧困問題を調査した時、パラン＝デュシャトレや、バルジモン、シャンボランなどの貧困調査書をチェックしていた。こうした人物の書物を分析すれば、おのずとヴィドックの名前に出くわす。

またマルクスはバルザックの大ファンでもあった。

『資本論』にも、バルザックの書いた高利貸ゴブセックを引用する。ゴブセックはヴィドックをモデルとしたヴォートランと深く関係している。バルザックの小説からヴィドックを知ったことも考えられる。

一八五〇年の『新ライン新聞―政治経済評論』第二冊には、書評として先の二つの書物が掲載されている。執筆はもちろんマルクスかエンゲルスのどちらかである(多分「ヒルシュの告白」との関係で言えば、マルクスであろう)。ここで掲げられたシェニューもド・ラ・オッドもともに密偵である。警察の近くにいながら警察ではない。むしろ犯罪者に近い人々である。マルクスは、彼らのことをルンペン・プロレタリアートと規定する。『ルイ・ボナパルトのブリュメール一八日』でルンペン・プロレタリアートを批判したマルクスは、ここでも警察に養われている連中を、ボヘミアン、反革命分子として軽蔑する。

この書評には当然ヴィドックも登場する。マルクスは彼についてこう述べる。「もっとも有能な泥棒刑事であるヴィドックとその仲間が、高等下等さまざまないかさま師、つまり盗賊や詐欺師や、いかさま破産者のなかから拾い上げられ、またしばしばもとの仕事にもどってゆくのと同じように、下級の政治警察、職業的陰謀家の中から徴募される陰謀家たちはたえず警察と接触をたもっており、しょっちゅう警察と衝突する。彼らが密偵を追いかければ、密偵も彼らを追いかける。スパイは彼らの本業の一つである。だから、貧困や投獄、脅迫や約束に誘導されて、職業的陰謀家からお雇いの警察スパイへの小飛躍が、しょっちゅう起こるのは不思議ではない」(『マルクス=エンゲルス全集』、第七巻、二八一頁)。

マルクスは、ヴィドックを泥棒と言っているが、これは正確ではない。彼の犯罪は文章偽造であるからである。マルクスは、ここで一八四八年革命の際、何度も起こってくる警察へのたれ込み問題を分析している。マルクスのまわりにも多くのスパイがいた。売るか売られるか。実際ヴィドックも仲間に売られる前に売って、成り上がっていく。品性下劣。ヴィドックはこう書いている。「監獄で身につけた悪だくみの他には、これといった能のない連中が、やはり同じように警察に雇われていたが、彼らには固定給はなく、その働きで逮捕があったときしか報酬がもらえなかった。言うなれば、この連中は保釈された囚人で、その他には現役の泥棒もいた。彼らは、犯罪者をみつけ密告して逮捕させるという条件で、パリにいるのを目こぼしされていた。彼らは行き詰まってくると、しばしば仲間を売った」(『ヴィドック回想録』前掲書、三六六頁)。

マルクスは、この後すぐケルン共産主義者裁判で訴えられる。もちろん、これも仲間同士の裏切りによる。ロンドンでは幸いなことにこうした裏切りはあまり意味をもたなかった。なぜなら、ロンドンのスコットランドヤードは、外国人のスパイを自由に出入国させてはいたが、彼らが捜している犯人を逮捕したり、本国へ送還するなどという卑劣なことは行わなかったからである。だから、ロンドンでお互いどうし告発しても何の利益もなかった。とはいえ、ロンドンには入れ替わり立ち替わりスパイがやってきた。

ヴィドックがルイ・ナポレオンを監視したように、さまざまなスパイが暗躍していた。マルクスのロンドンでの生活がヴィヴィッドに描かれうるのは、実はヴィドックのようなスパイが丁寧な報告書を送っているからである。

2　マルクスとアメリカ南北戦争

未来の鏡としてのアメリカ

マルクスは、過去を知るためにロシア、インド、中国、オリエントに興味を持っていた。それらの地域はヨーロッパの遅れた他者としての非西欧でもあった。ところが、その中にはアメリカは入っていない。アメリカは彼にとって過去ではなく未来であった。

過去を持たない新しい大地であるアメリカは、マルクスにとって理念の世界、一種のプロトタイプ（原型）の資本主義であった。ヨーロッパが既成の秩序の中で理念を実現できないのに対し、アメリカは理念を実現できる下地を持っていると考えられていた。アメリカはヨーロッパの未来であり、資本主義の典型的姿でもあった。

マルクスにとって、ロシアやアジアが、遅れた世界、西欧によってやがて変容を受けねばならない世界であったとすれば、アメリカはヨーロッパの未来を予測する世界であった。こうした見解はもちろん、マルクスだけに共通するものではない。トクヴィルにも、当時の多くの人々にも同じような視点はある。

ただマルクスの場合、アメリカの新聞の通信員でもあったわけであり、事実認識について憧れですむような状態ではなかったはずである。一八四五年ブリュッセル時代にプロイセン国籍を失うが、そのときテキサスへの移住を考えていた。もちろん、このときの国籍離脱は、プロイセンの間諜につけまわされないためのカモフラージュだった可能性が大であるが、それにしてもアメリカへの一種の憧れがそうさせたともいえないことはない。その後も何度かアメリカ移住の話は出てくる。▼

新天地アメリカ

ヨーロッパでの厳しい弾圧を考えれば、アメリカでの生活はまんざら悪くはなかった。すでに一八四八年革命前に共産主義者ヴァイトリング▼（1808－71）やハインツェン▼（1809－80）などはアメリカに移住していた。革命失敗後はアメリカへの移住を目指す人々の数は急激に上昇した。マルクスの友人ヴァイデマイヤー▼（1818－66）

や、後にアメリカで活躍するカール・シュルツ▼（1829－1906）などはその一部の例にすぎなかった。ロンドンでのきびしい生活を考えるとアメリカへの移住はいたし方なかったともいえる。しかしマルクスはロンドンに踏みとどまる。

アメリカの経済発展は、マルクスにとって新しい発見をもたらした。アメリカの学者ベンジャミン・フランクリン、ヘンリー・ケアリ▼（1793－1879）、ヘンリー・ジョージ▼などはマルクスの経済学的関心を惹きつけたし、カリフォルニアでの金鉱の発見や一八五一年ロンドン万国博覧会でアメリカ製品が多くの賞を取ったことなどは、マルクスにとって大きな衝撃であった。

マルクスは通信員としての仕事のため、アメリカの主要新聞を丁寧に読んでいた。『シカゴ・トリビューン』の記者は一八七九年一月五日号のマルクスとのインタビュー記事の中で、マルクスのアメリカの知識の的確さに驚いている。パドヴァ編の『カール・マルクス――アメリカと南北戦争▼』（一九七二年）から引用するとこう書かれている。

「会話の中で、私が驚いたのはここ二〇年のアメリカの重要な問題にマルクス氏が熟知していることであった。彼の知識と、彼がアメリカ国家や州の法律について批判しているその正確さから私が得た印象は、マルクス氏はアメリカ内部の資料から情報を得たにちがいないというものであった」（p.xiii）。

確かにマルクスはアメリカの州の資料を第一インターナショナルの友人のゾルゲ▼（1839－97）を通じて得ていた。この時はすでに『ニューヨーク・デイリー・トリビューン』の通信員をやめて二〇年近くになっていたのにである。

しかし何といってもマルクスがもっとも大きな関心を持ったのは、一八六一年に起こった南北戦争（Civil War）であったと思われる。その理由は、南北戦争がアメリカにおける南部と北部の戦争というにとどまらず、奴隷解放宣言による人権問題へと発展し、アメリカが他のヨーロッパには見られないほど理念国家としての体を示し始めたからである。

当時、マルクスは『ニューヨーク・デイリー・トリビューン』のみならず、ウィーンの『ディ・プレッセ▼』に、南北戦争に関する記事を連載していた。その数はかなりに上っている。

イギリスの立場

アメリカの南北戦争はイギリス政府に微妙な反応を引

き起こした。南部の綿花に依存するイギリス中部の綿工業は、綿花の高騰によって大打撃を受けたからである。マンチェスター周辺の資本家は戦争の早期終結のために議会に圧力をかけた。そして議会に南部支持を引き起こさせた。

イギリスの資本家にとっては奴隷解放という人権問題よりも、当面の経済的利益が優先されたのである。南部と北部の和解を努力すべくイギリス議会に求めたのである。もとより、奴隷解放宣言という建前論を出されたら、治まるべき戦争も治まらない。そこで、人権問題ではなく、北部と南部の経済的利益の問題に話を限定させようとしていた。

北部と南部の経済問題とは、関税問題であった。南部は黒人奴隷という安価な労働力を使って、世界の綿花市場において圧倒的な強さを維持していた。その意味で南部は綿花に関税がかけられることをきわめて忌み嫌っていたのである。それに対し、北部の工業はいまだイギリスに比べて十分な競争力をもっていたわけではなかった。北部はアメリカの工業製品保護のために、イギリスの工業製品に関税をかけることを要求していた。そうなるとその報復として南部の綿花に関税がかけられることになる。南部と北部の対立は、自由貿易と保護貿易という対立の様相を帯びていたのである。

奴隷解放という理念

マルクスはこうした議論に対し、その事実誤認を指摘するのみならず南北戦争のもつ歴史的重要性を強調していく。マルクスも当然のことながらリンカーン、およびリンカーンを生み出した共和党（共和党はマルクスが通信員をしている新聞のグリーリー▼の党でもある）自身に、明確な奴隷反対の意志があったかどうかについてはかなり疑問視している。リンカーンも凡庸な政治家であり、党の中に明確な理念があったというわけではないとマルクスは主張する。その意味で南北戦争には北と南の経済的闘争の様相があった。

しかし問題は、奴隷解放という理念が共和党にあらたな武器を吹き込み、北部の世論を味方につけたことであった。マルクスが強調するのは、まさに理念としての奴隷解放であった。理念としての奴隷解放が、戦争遂行の正義になるというのは、アメリカという国家のもつ理念国家としての歴史的側面にその秘密があった。

確かに北部と南部の資本家は自らの経済的利益のために闘争しているわけである。その意味でいずれかに真理があるというものでもない。マルクスはイギリスの外交がこうした経済的利害というワンパターンの議論に陥っていることを次のように批判する。

「分業の進歩が中間階級のエネルギーと精神力のすべてを彼らの商業上や職業上の関心事という狭い範囲に極限させてしまって、一般的知性をある程度まで去勢してしまっている▼」。

南北戦争は、自由貿易を主張する南部、そしてイギリスと、保護貿易を主張する北部との対立ではなく、もっと本質的な部分をめぐる戦争であるとマルクスは言う。奴隷解放を文明の進歩と考え、そうした理念を実現しようとする北部への支援は、資本の文明化作用による世界の文明化という鉄の法則と良く似ているともいえる。

マルクスにとって南北戦争は、北部資本による南部資本への抑圧、すなわち産業資本対地主資本主義との対立という図式で捉えられているのではない。むしろ奴隷制廃止という大義名分の戦争と考えられているのである。

その意味で、マルクスはイギリスの労働者たちが、イギリス政府の姿勢に厳しい批判を向けていることを指摘している。労働者の集会では、イギリス政府は無条件に北部の側、すなわち奴隷制廃止の側につくべきだという決議が採択されたというのである。

革命としての戦争

こうまで北部の大義名分にこだわる以上、戦争は是が非でも勝たねばならないものとなる。マルクスは、首都ワシントンをめぐるヴァージニアの攻防、チェサピーク湾内での攻防、ケンタッキーでの攻防、ニューオリンズでの攻防と戦況を詳しく研究する。大義のわりには北軍の戦況は芳しくない。その理由は将軍や兵士の能力に問題があるからである。とはいえ、一八四八年革命を戦ったドイツの亡命者たちの北軍での協力は戦線の好転に大きな結果を残した。ヴァイデマイヤーはじめ、マルクスの知人たちは大きな貢献をする。

マルクスにとってこの戦争はもはやどちらが勝つという戦争のレベルを超えてしまった。これはすでに革命である。一八六二年八月九日の『ディ・プレッセ』の中で、こう書いている。

「われわれはこれまで内戦の第一幕――すなわち立憲的な戦争遂行の幕をみてきただけである。第二幕、革命的な戦争遂行は目前にせまっている▼」。もはや奴隷制廃止は、リンカーン大統領の政治的権力の維持装置、北部の大義名分という状況を超え始めている。奴隷制廃止はアメリカという国の国是にとどまらず、人類史の大きな進歩になっている。それに比べるとリンカーンは、こうした革命においてもはや乗り越えられてしまった存在となっているとさえマルクスは述べる。彼は、たんなる凡庸なイリノイ州出身の政治家にすぎない。

しかしこの凡庸な政治家は新世界たるアメリカを象徴している。一八四八年革命のフランスでは、二度目の喜劇(四八年革命)として帝政の復活をもたらした。ところがアメリカでは、喜劇が悲劇を蹴散らし、勝利をおさめているのである。マルクスはこのように歓喜することで、すなわち一八四八年革命を破滅に導いた旧世界ヨーロッパと、奴隷解放を人類の進歩に結びつけた新世界アメリカとを対比させることで、かつての四八年革命の仇をここで返しているのである。

マルクスの南北戦争への思い入れは少々常軌を逸しているようにも見える。しかし、彼のこの情熱は、アメリカのもつ可能性への彼なりの希望的観測であったといえる。事実がそうであるかどうかは別として、理念としてのアメリカは、マルクスにとって共産主義社会がそうであるのと同じようにひとつのユートピアでもあったのである。

3　マルクスは何を買っていたのか、どんな病気であったのか

マルクス・エンゲルス遺稿の中の請求書

マルクスが日ごろ何を買っていたかという問題は興味深い問題であるが、いささか下司の勘ぐりというものではある。とはいうものの、マルクスはかなりきちんとした性格の人物で、手紙の中で一年の生活費についてエンゲルスに書き送ってもいる。もっともこれは、エンゲルスにお金の催促をするためのもので、家計簿の類ではない▼。

　さて、ここで紹介したいのは、アムステルダム社会史国際研究所所蔵のマルクス・エンゲルス遺稿Eの中に収められているいくつかの請求書（または領収書）についてである。遺稿の中には、請求書（Quittung）が何枚か収められているが、内容は洋服の請求書、部屋代の請求書、雑誌や本代の請求書である▼。洋服の請求書は、一八四九年二月一〇日のバルメン（現ヴッパータール）の紳士服店アンドレアス・ヒューナーバインのものと、一八六八年九月二四日のロンドンのフリードリヒ・レスナーのものと二つ残されている。一八四九年二月と言えばマルクスはまだ『新ライン新聞』の編集長であった時である。宛先も「『新ライン新聞』の編集長、哲学博士カール・マルクス」となっている。バルメンといえばエンゲルスの故郷である。エンゲルスとの関係であるかどうか不明であるが（エルバーフェルトの蜂起で活躍する仕立屋のF・W・ヒューナーバインの関係か）、マルクスにバルメンの仕立屋との関係があったことは確かである。この頃、マルクスは『新ライン新聞』の出版法違反の件などで法廷に出頭しなければならなかった。それと同時に経営難で、資金繰りが苦しい時期でもあった。二九ターレルの請求額をどう工面したのであろう。

　次のレスナーの請求書は、『資本論』を出版したちょうど一年後である。フリードリヒ・レスナー▼（1825－1910）はマルクスの忠実な弟子で、仕立屋を営んでいた人物である。レスナーはマルクスに対してかなりサービスをしたことは確かであろう。請求額は二三ポンド一四シリング八ペンスであるが、その内容はやや複雑である。

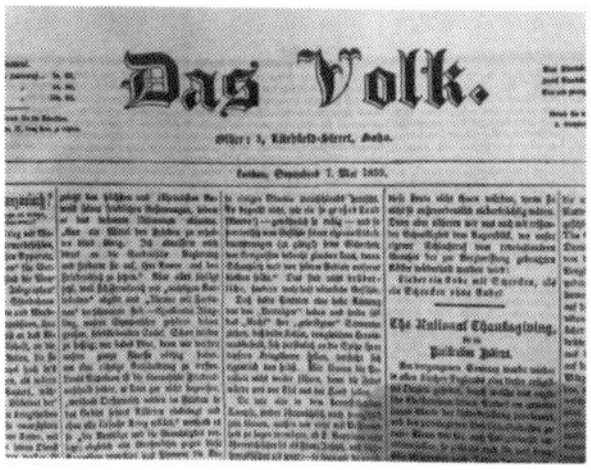

『ダス・フォルク』

マルクスのアンダーソン街の家

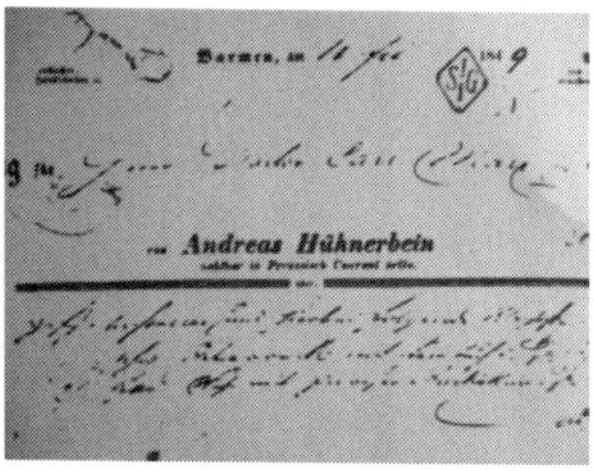

ヒューナーバインからマルクスへの請求書

まず一八六四年一〇月に二六ポンド一三シリング一〇ペンス請求していたが、マルクスは五ポンドしかそれに対して払っておらず、しかも一八六八年からどんどん新しく注文しているためにむしろ請求額が増えていっているということである。九月一七日に一ポンド支払っているが、結局二三ポンド一四シリング残ってしまったのである。

一八六四年の時期は第一インターナショナルでマルクスが活躍する時期と重なっている。会議のための洋服を仕立てたのであろうか。と同時に、レスナーも中央評議会のメンバーになるのである。レスナーはその後もインターナショナルで活躍し、マルクスに尽くしている。一八六八年九月は第一インターナショナルのブリュッセル大会が開催され、レスナーはそれに出席している。マルクスとレスナーとの関係も順調であり、この請求書に特別意味があるとも思われない。しかし、レスナーは妻の病気で金に困っていた。一八六八年一〇月四日のマルクスからエンゲルスへの手紙の中で、「ところで、レスナーからの同封の紙片を受け取った。彼の妻は危篤だったから、ぼくが彼にいくらか支払ってやることができるようにしてもらえるとありがたいのだが」（『マルクス＝エンゲルス全集』第三二巻、一七五頁）と書いている。おそらくこの請求書のことであろう、エンゲルスは五ポンドを送金する（同巻、一七六頁）。

家賃の請求書は、ロンドン時代でももっとも初期のものである。これは、一八五〇年五月一一日付けのアンダーソン街四番のシャーロット・エドワーズの請求書である。マルクスは一八四九年九月中旬から一八五〇年の三月二四日までそこに住むことになる。この家はチェルシーの高級住宅街に位置し、年七二ポンドという家賃であった。ここを出た理由は家賃滞納であった。もっともこの請求書は、残額処理にすぎなかったようである。ここには「一ポンド一〇シリング」を受け取ったとあるからである。この額は家具の使用料、損失料、賠償料などである。マルクス家はここから出たあと、一時レスタースクエアのドイツホテルに住んだ後、ディーン街六四番に移る。マルクスとしては、アンダーソン街の家賃は重すぎたといえる。当時エンゲルスもまだマンチェスターに就職していなかったため、手持ちのお金が尽きていたからである。

雑誌や本代の請求書はいくつかあるが、まずはマルクス自身も深く関わった『ダス・フォルク』▼に関するものを見てみよう。一八五九年に『ダス・フォルク』はロンドンのドイツ人労働者協会の機関誌として発刊されていた『ビスカンプ』を改題して発刊された週刊新聞であった。一八五九年五月から八月までわずか一六号しか発刊されなかったが、マルクス、エンゲルスはこの編集・経営に深く関わっていた。一八五九年には、ライヴァルのキンケルの編集する『ヘルマン・ロンドン新聞』も発行された。この新聞は一八七一年まで続くことになる。『ダス・フォルク』はロンドンの印刷屋ホーリンガーが印刷していた。フォークト批判の先駆けとなるカール・ブリント▼（1826－1907）の「フォークト批判」が掲載されたのはこの新聞であった。マルクスは八月に、創設者のビスカンプに取って代わって傾いていた新聞の立て直しを図るが、やがてホーリンガーに印刷費未払いで訴えられる。遺稿の中の資料は、七月三〇日、八月二二日、一〇月一九日の三点である。

七月三〇日の資料には、ホーリンガーのドイツ語の字で『ダス・フォルク』の印刷費として一ポンド一四シリング六ペンスを受け取ったとある。八月二二日の資料はホーリンガーへの八月二二日の支払いとして、『ダス・フォルク』第一四号の残り、第一五号、第一六号の総額九ポンド八シリング六ペンス、さらにその残額の一ポンド一〇シリング、総額一〇ポンド一八シリング六ペンスが請求されている。ホーリンガーに訴えられるのはこの八月の請求額である。一〇月一九日の資料では、一〇シリング六ペンスの端数をマルクスが支払ったことが書かれているが、一〇ポンドの支払いについては書かれていない。書簡では示談でエンゲルスが五ポンド支払い、残りは創設者のビスカンプが持ったと書いてある（『マルクス＝エンゲルス全集』第二九巻、一〇月二六日の手紙）。

つぎにオットー・マイスナー（1819－1902）からの請求書を見てみよう。マイスナーは『資本論』の出版社である。マイスナーはもともと書籍取引業者であった。一八六五年ベーレと共同で「オットー・マイスナーとベーレ書店」を開業する。請求書の頭には、この名前が印刷されている。一八六九年一〇月七日の請求書の中身は、マルクスが購入したヘーゲルの書物についてであることがわかる。一八六七年七月二五日付けの『哲学史講義』、『美学』三巻、『歴史哲学』、一八六八年二月一八日付けの『論理学』、『精神現象学』である。マルクスが高額の書物をマイスナーに注文したのは、『資本論』の原稿料が入ることを予想していたためであろうか。一八五〇年のダニエルソンのマルクス蔵書のノートによると、マルクスは一八四〇年代『精神現象学』の第二版、ガンス編『歴史哲学講義』も持っていたはずである。しかし、二つともマルクス自身が星印をつけているので、多分どこかで紛失したのであろう。

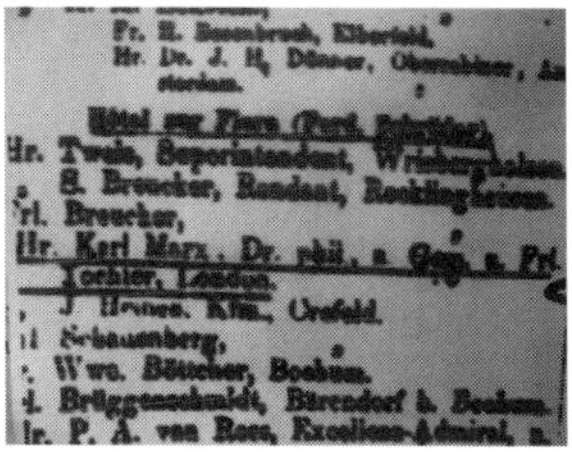
ノイエンアールの滞在記録

マルクスの会員証

最後に興味深い領収書がある。これは一八七九年の「技芸、マニュファクチュアと商業促進協会」(Society for the encouragement of Arts, Manufactures & Commerce) の二ギニー(二ポンド二シリング)の会費である。三枚あるが、一八七五年から七八年までの会費である。マルクスが何のためにこうした協会に入ったかわからないが、一八五七年設立されたイギリス社会科学振興協会やイギリス科学振興協会のような組織と関係していたとすれば、社会改良との関係できわめて興味深いのだが。

ノイエンアールの温泉の顧客リストと医者の処方箋

マルクスの生涯は病気との格闘であったといっても言い過ぎではないだろう。学生時代肺結核で療養したが、一八五〇年代からは仕事の疲労、家庭問題でさまざまな病気を併発させた。マルクスの父ハインリヒ、弟ヘルマン、妹ヘンリエッテも肺病で亡くなっている。マルクス自身も気管支炎から肺病を起こし亡くなる。マルクス家の病気の特徴として気管支炎と肺病がある。さらに、マルクスには肝臓病、ヨウ、セツなどの皮膚病もあった。▼

マルクスは病を癒すために転地療養へ出かける。近場ではロンドン近郊のラムズゲート、マーゲート、遠くではカールスバート、ノイエンアールなどであった。現在チェコ領のカルロ・ヴィヴァリであるカールスバートには三回、ボンの近くのノイエンアールには一回である。すでにキッシュの『カールスバートのマルクス』▼やゲムコーの『ドイツにおけるマルクス最後の滞在』などで二つの療養については詳しく述べられている。

さて遺稿にはノイエンアールの一八七七年八月一八日土曜日の顧客リストが保存されている。間違いなくこれはマルクス伝のために集められた資料のひとつであろう。ノイエンアール滞在は一八七七年八月のことであった。これを見るとマルクスの項目には、マルクスと妻イェニー、娘の三人の名前が書かれてある。マルクスが、カールスバートをやめた理由は、遠方でかつお金がかかるということであった。マルクスはノイエンアールの豪華ホテル・フローラに滞在したが、費用が嵩んでエンゲルスに小切手を送ってくれるように頼んでいる。温泉での治療の対象は主として肝臓病であった。毎日定期的に温泉水を飲み、休憩をとるというものであった。温泉証を買い、それを使って治療を受けたり、図書館やレクレーション施設を使うのであった。

しかし、ノイエンアールはマルクスの最後の療養チではない。マルクスの最後の療養、それは大変長く、ある意味ではこれが彼の生命を縮めることにもなったアルジェリアでの療養がもっとも最後の療養である。一八八二年二月から一〇月までの温泉治療の目的地は、パリ近郊のアンギヤン、アルジェ、モンテカルロであった。バディアの『アルジェとコートダジュールからの手紙▼』（一九九七年）がこの旅行について詳しく調べている。マルクスは二月から五月までアルジェに滞在し、五月から六月まではモンテカルロに滞在した。

残されている医者の処方箋は一八八二年八月二〇日付けであり、その頃マルクスは長女ジェニーのアルジェアントゥーユ（パリ近郊）に滞在し、その北東にあるヴァルドワーズ県の温泉地アンギヤン・レ・バンに療養に通っていた。ここでは毎日アンギヤン水という硫黄分を含んだ水を飲んでいた。その数日後、娘のラファルグ夫婦がいたスイスのローザンヌに行っているので、この資料はアンギヤンの医者であったフジエが最後に出した処方箋であったと思われる。

八月一〇日マルクスはエンゲルスに、「来週の火曜日はぼくがアンギヤンから最終的に引き上げるべきか、それとも数日療養を続けるべきかを、医師のフジエから知らされるだろう」（『マルクス＝エンゲルス全集』第三五巻、八〇頁）と書いている。その資料には「冬には（一一月、一二月、一月、二月）毎月一五日間はアンギヤンかシャル（サヴォアの強い硫黄水）の硫黄水を、毎朝コップに入れて（瓶の四分の一）飲むこと。たとえば一カ月はアンギヤン水、もう一カ月はシャル水といった具合に——フユジエ博士」と書かれている。アンギヤンと同じくシャルはサヴォアの県庁所在地シャンベリーの南の山間にある温泉地シャルー・レ・ゾーのことであろう。この時マルクスは肋膜炎も併発させており、この治療法はそのためのものであった可能性もある。いずれにしろ、温泉水を飲むという治療法は当時の一般的な方法であり、特別なものではなかった。

4 東ドイツの中のマルクス

消えた一〇〇マルク紙幣のマルクス

今から二八年前の一九九〇年一〇月東西ドイツは統一した。というよりは西ドイツに東ドイツが吸収されたと言うべきだろう。ベルリンの壁が崩壊して一年、東西統一はさまざまなレベルで進んでいった。その最大のポイントは東ドイツマルクの廃止と西ドイツマルクの流入であった。

「マルクが来れば、この地に留まるが、そうでないならそちらに行く」といったプラカードが東ドイツで掲げられたせいか、コール政権は西ドイツへの東ドイツ人の大量流入を恐れ、西ドイツマルクとの交換を約束する。一九九〇年五月、七月一日をもって、一西ドイツマルク＝一東ドイツマルクの交換比率で、一五歳以下の場合二〇〇〇マルクまで、一六歳から五九歳以下の成人の場合四〇〇〇マルクまで、六〇歳以上六〇〇〇マルクまで交換されることが決まった。六月に四〇〇〇トンの西ドイツ貨幣がトラックで東ドイツに運ばれ、七月すみやかに交換が行われた。

さて、交換された東ドイツ紙幣はどうなったのだろうか、四五〇〇トンの鋳貨は溶解されたが、紙幣はザクセンのハルバーシュタットの坑道深くに投棄されることになった。当時の五マルク紙幣にはミュンツァー、一〇マルク紙幣にはクララ・ツェトキン、二〇マルク紙幣にはゲーテ、五〇マルク紙幣にはエンゲルス、一〇〇マルク紙幣にはマルクスの肖像が描かれていた。二〇〇マルク紙幣と五〇〇マルク紙幣もあったが、そこには肖像がなかったし、まだ発行されてはいなかったので、もっとも高額の紙幣の肖像がエンゲルスとマルクスの五〇マルク、一〇〇マルク紙幣であったということになる。

東ドイツ紙幣はザクセンの坑道の奥深くに投棄され、そこに砂利と砂、そしてコンクリートが投下され、自然に朽ち果てるに任されることとなる。しかし、後に坑道が調査されたが、そこではもとのままの紙幣が発見された。こうして、今度は完全焼却のために発掘され、焼却処分されることになる。ヘルムシュテットのそばのシェーニンゲンの焼却炉で、三〇〇〇トンの旧東ドイツ紙幣が焼却された。一二〇〇度の釜で一〇〇〇億マルクの紙幣が灰となった。

東ドイツの人々にとって、五〇マルクと一〇〇マルクはエンゲルスとマルクスそのものであった。マルクスとエンゲルスは、その思想の中ではなく、日常生活の中に大きな刻印を残していたといえる。もちろん今でも紙幣収集家のために一セット一五ユーロから五〇ユーロぐらいで売られていて手に入るが、高値を呼ぶような代物ではない。(今年[二〇一八年]マルクス生誕二〇〇年を記念して、ゼロユーロ紙幣がマルクスの肖像付で、トリーア観光局から発行された。もちろんこれは紙幣ではなく記念品である)。

消えたカール・マルクス・シュタット

東ドイツの消滅とともに消えたのは、お札だけではない。マルクスの名前を冠していた都市も消えた。チェコとの国境に近いエルツ山脈の麓にケムニッツという都市がある。この都市こそかつてカール・マルクス・シュタットと命名された「名誉ある都市」であった。

マルクスはドイツ人であるから、マルクス縁《ゆかり》の都市があることは不思議な話ではない。マルクスはベルリン大学の学生であったし、イエナ大学には学位論文を提出したし、ドレスデンやライプツィヒにも何度か訪れている。がしかし、ケムニッツという都市にマルクスが来たという話は聞かない。旧東ドイツ地域でマルクスの名としっかり結びつくのは、前回触れた妻イェニーの生誕の町ザルツヴェーデルとこのケムニッツである。

ケムニッツはなぜ選ばれたのか。マルクスとの関係がまったくないというのは、間違いかもしれない。一八七四年八月マルクスは末娘エレナー、クーゲルマン親子とともども当時のオーストリアのカールスバート温泉で療養していた。一二年続いたハノファーの医師クーゲルマンと喧嘩別れをしたマルクスは、ハノファーに滞在するという当初の予定を変更し、ライプツィヒのリープクネヒトに会いに行くことにした。そのことは、クーゲルマンの妻の兄弟オッペンハイム(プラハ在住)宛の書簡に「私はさらに約二週間ドレスデン、ライプツィヒ、ハンブルクをまわっていかねばなりません」と書いていることでわかる。

カールスバートからライプツィヒへ行くにはケムニッツ経由で行くコースがある。おそらく、マルクスはこのコースを通ったものと思われる。その意味で、マルクスがまったく立ち寄らなかった所だと断言することはできない。しかし、いかにも取って付けたような縁の地である。

もっともヴェゼルという人物は『タッシー』▼（一九七八年）という書物の中で、マルクスのライプツィヒ行きの経路と時間について当時の時刻表を使って詳しく調査している。それによると、ライプツィヒ行きの可能性は、カールスバート発ライヘンバッハ経由五時二五分発、九時二四分発、一一時四五分発、ライプツィヒ着一六時二〇分、一八時五五分、二〇時八分の三本があったという。ただしこれだとケムニッツは通らないことになる。ケムニッツを通るコースもあったが、その可能性は少なかったという。

一九五三年五月一〇日ケムニッツはカール・マルクス・シュタットとなるが、一九九〇年この名をはずした時、市民の圧倒的多数がそれを支持したことを見れば、不釣り合いな名前であったことは確かであった。一九九〇年六月一日をもって市議会決議でカール・マルクス・シュタットの名前は消え、ケムニッツに変わった。

一九九〇年のフランスの雑誌『レ・クスプレス』(*L'Express*) 二月号に、ベルリンの壁崩壊後のカール・マルクス・シュタットの特集記事が掲載されている。「その名を憎む都市、カール・マルクス・シュタット」。ベルリンの壁崩壊直後で、毎日のようにマルクス像の前で、市民たちによる西ドイツとの統一と、西側の資本の流入を叫ぶデモ行進が行われていたようである。西側の資本の流入があるにはあったが、結局その後のケムニッツは、多くの工場が閉鎖され、工業都市から、大学都市、商業都市に脱却しようともがいている状態である。一万人以上の雇用が失われたようである。旧来の東ドイツの町はどこでもそうだが、西側の巨大資本のチェーン店が通りの様相をあらかた変えてしまった。それが望んだ進歩なのか、望まざる進歩なのかは不明だが、なべて旧東ドイツの都市は停滞している。

とは言うものの、ケムニッツの市民はまったくカール・マルクスという名前を全面否定していたわけではなかった。もちろん多少自虐的皮肉を込めてであるが、こう言っていた。「方言でこの都市のことをCHAMSとい

東ドイツの100マルク

マルクスとエンゲルスの記念コイン

う、今ではその名前がKAMSに変わっていただけである」と。KAMSとはカール・マルクス・シュタットの略称であるが、なるほどそうとれないこともない。

ケムニッツは一二世紀に始まる古い都市であり、最近できた工業都市ではなかった。一八世紀には繊維産業の中心都市として栄え、一九世紀末には一〇万人を超える人口を擁していた。ライプツィヒやドレスデンに近いが、やや印象の薄い町である。現在の都市の情景は典型的な工業都市の様相を呈していて、これといった特徴があるわけではない。古い町並みと文化的蓄積でドイツを代表するライプツィヒやドレスデンに比べ、なんら守るべき文化をもたない都市のようにも見える。そのことがこの地にマルクスの名前がかぶせられた要因であろう。

ケムニッツのマルクスの巨大モニュメント

駅から一〇分ぐらい歩くと巨大なマルクス像がある。マルクスという都市の名前に合わせるために一九七一年ロシア人レフ・ケプラーという彫刻家による巨大なマルクス像が、その名もマルクス通りに建設された、高さ一〇メートルはあるマルクスのブロンズ像は不気味ですらある。彫刻はマルクスの首だけであり、四メートルぐらいの石の上に据え付けられている。これに胴体があったら、その高さはいったいどれぐらいのものになったであろう。

背景となる建物には『共産党宣言』の最後に書かれてある有名な言葉、「あらゆる地域の労働者よ、団結せよ！」という文字が各国語で刻まれている。これといった名所のないケムニッツにとっては、この像は逆に観光の目玉でもある。ベルリンの壁崩壊後、爆弾がしかけられたこともあったが、びくともしなかった。こうしてそのまま残ってしまうことになったこの「巨人」（人々はそう呼ぶ）は、今では絵はがきをかざるケムニッツの遺産である。望まれるわけではないが、かといって取り去るにはあまりにも巨大で、結果的にケムニッツを代表する有名な像となってしまっている。

私がこの像を見た時、ケムニッツの町はお祭りで、この「巨人」の周りは移動遊園地の乗り物が所狭しと並べてあり、若者たちが巨人の像の前にかたまっていた。邪魔な代物ではあるが、待ち合わせ場所としては絶好である。通りの名前はブリュッケン・シュトラーセ（なぜかトリーアのマルクス・ハウスの通りと同じ名前）と変わっているが、巨大なブロンズ像は、少し下を向き、不機嫌そうに睨んだまま、世の中の変遷を苦々しく見ている。

　ケムニッツで今有名なものがあるとすれば、このカール・マルクス像と、フィギュア・スケートの選手カタリナ・ピット、陸上選手のハイケ・ドレクスラーぐらいである。しかも二人の女子選手とも、旧東ドイツの賜であるとすれば、この都市は相変わらず旧東ドイツの遺産を払拭しきれていないともいえる。

5 ベルリン時代のマルクス

ベルリンでの苦悩

青春時代の挫折は誰にでもある。思ったことがすべて空回りし、それを何とかしようとしてより悪くなる。時が移ろい行くのを待てばいいのだが、それが待てない。だから幾重にも不幸が襲ってくる。ベルリン時代のマルクスの青春こそそうした悪循環に巻き込まれた例であった。

マルクスがボン大学からベルリン大学に転校してきたのは一八三六年一〇月二二日であった。それから一八四一年三月の卒業まで、なんと卒業に五年もの歳月を要している。たとえばマルクスの友人であり、後の義理の弟になるエトガー・ヴェストファーレンの場合、一八三九年に卒業しているが、マルクスはさらに二年もかかっている。ボン大学を入れると足掛け六年、大変長い。

アムステルダム社会史国際研究所の「マルクス・エンゲルス遺稿」のEのマルクス・ドキュメンテの六番から八番には、ベルリン大学の資料がある。ベルリン大学を卒業したのは一八四一年三月三〇日で、E六番の資料は卒業証明書であり、そこにはボン大学からベルリン大学にかけて受講した記録が掲載されている。それを見てまず気づくことは、一八四〇年一二月三日ですでにベルリン大学の登録が抹消されていることである。卒業の日付と登録抹消の日付とのズレの三カ月はいったい何を意味するものであったのか。E七番、E八番はイエナ大学に博士号を請求した資料であるが、そこからなぜベルリン大学でなくイエナ大学であったのかという問題が出てくる。一二月の学籍抹消とイエナ大学への博士号の請求とは何か関係があるのか。

また卒業証明書をよく見ると、マルクスがベルリン大学で犯した事件について書かれている。マルクス研究者にとってボン大学でマルクスが犯した事件については周知の事実である。決闘をして友人を傷つけ監禁された事件、禁止された武器を携帯した事件である。ボン大学でかなり羽目を外したために父親がベルリン大学へ転校させたわけであるから、この事件はベルリン転校の証明でもあった。しかし、ベルリンでは一体何をやらかしたのか。

ベルリンでの生活

一八三六年当時のベルリン大学は八八人の教授と三七人の私講師、学生数一六九六人を抱える当時としては大きな大学であった。マルクスは、ベルリン時代総額二三〇〇ターレルも使い七回も引っ越しを繰り返した。とは言っても、結核治療のため郊外のシュトラーローで療養した以外はほとんどウンター・デン・リンデンのベルリン大学の周りに住んでいた（学生は近くに住むことが義務づけられていた）。しかしこの度々の引っ越しはマルクスの心の変化と微妙に関係していたともいえる。

当初マルクスは、父親の友人やトリーア時代の友人の関係で住所を決めていた。マルクスの人生に一点の曇りもなかったのは一八三八年までであったであろう。法学部に在籍しつつも詩を志すロマンティックな青年マルクスは、本気で詩人になることを夢見ていた。

一方で哲学にもふけったマルクスは、不摂生がたたって結核を患う。マルクスが訪れた主治医ミハエリスは、マルクスにベルリン郊外のシュトラーローでの治療を勧める。

シュトラーローは、トレープトウ公園駅を降りて少し橋を戻ったところにあるシュプレー川沿いの町であるが、現在ここにはマルクスを記念する大きな記念碑が建っている。しかし、当時はのどかな村落であった。

一八三七年夏の療養から帰ったマルクスは、演劇雑誌の創刊を考える。一八三八年三月、オペラハウスでゲーテの『ファウスト』を観ている。メフィストを演じたのはカール・ザイデルマンであったが、マルクスはその演技に魅了され、生涯彼のメフィストを忘れることはなかった。父親が雑誌に批判的であったこと、演劇や音楽がプロイセン国王の意のままであり、自由な雑誌の編集が不可能であったこともあって、マルクスの演劇雑誌創刊の夢は破れた。夢破れたりといえども、一八三八年までのマルクスは、父親から湯水のごとく送金を受け、詩人や演劇評論を志す、夢多き幸せな青春を謳歌していたといえる。

挫折の始まり

そうした青春の光に影が見え始めたのは、一八三八年頃からである。なんといってもこれまでマルクスに期待をかけてくれた父親ハインリヒの死であった。一八三七年一二月にマルクスの弟が亡くなった直後の五月、父ハインリヒも亡くなった。父の死は、財政の基盤の喪失だけでなく、精神的支えの喪失であった。マルクスは急激に落ち込んでいく。講義への出席も減少する。さらにマルクスが信頼していたガンス教授も一八三九年に亡くなり、法学への将来の希望も断たれる。

マルクスの生活は荒れていく。そのことを象徴するかのような事件が起こっている。卒業証明書に書かれた大学における不祥事を見ると、借金問題が五件、公道での騒擾事件が一件であった。借金問題は、もともとマルクスの金遣いの荒さに起因していた。父親はあまりの乱費を厳しく諫めていた。しかし、彼の浪費癖が治るわけはなかった。父の死後、母親はマルクスへの送金を厳しくしたが、マルクスの浪費癖は変わらなかった。

一八三八年九月初めに、洋服の仕立ての未払いで四〇ターレルを訴えられたのを始まりとして、一〇月初めにコートの仕立代四一ターレルと洋服の仕立代三〇ターレル、一八三九年一月には布代一五ターレル、二月半ばには本代四八ターレルの未払いを訴えられる。もちろん、母の送金などによって支払いは済ますが、大学に知れるところとなった。

マルクスはこうしたこともあって、父親の遺産の贈与の件で母親での嫌悪を示し始めた。そのためかベルリン大学で相続法を受講する。金銭的に行き詰まったマルクスは、許嫁のイェニーの義理の弟エドガーやその親戚であったヴェルナー・ヴェルトハイムやエドヴァルト・クロシックに接近する。

しかしこれが思わぬことを引き起こす。ヴェルトハイムやクロシックはイェニーの父親の最初の妻の子供の家系であった。その長男であった後の内務大臣フェルディナント・ヴェストファーレンは、その昔イェニーにパンネヴィッツという人物を紹介し、婚約させていた。結局二人は別れたが、マルクスはそのことをこの親戚から聞き及び、自分はパンネヴィッツの代わりの後釜だと思ってしまった。こうして決闘騒ぎが起こる。結局決闘は行われなかったが、マルクスの心はいたく傷ついた。

ベルリン大学登録抹消と博士論文

マルクスはこうしたどん底状態から抜け出せないまま、一八三九年冬、博士論文の作成にとりかかる。皮肉にも選ばれたのは「快楽主義」のエピクロスであった。医学部の近くのシャリテ通りで執筆を開始する。しかし、その完成にはさらに時間を要した。一八四〇年になっても完成することはなかった。そして一八四〇年冬学期の最後に思わぬことが起きる。登録の更新を忘れてしまったのである。

ベルリン大学では四年経つと自動的に学籍が消えることになっていた。一八三六年に登録したマルクスの学籍は、自動的に一八三〇年の夏までで終わっていたことになる。更新をしなかったマルクスは、一二月に除籍処分となったのである。更新料四ターレルと図書館使用料一ターレルを支払うと更新ができたのであるが、それを怠ってしまったのである。

こうしてマルクスはベルリン大学での学籍を失ってしまい、もはや講義も、図書館の利用もできなくなってしまった。とはいうものの、卒業証明書は一八四一年三月に発行されてはいた。ただ奇妙なことにその卒業証明書には、一八四〇年夏までは勉強したことになっていて、卒業証明書の発行時期までの空白ができてしまうことになったのである。

さてそうなるとマルクスは、博士論文をどこに出したらいいのであろうか。ベルリン大学では審査に時間がかかり、しかも一六〇ターレルもの審査料を取られることになっていた。しかも手書きではなく、それを印刷する必要もあった。大学を除籍されたマルクスにとって、もはやベルリンにこれ以上留まることは許されない。早く、友人ブルノー・バウアーの待つボン大学に行かねばならない。手っ取り早い道はないか。

イエナ大学では、ドイツ語で書かれようとも、手書きであろうとも博士論文を受け付けるシステムがあった。しかも迅速で審査料も安かった（六〇ターレル）。さらに口頭試問も筆記試験もなかったのである。書簡によって申請し、書簡によって博士論文を受けることができたために、どこに住んでいても良かった。こうしてマルクスはベルリンを諦め、イエナ大学に博士論文の申請を行った。四月一五日には晴れて博士号を獲得できたのである。しかし、その後ボンに行ったマルクスはボン大学に就職の可能性のないことを知る。

6　マルクスの結婚とクロイツナハ

クロイツナハの挙式

マインツからライン河を下るとライン左岸にビンゲンという町が見えてくる。そのビンゲンから、南に上ったところにクロイツナハという町がある。この町は温泉町で、今でも温泉治療を受ける人々が泊まるホテルがいくつもある。町の中心には小さな教会が川沿いに建っている。何の変哲もない教会であるが、ここがカール・マルクスとイェニー・ヴェストファーレンが結婚した教会である。そのパウルス教会脇にある碑文にそのことが刻まれている。あまり有名人のいない町にとってこのことはとりあえず記録しておくべきことなのだろう。

クロイツナハが挙式場所に選ばれたのは、イェニーが母のカロリーネとともに一八四二年からこの町のクロイツ通り二六番に住んでいたからである。マルクス・エンゲルス遺稿コレクションのE一〇には、結婚契約書がある。一八四三年六月一二日という日付のある結婚契約書がそれである。これには「ケルン在住の哲学博士マルクス氏とクロイツナハ在住の無職ヨハンナ・ベルタ・ユリー・イェニー・フォン・ヴェストファーレン嬢との結婚契約書」と書かれてある。当時は結婚の際に、細かい契約を交わすことになっており、それがこの契約書であった。

当時結婚の際、財産についてこうした結婚契約書をつくるのが一般的であった。マルクスの両親も、結婚の際こうした契約書を作成していた。一八一四年父ハインリヒと母ヘンリエッテは一八一四年八月七日にトリーア市役所に結婚の届けを出している。市役所では二人の結婚を市役所の玄関に一週間告知し、反対するものがいないことを確かめた後、八月一七日に結婚を承認している。それから三カ月後の一一月二人は、ヘンリエッテの故郷オランダのナイメーヘンへ行き、そこで一一月二一日、二二日、市役所で結婚に関する契約を作成している。

一八三八年五月一〇日に亡くなった父ハインリヒの遺産整理が公証人によって行われた際、この結婚の時の契約に、四分の一を妻が取り、四分の一の用益権を妻が得ると書かれてあったことがわかる。ヘンリエッテは結婚の際にかなりの持参金をもってきたようである。この時カール・マルクスはベルリンにおり、母ヘンリエッテと姉ゾフィーが相続の権利書にサインしている。マルクスは自分の取り分の少なさを非難するが、やがて一八六三年母の死とともに、マルクスの親戚のフィリップス商会に投資されたかなりの財産を獲得することになる。

さて、マルクスとイェニーの結婚契約書によると、クロイツナハの公証人ハインリヒ・ブルガーと立ち会い人の二人の前でこの契約が交わされている。項目は三つに分かれている。第一は、将来の夫婦が財産を共有すること。ここでは財産の共同体（Guter Gemeinschaft）という表現が用いられている。第二は、不動産まで含む財産の共同について。第三は、結婚以前に作った借金を二人で支払わねばならないこと。こうした契約がどちらに有利だったかわからないが、少なくともマルクスはこの時無職であり、ルーゲとの『独仏年誌』発刊の計画があったというものの、まったく将来不安な状況であった。

二人の教会での結婚式は、その一週間後の一九日にあげられた。『クロイツナハ新聞』の六月二〇日号にそのことはしっかりと紹介されているし、二人の地元新聞である『トリーア新聞』にも二二日に紹介されている。当時の新聞をめくると最後にかならず名士の欄があった。ホテルの滞在客の中での有名人の名前がそこに掲載されていた。

クロイツナハとマルクス

クロイツナハとマルクスとの関係はたんにこの結婚式に留まるわけではない。マルクスは結婚の八カ月前の一八四二年一〇月にもクロイツナハに滞在している。この時、あのベッティーネ（ベッティーナ）・フォン・アルニムにここで会っている。ベッティーネとマルクスの出会いはベルリン大学の頃始まった。

ベッティーネを紹介したのは、一八四一年頃でフリードリヒ・ケッペン▼（1808－63）かブルノー・バウアーであったと言われている。しかし、ベッティーネはベルリン大学教授ザヴィニー▼（1779－1861）の親戚である。しかも、マルクスは歴史法学派を批判することになるのである。とするとこの関係はもっと前であると考えられないこともない。マルクス研究者のマンフレッド・クリーム▼は、ベルリン時代のマルクスに関する書物で、それはマルクスが詩人を志そうとしていたベルリン初期の時代、すなわち一八三六年から三七年のことであったと述べている。

マルクスは、ギムナジウムの頃からベルリン大学の初期の頃まで多くの詩を書いていた。

マルクスがベルリンで最初に住んだフランス人通り五四番の下宿には同じベルリン大学に通うエマヌエル・ガイベル（1815－84）という学生がいた。ガイベルはマルクスより半期早くベルリンに住んでいた神学部の学生であったが、ボン大学にいたこともあり旧知の仲であった。

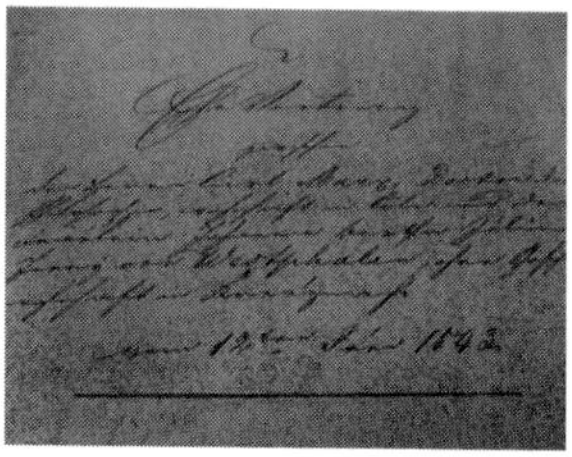
マルクスとイェニーの結婚証明書

エンゲルスが描いたマルクスの友人ケッペン

とりわけ彼らはボン大学の詩のクラブの仲間であった。詩人としてのガイベルはマルクスの先輩で、マルクス自身詩を送って断られるシャミッソー▼（1781－1838）の雑誌にすでに詩を発表していた。そのガイベルがベッティーネを紹介したというのだ。考えられない話ではない。一八三七年になるとマルクスは詩人になることをやめ、次第に哲学へとのめり込んでいく。

そうだとすれば一八四二年一〇月にわざわざベッティーネに会いにいったのは何故か。ベッティーネは二人の娘とともにクロイツナハのホテルに滞在していた。マルクスは、当然イェニーの家に滞在していたのであろう。父ルートヴィヒを亡くしたイェニーの家族は同じ一〇月からこの地に住まいを移していた。マルクスが、クロイツナハでベッティーネと会ったことは、ベッティーネ自身ではなく、イェニーの友人ベッティー・ルーカスの話からわかる。その友人は、婚約者を放ったらかしにして母親ぐらい年の離れたベッティーネに尽くすマルクスをいまいましく語っているのである。マルクスはイェニーを放っておいて何をしていたのか。マルクスは、ベッティーネを連れてクロイツナハの近くにある景勝の地ライングラーフェンシュタインの観光に行っていたのである。ベッティーネは翌年五月にもこの地を訪れるが、その時マルクスと会ったかどうかはわからない。

クロイツナハとの関係はまだある。マルクスの妹エミリエは、一八五九年トリーアでヨハン・コンラーディと結婚する。このコンラーディ夫妻は、一八六三年一二月二日母が亡くなった時、ロンドンのマルクスに電報を送っている。マルクスの兄弟の中で長生きしたのは三人で、マルクスの姉ゾフィーはオランダ人のシュマルハウゼンと結婚しマーストリヒトに住み、妹ルイーゼもやはりオランダ人ユタと結婚し南アフリカに住んでいた。つまりトリーアで母親の面倒を見ていたのはこのコンラーディ夫妻であった。

ヨハン・コンラーディの父方はクロイツナハに住んでいたことがある。この地で鍛冶職人をしていた家系であったというものだ。もちろん、一八四三年時点でこの関係がどうであったかについてはまったくわからない。

その他にもマルクスとクロイツナハには関係がある。結婚式の商人の中にトリーアのギムナジウムの同級生、クレメンスがいた。クレメンスはここで公証人をしていた。

一八三五年、クロイツナハから一人の転校生ボルンがやってきた。その学生は当時禁止されていた口髭をはやしていたが、たびたびの注意にもかかわらず登校していた。そのうち教頭レールが厳しく注意したことに対して、ボルンは職員室に行って、教頭レールの反動性をまくしたてた。▼

学期末試験のある三月一二日、レールはボルンに教室を出ていくよう命令したが、学生たちがボルンに同調し、授業ボイコットが起こった。ボルンは停学処分となった。やがて、卒業した後、マルクスはレールの所へ挨拶に行かなかったが、同じくレールを嫌っていた友達の中にこのクレメンスがいた。マルクスとクレメンスだけがレールのところに挨拶に行かなかったのである。

この事件の発端がクロイツナハの転校生であったこと、またその時マルクスと同様レールに反抗したクレメンスが、そのクロイツナハで公証人をしていることは、奇妙な巡り合わせである。

7　パンと恋と革命――ヴェールトとマルクス

デトモルトという町

ハノーファーの南にデトモルトという町がある。ごく普通の小都市であり、取り立てて述べるべき特徴があるわけではない。しかし四八年革命を前後する時代に駆け抜けた何人かの人物と深く関係している。その人物とは詩人のゲオルク・ヴェールト▼（1822 – 56）、詩人のフェルディナント・フライリヒラート（1810 – 76）、作家のマルヴィダ・フォン・マイゼンブーク（1816 – 1903）、テオドア・アルトハウス（1822 – 52）である。同じ小さな町で重要人物をこれほど輩出し、かつお互いが深く結びついていた町は少ない。フランスのブザンソンには、プルードン、フーリエ、ユゴー、コンシデランが出ているが、それぞれの関係は薄い。

デトモルトは、お城を中心にした小さな町である。町の中心は、その名のお城のすぐ近くの教会を軸とした、ブルフシュトラーセとランゲシュトラーセを結ぶあたりである。今回の主役ゲオルク・ヴェールトは町の中心の司祭館で生まれた。ヴェールトの祖先はエンゲルスの故郷バルメンの近くのヴェルト（Werth）の出身である。苗字がそこから来ている。もともと商人の家系であった。父親のフェルディナントだけが聖職者の道を選んだのだ。彼はリッペ侯国の教区監督となり、教育行政も担当し、何冊かの書物も書いている。

ヴェールトの家は、教区監督の屋敷であり、かなり大きい。通りから少し奥詰まったところにあり、閑静な屋敷でもある。その門に現在こう書かれてある。

貧しきものの友であり、その時代の弱者のために社会を弾劾したゲオルク・ヴェールトを記念して。「「ドイツ・プロレタリアートの最初で、もっとも重要な詩人」（フリードリヒ・エンゲルス）。一八二二年二月一七日この家で生まれ、一八五六年七月三〇日キューバのハヴァナで死亡」。

その脇には、次のような碑文も見ることができる。

この建物でマルヴィダ・フォン・マイゼンブーク（一八一六年一〇月二八日―一九〇三年四月二六日）とテオドア・アルトハウス（一八二二年一〇月二六日―一八五二年四月二日）が出会った。

そして、この屋敷のすぐ近くの通りには、詩人フライリヒラートの生家がある。彼は一八一〇年七月にそこで生まれている。その隣には詩人のクリスティアン・グラッベ（1801 – 36）の暮らした家もある。フライリヒラートとマルヴィダ・フォン・マイゼンブークについて今回は触れない（アシュトンの『ロンドンのドイツ人』［御茶の水書房、二〇〇一年］参照）。また町には一八三五年に開設された博物館があるが、この博物館はゲオルクの兄で自然科学者のカールがつくったものである。

エンゲルスとの出会い

ヴェールトは勉強に興味をもてずデトモルトのギムナジウムを途中でやめ、商人としての徒弟修行を始めた。徒弟修行の場所は、エンゲルスのいるエルバーフェルトであった。エルバーフェルトの修行先は絹、糸を取り扱っていた。おそらくその当時のエンゲルスと知り合う可能性はあったであろう。エンゲルス家とヴェールト家は遠い親戚だったという▼。しかし、二人が深く知り合い、交際するようになるのは、二人がイギリスで暮らすようになってからである。

エンゲルスは一八四二年からマンチェスターに住んでいた。ヴェールトは一八四三年にイギリスにやってくる。仕事場はブラッドフォードであった。年齢も近い二人はイギリスで親友となった。エンゲルスの影響もあって、ヴェールトはブラッドフォードの貧困問題に関心をもつ。この頃書いた一連の詩は、ヴェールトの詩人としての名声を高める。

マルクスとの出合い

エンゲルスは一八四四年、二年のマンチェスター滞在を終えてドイツへ帰国した。途中、パリのマルクスのもとに立ち寄り、そこで二人の関係は進展する。エンゲルスにとってマルクスと知り合う前の友人でもあったヴェールトは、エンゲルスを通じてマルクスを紹介される。

三人が出会うのはブリュッセルである。一八四五年、ブリュッセルに移ったマルクスのもとにエンゲルスがやってきた。そしてそこへ七月ヴェールトがやってくる。マルクスとエンゲルスはともにブリュッセルで収入の口はなかった。彼らはそれでもよかったが、ヴェールトは仕事をやめるわけにはいかなかった。ヴェールトのブリュッセル訪問はつねに仕事の関係であり、短期滞在であった。

ヴェールトは商人として毎年かなり旅行した。やがてそれが彼の命を落とす原因ともなるのだが、商品を買い付け、それを売るという仕事は世界中を回ることを必要とした。仕事の合間を縫って書き上げた詩を詩集として出版しようと、友人のテオドア・アルトハウスに送ったが、実現はしなかった。

自由貿易論批判

仕事に追われ、マルクス、エンゲルスの後塵を拝してきたヴェールトが一八四七年、突然脚光を浴びることになる。それは一八四七年九月一六日から一八日にかけてブリュッセルの市庁舎で開催された自由貿易会議であった。ここには世界中の著名な学者、政治家が出席していた。速記席に座っていたヴェールトは、自由貿易論を礼賛する経済学者へ憤りを覚えた。ヴェールトは議長に対して、自分に報告させてくれるように頼んだ。こうして一八日の最初の講演者として壇上に登ることになる。そこに出席していた面々は、各国の大臣、そしてアルフォンス・ド・ラマルチーヌ（1790 – 1869）、ミシェル・シュヴァリエ（1806 – 79）、アドルフ・ブランキ（1798 – 1854）、オーラス・セー（1794 – 1860）などの当時著名な学者であった。

ヴェールトは、自由貿易論に狂喜する聴衆に向かって、労働者の立場から自由貿易論を語る人がなぜいないのかと疑問を呈した。なぜなら自由貿易が労働者の状態を改善するのにどんな役割を果たすかというのがテーマでありながら、労働者の代表などどこにもいなかったからである。ヴェールトの主張は保護貿易を批判する点では同じだが、自由貿易を万能ではないと主張する点で他の報告と異なっていた。自由貿易は、生産価格を下げることによって一時的に賃金を上昇させ、生活を豊かにするが、それは一時的であり、長期的には機械の導入を導き、労働者の賃金の下落を導くと批判した。

この演説は大変な評判となった。演説のあと聴衆は、「勇気ある発言だ、真実だ」と拍手した。ヴェールトの人生の絶頂期であった。マルクスは、その後、別の場所での講演で自由貿易は労働者のプロレタリアート化を促進する上においてどんどん進められるべきだと述べているが、ヴェールトはむしろ当面の労働者の救済を主張していた。

『新ライン新聞』とリヒノフスキー裁判

翌一八四八年二月革命、そして三月革命が起こった。マルクスをはじめ多くの人々はドイツへ帰国した。マルクスは、ケルンで『新ライン新聞』の編集長となる。そこに大勢の仲間が加わったが、その中にヴェールトの名前もあった。ヴェールトは『新ライン新聞』のいわば売り物となる連載物を書くことになった。それは「有名な騎士シュナップハーンスキーの生活と行動」であった。この連載は八月から始まった。

シュナップハーンスキーには実際のモデルがいた。それはフェリクス・リヒノフスキー（1814 – 48）であった。リヒノフスキーはスペインの市民戦争で名を馳せた著名な革命家であった。しかしこの連載によって、『新ライン新聞』はケルンの裁判所から出版の自由濫用の罪で告訴された。一連の記事がリヒノフスキーの名誉を毀損するというものであった。この記事を書くのにラサールを通じてゾフィー・ハッフェルト伯爵夫人から資料を取りよせていた。

革命のドサクサが過ぎ去った後、この訴訟はヴェールトに大きな痛手をもたらす。ヴェールトはイギリスに渡ったが、職業上ドイツに必ず行かざるをえなかった。結局判決は二カ月の禁錮、五年の市民権の剝奪であった。こうして、一八五〇年彼は進んで服役することになった。

パンを得るために

革命の後、こうした事件も相俟って、ヴェールトの革命への情熱は急激に薄れてくる。マルクスにはエンゲルスという右腕がいた。ヴェールトが左腕くらいの位置にいたことは間違いない。マルクスの弟子であったゲオルク・エッカリウス（1819 – 89）、ヴィルヘルム・ピーパー（1826 – 99）、ヴィルヘルム・ヴォルフ（1809 – 64）などはあてにはならなかった。しかしヴェールトは、職業に専念する道を選んだ。一八五二年九月マルクス家に別れを告げに訪れたときは、マルクスにとっても最悪のときであった。お互い気まずい思いで別れた。ヴェールトはカリブ海に渡って新しい仕事をする予定であった。

この別れによってマルクスはヴェールトと完全に縁を切ったわけではない。ヴェールトはほかの友人とは別格であった。第二のエンゲルスといってもよかった。たびたびドイツを訪れ、ドイツの情報を手に入れてくれるヴェールトは貴重な存在でもあった。しかし、ヴェールトの生き方は彼らとまったく異なっていた。ヴェールトは食べるために稼ぐことに専念することにしたのである。

切ない恋

カリブ海へ旅立つ直前の一八五二年、ヴェールルトはある女性と出会った。その名は、ベティ・テンダリングである。ベティは遠い親戚でもあった。この出会いが進展するのは三年間のカリブ海での生活を終えた後である。

一八五五年六月三年の仕事を終えてヴェールルトはヨーロッパに帰国した。ヴェールルトは三年間の中で、ベティを将来の伴侶と考えるようになっていた。

ベティは大変大柄な女性であった。一八三一年生まれで、オランダ国境に近いヴェゼルの出身であった。彼女の祖父がヴェールルトの父の唯一の女兄弟と結婚したことで、彼女はヴェールルトと五親等離れた親戚であった。

しかし彼女は生まれると同時に母を亡くし、二年後新しい母も亡くし、五年後には父までも亡くし、血のつながっていない祖母のもとで暮らした。そのため、精神的にかなり病んでいたという。ゴットフリート・ケラー(1819 – 90)は『緑のハインリヒ』の中で彼女をモデルとした女性を登場させているという。

わずかなヨーロッパ滞在の期間中で彼女を妻にしようと、ヴェールルトは彼女に猛烈なプッシュをかける。ケルン、パリ、マルセーユと繰り返された彼女とのデートはことごとく彼女の拒否にあう。

その様子はバンジャマン・コンスタン(1767 – 1830)の『アドルフ』、はたまたアンドレ・ジイド(1869 – 1951)の『狭き門』にも似ている。文通を通しただけの愛、肉体的接触を拒否した愛。いや愛などなかったのかもしれない。

彼女にとってヴェールルトはたんなる叔父さんだったのかもしれない。とはいえ、二人の文通は何度も繰り返され、ヴェールルトは愛の告白もしているのだ。最終的に拒否を受けたヴェールルトは失意のうちにキューバに向かった。これほどまでに頑なだった彼女も、一八六〇年に結婚した。ヴェールルトが亡くなったからだと考えたいが、ビール製造業者と結婚して、七人の子供をもうけている。一九〇二年に亡くなっているから、ヴェールルトの死後四六年も生きたことになる。

突然の死

恋に破れたヴェールルトはカリブ海のキューバのハヴァナに本拠地を定めた。商売は順調であり、陰気臭いヨーロッパと違って、カリブの海は彼の失恋を癒してくれた。

ヴェールルトはもちろん小さい頃から元気な子供ではなかった。しかし、三〇代で亡くなるほどの弱さではない。

一八五六年七月末のことであった。高熱を訴えたヴェールトは病院に入院を余儀なくされた。簡単な熱病と思われた病は、取り返しのつかない重病へと悪化する。七月三〇日、三四歳の若さでこの世を去った。『ヴェールト伝』の作者ツェムケは、死因は黄熱病とこれまでいわれてきたが、実は黄熱病ではなく、非常に悪性のマラリアではなかったかと述べている。ヴェールトはかなり商売で成功していた。生きていたら成功で貯めたお金をもって、マルクスのもとに現れたかもしれない。とするとマルクスをはじめ友人の面々は少しは助かったかもしれない。残念ながら、妻も子もなかったヴェールトの財産は、母をはじめとして兄弟に相続されることになった。

8　マルクス、ソーホーに出現す

『ソーホーのマルクス』

おもしろい本が出版された。著者はハワード・ジン、書名は『ソーホーのマルクス――マルクスの現代アメリカ批評』、桃山学院大学社会学部の竹内真澄氏による翻訳である。ソーホーと言えば、一八五〇年代マルクスが住んでいたディーンストリートのある地域である。ということは、その時代のマルクスを扱った本か。いやそうではない。ソーホーはソーホーでも、ニューヨークのソーホーである。マルクスはニューヨークに住んだことがあったっけ？　もちろん、マルクスはニューヨークと深い関係で結ばれてはいたが、行ったことはない。それじゃあ、なぜソーホーにマルクスが出現したのか。

実はこの本は、演劇の脚本である。もちろん著者ハワード・ジン（1920 – 2012）は脚本家ではない。ボストン大学の名誉教授で当時、八〇歳、戦前、戦後を通じてマルクス主義とアナキズムを信奉してきた闘士である。彼の演劇用の脚本としては、他にアメリカのフェミニストであり、アナキストでもあるエマ・ゴールドマン（1869 – 1940）を描いた『エマ』がある（『エマ』は劇団民藝によって一九九〇年東京でも上演されている）。

マルクスものの演劇は、かつてはめずらしくはなかった。共産圏では数多くマルクスを扱った演劇があった。ただ、この作品はそれらのものとかなり違っている。まず時代と場所に特色がある。本書はあくまでも一九九〇年代のニューヨークにマルクスが出現するという設定である。

一九八九年のベルリンの壁の崩壊、一九九一年のソ連の崩壊、資本主義の独り勝ちと言われた時代にマルクスが現れるのである。

マルクスの復活

舞台に現れたマルクスは、世間では「マルクスは死んだ」と言われているが、それは嘘であると語る。なぜか。今皆さんの前にマルクスその人が来て立っているではないか。それ以後舞台に登場する人物は、マルクス唯一人である。舞台に陣取ったマルクスは独白し始める。

「ここに戻って来れるとは思ってもみなかった。――ロンドンのソーホーには戻りたかった。ソーホー、それは私がロンドンで住んでいた地区の名前だ。しかし――役所仕事のような間違い。今私がいるのは、ソーホーはソーホーでも、ニューヨークのソーホーだ」（翻訳は原書からの拙訳である。ハワード・ジン『ソーホーのマルクス』岩淵達治監修、竹内真澄訳、こぶし書房、三五頁）。マルクスは、一八五〇年代のソーホーを懐かしみ、回想していく。

マルクスの助手をしていたピーパーの話から始まる。マルクスは、ピーパーがマルクス主義を流布するためにマルクス主義者の会を組織したがっていたことを思い出す。そこでピーパーのような奴は要注意だと観客に諭す。「革命は起こらないだろう。いやもし起こるとすればピーパーのような奴によって起こるだろう。ピーパーのような奴とは、権力を握っていないときはお追従屋だが、権力を握ると、弱い者のいじめ屋とほら吹きになるような奴のことだ。教条主義者とでもいおうか。彼らはプロレタリアートのために語り、私の思想を世界のために解釈すると言っているが、彼らが組織するのは、破門と指標、尋問と射撃隊による、新しい聖職社会であり、新しい階級社会である」（前掲書、四四頁）。

ピーパーのような連中が作り上げた共産主義社会とは、二〇世紀に出現したソ連のような全体主義社会のことである。マルクス主義が死んだと言われるが、それはたんにピーパーのような輩が作った社会が滅んだことに過ぎない。

マルクスの怒り

マルクスは、一九九〇年代に目を向ける。『資本論』を書いていた頃のロンドンには、多くの人々が貧しい生活をしていた。あれから一四〇年が経過した。資本主義の勝利を謳歌しているアメリカ社会で貧困は解消されただろうか。最近の新聞を見ながら、マルクスはこう語る。「わずか五〇〇人が企業資産二兆ドルを自由に使っている」（同、四八頁）と。そしてソーホーで子供を次々と亡くしていったあの貧困時代のことを思い出す。

この作品では、マルクスの伝記的事実と今現在のマルクスがクロスしている。その分、時として伝記的事実と現実が錯綜し、史実の間違いが生じる。赤色で印刷された『ライン新聞』とか。パリで結婚式をあげたとか、パリは結婚旅行の場所だったとか、伝記的事実を知っているものが読んだらまったくわけのわからないことが出てくる。しかし、一五〇年たった現在においてマルクスがそれらの事実を正確に語っているのだから間違いが生じても良しとしよう。

本書のもっとも重要な箇所は、バクーニンとマルクスとの架空の出会いだろう。もちろんバクーニンとマルクスは何度か出会っている。出会いが架空というのではない。架空というのは、ある日のロンドンでの二人の出会いのことである。二人とも政治、理論を語り酩酊状態となる。ブルジョワのマルクスと、何度も逮捕されたルンペンのバクーニン。ずうずうしくマルクスの家に上がり込んだバクーニンが、我が者顔に酒を飲み始める。マルクスはバクーニンに自説を語るが、バクーニンはこう語る。

「マルクス、君はいつも傲慢なやからだよ。理解していないのは君の方だ。君は、労働者は君の革命理論に基づいて革命を行っていると考えているようだが、誰も君の理論なんか考えていないぞ。労働者の怒りは本能的だ。そうだからこそ君の言う科学などとは関係なく革命を遂行できるのさ。革命の本能は彼らの胃の中にあるのだ」(前掲書。九八〜九九頁)。バクーニンはやがて家から外に向けて放尿する。「俺はロンドンに小便をひっかけている。全大英帝国にだ」(九九頁)。

マルクスは再び新聞をとり、資本主義の勝利の記事に怒る。「資本主義はなぜ勝利したというのだ」(同一〇二頁)。都市は貧困の巣窟となっている。むしろより悪くなっているではないか。

亡くなった妻と娘のことを思い出しながら、マルクスは怒りをこの世界にぶつける。

そしてマルクスは最後にこう語る。「一八四八年に述べた資本主義は崩壊過程にあるという予測は間違っていたようだ。私の予測は時間的に少しずれた。おそらく二〇〇年ほどだ。――バカにしてはいけない。一度あったことは二度ある。今度はもっと大きな規模でだ。今度起こったら、富と軍隊を一手に握る支配層はそれを止めることはできないだろう」(同一〇七〜八頁)。そして退場しながら最後にこういう。「諸君達は、私が復活し、諸君達をいらだたせていることに怒っているのかい。こう考えて欲しい。これは復活なのだ。キリストは復活できなかった。だから代ってマルクスが復活したのだ」(同、一一二頁)。

ジンは、戦前のアメリカのひどい貧困と第二次世界大戦の苦悩の中でマルクス主義へと進んだ人物である。彼のマルクスへの信頼は揺らぐことがなかった。バクーニンを読むようになって現存のマルクス主義への批判を強めた彼は、協同（アソシアシオン）のマルクス、富の集中を人々に分け与えるマルクスを理想とするようになる。マルクスを独演させたのは、資本主義独り勝ちの社会に対し、希望と激励を与えるためである。キリストの復活ではなく、マルクスの復活。今だからこそマルクスを。ジンは、それを舞台で演じさせてみたのだ。

9　一八五〇年代のロンドンの生活　マルヴィダ・マイゼンブーク

ゲルツェンの『過去と思索』

ロシアの作家ゲルツェン（1812－70）は、一八五〇年代のドイツ人の亡命者たちについてこう書いている。

「ドイツ人の亡命者たちは、その重苦しく退屈な、争い好きな性格によって、ほかの亡命者たちと異なっていた。彼らの中には、イタリア人の亡命者たちの中に見られるような情熱家や、フランス人たちに見られるような、熱弁家もいなかった。ほかの国の亡命者たちはあまりドイツ人に近づこうとしなかった。習慣の違いが彼らをある程度引き離していた。フランス人の不遜はドイツ人の粗暴とはいかなる共通点ももっていない。ドイツ人がもつ、普通の社交性の欠如、重苦しい学校的理論偏重、過度のなれなれしさ、過度の単純さは、これになれていない人々にとって、彼らとの交際を困難にしていた。彼ら自身もあまり近づきになろうとしなかった――。一面では、学術的発展の点で自分達をほかのものよりもはるかに高い存在と考え、ほかの人間の前に出ると、首都のサロンにおける田舎者や貴族社会における官吏の抱くような、不愉快なきまずさを感じていた」（『過去と思索』金子幸彦、長縄光男訳、筑摩書房、一九九九年、一六〇頁）。

見事な描写である。ドイツ人の不器用さ、と同時に尊大さを描いている。▼現実の運動において劣っても、学問的内容において勝っているという自負心が、結局はほかの人々との交流を避けさせている。たぶん、マルクスをはじめとしたロンドンに住むドイツ人がこうした状態にあったことは間違いあるまい。

そのゲルツェンと仲の良かったドイツ人女性にマルヴィダ・マイゼンブークがいる。マルヴィダは、詩人のヴェールトと同じデトモルトで育った。デトモルトで彼女はフォイエルバッハ主義者、テオドール・アルトハウスと恋に落ち、一八四八年革命敗北後のキンケル教授逮捕に憤りを感じた彼女は、キンケル夫人ヨハンナに手紙を書き、やがてハンブルクのカール・フレーベルの経営する女学校の教師となった。その女学校が廃校すると、彼女はロンドンに家庭教師として渡った。▼

一八五二年五月マルヴィダはロンドンにやってきた。彼女が最初に訪ねたのは、セント・ジョーンズ・ウッドのキンケル家であった。熱烈な手紙ですでに知人になっていた彼女は、キンケル家で過大な歓迎を受けた。早速キンケル家の近くに彼女は下宿を借りた。

一方でゲルツェンも一八五二年八月、フランスからロンドンにやってきた。キンケルの紹介で、彼女はゲルツェンと親しくなった。その翌年ゲルツェンの二人の娘がロンドンにやってきたが、彼女は二人の娘、オルガとタタの家庭教師という職を見つけた。ゲルツェンはリージェントパーク北のプリモーズヒルに居を構えたが、マルヴィダは住み込みの家庭教師としてそこに同居した。

マルヴィダの世界

マルヴィダは豊かでなかったものの、男爵家出身の貴族であった。一方でゲルツェンの父方はロマノフ王朝に血縁的につながる家系であった。マイゼンブーク、ゲルツェン、キンケルが住んだ地域は、ロンドンでも高級な住宅地域であった。彼らの交友関係も、有名人に彩られていた。コシュート（1802－94）、ユゴー（1802－85）、ルドリュ・ロラン（1807－74）、マッツィーニといった人物たちとの交流は、マルクスたちから見れば貴族的な交流に見えたであろう。

マルクスとゲルツェンとの険悪な関係は、国際委員会の講演をめぐる闘争によって決まった。ゲルツェンはマルクスの行動を根に持ったらしく、『過去と思索』の中でもマルクスのそのときの行動を詳しく述べている。

国際委員会は一八四八年革命の記念として、一八五五年二月二七日にセント・マーチンズ・ホールで開催された会議であった。その時のチラシを見ると、ロシア代表にゲルツェンの名前があるが、ドイツ代表の方にマルクスの名前はない。実はマルクスはこの委員会の代表委員であり、本来は出席するはずであったのだ。なぜマルクスは出席を拒否せざるをえなかったのか。

ゲルツェンは、マルクスがスラヴ主義者の彼を嫌っていたからであると書いている。なるほど、マルクスはスラヴ主義に対して、一八四八年革命の最中ことあるごとに批判してきた。そのひとつがバクーニンのスパイ問題（エピソード「バクーニンのスパイ問題」参照）でもあった。ゲルツェンもこの暴露話を知っていたが、マルクスとは面識があるわけではなかった。そのスラヴ主義者のゲルツェンの講演の話が持ち上がったのである。マルクスはゲルツェンに話をさせるなら、われわれの仲間は全員この会議から離脱すると主張した。こうして議論した結果、圧倒的多数がゲルツェンの講演に賛成であった。結局マルクス派が少数派となり、約束どおり離脱せざるをえなくなったのである。

こうした問題もあって、ゲルツェンのマルクスに対する評価は低い。しかしマルクスの方から見ると、一八四八年革命の失敗の原因の一端はスラヴ主義者にあり、そのスラヴ主義者に話をさせるわけにはいかなかったのである。

この問題は、キンケルを中心とする一派とマルクス派との戦いでもあった。ゲルツェンは当然キンケル派と見られていたのである。確かにゲルツェンの評価はキンケルには甘い。

マルヴィダの労働運動への興味

マルヴィダは、ゲルツェンやキンケルといった〝有名人〟に囲まれ、ブルジョワ家庭でぬくぬくとしていた。しかし彼女の心境を変化させる事件が一八五八年一月一四日に起きた。それはパリのオペラ座で起きたルイ・ナポレオン暗殺未遂事件であった。オルシーニ事件と呼ばれるもので、この事件の後、社会意識に目覚めたマルヴィダは、マッツィーニとともにロンドンのイーストエンドにある貧民地区を探索し、労働者のためのクラブをつくろうとする。

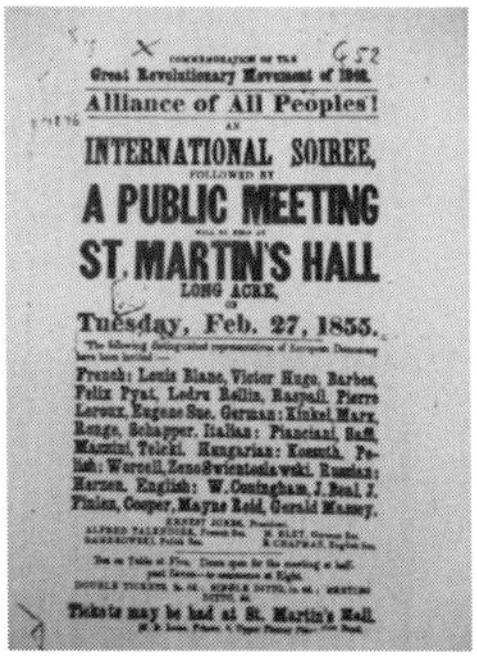

国際委員会のポスター

そしてドイツ人労働者たちをオルグに出かけるのである。ゲルツェンはロンドンに住む労働者階級の姿をこう描いている。「どこの酒場でも、どこの粗末な飲食店にも、これらの異国人たち、これらの客人たちが、熱湯や冷水を割った、あるいはまったくお湯も割らないジンを前にして、あるいは苦い黒ビールをついだ柄つきコップを手にして、……（略）……自分たちがすでに適応力を失った革命と、決して来るあてのない肉親からの送金とを待ちわびている」（前掲書、一九一頁）と。革命に絶望し、異国の生活に疲れ果てた人々はロンドンのイーストエンドに住んでいた。

労働者の前でしゃべったマッツィーニは、マルクスの影響を受けた労働者からこう質問される。「あなたがたはわれわれの未来に何を保証してくれるというのですか。もし普遍の共和国が実現されたとすれば、あなた方は労働者階級のために何をしてくれるというのですか」。痛い質問である。マッツィーニはこう答えた。「わが友人よ。私があなたに何を保証するかですって。私が自らの思想を実現できるほど生きられたとしても、新しい社会、なかんずくドイツにおいてそれを組織するのは私ではありません。私ではなくあなた方なのです。労働者階級の権利を守り、その義務を決定するのはあなた方自身ですよ」と。

マルヴィダは労働者のために会議を用意し、図書館を設立した。しかし、彼女はやがてそうした運動から遠ざかっていく。マルクスたちがキンケル派に対して向けていた批判、すなわちブルジョワ的慈善主義は、まさにこの点では当たっていたのかもしれない。なぜならちょうどこの時期の彼女は、ゲルツェン家を離れて孤独を感じていたときであり、慈善で心を紛らわせたかったにすぎなかったのである。キンケルの集団の貴族的意識は、慈善に関心がもてても、労働者を組織するところまではいかない。

アシュトンは『ロンドンのドイツ人』（的場昭弘監訳、御茶の水書房、二〇〇一年）の中で、ハインドマンの言葉として、ロンドンの貧民窟に出かけていって、好奇心を満たすのは、当時の金持ち階級や中産階級の人々の流行であったと述べているが（二四四頁）、まさに彼女もそうした軽い気持ちで参加したのかもしれない。

そして結局、彼女自身こう述べるのである。「何百もの人が仕事にあふれ、この（失業の）打撃は、まず二倍も惨めな外国人たちを直撃したのでした。少なくとも女性は英語をほとんど話しませんし、自分たちをまったくよそ者と感じていたのでした。「ドイツ人女性クラブ」や牧師、ドイツ人学校の教師たちは最善を尽くしました。しかし足りないものがこんなにあるのに、これでは焼け石に水です！」（同、二四四頁）。

その後マルヴィダは女性の医師免状を求める運動などを行ったが、それでも結局心は癒されることはなかった。ゲルツェンが娘の教育係を再度求めてきたことで、こうした冒険は終わりを告げた。やがて二人の娘を連れて彼女はイタリアに渡った。

一九〇四年四月一日ローマのポルタ・サンパウロ墓地で、「マルヴィダ・リヴァリエ・フォン・マイゼンブーク」の記念碑の除幕式が行われた。マルヴィダは結局一八六一年イタリアに渡って、そこで生涯を終えたのであった。亡くなったのは一九〇三年四月二六日であった。故人の意思で火葬の上一切のモニュメントをつくってくれるなということであったが、一年後墓石が作られたのであった（*A la mémoire de Malwida Rivalier von Meysenbug. vendredi 1 en Avril 1904*, Rome, p.5）。

10　マルクスとオランダとの関係

ナイメーヘン

マルクスとオランダとの関係は、彼の出自に関係している。マルクスの母親の名前はヘンリエッテであるが、この母は、ナイメーヘンに住むユダヤ人ラビの名家の出身であった。ナイメーヘンのシナゴーグは、サン・ステフェンス教会裏のノーネン・ストラートに現在も残っている。ここでマルクスの両親は挙式する。オランダにユダヤ人が多く居住することは周知のことであろうが、スピノザをはじめとして、宗教的に寛容なオランダに多くのユダヤ人が集まったのは当然であった。母方の姓はプレスブルクであり、その名前が示す通り現在なスロヴァキアの首都ブラティスラヴァ（ドイツ名プレスブルク）からオランダに移住してきた家系である。母方の親戚にはあの詩人のハインリッヒ・ハイネもいる。

ナイメーヘンは、ライン河（オランダではワール河）に面したドイツとの国境に近い小都市であるが、町にかかる鉄橋は第二次世界大戦にとって連合軍の戦略上のポイントとなった橋である。そのあたりの事情はアメリカの戦争映画『遠すぎた橋』（一九七七年イギリス映画）をごらんになった方は多分おわかりだろう（一九四四年九月、アルンヘムのドイツ軍を攻撃したイギリス落下傘部隊が、ナイメーヘンの橋をアメリカ軍が陥落するのが遅れたために孤立し、壊滅したという事件（マーガレット作戦）。この時ブラウニング司令官は「あまりにも遠すぎた橋だ」と述べたのである。ナイメーヘンの北のアルンヘムの解放はこのために遅れに遅れ、結局ドイツの敗戦直前の一九四五年四月に解放されることになる。この作戦が成功していたら、オランダの一九四四年から四五年にかけての飢餓は回避されたのではと言われている）。

マルクスの父親のハインリヒ・マルクスはモーゼル河を上ったトリーアの町に住んでいた。マルクスもそこで生まれる。当時の結婚は比較的距離の近いところで行われるのが常であったのだが、トリーアのラビであったマルクス家はユダヤ人の常として、同じラビの家系の名家の娘をユダヤ人特有の結婚情報網を使って獲得することになる。そのため比較的離れたナイメーヘンからマルクスの母はトリーアへ嫁ぐことになる（一八一四年までこのナイメーヘンもトリーアもフランスであった）。ユダヤ人という概念をなくして現在の国籍という概念で言えば、マルクスはオランダ人の母とドイツ人の父親との間に生まれた子供だということになる。残念ながらマルクスが幼い頃オランダ語を深く勉強したという資料はないが、ドイツ語のレベルから見て（オランダ風のドイツ語だとよく言われている）、母親は家でかなりオランダ語をしゃべっていたのではないかと思われる（マルクスの一歳年下の弟ヘルマンはこのナイメーヘンで生まれている）。ナイメーヘンのその後のプレスブルク家の住所は今のところ不明であるが、母の弟マルチン・プレスブルクとは長い間交流があった。

　マルクスが母親の故郷を何回訪ねたかはっきりとは知られていないが、一八四四年二月にマルクスがルーゲとともに出版した『独仏年誌』に、マルクスのオランダからの手紙が掲載されており、一八四三年三月ナイメーヘンに行ったことがわかっている。「Dへの曳き船の上から」と手紙には書かれているが、Dがデュッセルドルフであるのか、デュイスブルクであるのか不明である。▼もっとも蒸気船ではなく、曳き船と書いてあるところを見ると、馬が岸辺から船を曳く比較的小さな船に乗っていたのであろう（川上に上る場合によく使われた）。オランダへ行くとすれば、川下へ下る船であり、とすれば馬が曳いていたとは思えない。さて、マルクスはドイツの情況を嘆き、オランダのことについてこう述べている。

「もっともつまらないオランダ人ですらもっとも立派なドイツ人以上の国家市民です」（『新訳　初期マルクス』前掲書、三四四頁）。そして、ドイツがオランダに比べ遅れていることを恥じている。確かにオランダは、ドイツより自由であり、当時国家の形すらなかったドイツにとって先進国であったのは当然であった。ドイツがもっと遅れた国であることをマルクスにもっとも強烈に知らしめるのは一八四三年の秋から住むフランスであるとしても、すでにオランダが彼にとっての最初の異国として大きな印象を与えていたであろうことは、この手紙からも察知できる。

ザルツボンメル

　ナイメーヘンを少し下ると、ワール河（ライン）の川辺に小さな町ザルツボンメルがある。一九九五年新しい橋が完成したが、高速道路としては道幅の狭くなる難所であった。この町には高さ六〇メートルの、町を威容す

ザルツボンメルの教会

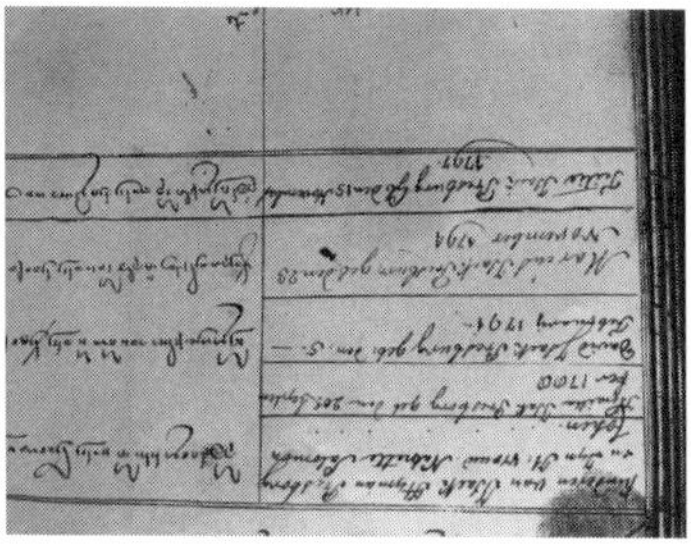

母方の兄弟の記録

フィリップスの家［著者撮影］

るシント・マールテンス教会があるが、この町を訪れる日本人はあまりいないだろう。

　実は、この町とナイメーヘンは船を使えば目と鼻の先の距離であり、昔は密接に二つの都市はつながっていた（現在の道路はむしろザルツボンメルをユトレヒト、ヘルトーヘンボッシュに近づけてしまったが）。かつてドイツからアメリカを目指して移住していった多くの人々が、ライン河をロッテルダムまで下る際、ナイメーヘン―ザルツボンメルと停泊し、旅立っていったそうした地域であった。

　このザルツボンメルに旧広場（アルトマルクト）というのがある。そこの九番の家（写真参照）に次のようなプレートがある。

「この家でヘラルド・フィリップス（一八五八年一〇月九日）、アントン・フィリップス（一八七四年三月一四日）が生まれた」

　電気製品に詳しい方はすぐにおわかりであろう。つまりこの二人の人物はあのオランダを代表する大企業フィリップス電機の創設者なのである。フィリップス電機についてはあえて説明する必要はないであろうが、これがなぜマルクスと関係するのか、そのあたりを説明する必要があろう。マルクスの母ヘンリエッテにはゾフィーという妹がいた。彼女の嫁ぎ先は姉と違い同じオランダのザルツボンメルのユダヤ人実業家フィリップス家であった。彼女は当時まだザルツボンメルでタバコ製造販売をしていたリオン・フィリップスと結婚する。このリオンとゾフィーの間に生まれたベンヤミン・フレデリックの息子がヘラルトとアントンである。マルクス従兄弟の子供がこの二人ということになる。

　ここでマルクスと大企業フィリップスとの関係をことさらに強調することはやめるべきであろう。

　なぜなら、当時のフィリップス家は、まだタバコ工場を経営するそれほど大きくない実業家であったにすぎないからだ（フィリップスの本社はアイントホーヘンにあるが、ザルツボンメルからアイントホーヘンに移ったのが一八九〇年で、発展もそれ以後である）。マルクスは、幼い頃ナイメーヘンを訪れた際、おそらくこのザルツボンメルにも足を運んだであろう。一八一八年生まれのマルクスにとってリオン・フィリップス家には一八二一年生まれのカレル（アーヘンでタバコ工場経営）、一八二三年生まれのアウグスト（アムステルダムで弁護士）、一八二五年生まれのヘンリエッテ、一八二八年生まれのヤン（ヨハン）（アーヘンのタバコ工場経営者）、一八三〇年生まれのフレデリック、一八三三年生まれのジャック（ティールの裁判長）、一八三四年生まれのナネッテーがいたわけであるから、叔母のところは魅力的な場所であったに違いない。このことを裏付けることも可能である。

実は私の勤め先の神奈川大学が一九九五年マルクスの姉ゾフィーが所蔵していた詩のノート二冊を購入したのだが（アムステルダムのプリンセン・フラハトの古書店アントン・ヘーリッツが見つけだし、紀伊國屋書店を通じて購入したもの）、この中にナイメーヘンの親戚やザルツボンメルの親戚が書いた詩や銘文がある。年代は一八三五年頃と思われるが、マルクスの自筆はないものの、きわめて貴重な資料である。この資料から、オランダの親戚との関係がかなり読み取れる。つまり、マルクス家の人々は何度かこのナイメーヘンとザルツボンメルを訪ね、そこで子供同士かなり親しく付き合っていたことがわかるからである。余談になるが、このノートの所有者ゾフィーは、マーストリヒトの弁護士シュマルハウゼンと結婚するが、その娘ベルタはやがて、ヘンリエッテ・フィリップスとファン・アンローエイの息子レオナルド・ペターと結婚することになり、マルクス家とフィリップス家とは再び合流する。ファン・アンローエイはザルツボンメルの町医者で、マルクスも彼をよく知っていた。このアンローエイの孫は当時のアンローエイ家の知人であったレーンホフ家について興味深い話をしている。それは、ザルツボンメルで結婚式をあげた女性ピアニスト、シュザンヌ・レーンホフと印象派のエドゥアール・マネのことである。二人は一八六三年一〇月二八日に挙式したが、その二カ月後マルクスはザルツボンメルに来ている。彼女の父は、教会のオルガン奏者で、フランツ・リストと面識があり、リストはイギリスへ行く途中、ノーネンシュトラートの彼女の家に立ち寄っている。リストは彼女の才能を認め、彼女をパリに留学させる。パリで彼女はマネ家のピアノ教師をすることになり、その時エドゥアールと知り合うのである。▼

リオン・フィリップス

その後マルクスとオランダを結びつけるのは、父の遺産との関係である。一八三八年父ハインリヒが死亡して、多額の遺産が残されることになったが、母ヘンリエッテは長男（実際には次男であるが、長男がすぐに死んだため事実上長男であった）のマルクスが当時ベルリン大学の学生であり、幼い子供がたくさんいることもあって、遺産の処遇をオランダの親戚リオン・フィリップスに依頼することになる。マルクスは、自分に残された遺産が少ないことに激怒し、母との関係が悪化するが、実際には遺産はリオンの手で無事保護され、やがてマルクスが金銭に困った時の急場を救うことになる▼。マルクスは金に困った時、叔父リオンに掛け合うしか方法がなくなり、これがマルクスとオランダを長い間結びつける要因となるのである。

マルクスは当時ベルリン大学で法学を学び、父親の職業である弁護士を継ぐことになっていたが、実際には親の期待を裏切っていた。さらには、贅沢三昧の生活をしていたため、父親から仕送りについてかなり厳しく叱責されていた。そうしたこともあり、母親並びに後見人から、長男であるにもかかわらず遺産の一時預かりという形になったわけであった。

このマルクスの〝当然の権利〟として残された財産のためにマルクスは、オランダのザルツボンメルを何度も訪れざるをえなくなる。

一八四七年九月当時ブリュッセルにいたマルクスは、財政的困難を解決するためザルツボンメルに出かける。これが、結婚後最初の訪問であった。やがて、この時要求したお金を、一八四八年パリの二月革命の影響でブリュッセルが揺れている時にマルクスは引き出す。ブリュッセル当局に彼はその時逮捕されるが、引き出した金は革命のための資金ではないかと調査された。しかし、調査の結果ザルツボンメルからの遺産の一部ということが判明する。やがてこれは『新ライン新聞』のために投資されるが、このあたりについては拙著『パリの中のマルクス』（御茶の水書房、一九九五年）に詳しく書いてあるので御覧いただきたい。

マルクスが訪ねたのは先のアルト・マルクト九番の家であるが、その後も何回か訪ねている。一八五〇年マルクスは、ドイツ、フランスを追われロンドンに滞在し、貧困にあえいでいたが、妻イェニーがこのザルツボンメルを訪問し、お金の援助を申し出ている。しかし、この時の叔父リオンの返事は冷たいものであった。

しかし、こうした訪問のうちでもっとも大きな問題は、マルクスとリオンの娘、つまりマルクスにとっては従姉妹であるナネッテーとマルクスとの関係であろう。邦訳も出たフランソワーズ・ジルーの『イェニー・マルクス』（新評論、一九九五年）の中で、とりわけ有名になった部分であるが（この本はフランスでは連続テレビ放送番組になるほどの反響であった）、マルクスはナネッテーにぞっこんであったというものである。この本は、女好きの亭主マルクスに妻イェニーがどれほど苦労をしたかということを、まるでモーパッサンの『女の一生』を髣髴とさせるような筆致で書いている。実は、この間の関係を知るための書簡がなぜか存在せず、こうした問題は議論されたこともなかったのだが、一九八三年モスクワで出た書簡集で初めてとりあげられ、モスクワの旧マルクス・エンゲルス・レーニン研究所に存在していることがわかったのである。その手紙を見るとマルクスからの返事が来ない不安をかなり切々と述べ、一行でもいいから手紙を書いて欲しいと訴えている。「しばらく、あなたが置いていかれた本を読んでいます。私があまり何度もあなたのことを家族に喋るので、家族の者は私があなたにぞっこんであると言って笑っています」という文章はどうとでもとれる文章である。マルクスの娘は、マルクスがあまりナネッテーのことをよく書くので、おかあさんに見せない方がいいだろうと手紙に書いていたわけであるが、二人がどういう関係であったのか結局不明である（彼女の写真が残っているが細面の美人である）。もっともナネッテーは妻イェニーにも手紙を書いていて、それを見る限り普通の親戚づきあいのように見えるのだが。当時彼女は二六歳、マルクスは四三歳、ありえない話ではない。ナネッテーはその後、ザルツボンメルの牧師と結婚し、一八八五年五〇歳で亡くなっている。

さてフィリップス家の他の人々との交流であるが、これはゾフィーの詩の中でもわかるようにかなり親しく続いていた。当然中心は叔父リオンであるが、それ以外にも弁護士になったアムステルダムのアウグストとは頻繁にやりとりをしている。彼には『経済学批判』（一八五九年）、『資本論』（一八六七年）などが贈られている。特にこの『資本論』に関しては一九八三年日本の本屋がこれを押さえていてどこかの大学に販売したはずであるが、どこが所蔵しているか私は知らない。またロッテルダムで弁護士をしていたジャック（ヘンドリク）とは、かなり政治的な議論の書簡を取り交わしていた。もちろん、マルクスはロッテルダムの彼の家にも立ち寄っている。フィリップスの創業者の父親フレデリックとの関係については不明であるが、リオンの手紙の末尾にフレデリックからも宜しくと書かれているので、お互いよく知っていたものと思われる。

第一インターナショナル・ハーグ会議

こうした親戚への訪問とは別に、マルクスはオランダを公的に訪問したこともある。それは一八六四年に始まった第一インターナショナルの一八七二年のハーグ会議に出席するためであった。マルクス夫婦と娘夫婦ラファルグ夫婦は、ハーグではホテル・ピコに宿泊する。そしてスヘーヴェニンゲンのグランドホテルで温泉療養をしていたことがフランスの警察報告で判明している（もっともこの資料は戦争中行方がわからなくなったが）。ハーグのインターナショナルの会場はコンセルト・ザールであった。

渡辺孝次『時計職人とマルクス』（同文館、一九九四年）には、いかにマルクスがハーグ会議で工作をして、バクーニンなどの大物を追い出したかが書かれてあるが、それはそれとしてこの訪問はオランダのマルクスを語る上において大きい意味をもっていた。

一八七二年九月八日日曜日マルクス、エンゲルスはアムステルダムのハーレムメアポールト駅（当時、現在のアムステルダム駅［一八八九年完成］はなく、西公園近くにあった駅のことである）に到着する。多数派となったマルクス、エンゲルスはアムステルダムのインターナショナルの会員に歓迎されて、アムステル河のホーヘスラウス（跳ね橋で有名なマヘーレ橋のすぐ上流にある水門）近くにあったダルルストホールに案内される。このダルルストホールは、アムステルダム支部を支えたタバコ労働者、印刷労働者が集会を開いた場所であり、一九世紀まで存在していた風車「ホーヘ・ステーン・モーレン」の場所にあった。現在そこにはオペラやサーカスなどを開催する「メゾン・カレ」（一八八七年完成）ができている。一方ハーグ会議を追い出されたギヨームは、フォンデル公園に行き、マルクスたちが演説している頃そこでデモ行進をしていた。

さてマルクスのアムステルダム演説がなぜ重要かというと、実はプロレタリア独裁と暴力革命という言葉をこの演説に探し求めたレーニンに対して、「平和的」革命の道を主張していたカウツキーがその例証を求めたのがこの演説であるからである。マルクス像をめぐる問題はソ連崩壊後論争の中心であるのだが、そのことを考えるためにもこの演説は重要なものであろう。

ここでの言葉を見る限り、確かにオランダの場合は平和的手段で革命に至ると述べられていることは確かである。本来の演説ではこの後があり、オランダ、イギリス、アメリカ以外の多くは暴力的革命が必要だと付加されていたという。しかも、その当時の『アルヘーメン・ハンデルスブラート』の記事には、マルクスは暴力を擁護したと書かれているのである。ことの真偽は不明であるが当時の先進国オランダ、イギリス、アメリカが平和的に移行するとすれば、平和的手段のもつ意味は大きい。しかも、マルクスが民主主義的路線に基本的に固執したというのは、最近のマルクス研究では一般的になりつつある見解ではある。どちらにしてもこの演説のもつ意味は大きいといえよう。

また、このハーグ会議の占める位置も重要である。ハーグで追放された少数派の多くは民族運動と下からの革命の力を信じる人々であったので、多数派となったマルクスは、いわばそうした下からの力を封鎖する役割を負ってしまうことになったのである。マルクス主義に付きまとう全体主義的色彩は、確かにこうしたハーグ会議の運営からも臭ってくることになるので、今後ハーグ会議の徹底的な調査研究が必要となろう。もっとも、第一インターナショナルは、次の大会をニューヨークに決めたあと、消滅してしまうことになるが。

11 マルクスとラッフルズ

ラッフルズ・ノート

ラッフルズはシンガポールの創設者として、その名を有名なラッフルズホテルにとどめている。シンガポールだけでなく、ロンドンのリージェンツ・パークにあるロンドン動物園もその創設者にラッフルズを仰いでいる。マルクスは、一八五二年から五三年にかけてラッフルズの有名な書物『ジャワ史』を読み、詳細を通称ロンドン・ノートといわれるノートに書き留めていった。

残念ながらこのノートはまだ出版されていない。新メガの予定では、第四部第一一巻に収録されることになっている。マルクスが、ラッフルズに興味をもったのは、アジアに私的所有が存在するかどうかという問題についてであった。マルクスは一八四八年革命失敗の後、革命勢力の基盤として土地の私的所有制度の発展のもつ文明効果について調査をし始めていた。

私的所有なきところ、すなわち共同体的所有の支配するところでは、個人の人格の発展はありえない。とりわけスラヴ社会の裏切りによって西欧の市民革命が失敗した時、スラヴ社会を含めた「後れた」社会の中にある共同体的所有についてマルクスは関心をもち始めたのである。私的所有が発展したのは西欧社会のみであるということは、東欧、アジア、アフリカでは私的所有制度はありえないということになる。そこで、片っ端から文献をあたり始めたのである。

マルクスはベルニエの『ムガル帝国誌』を読み、土地の私的所有制度がインドにないということにとりわけ注目していた（エピソード18「マルクスのインド論」参照）。マルクスは、アジア、アフリカに個人の発展がないとすれば、必ず土地の私的所有制度は存在しえないと考えていた。ところがジャワ島の山間部にその例外があると知り、それを打ち消すためにラッフルズの『ジャワ史』を利用したのである。

一八五三年六月一四日のエンゲルス宛の書簡で、マルクスは「ところが、ジャワでは、往年のイギリスのジャワ総督サー・スタンフォード・ラッフルズが彼の『ジャワ史』の中で言っているところで、この国の全地表において「いくらかの多額の地代が得られたところでは」君主が絶対的な地主であった。いずれにせよ、全アジアにおいて回教徒が「土地の無所有」をはじめて原則的に確立したらしい」(『マルクス＝エンゲルス全集』(第二八巻、二二二頁)と述べている。

マルクスは『ニューヨーク・デイリー・トリビューン』の「イギリスのインド支配」(『マルクス＝エンゲルス全集』第九巻)の中でも、ラッフルズを二回引用している。ひとつはイギリスの植民地支配は、オランダの植民地支配の模倣にすぎないと述べる時、もうひとつはイギリスの支配はオランダ同様慈悲のない苛酷な収奪であることをイギリス下院の議会報告書から引用する時である。これは『ジャワ史』からの孫引きである。マルクスはすでにラッフルズのノートをかなり詳しく取っていたということが、この二つの引用からもわかるが、マルクスは、すでに刊行されている新メガ第四部第九巻に収録されている「ホーウィットの『植民地とキリスト教』(一八三七年)のノートの中でも、「サー・スタンフォード・ラッフルズはジャワのオランダ人の歴史を書いている。その歴史は、反逆、賄賂、虐殺、卑劣さのもっと異常な関係のひとつである。原住民に関するその取扱いは、バニュワンギ地方の人口が一七五〇年八万人から一八一一年に八〇〇〇人に減少しているところにある」(*Marx Engels Gesamtausgabe,IV/ 9*, 五二一頁)と書いている。

ラッフルズ(1781 – 1826)

ラッフルズの『ジャワ史』(一八一七年)は事典サイズの全二巻(第一巻四七九頁、第二巻五四八頁)、浩瀚な書物である。彼の人生の全成果が込められている。ラッフルズは一七八一年、カリブ海のジャマイカ島に停泊していた船の上で誕生した。父はその船長であった。船長といっても貧しい生活を強いられたラッフルズは、一四歳の時に東インド会社に勤務することになる。彼は正規の高等教育を受けなかったのである。

一九歳の時に正規の社員となったラッフルズは、二四歳でオリヴィア・マリアンヌと結婚し、大出世を果たす。噂では、東インド会社の秘書官ラムジーの愛人を押しつけられたための破格の出世だったという。いずれにしろ、ペナンの秘書官補佐になったことによって、ラッフルズのジャワ研究が始まる。

当時ヨーロッパではナポレオンが敗退しつつあり、そのフランス下のオランダの植民地は、イギリスの支配を徐々に受けていた。ジャワ島の権益をオランダから奪い取る作戦に参加したラッフルズは、一八一一年ジャワ副総督に就任する。彼はジャワ島でのオランダの政策を調査し、土地制度の研究を行った。これがやがて、著作『ジャワ史』へと発展していく。彼は一八一六年副総督の地位を別の人物に譲り、英国へ帰国した。約一年イギリスに滞在する間に、『ジャワ史』を完成させ、一八一七年出版した。

この膨大な書物は、わずかな間に書きあげられたことによって全体の構成においてかなり杜撰なものであった。『エジンバラ・レヴュー』に掲載された書評にこうある。「この書物は急いで書かれていて、充分編集されていない。あまりにも膨大で、価格も高いため、一般受けはしない。結果として思ったよりも読まれてはいない。スタイルは流ちょうだが、雑ぱくで、しばしばケアレスミスがある」(『ジャワ史』一九八八年、xviii頁)。かなり厳しい書評であり、この書評者の名前はとっくに忘れられているが、この書物は現在も復刻版が出るほどの名著になっている。書物の歴史とはそんなものであろう。

一八一七年再びスマトラ島のペンクールの副総督として赴任する。この時、ラッフルズはシンガポール建設と深く関係する。彼の名前がシンガポールと強く結びついているのは、このためである。しかしこの数年の滞在で、ラッフルズは子供たちを次々と失った。失意のラッフルズは一八二四年帰国を決意する。一八二四年ペンクールを出港した船は途中で火災を起こし、戻って来る。この火災で、ラッフルズの収集した膨大な図書資料、標本資料は灰となってしまった。失意の帰国であった。帰国後追い打ちをかけるように、不正問題がもちあがり、罰金を要求された。一八二六年四五歳で亡くなった時、彼の資産はわずかなものになっていた。

マルクスとラッフルズの土地所有制度

マルクスが、ラッフルズに興味をもったのは、とりわけジャワ島の私的所有をめぐる問題に関してである。「ジャワ島に存在する土地の私的所有がはたしてどんなものであるのか。もし私的所有が存在するとすれば、アジアにおいても個人の人格が発展し得たことになるのか」、そのことが問題であった。

ラッフルズは、『ジャワ史』第一巻の土地所有の項でこの問題を詳しく扱う。まずこう説明する。「ジャワ島の大部分、東部、中部、そしてなんらかの多額の地代が払われている地域では、主権者と耕作者の間には所有権は存在したことがない。唯一の土地所有者は政府であった」(同、一三六頁)。マルクスがその手紙で引用した部分である。

しかし、「スンダ人が住んでいる地域、島の西側の森と山岳地帯の間では、土地の私有的所有が一般的にうち立てられている」(同、一三八頁)とも書いている。もしこれが真実であるならば、マルクスが調査したように、インド、ペルシアなどあらゆるアジアにおいて私的所有制度は存在しないという前提が崩れてしまう。

しかも、回教の進出していない地域には私的所有が存在するということはもっぱら共同体的所有制度は回教に関係があるということになってしまう。だからマルクスは、回教の進出と土地の共有制という考えを構築する。


ラッフルズが、土地制度にこだわるのには理由がある。彼は、耕作者は土地を所有しない地域では労働意欲をもたないと考えたからである。ラッフルズは私的所有制度を発展させ、耕作者の労働意欲を増大させようとしていた。こうした方向は、功利主義的方法とも言える。専制君主の権力を弱め、直接耕作者から税金として地代をとる方法は、東インド会社にとっても有利なのである。ただし、収益の拡大が望めることをその根拠とするか、耕作者たちの意欲の増大をその根拠とするかによって大きな違いがあった。ラッフルズは後者であったのである。

12 アルジェリアのマルクス

マルクスとアルジェリア

二〇〇一年九月、パリからの帰りの飛行機で、一人おいて隣に座った翻訳家の湯川順夫さんが『ル・モンド』を開いて「的場さん、エンゲルスの「アフガニスタン」が掲載されていますよ」と話しかけてきた。それは一頁全面を使っての仏訳であった。エンゲルスが『ニューヨーク・デイリー・トリビューン』のチャールズ・デナ▼(1819－97) が編集した『アメリカン・サイクロペディア』に寄稿した論文がそれであるが、これは『マルクス＝エンゲルス全集』の第一四巻に掲載されているものである。この百科事典は全一六巻（一八五八－六三年）でニューヨークで出版されたものであった。

エンサイクロペディア・アメリカーナ

ニューヨークのワールドトレードセンターへの攻撃とエンゲルスの「アフガニスタン」。奇妙な取り合わせだが、一八三八年から四二年にかけてイギリス・インド連合軍が行ったアフガニスタン攻撃の敗北が詳細に語られている点で、「アフガニスタンを侮ることなかれ」という警告も含まれている。

エンゲルスがこの事典のために書いた項目は、マルクス家の財政を救うためであり、実はほとんどの項目はエンゲルス執筆ものであるが、外部的にはマルクスの仕事でもあった。多くは軍事関係であるが、「アフガニスタン」と並んで「アルジェリア」という項目もある。今回の話はそのアルジェリアについてである。エンゲルスは「アルジェリア」の中で、フランス植民地の野蛮さについてかなり手厳しい批判をしていた。しかし、一方でアルジェリアの植民地化は略奪を繰り返したアルジェリア人自身が招いた結果であると冷めた見方もしている。一八五〇年代に書かれたマルクスやエンゲルスの植民地に関する論考には、いわゆる「オリエンタリズム」を反映したものが多いが、アルジェリアに関してもご多分に漏れずといったところであろうか。

マルクスは、そのアルジェリアに関連した項目として「ビュジョー・ド・ラ・ピコヌリ」というフランスの将軍について書いている。ここでは、一八三四年のパリの蜂起、四八年革命で残虐をきわめたビュジョーのアルジェリアでの残虐さが取り扱われている。彼はこれを書くためにヴァーグナーの『アトラス山脈の三色旗。またはアルジェリアとフランスの侵攻』(一八五五年)を読み、ノートに取っていた。

マルクスもエンゲルスも、当時盛んに西欧の植民地に関する記事を新聞や事典に書いていたが、彼らの知識は、当時の西欧の文献から得られたものの域をあまり出ていない。西欧人の偏見が、ほぼそのまま繰り返されている。マルクスもエンゲルスも植民地に実際行ったことがなかった以上、それは当然といえば当然のことであった。しかし、マルクスの方は一八八二年病気の療養のために、一度だけアルジェリアへ行くことになるのだ。ここで、マルクスが見たアルジェリアについて、一八八二年の書簡から見てみたい(『マルクス=エンゲルス全集』第三五巻参照)。

アルジェへ

一八八二年初めマルクスの健康はすぐれなかった。ワイト島やヴェントノアーで療養していたが、冬の天候は悪く、症状は良くなかった。

一八八一年一二月に妻を亡くしたマルクスは、肋膜炎、喘息、ヨウなどの病気をつぎつぎと併発していった。主治医のブライアン・ドンキン▼(1842 – 1927)は、気候の悪いイギリスをやめて、アルジェリアで療養するべきだと盛んに勧めた。エンゲルスもそれに同調して、マルクスのアルジェリア行きが決定された。

マルクスは二月の上旬にロンドンを発ち、九日から一六日までパリ近郊の娘夫婦ジェニーとシャルル・ロンゲ夫婦方に滞在した後、パリのリヨン駅からマルセーユに向かい、二月一七日に到着した。翌一八日土曜日、マルセーユからアルジェ行きの蒸気船サイードの一等船室(八〇フラン)に乗船した。船は地中海を二晩かかって横断し、二一日月曜日の午前三時半アルジェの港に到着した。エンゲルスやドンキンの予想とまったく違って、その年のアルジェリアは異常に寒かった。マルクスの手紙には、そのことが頻繁に出てくる。アルジェで見つけた最初のホテルを早々に引きあげ、アルジェの郊外ビスクラのペンション・ホテル・ビクトリアに移る。このホテルは、アルジェの高台にあり、展望も良く、アルジェ湾、大陸の山々がよく見えた。

アルジェの天候は最悪であった。雨や嵐、そして厳しい寒さ、アルジェ特有のシロッコ（サハラ砂漠からの風）。マルクスは、娘への手紙の中で、エンゲルスの親切が仇になったことを何度もなじる。実はエンゲルスは、先の論文「アルジェリア」の中で、「冬季には厳しい気候がとくに丘陵地帯でときどき経験される」と述べているのであり、マルクスもそのことをもっと確かめるべきであったのかもしれない。

マルクスのストレスは、天候の悪さからだけではなかった。実際症状もかなり重かったといえる。それは長旅のせいでもあった。ロンゲの友人で、ユダヤ人のマリー・レオナルド・フェルメ（1840－?）がもっぱらマルクスの面倒をみたが、主治医はドイツ系のシュテファンであった。彼の父はドイツのランダウの出身ということであった。もっとも、彼はドイツ語をまったく介さなかった。

一八五五年までにアルジェリアへ渡ったドイツ人は、一万人以上であった。中には外人部隊に入る者もいたようである。私は拙書『フランスの中のドイツ人』（御茶の水書房、一九九五年）の中で、東フランスの都市ナンシーからドイツ人が二九三名アルジェリアの外人部隊に送られたという資料を使ったのだが、シュテファンの父親が入植者であったのか、外人部隊であったのかはわからない。

シュテファンの治療はかなり厳格なものであった。まず外出禁止、さらには本を読むのまで禁止される。頭を使ってはいけないというのだ。社交相手も遮断されたマルクスにはストレスがたまっていく。悪化した肋膜炎のための塗り薬はかなりの時間を要した。天候はすぐれず、病気の治癒は遅々として進まなかった。何とかアルジェから逃げ出そうとするが、医者はなかなか了承しなかった。

アルジェリアへのイメージ

外出も、社交も、読書も禁止されていた中で、マルクスが得る現地の情報はフェルメからもたらされるか、当地の新聞『プチ・コロン』だけであった。当然のことながら、彼の西欧的偏見は改善されることはなかった。

フェルメが語るアルジェリア人の盗賊の処刑の話は、盗賊を予防するために極刑を以て処する植民地流の残酷さが問題となっているが、明確に「下等人種」という表現が使われている。もちろん、この言葉は括弧に入れられているので、西欧人一般から見た見解の意味であり、マルクスがそう語っているのではあるまい。次の言葉は、当時の西欧人一般のイメージを物語っているといえる。

「とはいえ、イギリス人やオランダ人は、「下等人種」に対する厚顔無恥な傲慢さ、要求、生け贄の残酷さや、激しい復讐心に関して、フランス人を凌駕している」（マルクスからエンゲルス宛の書簡、一八八二年四月四日、『マルクス＝エンゲルス全集』第三五巻、四二頁）。

療養中のマルクスには、自分の足で町中を歩き、アルジェリア人の実態がどんなものであるかを知る余裕がほとんどなかった。ただ、ヴェランダからモール人を眺めたり、カフェで彼らが珈琲を飲む姿を眺めた時、彼らの様子を珍しげに見ているだけであった。もっとも、モール人が西欧流のトランプをやっているのを見て、彼らに対する西欧文明の勝利を述べるのも忘れてはいないが。

マルクスは植民地アルジェリアに来訪したものの、その実際の姿を見るほどの体力がなかったのである。最悪のコンディションの中で、手紙の文章は荒れ、娘や孫のところへ帰りたいという望郷の念が彼を何度も襲う。そんな中でのアルジェリアのイメージは、マルクスに何ら新しいものを付与しなかったといえる。

1882年、マルクス最後の写真

エンゲルスへの批判と髭と髪を切り落とす心境

あまりの天候と病気の悪化にマルクスはいらだちを隠せない。二人の娘にその心境を語っている。ドンキンとエンゲルスが間違った情報を得たためにこんな状態になったのだと彼らをなじり始める。マントンやニースの方が暖かいのに、何でまたアルジェを選んだのか。エンゲルスにばれないことを断りながら、「人々（エンゲルス）は愛するあまり人をたやすく殺してしまうそんな人間だ」（マルクスからジェニー・ロンゲ宛の書簡、一八八二年三月－六月、『マルクス＝エンゲルス全集』第三五巻二五〇頁）とこぼす。

やっとアルジェでの療養を諦めたマルクスは、南フランスへの転地療養を決意する。主治医シュテファンの了解も得て、いよいよ五月二日マルセーユ行きの船に乗ることが決まった。気が晴れたマルクスは、うきうきした気分で町の床屋に行き、ばっさりと髭を剃り、髪を切ることにする。床屋に行く前の四月二八日、マルクスは記念に写真を撮る。生前のマルクス最後の写真である。白髪に笑みを浮かべた写真は、フランスへ戻れる喜びにあふれていたとされる（しかし実際髪と髭を切った写真はないので、はっきりしない）。

三〇日にできあがった写真はエンゲルスをはじめとした知人に送られているが、それにしても断髪したマルクスとはどういう感じであったのだろう。コンピューターグラフィックスで髭と髪を切ったマルクスの写真は見たことがあるが、それは意外とかわいいおじいさんである。予言者然としたと、自分でも言っている迫力あるマルクスはアルジェリアで終わったのであろうか。

実のところ、その後の写真も存在しないし、マルクスの風貌について言及している書簡も残されていないので実際のところどうであったかはわからない。おそらく、さっぱりしたマルクスは、温厚な老紳士としてモンテカルロやニースの賭博場に現れたのではないかと思われる。

13 ブライトンのルーゲ

イギリスでのルーゲ

マルクスとルーゲ（1802 − 80）との関係について書く場合、たいてい一八四四年のマルクスと編集した『独仏年誌』が関心の的になる。その後ルーゲについては、あまり興味をもたれることはない。ところが、一八四八年革命の崩壊後、ルーゲもマルクスと同様イギリスに亡命し、それなりにお互いに意識し、マルクス同様イギリスで人生を全うするのである。

ブライトンのルーゲの家の通り［著者撮影］

マルクスはロンドン、ルーゲはロンドンの南、海岸の保養地ブライトンに住む。二人の関係は疎遠ではあるが、お互いに非常に意識はしていた。マルクスはブライトンに行くときは、ルーゲをつねに警戒していた。ルーゲもマルクスにそれなりに関心をもっていた。

ブライトンは、海に突き出たピア（桟橋）で有名である。ニース風の海岸は、一九世紀後半の保養地の形跡を今でも留めている。ブライトンには丘が多い。海に突き出す白い崖は、浸食する波の荒さを物語っている。一八九五年エンゲルスの遺灰は、ブライトンから少し東に行ったイーストボーン沖の海で捨てられた。

ルーゲは、このブライトンのクレセント・パークロードに瀟洒な家を購入した。そこで生涯を送る。クレセント・パークロードは、駅から海へ出るクイーンズ・ロードを東に下り、さらに上った見晴らしの良い公園のそばにある。ここは中産階級用の瀟洒なテラスハウスが並ぶ地域である。

アムステルダム社会史国際研究所に比較的最近入った「アーノルト・ルーゲ遺稿コレクション」は、イギリスでの生活を知るには重要な資料である。この資料は全部で一九一点、もともとルーゲの末娘フランツィスカの所にあったもので、戦後曾孫のアーノルト・ルーゲ・ジュニア（1908 − 96）が所有していたものであり、アムステルダムの社会史国際研究所には一九九三年に移管された。そこにはアーノルト・ルーゲ、妻のアグネス、息子のヘルマンなどの資料が収められている。ブライトンでのルーゲの生活を知るには、とりわけ妻アグネスの書いた「思い出」（アーノルト・ルーゲ・コレクション三五番）を見るとよい。

ブライトンのルーゲ

ルーゲは、比較的早くロンドンでの生活を諦めたようである。有名人を集めた、マッツィーニによるヨーロッパ民主中央委員会に参加したルーゲは、確かにマルクスに比べ、亡命ドイツ人の中でも有名な人物であった。しかし、ここにより有名なキンケルが登場し、ルーゲの地位は崩壊する。キンケルは、シュパンダウの刑務所に収容されていたが、華々しくイギリスの新聞で報道された脱獄事件によってロンドンでは英雄扱いをされた。

マルクスが『亡命者偉人伝』で二人をからかって、「蛙と鼠の喧嘩」と称したのはそれなりに意味がある。とにかく二人は、少なくともイギリスではマルクスよりはるかに有名だったのだから。

ルーゲはキンケル夫婦同様、中産階級の生活を維持するためによく働いた。ルーゲは執筆と講演、妻アグネス（1814－99）はドイツ語の家庭教師などをこまめに行い、それなりに豊かな生活を送った。イギリス人のメイドも雇っていた。たとえばブランシュ・グリーンという婦人の紹介状（アーノルト・ルーゲ・コレクション一五二番）が残されているが、彼女は一八六三年から六年間ルーゲ家で働いたようである。

ルーゲの妻と娘は、自宅でドイツ語教室を開いた。ブライトンでどれほどの学生を集められたか不明だが、広告ではオックスフォード大学やケンブリッジ大学のドイツ語試験の対策も兼ねていた。個人レッスン一回は五シリングであるが、本格的学校の授業の場合、秋学期週二回八ポンド八〇シリングで、週一回一三週間三ポンド三〇シリング、一回三六シリングであった（アーノルト・ルーゲ・コレクション一七七番）。

マルクス家と違っていたのはルーゲの妻アグネスが外向的であったことである。アグネスはこまめに教師として稼ぎをあげたし、時には原稿も書いた。ルーゲはある時は妻の稼ぎで、原稿を執筆し続けた。とはいうものの、マルクスのように全面的にエンゲルスに支援されるような幸運を得たわけではない。むしろ、ドイツのドゥンカー▼やコッタ▼などの有名出版社から売れそうな英語の本をドイツ語に翻訳するという仕事と、学問的な世界から離れて時論をまとめ出版するという仕事に専念し、それなりの収入をあげていた。

　ルーゲが一八六九年に書いた遺言書を見ると財産の内訳がわかる（アーノルト・ルーゲ・コレクション一五三番）。ルーゲは一八五五年にすでにイギリスに帰化していた。妻のアグネスと二人の息子リヒハルト（1835－1905）、ヘルマン（1843－1912）に残された遺産のうちクレセント・パークロードの家や家具以外は、書物の著作権であった。その出版社はドゥンカー、ブロックハウス、▼コッタなどの一流の出版社であった。マルクスと違いきちんと原稿料を払ってくれる出版社からルーゲは書物を出していたのだ。しかし、内容といえばバックルの『イギリスにおける文明の歴史』の独訳やジュノーの『クーデター』の独訳など他人の書物の翻訳であり、ルーゲの晩年の思想家としての生活は荒れていた。

アグネス・ルーゲの「思い出」

　コレクションに保存されているアグネスの「思い出」を最初に使ったのはアシュトン『ロンドンのドイツ人』（前掲書）である。その第四章、第五章はルーゲとアグネスのブライトンでの生活が書かれてあるが、それは、当時曾孫のアーノルト・ルーゲ氏の所有していたこの資料を基にしている。さて、アグネスのこの「思い出」は、イェニー・マルクスの「波乱万丈の生活スケッチ」（『モールと将軍』大月文庫）と似てなくもない。マルクス家の生活とは違った、イギリスでのドイツ人の生活を知るには最適な資料かもしれない。

　ルーゲ家がイギリスにやってきたのは一八五〇年九月のことであった。ブライトンを選んだのは音楽家のアルケン兄弟の一人がブライトンに住んでいて、そこを紹介されたからであった。ブライトンではクエーカー教徒に歓迎され、薬局のコックスの紹介で当時のイギリス人社会に迎え入れられた。国会議員コニングハムの所でバックルなどを紹介されている。ブライトンへ落ちついた時、ルーゲ家には妻と三人の子供、ドイツ人の家政婦テレーゼ、計六人がいた。クイーンズ・ロードの借家に落ち着いた彼らは、職探しを行った。まず、ピアニストのアルケンの紹介でドイツ語の家庭教師の職を確保する。ルーゲはイギリスの新聞に定期的に記事を書いて暮らそうと考えたが、これはうまくいかなかった。ルーゲ夫妻はマルクス夫妻同様金策に走りながら、暗い一八五〇年代を過ごしていく。そんな中でダゲレオタイプ銀板写真機に手を出し、写真業を始めた。ブライトンには一軒しか写真屋がなかった。しかしこれもわずか五〇ポンドの利益をあげただけでやめてしまう。

　ルーゲは、ヨーロッパ民主中央委員会での仕事から身を引いた後、アルビオン・クラブ▼でシャミッソー、ヴォルテール、文法論、神話論について講演したり、ドイツの新聞に投稿したりしていた。

　一八五〇年代末にはアグネスは、正式の学校教師の口を獲得できた。アグネスは一八五六年以降の年平均の所得を書いているが、二〇〇ポンド以上である。当時中産階級の年間所得からいってまあまあの額であるが、女性一人の収入とすれば相当のものである。こうしてお金を貯めたルーゲ夫妻は、貸家住まいをやめ、パーク・クレセントの家の購入を図る。それは小屋から宮殿に移ったとアグネスが言っているように、ブライトンでの成功を物語るものであった。資金は、貯めたお金でインドの株を買っていて、それが上昇したために得られたものであった。七〇〇ポンドの値打ちの家であったが、二〇〇ポンドを株の資金で支払い、残りの五〇〇ポンドを五パーセントの利子付で建築会社から借りることにした。

　ルーゲ家には、長男リヒハルト、次男ヘルマン、長女ヘドヴィヒ、次女フランティスカ（1849－1939）がいた。長男はベルリンで医学を学んでいたためブライトンには来なかったが、他の三人は両親とともにブライトンへやってきていた。ヘルマンは後にニューヨークで技術者として活躍するし、娘たちもアグネスのドイツ語学校の手伝いをしていた。

　ルーゲ家はマルクス家に比べて、はるかにといえば言い過ぎかもしれないが、イギリスにおいて幸せな生活を送ったのかもしれない。金銭的な面、イギリス人との交流、子供たちの成長など、どの点をおいてもマルクス家よりも良かったとしか言いようがない。とはいうものの、ルーゲのイギリス時代の作品が精彩を欠いていたことは事実であろう。

　幸福な生活の代償として、駄文を書き続けたのは事実であった。作品が少ないわけではない。むしろ出版されたものはマルクスより多いかもしれない。しかし、ブライトン暮らしのルーゲの文章にはかつてのような切れがなかったのも事実であった。

14　イェニー・マルクスの生まれ故郷ザルツヴェーデル

ザルツヴェーデル

旧東ドイツのザルツヴェーデルには「マルクス家博物館」という名の博物館があった。この町は、マルクスの妻イェニー・フォン・ヴェストファーレンの生まれ故郷である。一八一四年二月一二日、彼女はこの地に生まれた。もっとも彼女は一八一六年、つまり二歳の時、トリーアへ移っているので、彼女の記憶の中にこの町の記憶があったわけではないだろう。しかし、一九四八年東ドイツはマルクス縁の地としてこの地を選択し、町の南にあるイェニー生誕の屋敷を探し出した。一九六八年マルクス生誕一五〇年の際、この生家は「マルクス家博物館」となった。ザルツヴェーデルという町は、東ドイツに属していたが、西ドイツとの国境近くにあった。ベルリンとハノーファーとを結ぶ主要幹線にシュタンダルという駅がある。ここはマグデブルクへの乗り換え駅であるが、そこから北に約一時間行ったところにあるのが、この町である。町の北はずれにある殺風景な駅から南に向かって歩くと、イェニー・マルクス通りに着く。

ザルツヴェーデルは、マグデブルクとリュネブルクを結ぶ要衝のハンザ都市であった。一七五七年の七年戦争の時、ナポレオンが侵攻した一八〇七－一三年の時期にフランスに支配された。特に、ナポレオン時代、すなわちヴェストファーレン王国の時代にはエルベ地方の首都となった。ザルツヴェーデルの歴史にとってもっとも栄光に満ちていた時代はこの頃だったのかもしれない。実は、この時代こそイェニー・マルクスと深く関係しているのである。

ザルツヴェーデルの町には、比較的古い町並みが残っている。特に「マルクス家博物館」の近辺は、古きザルツヴェーデルをそのまま残している。イェニー・マルクスの生家は、市長の住居でもあった。確かに三階だての大きな屋敷は、市長の屋敷としての威厳を保っている。裏庭にはイェニー・マルクスのブロンズ像がある。トリーアのマルクス生家と比べてもかなり大きく、イェニーの父ヴェストファーレンが男爵であったことを物語

イェニーのコイン

っている。

一九九〇年に東西ドイツが統一される前、この屋敷は東ドイツ各地から将来の幹部を夢見る若者が訪れる研修所として利用されていた。しかし、現在では一階の一室にイェニー・マルクスを偲ぶ展示室があるだけであり、マルクスの妻の生家と知って訪れる人も今ではほとんどいないようである。

ヴェストファーレン家

ここに一冊の本がある。著者はフェルディナント・ヴェストファーレン、書名は『ブラウンシュヴァイク＝リュネブルク公フェルディナントの秘書官、ヴェストファーレン』▼（ベルリン、一八六六年）である。フェルディナントは、イェニー・マルクスの異腹の兄であり、一八五〇年プロイセンの内務大臣も務めた人物である。

この本は、祖父フィリップ・フォン・ヴェストファーレンの伝記であるが、そのほとんどが七年戦争に当てられている。ヴェストファーレン家について語るとすれば、七年戦争の功によって男爵になったこの人物を忘れるわけにはいかない。この人物について拙著『トリーアの社会史』の第六章に詳しく書いているので、それを読んでいただきたい。

ザルツヴェーデルとの関係を知るために、フェルディナントの書物の最後の部分、六九頁から八一頁を見てみよう。七年戦争で功績をあげたフィリップは、一七六五年一〇月一三日、オランダ国境に近い町ヴェーゼルで、イギリス貴族の娘、ジェニー・ウィスハート・ピッターロウと結婚する。ピッターロウはスコットランドの貴族であり、祖先に著名な人物も多くいた。フィリップは結婚の後、ブラウンシュヴァイク公と離れ、一七八〇年までボルヌムの土地所有者となった。この結婚から四人の息子が生まれた。フェルディナント、ハインリヒ・ゲオルゲ、ハンス・アニウス、ヨハン・ルードヴィヒである。長男のフェルディナント以外はすべてボルヌムで誕生した。

やがてメックレンブルのブレヒャーの土地へと移り住んだフィリップは、一七九二年九月二一日にこの土地で亡くなる。奇しくも同じ年の六月三日フェルディナント公も亡くなっていた。息子たちはブレヒャーの土地をロンデスハーゲンの土地と交換し、さらにハルムスハーゲンの土地と交換する。未亡人の世話係は、末子のルードヴィヒであった。このルードヴィヒこそ、イェニー・マルクスの父である。ルードヴィヒも父と同じくブラウンシュヴァイクの秘書となっていた。

一七九八年ルードヴィヒは隠遁生活を行うべく、ブラウンシュヴァイク公に退職の届けを出し、その後ロンデスハーゲンに住む。

しかし波乱の時代がやってくる。ナポレオンのドイツへの侵攻である。波乱の中で彼は再びザルツヴェーデルの長官として復活する。イェニーの屋敷が市長の屋敷であるのはそのためである。特にイェニーが誕生する一八一四年頃までは、この地域は極めて不安定な状態であった。ナポレオンの侵入とともに官職に返り咲いたルードヴィヒは、一八〇七年最初の妻を失い、やがて父の遺産も食いつぶし、一八〇九年プロイセンの占領によって、ロンデスハーゲンの土地も譲らざるをえなくなった。ザルツヴェーデルにもそのうちプロイセン軍が押し寄せ、彼は長官の地位を奪われた。

イェニーが生まれたのはそうした最中であった。ルードヴィヒの地位は格下げになったばかりか、ナポレオン時代の不正を突かれ、プロイセンの新しい飛び地、ラインラントへの赴任が命ぜられた。ルードヴィヒがトリーアに赴任したのは、一八一六年六月一〇日であった。

炎の時代

フェルディナント・ヴェストファーレンが、ヴェストファーレン家の第一の出世頭だとすれば、その妹、すなわちイェニーの異腹の姉リゼッテと結婚したアドルフ・クロシック家の子孫のルッツ・グラフ・シュヴェリン・フォン・クロシックは、第二の出世頭かもしれない。戦前大蔵大臣にまで昇ったクロシックは、一九五六年に『偉大なる炎の時代』▼という浩瀚な書物を書き上げる。この書物は産業革命から現代までを細かく記した本であるが、その最後の箇所七〇七頁から七一一頁に、ヴェストファーレン家への言及がある。マルクスやエンゲルスの業績を一通り追った後、マルクスの妻の家系が本来マルクスが憎むべき貴族であったことをあげ、その家系、つまり自分の祖先について辿っている。

もちろん、そこには自らの祖父リゼッテ・クロシックも登場する。この書物自体はたいして評判になった本ではない。著者はもちろんマルクスの思想に反対の人物である。しかし、彼が一八世紀以降を革命の時代と位置づけ、その最後にマルクスをもってきているところを見れば、彼が自らの祖先としてマルクスを意識していたことは確かである。しかも、後に『イェニー・マルクス』▼（一九七六年）についての書物を著してもいる。彼がマルクスと遠い親戚関係にあったという事実は、思想的に敵対しながらも、彼に大きな誇りを与えていたのだろう。

15　リサガレとエレナー・マルクス

サンラザール駅の出会い

一八八二年二月二〇日月曜日、パリのサンラザール駅でマルクスの末娘エレナー・マルクス（1855 − 98）は『一八七一年のパリ・コミューンの歴史▼』の著者リサガレ（1838 − 1901）と再会した。この日エレナーはイギリスに向けて出発することになっていた。マルクスから「戦士」（homme de combat）と呼ばれたイポリット＝プロスペル＝オリヴィエ・リサガレはすでに四四歳、エレナー・マルクスは二七歳であった。この出会いは最後の別れとなる。その後エレナーはエイヴェリングに近づき一八九八年三月服毒自殺という悲劇的な死を迎える。

二人が最初に出会ったのは一八七二年ロンドンでのことであった。エレナーはまだ一七歳、かたやリサガレ三四歳であった。年齢差が一七歳であったばかりでなく、リサガレはすでにジャーナリストとして有名であった。一七八一年のパリ・コミューンの後、多くのコミュナール（コミューン戦士）たちがイギリスへ亡命していた。マルクス家にはコミュナールたちが大勢やってきた。その中の一人がリサガレであった。ハンガリー人でパリ・コミューンに参加したレオ・フランケル（1844 − 96）が最初にエレナーを見初めたが、婚約したのはリサガレの方であった。

この婚約は最初から躓いた。マルクスの次女ラウラ（1845 − 1911）はフランス人ポール・ラファルグ（1842 − 1911）と結婚していたし、長女ジェニー（1844 − 83）もこの年の一〇月フランス人シャルル・ロンゲ（1839 − 1903）と結婚することになっていた。またしても娘が選んだのがフランス人。

マルクス夫妻はこの婚約に反対であった。何といってもフランス人、できればイギリス人が、そうでなくてもドイツ人がいい。さらにこの年齢差。親子ほどの違いもあるし、娘はまだ一七歳、子供である。そして生活苦。リサガレはロンドンで通信員として稼いではいるが、生活は貧しい。しかも次女の亭主ラファルグとは政治的に対立している。

マルクスは二人に今後両親の許可なく会わないことを約束させる。一八七三年春エレナーは父と一緒にロンドンの南の保養地ブライトンへ出かける。エレナーは父がロンドンに帰った後もそのままブライトンに残った。こうして彼女の一人暮らしが始まった。ブライトンでエレナーはミーゼス・ホールの非常勤講師となった。

ブライトンでの生活

リサガレはロンドンで『一八七一年のパリ・コミューンの歴史』を執筆していた。エレナーはそのための資料探しも手伝ったと思われる。もちろんエレナーはブライトンでも父のいいつけを守り、リサガレとの出会いを避けていた。

しかし、彼への気持ちは募る一方であった。手紙の中でその気持ちを書いている。

「お父さんにすこし聞きたいことがあります。でもまず怒らないと誓ってもらいたいのです。親愛なるモール（マルクス）、次はいつリサガレと会えるか知りたいのです。彼と会えないのはこんなに苦しいことです。我慢するように努力してきましたが、でも困難です。こんな情況はあまりながく続けることはできないと思っています。彼がここにくるのを許してくれることは期待してません。望んでもいません。でも時々彼と散歩をするぐらいはできませんか。ウーチン（ニコライ・イザーコヴィッチ、1840－83）や、フランケルと一緒ではだめですか。二人でいるからといって誰も驚かないと思います。だって二人とも婚約しているのですから」（Bidouze, Rene, *Lissagaray. la plume et l'epée, Paris,* 1991. 一一八頁、一八七四年三月二三日の手紙）。

しかし、実はリサガレはブライトンのエレナーのもとを訪ねていた。それはエレナーが病に臥した時であった。

「リサガレは私に会いにやってきました。そしてそのたびに、私は元気になり、幸せでした――ながいこと彼に会わなかったのです。打ち負けないように努力したのですが、不幸な気持ちは変わりません。でも楽しくなるよう努力はしました。でもこれ以上できません。モール、もし彼に会えれば、アンダーソン夫人（医師）の処方箋以上に元気になると思います。経験的にそれがわかるのです。――とにかく、愛するモール。今彼に会えないとすれば、いつ会えるのか教えてくれませんか。それは未来にすがりつくことになると思います。もしその期間が確かであれば、待つだけの力はもてます」（前掲書、一一八頁）。

二人の別れと悲劇の始まり

しかし、マルクスは二人の結婚を結局許すことはなかった。マルクスはなぜこれほど二人の結婚を拒否したのであろうか。先ほど述べた理由は別として、父マルクスの心を分析するとそこには複雑なものを感じる。リサガレの『一八七一年のパリ・コミューンの歴史』については非常に高い評価を与えているのである。しかもドイツ語訳の紹介まで行っている。マルクスがこれほど評価を与えるというのは珍しい。にもかかわらず義理の息子としてのリサガレを許すことはできなかったのだ。

エレナーはマルクスがもっとも可愛がった娘であったともいわれている。最愛の娘に対する父の嫉妬とも受け取れる。上の娘二人に対しては自ら教育をしなかったマルクスが、エレナーに関しては自ら手塩にかけた教育を施している。演劇の趣味まで似ている。二人の結婚を許さなかったことにより、エイヴェリングという風采のあがらない男が登場する。

一八八二年サン・ラザール駅で二人が会った数日前、マルクスはアルジェリアに向かってパリを発った。二人の出会いはマルクスを避けて行われたのである。当然この知らせは父のもとに届けられる。

エレナーは、この出会いの直前、姉のジェニーにこう書いていた。「長い間、婚約を解こうと努力しました。それを行うことはできませんでした。彼は私に対して誠実で、親切で、忍耐強かったのです。でもいまではすべては終わったといえます。この重荷があまりにも重くなったばかりでなく、ほかの理由があります（手紙ではそれは書けません。大変長いものとなるからです。会った時に話をします）。関係を終わらせるために勇気をもちました——できればリサガレと時々会って、ただ古い友人として付き合いたいと思っています。この問題で彼を非難することはなにもありません」（同、一二〇頁、一八八二年一月一五日の手紙d）。未練のある文章である。

リサガレはその後も独身を通した。それに対して父の死後エレナーは幸せとは思えないエイヴェリングとの同棲を始めた。一八九八年エレナーが自殺した三年後の冬、リサガレは喉頭炎を悪化させた。亡命中にいためた部分であったが、すでに悪化しており、手術も受けることができず、年が明けた一月二五日に亡くなった。リサガレはエレナーの死後三年しか生きなかったわけである。

リサガレという人物

リサガレの祖先はバスク地方の出身である。一八世紀にフランスに移住した祖先には、国民公会の議員になったものもいる。リサガレは、一八三八年一一月二四日薬剤師の息子としてジェール県のオシュで生まれた。彼の親戚にベルナール＝アドルフ・グラニエ・ド・カサニャックがいる。やがてリサガレはこの保守派のカサニャックとの決闘でその名を馳せる。

リサガレは一八六〇年頃パリに上った。彼はパリのオペラ座の近くで「平和通り講座」、いわゆる人民学校を組織した。そこには当時の急進的な作家たちが集まっていた。一八六八年、故郷ピレネーのジェール県に帰り、『未来』(*L'Avenir*) という民主派の新聞を編集し、そこで当時の議員である保守派のカサニャック批判の論陣を張る。

これに怒ったカサニャックは、リサガレに決闘を申し込む。一八六八年八月三〇日日曜日、二人の決闘は行われた。こうした決闘は当時別に珍しいわけではなかった。と同時に決闘によって、ジャーナリストは名を馳せることもできた。決闘の結果、リサガレは深い傷を負ったが一命はとりとめた。もっとも相手のカサニャックの方は無傷であった。

『未来』は何度も発行禁止処分になり、またリサガレ自身も逮捕、拘留された。その後リサガレはこの地方新聞を去り、パリに戻る。パリでは『レフォルム』の編集者となり、やがて普仏戦争が勃発する。一八七〇年九月四日フランスは敗北し、共和制が宣言された。

その共和国ではガンベッタ将軍のもと軍事委員となる。彼のマルクス家での綽名が「戦士」であったのは、まさに当然であった。各地を転戦した後、一八七一年パリに戻った。

パリ・コミューンが続く三月一八日からリサガレは『アクシオン』、そして『人民の演説家』(*Le Tribun du Peuple*) の編集を続けた。しかしこれらの新聞はいずれも数回しか発行できなかった。やがて新聞活動をやめ、銃を執り、戦う。

五月二一日サン＝クルー門から入ったヴェルサイユ軍は、一週間でパリ・コミューンを蹴散らし、七二日間続いたパリ・コミューンは終わった。リサガレはこう書いている。「五月の最後のバリケードはランポノー通りである。一五分の間たった一人のコミュナールがそこを守る。ヴェルサイユ軍の旗竿を三度も彼は奪う。彼の勇気のせいで、最後のコミューン兵士は逃走に成功した」。この最後の人物こそがリサガレだったといわれている。

敗北したコミュナール捜しは執拗をきわめた。リサガレは、ロッシーニ通りの娼家に密かに隠れていた。やがてベルギー脱出への時をうかがい、脱出に成功し、ロンドンへ亡命した。こうして、コミュナールに対する無罪放免が出る一八八〇年までロンドンでの生活が始まった。ロンドンでは『ラペル』などの通信員として生計の糧を得ていた。

　フランスに帰った後もリサガレはジャーナリストとしての仕事を続けた。代表作『一八七一年のパリ・コミューンの歴史』の初版は亡命中の一八七六年ブリュッセルで出版されたが、その後も加筆されていった。ラファルグとの関係は相変わらずうまくいかなかったが、『戦闘』（*La Bataille*）などの編集者として活躍した。彼には公爵夫人との結婚の話があったが、それも拒否した。そのため彼は「公爵」という綽名で呼ばれた。生涯独り身であった。

16　マルクスの「自殺論」と『ゲゼルシャフツ・シュピーゲル』▼

次女ラウラ・マルクスは自殺であったが、実は末娘のエレナーも自殺をしている。マルクス家は自殺に取りつかれた家庭である。自殺といえば、マルクスは一八四五年の暮に、フランス人のジャック・プシェ（1758－1830）の『パリ警察庁アルシーヴよりの記録▼』（一八三〇年）の中から「自殺とその原因について」を翻訳している。翻訳は、『ゲゼルシャフツ・シュピーゲル』（一八四六年、第二巻第七号）に掲載された。

マルクスのこの翻訳はほとんど忘れ去られたものであるが、旧メガの第一部第三巻に所収されている。一九九二年にフランスでマルクス／プシェ『自殺論』（*A propos du sucide*, Climat,1998）という小冊子が出版された。編集者兼翻訳者はフィリップ・プリネである。

そもそもマルクスが翻訳したプシェとは何者であったのか。また、なぜプシェの翻訳をマルクスはあえて行ったのか、このあたりを考えてみたい。

プシェとは誰か

ジャン・トゥラール（1933－　）の編集した『ナポレオン事典▼』にはジャック・プシェの項目がある。この項目とプリネの序文を使って、プシェの生涯を見てみることにする。

一七五八年生まれで一八三〇年に死す（マルクスは一七六〇年生まれとしている）。プシェは弁護士となり、『百科全書』（「宗教」と「形而上学」を執筆）、『商業事典』、『アンシクロペディー・メトディーク』の項目のいくつかを執筆する。やがてフランス革命に遭遇する。革命下で、パリ市警察長官となる。王党派だった彼は一七九二年に逮捕されたが、すぐに釈放され、再び警察に戻る。一七九七年王党派が追放されるまでその職務についた。

ナポレオンのブリュメールの一八日（一七九九年一一月九－一〇日）のクーデターによって再び官職に返り咲く。商業・技芸委員となり、五巻本の『商業地理事典』の編集に携わった。統計学のパイオニアとして、さまざまな統計事業に参加し、『フランス一般統計論』（一八〇二）などの書物をつぎつぎに著した。

ナポレオンの失脚後、ルイ一八世下において、警察アルシーヴに勤務し、一八二五年に引退後、『パリ警察庁アルシーヴよりの記録』を編集する。出版されるのは彼の死後になるが、マルクスが翻訳したものこそ、これであった。プシェは一八三六年七二歳で他界した。

『ゲゼルシャフツ・シュピーゲル』（一八四五年）

一九九二年に出版されたマルクスの『自殺論』という小冊子は、クリマ（Climats）という出版社から出たものである。そのエクリプス叢書第三巻がマルクスとプシェの『自殺について』である。第一巻はラファルグの『怠ける権利』、第二巻はキルケゴールである。マルクスの自殺論とはきわめて稀なテーマであり、どんなものかとつい読んでしまいたくなる書物である。

マルクスが翻訳し、寄稿した『ゲゼルシャフツ・シュピーゲル』という雑誌には、副題に「無所有の人民階級の代表と現代の社会的状況の解説のための機関」と銘打たれている。編集者はモーゼス・ヘスで、当時すでにマルクスやエンゲルスより年上の名の通ったジャーナリストであった。

この雑誌は、現代社会の貧困問題を知るために、具体的な資料データを紹介することを目的としていた。その ため掲載された論文の多くが具体的なデータ分析となっている。出版地はエルバーフェルトであり、この町は隣のバルメンと並んで綿工業の盛んな地域で、エンゲルスの出身地でもある。論文の多くには執筆者名はないが、ヴェールト、エンゲルスなどは実名で書いている。

マルクスの翻訳は実名であった。最初にマルクスの序文があるが、本文と序文の境目はなく、「さあ自殺について、パリ警察庁の資料官の声を聞いてみよう」という言葉の後から翻訳が始まっている。

マルクスの序文

マルクスは、フランスの社会批判が、ある種の高い質を持っていることを評価する。その質と社会批判がたんにある階級のための分析にとどまらず、社会全般の問題の分析につながっているという点である。オーウェンとフーリエを比べるとその差は歴然であるとマルクスは言う。

マルクスはここでその優れた分析のひとつとしてプシェの報告書を示す。もちろん、プシェは博愛主義者であり、当時のフランス社会を最高だと考え、労働者にはわずかなパンと教育を与えればいいと考えている博愛主義者であると、マルクスは考えているのだが。

マルクスはプシェの履歴を長々と述べた後、この書物はブルジョワ的視点から見た欠点があるが、その内容をとりあえず聞いて、その分析の確かさを見てみようと述べる。

マルクスがこうした慈善的ブルジョワの自殺論を翻訳した意図は何なのであろうか。それは批判としては十分ではなくても、内容的には何かを残しうるものと判断したからである。貧困と自殺に相関関係があれば、貧困がなくなれば自殺はなくなる。しかし現実はそうではない、むしろ自殺が増える場合がある。来るべき未来をにらみながら、マルクスは根本的な問題は貧困ではなく、微細な社会的関係だと考えたのである。

プシェの自殺論

プシェは年間自殺者数を、近代社会の悪の兆候として考えるべきだと述べる。その理由は、貧困と厳しい冬、産業の衰退と破産が増える時、その兆候ほどはっきりするものはないからである。売春と泥棒も同じ割合で増えていく。

原則的に、自殺のもっとも大きな理由は、貧困にある。しかし、自殺は豊かな階級にもあるし、政治家にもある。その理由を見なければならないとプシェは主張する。

現代科学が十分説明しきれていない部分に、家族関係のもつれ、失恋、単純な生活への不満がある。それらが豊かな人々をも自殺に追いやるのだとプシェは考える。むしろここでは豊かな階層の自殺を問題にするのである。

スタール夫人▼（1766－1817）が、自殺は反自然的行為であると主張するのを批判し、自殺は反自然的でなく、自然の行為そのものであると述べ、「多くの自殺をはらんでいる社会こそ、むしろわが社会の自然な体質である」（同、三五頁）と主張する。まさにこの点に社会改革の問題点が隠されている。

問題は幸福か不幸かを感じる感情の問題であり、それは物質的な問題と必ずしも一致していないのだとプシェは述べる。そしてプシェは「人間は人間にとっての神秘であり、人間をとがめることはできるが、人間を知ることはできない」（同、三七頁）と展開する。人間を自殺に追い込むのは、ひどい虐待であり、不正であり、秘めたる苦痛である。具体的人物像としては厳格な両親であったり、怒った、脅迫的な上司であったりする。

こうした全般的分析をした後で具体的な事例をあげていく。まずは結婚直前に自殺した女性の例。この女性はある良縁に恵まれ、結納を交わす。花婿の家で両家水入らずの食事をしたが、問題はここから始まった。花嫁の両親は仕事のため途中で帰らざるをえなくなったのだが、花嫁はそのまま花婿の家に泊まったのである。花嫁の父は娘の朝帰りを厳しくしかりつけた。そして彼女は入水自殺をしてしまったのである。これは厳しい両親を恨んでの自殺であった。

そして次は兄嫁に恋をした弟の物語。マルチニック出身の何不自由ない青年の禁じられた恋、それが兄夫婦の関係を傷つけ、兄嫁は自殺に追い込まれる。兄弟間の不倫である。次の例も、結婚前に相思相愛と思って結婚しながら、夫の暴力と不倫に嘆いた妻の自殺の物語である。この二つは、厳しい社会関係の中で自殺に追い込まれたパターンといえる。

最後の例は、伯父の家に暮らす若い女性が身ごもり、そのために自殺するという物語である。これは世間体を慮っての自殺である。

ここにあげられた例はいずれも貧困からの自殺ではない。むしろ精神的な苦痛からの自殺である。プシェは最後に統計データをあげているが、一八二〇年のパリおよびその近郊の自殺者三二五人の内訳を見ると、男性の方が多く、その理由を見ると精神的な苦痛が一番多い。貧困は三番目である。自殺の種類は川への入水自殺が三分の一を占めている。この統計的事実はその前後ともあまり変わっていない。現在日本の自殺者数は年間三万人を超えるといわれるが（もっとも最近総計データの基礎概念を変更して少なくなったように見せているが）、フランスの自殺者はそれから見ると多分一〇分の一程度だったのであろう（フランスの人口をパリの一〇倍と考えた場合）。

なぜマルクスはプシェを翻訳したのか

それにしてもおかしいのは、マルクスが貧困から自殺が起こるという説ではなく、自殺は精神的な問題から起こるという議論を翻訳していることである。これはむしろ逆説的な批判と取るべきだろうか。つまりプシェのようなブルジョワ的議論がいかに無味乾燥なのかという批判として受け取るべきなのだろうか。

しかしそう考えれば、フランス人の分析能力を高く評価したマルクスの意図は失われてしまう。とすれば、やはりこう考えねばなるまい。自殺が社会を映す鏡であるとしたら、豊かさだけで人間関係が貧しい社会に未来はない。とすれば貧困を克服しても自殺はなくならず、それだけでは社会はよくならない。人間社会を変革するとすれば、それは人間社会の社会関係を作っている構造を変革しなければならないということになる。マルクスが自殺論の翻訳で言いたかったのはそのことかもしれない。

しかしそれはそれとしてマルクスの娘二人の自殺は、厳格な父親、父親の名声に押しつぶされた娘の自殺となるのでなかろうか。

プシェ的に考えればどんな理由になるのだろうか。多分

17　ドイツ人社会の発行した新聞について

『ニューヨーク・デイリー・トリビューン』

二〇〇一年一月末に一週間、私はロンドンにいた。目的は、マルクスが論説記事を書いていた『ニューヨーク・デイリー・トリビューン』を見るためであった。この新聞はロンドンの北の果てにあるコリンデールの大英図書館新聞部に所蔵されている。

この新聞は六頁から一二頁の新聞で、定価二セント、(日曜日を除く) 毎日発行されていた。マルクスはこの新聞にほぼ毎週二回、ロンドン通信員という肩書きで記事を送っていた。新聞の特徴は、基本的には総合新聞というよりは、情報新聞であるということである。一面から掲載されているのは、当時の普通のヨーロッパの総合新聞と違って娯楽情報、探し物などの広告であり、ここで広告料を前半で稼いで、そのお金で後半に真面目な記事を掲載していた。したがって、マルクスは社説に近いものを書いたことになっているが、こうした記事はこの新聞では四頁くらい頁をめくらないと出てこないのである。マルクスが真剣に書いた記事より前に、娯楽や落とし物の一覧広告が掲載されているというのは、この新聞が地域のミニコミ紙に近かったからともいえるが、内容は悪くはないし、リヴァプールを通じてイギリスにも入ってくるほどの新聞であった。

さてこのコリンデールの新聞部のホームページには、最近ロンドンのドイツ人新聞の所蔵状況についてのリストが掲載されていた。むしろ私はこちらの方に興味をもった。

ロンドンのドイツ人向け新聞

ロンドンには多くのドイツ人が住んでいた。そうした彼らのためにドイツ語で書かれたドイツ人向けの新聞がかなり発行されていた。ただ多くが商品市況を伝える新聞であり、総合新聞というわけにはいかない。しかし、その中でも一八五八－五九年には一時にいくつかの新聞が発行されるのである。たとえば『ゲルマニア』(一八五九年四－五月)、『ヘルマン』(一八五九年一月－六九年一二月)、『ロンドナー・ドイッチェ・ツァイトゥンク』(一八五八年六月―五九年三月)、『ディ・ノイエ・ツァイ▼ト』(一八五八年七月―五九年四月)、『ダス・フォルク』(一八五九年五月―八月)である。いくらロンドンにドイツ人が多いといってもその数一〇万人以下であり、これらが商売上うまくいくものであったか不明である。

ただいずれの新聞も長く続いていないところを見ると、購読者が少なかったことがわかる。▼唯一長く続いたのが、キンケルの編集していた『ヘルマン』である。このマイクロ・フィルムは神奈川大学の図書館にも入っているので、これはさほど珍しいものではない。興味深いのは、一八五八―五九年に新聞の発刊が集中していることだけではなく、マルクス自身この時『ダス・フォルク』に深く関係していたことである。確かに一八五五年に新聞価格を上げていた印紙税制度が廃止され、新聞が急増するのはわかる。

また、一八六〇年代にビスマルクが一八四八年革命に参加した政治犯の恩赦をはじめたので、ロンドンにいたドイツ人がどんどん本国へ帰っていった。その後ドイツ人新聞が減少したのもわかる。

しかし、なぜこの一八五八―五九年に集中しているのであろうか。またなぜマルクスもこの時期に『ダス・フォルク』に深く関わったのであろうか。『ダス・フォルク』は『ディ・ノイエ・ツァイト』▼(エトガー・バウアーも関係していた)の後継紙で、ドイツ労働者協会の機関誌でもあった。ロンドンのホテル・ゲルマニアで行われた会議の伝えるところでは、民主社会を基礎にした、イギリスにいるドイツ人労働者の利益と視点のために書かれる週刊新聞である。編集者はビスカンプであった。

マルクスがこの新聞に興味をもったのは、キンケルの『ヘルマン』の出現であったと思われる。マルクスがキンケルに批判的であったのは、心情だけでなく、キンケルがフライリヒラートやブリントとともに一〇月に行われることになっていたシラー一〇〇年祭を取り仕切っていたからであろう。しかも、マルクスはボナパルトに買収されていたフォークトを批判するためにも、この新聞を利用する必要があった。そもそも、フォークトのマルクス批判は、この『ダス・フォルク』のビスカンプの記事に端を発することになる。言うまでもなく、こうしてマルクスは『フォークト氏』(一八六〇年)という著作を書くのである。

ドイツ人新聞に見るロンドンのドイツ人社会

ロンドンのドイツ人新聞から当時のドイツ人社会の様子がわかる。

ドイツ人新聞の発行場所はレスタースクエアの周りに集中しているが、それはこの地区、つまり現在ロンドンの中心街であるソーホーが当時ドイツ人社会の中心であったからである。マルクスが一八五六年まで住んでいたのもこの地区であった。

新聞の最後に掲載されているドイツ人のための広告を見ると、よりはっきりとドイツ人社会の空間的配置がわかる。『ダス・フォルク』の会議の開かれていたゲルマニアはドイツ料理店で、レスタースクエアから東に延びるロング・エーカー通り（第一インターナショナルの開かれたセント・マーチンズ・ホールもここにあった）にあり、『ダス・フォルク』の発行場所、すなわち印刷屋ホーリンガーのリッチフィールドもレスタースクエアのすぐそばであった。ゲルマニアの宣伝にはこう書いてある。「素晴らしい料理と飲み物。ドイツ語、フランス語、英語の新聞。西地区でビリヤードができる最高の場所。純粋保存のラインのワイン、八種類のバイエルンのビールがいつも用意されています」。

ソーホーのレスタースクエアの地域といえば、現在では中華料理かイタリア料理が一大勢力であるが、一九世紀後半はドイツ人勢力の時代であった。この界隈にはドイツ菓子を売るヴァイス、子ども服を売るマダム・ジョーンズ、煙草屋のガルテス、労働者協会（マックルズフィールド。かつてエンゲルスも一時期この通りにいた）、傘修理のジョージ・ボプルズ、ホテル・ビブラス、ホテル・ナショナル等々ひしめき合っていた。

さて、一八六二年発行のドイツ人向け『ブルックマンの旅行ガイドブック』▼を見て少しチェックしてみよう。ホテルに関してはビブラスだけが紹介されている。また医者に関する広告ではシュルントが『ダス・フォルク』に掲載されているが、ガイドブックにもその名前が紹介されている。

もちろんドイツ人町は他にもあった。ドイツ人庶民の居住区といえば、東のホワイトチャペル、ハクニーあたりであった。ホワイトチャペルの肉屋、ペーター・ニクスやビショップスゲートのドイツ人薬局などの宣伝は彼ら向けであろう。また、ソーホーの北のホルボーンにもドイツ人街があった。「ドイツ人合唱協会」は、ホルボーンのブルー・ボア・ホテルで開催されていた。

また興味深いこととして一八六〇年頃、ドイツとイギリスの間の交通状況がある。当時の新聞にはたいてい、汽車の時刻表、船の時刻表があった。ロンドンからアントワープまで毎週火曜と木曜の一二時、ハンブルク行きは月曜、木曜の夜（一等二ポンド、二等一・五ポンド）、オーステンデ行きは毎日出港していた。

これを先の『ブルックマンの旅行ガイドブック』を見て照らしあわせてみよう。

ハンブルクとロンドンの間には二社が週二、三回運航している。火曜、木曜の夜に出ていて、料金は同じである。オーステンデの場合、ドーヴァーとは毎日であるが、ロンドンから直接の場合は水曜日と土曜日だけになっている。

アントワープの場合は水曜一回だけとなっている。数年のうちに大きな様変わりをしている。

広告の中で少し変わったものもある。カール・シャパーの翻訳業の広告である。こう書いてある。「ベドフォード・スクエア。パーリー通り五番へ再び引っ越し。ドイツ語、英語、フランス語、ラテン語での講義、翻訳それ以外の文筆安く手早く処理」。シャパーは共産主義者同盟のかつての議長であり、一八五〇年代初めには政治的にシャパーはマルクスと別れていた。しかし、マルクスの息のかかった新聞に広告を掲載していることを見ても、この頃マルクスとの関係が修復されたことがわかる。一八五八年七月にはマルクスはシャパーから四ポンドも借りていた。

グラフトン・テラスのマルクス

今回調査したコリンデールの図書館は、地下鉄ノーザンライン上にあった。そのため、今回ハムステッドのベルサイズパークのホテルに泊まった。このあたりはマルクスが一八五六年から亡くなるまで住んだ地域で、ケンティッシュタウン、ハーヴァーストックヒルといわれた所である。

実は、一九七六年七月私はこのあたりのマルクスの住居を調査したことがある。折角なので二五年ぶりにマルクスの住居を訪ねてみた。町並みはその時とまったく変わっていなかった。驚いたのはその時すでにかなり老朽化していたグラフトン・テラスのマルクスの四六番の家がむしろ綺麗になっていたことである。

この家にマルクスが住んだのは、一八五六年一〇月から六四年四月までである。『ダス・フォルク』の協力を求めてビスカンプが訪ねてきたのは、まさにこの家であった。西欧の家並みが変わらないのは普通であるが、二五年前と比べてみてそのことが実感できたのは幸いであった。

いやむしろ、それ以上にまだマルクスを追っかけている自分のしつこさの方に呆れた。

今回はグラフトン・テラスの近辺のことも気になっていた。エンゲルスが住んでいたリージェンツ・パーク・ロードとの関係である。一八七〇年エンゲルスは、リージェンツ・パーク・ロード一二二番に住む。エンゲルスは毎日のようにマルクス家を訪れたといわれている。当然マルクスはグラフトン・テラスではなく、すぐ近くのメイトランドパーク・ロードに住んでいた。エンゲルスは歩いてどれくらいかかったかということに興味があったのである。

そんなことは地図を見れば検討はつくのだが、とにかく歩いて確かめたい。地図で見る限り、二人の住居はきわめて近いのだが、その間にユーストン駅からマンチェスターへと続く鉄道がある。そこを越すには一本しか高架橋がない。その高架橋を通らなければ、プリムローズ・ヒルのトンネルの上を越すか、カムデンの町を経由するしかない。これでは一時間近くかかる。とても近くとは言えなくなる。

実際にエンゲルスの家まで二つのコースを通って歩いてみた。確かにカムデン経由だと一時間はかかった。高架橋だと二〇分たらずで行けた。一二二番の家にはエンゲルスがここに住んだというプレートが付けてあり、プリムローズ・ヒル公園を望む絶好の場所にある。それではこの高架橋は当時もあったのか。高架橋はかなり古いものであり、当時のものであるように見えた。そこで一八五〇年代のケンティッシュタウンの地図を見ることにした。これは、イヴォンヌ・カップの『エレナー・マルクス』▼の本の両扉の所に掲載されている。これをみると確かに、高架橋が当時もあったことがわかる。やはり、エンゲルスはマルクス家のすぐ近くに住居を探したのである。

晩年一八九四年エンゲルスはこのリージェンツ・パーク・ロードの四一番に引っ越している。ここは一二二番から一〇分くらい離れている。もはやマルクス家と何の関係もなくなっていたので、より綺麗な建物に引っ越したのであろう。かなり高い家賃を払ったのではないだろうか。

家賃が高いといえば、マルクスがロンドンに来て最初に住んだチェルシーのアンダーソン通り四番の年七二ポンドの家である。ここは地下鉄のスローンスクエアを降りて、一〇分ばかり歩いたところにある。繁華街キングスロードをちょっと入った高級住宅である。キングスロードは有名ブランドの店がいくつも並んでいるナイツ・ブリッジと双璧の東京の原宿のような町である。何でマルクスはこんなところに住んだのかわからないが、当然そこから追い出されることになった。

18　マルクスのインド論

マルクスとオリエンタリズム

インドとマルクスの関係も興味深いものがある。学位論文『デモクリトスとエピクロスの自然哲学の差異』をベルリン大学で執筆していた頃、マルクスはヘーゲルの『歴史哲学』を勉強した。この歴史哲学こそマルクスの歴史観の基礎を作るものであったともいえる。西欧文明優位のオリエンタリズムは、若いマルクスの思想に埋め込められた原像となる。

その原像は、すぐにはオリエンタリズムとして花開くことはなかった。もちろん、『ドイツ・イデオロギー』、『共産党宣言』の中で歴史の進歩について語るとき、つねに西欧、とりわけイギリスを中心とした歴史が念頭に置かれることになる。しかし、それだけではアジアの歴史に対する彼の眼差しを知ることはできない。

しかし、情況を一変するのが、一八四八年のウィーン三月革命の崩壊であった。マルクスはクロアチア人イエラチッチの裏切りに対し、歴史なき民族という激しい言葉を浴びせかける。もちろん、これほどひどい言葉を浴びせたのはむしろエンゲルスの方であったが、だがこの反革命への激しい怒りに二人の相違がなかったことを思えば、基本的には同じ考えであったといってもよい。

歴史なき民族とは、歴史がないということではない。歴史がつねに自律した歴史ではなく、他律の歴史である民族、つねに外国の支配を受けてきた民族の意味である。ロシアとオスマントルコに挟まれた東欧の多くは歴史なき民族ということになる。西欧から見た東欧の多くは歴史なき民族であると同時に、その野蛮を文明化されなければならない西欧の後背地でもある。ロシアとトルコという野蛮な民族による支配のくびきを解き放ち、真に文明が与えられる必要がある。そのためには、東欧の西欧化が急務である。一八四八年革命の崩壊は、マルクスとエンゲルスに歴史の普遍法則という概念を押しつけていく。

東欧を通じて理解された二人のオリエンタリズム論は、一八五〇年にロシア、トルコ、インド、中国へと応用されていく。西欧の民主主義、それをつくりあげた私的所有制度、その前梯となる西欧的封建制は、人類の発展史としてたんに西欧的なものにとどまらず、人類の希望的歴史の一つとなる。原始共産制、古代奴隷制、封建制、資本主義は、民主主義を守るべき砦となり、その民主主義を守るために、西欧以外でもその普及を必要とする。その意味では私的所有を発展させた西欧的封建制という概念がもっとも重要な位置を占めるといってもよい。そのの封建制がないアジアでは、資本の文明化作用の役割はまずこのアジア的生産様式の破壊と、封建制の基盤たる私的所有の実現にある。西欧の民主革命を東欧の反動がぶち壊したことに怒ったマルクスとエンゲルスが構築した理論は、資本の文明化作用であった。その作用を受ける国から見ると資本の文明化作用は残酷な試練になるとしても、人類史的観点から見れば必ず進歩となるという発想はいささか危険な思想であった。もちろん、マルクスがひたすらこれを追い求めたというのは必ずしも当たらない。また西欧的発展の正しさを確信していたというのも必ずしも当たらない。一八四八年革命という歴史の曲がり角で、マルクスやエンゲルスの怒りがつくりあげた一つのモデルにすぎなかったとも言えるからである。そのモデルをいつまでも頑なに信奉していたわけではない。一八七〇年代に書き残されたアジア的生産様式、ロシア的生産様式についてのマルクスの研究ノートを見る限り、かなり思考の振れがあったと思わざるをえない。

しかし、一八四八年革命の余韻が、一八五〇年代に世界史の法則といった概念としてマルクスの筆を規制していることも確かである。これが応用された範囲は何もアジアだけにとどまってはいない。アメリカとスイスもそうである。この両国の情況に対するマルクスとエンゲルスの批判もすさまじい。そこに展開されているのは、アジア的停滞ではないが、資本の文明化作用に抵抗する勢力との格闘であった。

一八五三年六月二日の書簡とベルニエ

一八五三年六月二日マルクスはエンゲルスに手紙を書く。そこで、マルクスはベルニエの『ムガル帝国誌』について語る。この本は、岩波文庫としてすでに翻訳が出されたが、その（一）の三章「インドの国情」の議論がこの書簡の中心となっている。マルクスはベルニエの書物を高く評価する。「オリエントの都市形成については、老フランソワ・ベルニエ（九年間アウラングゼーブ帝の医者）の『ムガル帝国誌』よりすばらしいもの、より鮮明なもの、より明確なものを読むことはできない」（『マルクス＝エンゲルス全集』第二八巻、二〇九頁）。

ベルニエ（1620 － 88）は、一七世紀の人物である。若いうちは哲学者ガッサンディ（1592 － 1655）の弟子として仕えた。ガッサンディはデカルトの向こうを張った哲学者である。経験主義の哲学者ガッサンディといえば、死せるエピクロスを一七世紀に復活させた人物でもある。マルクスは学位論文を執筆する時、彼の書物を使ってエピクロスに迫っている。そのガッサンディの弟子であったベルニエは、一六七八年浩瀚な書物『ガッサンディ氏の哲学の概要』（全八巻）を上梓している。マルクスが学位論文執筆中ベルニエを読んだかどうかはわからない。しかし、ベルニエの書物はフランス語で書かれており、エピクロスの再評価を促した点では、ラテン語で書かれたガッサンディの書物よりも影響力は大であったといえる。

ベルニエは、ガッサンディの死後一六六六年、一三年にわたるオリエントの旅に出かける。すでに三五歳であった。パレスチナ、エジプト訪問の後、ナイルを上ってエチオピアへ至る予定であったが、政情不安を知ったベルニエは目的地をインドへ変える。当時のインドはムガル朝で、皇帝アウラングゼーブ（在位一六五八－一七〇七年）の時代であった。モンペリエで医学博士の学位を得ていたベルニエは皇帝の侍医となる。一三年の滞在の後帰国するが、ベルニエは早速一六七〇年『ムガル帝国で最近起こった大政変の話』、一六七一年に『ムガル帝国についてのベルニエ氏の覚え書き』を出版した。

このベルニエの二巻の書物が、マルクスが読んだ『ムガル帝国誌』である。一六七一年には英訳、その後オランダで海賊版が出るほどよく読まれた書物であった。英訳では『ベルニエの旅行記』、一六九九年には仏語でも『フランソワ・ベルニエの旅行記』と名称が変更されて出版される。

その後その名称が一般化する。マルクスが読んだのは一八三〇年の版であった。アダム・スミス、モンテスキューなど一八世紀の知識人もこの書物を読んでいる。

マルクスがとりわけ関心を持ったのは、ベルニエがインドの国土、産業、軍備、統治について詳しく述べている部分である。マルクスは、第一分冊（岩波文庫版［一］二八八－九九頁）、第二分冊（岩波大航海時代叢書の三四四－五頁）から二カ所かなり長い引用を行っている。

ところがこの引用は軍隊の事だけであり、突然結論として、「ベルニエは、正当に、オリエントのすべての現象についての基礎形態を――彼はトルコ、ペルシア、ヒンドゥスターンについて語っている――土地の私有が存在しない、ということのうちに見いだしている」（同、第二八巻、二一〇頁）という重要な結論が導き出される。

この結論はマルクスのインド論の骨格をなすものであるが、これはベルニエの書物の第一部の第三章の後半に書かれてある。マルクスの結論の部分をあえて探せば、「トルコ、ペルシア、ヒンドゥスターンという三つの国家は、土地資産と所有権に関して、揃いも揃って、私のものやお前のものを無くしてしまいましたが、これこそは世の中でありとあらゆる美しいもの、よいものの基なので、三国はお互いよく似た状態になるほかありません」（岩波文庫［二］三〇六－七頁）という表現になろう。要するに、この内容は土地が私有化されることによって個人農の上昇志向が刺激され、国家は繁栄するというものである。

一九世紀に始まる、功利主義者たちのインド政策に反映する土地の私有化政策は、まさにベルニエの解釈を都合よく利用している。実際には、土地の私有化政策と共同体の破壊は、個人農の独立確保ではなく、東インド会社の収益を増大させるための手段として利用されたのである。

エンゲルスもこれに応えて、六月六日こう書いている。「土地所有が存在しないということは、実際オリエント全体への鍵である。政治史でも宗教史でも眼目はそこにある。だが、オリエントの人々が土地所有に、封建的なそれにさえ、関わりを持たないのは、いったいどうしてであろうか。思うに、それは主として地勢と結びついている気候のせいだ。とくにサハラからアラビア、ペルシア、インド、タタールを横切って最高のアジア高地まで連なる大砂漠地帯と結びついている気候のせいだ。人工灌漑はここでは農耕の第一条件である。そしてそれは共同体か地方政府かの仕事である。オリエント政府にはいつでも三つの部門しかなかった。すなわち、財政（国内の略奪）、戦争（国内および外国の収奪）、公共事業すなわち再生産のための配慮、という三つがそれである」（同、第二八巻、二二四頁）。

風土が歴史に与える影響というテーマは、まさにベルニエのテーマでもあった。ベルニエの本は、一八世紀のモンテスキューに影響を与え、環境決定論の例となる。マルクスはアジアに関しては、こうした環境決定論の影響を大きく受けている。ヴィットフォーゲル▼（1896－1988）が『東洋的専制』（一九五七年）で展開した灌漑の問題は、すでにエンゲルスのこの書簡に現れているとも言える。

マルクスのインド論

マルクスは、この書簡の後六月二五日有名な論文「イギリスにおけるインド支配」を『ニューヨーク・デイリー・トリビューン』に掲載する。そこでは、エンゲルスの文章がほぼそのまま引用される。「アジアでは、一般に、太古以来、三つの政府部門しかなかった。財務省すなわち国内略奪者、軍事省すなわち国外略奪者、最後に公共事業者である。天候と地形上の条件、とくにサハラからアラビア、ペルシア、インド、タタールを経て、アジア最高の高原にまで拡がっている広大な砂漠地帯のために、運河と用水とによる人工灌漑が、東洋農業の基礎となった」(『マルクス＝エンゲルス全集』第九巻、一二三頁)。この引用は、先のエンゲルスの手紙の文章と全く同じである。

アジアの地形と気候が、こうした専制を生み出す原因になっていることについてマルクスとエンゲルスに意見の相違はない。さらにこうした専制支配の温床となっているのが共同体である。しかし、一八五〇年代すでにこうした共同体は崩壊しつつあった。イギリスによる綿工業の徹底した破壊が、共同体の自給自足経済を担ってきた家内工業の崩壊を作り出し、共同体の存続は危機に瀕していた。

『ニューヨーク・デイリー・トリビューン』の記事の論点は、イギリス資本主義の影響から逃げ得る余地があるかどうかという点である。それはいわゆるアジア的土地所有形態の存続は、可能かどうかということでもある。マルクスは、東洋的専制支配の温床になってきた村落共同体の崩壊を、イギリスの資本主義がもたらす資本の文明化作用として積極的に肯定する。それはこれまでのインドの歴史を根底から突き崩すためでもある。

これまでのインドの歴史は、支配者がたとえどう代わろうとも、人工的灌漑の支配者の交代にしかすぎなかった。人工的灌漑を治める者が専制支配者になる以上、専制支配の前提となる共同体はそのまま維持される。共同体が維持されることによって、人々の従属と経済の停滞は並行的に続く。支配者がどんなに代わろうともつねに停滞している。アジア的停滞とはまさにそれであった。

そうした支配構造を破壊したのが、イギリス資本主義であった。共同体の破壊によって私的所有が発展することとは、アジア的生産様式が根本から破壊されることを意味する。当時のマルクスにとって、資本による過去の生産様式の遺制が破壊されるかどうかというテーマこそ関心のテーマであったのである。

先の論文でマルクスはこう述べる。「われわれは過去の牧歌的な村落共同体がたとえ無害に見えようとも、それがつねに東洋的専制政治の強固な基礎となってきたこと、またそれが人間精神を迷信の無抵抗な道具にし、伝統的規則の奴隷とし、人間精神からすべて雄大さと歴史的精力を奪ったことを、忘れてはならない。――問題はアジアの社会状態の根本的な革命なしにそれができるのかどうかということである。できないとすれば、イギリスが犯した罪がどんなものであるにせよ、イギリスはこの革命をもたらすことによって、無意識に歴史の道具の役割を果たしたのである」(第二八巻、一三二―一三三頁)。

ひところならば、これらの引用は遅れた社会を近代化するための非常に意味ある言葉として評価されたであろう。しかし、サイードは『オリエンタリズム』でまさにこのマルクスの言葉を引用し、遅れた民族が耐える苦しみに同情する姿と、貫通する歴史法則に対して抱く確信との奇妙なアンビバレントを指摘し、結局歴史法則が貫徹することによって西欧的オリエンタリズムの思想、すなわち遅れたアジアを野蛮から文明へ誘うという思想がマルクスの中で勝利することを批判している(『オリエンタリズム』上、平凡社ライブラリー、三五一頁)。

サイード的に読む時、マルクスのこの言葉はむごいものとなる。一五〇〇年が経った今現在の状況から見ると、資本が推し進めた文明化作用とは、たんに資本主義の中心国が遅れた国々に資源基地としての最低の役割を与えるための手段にすぎなかったのではないかという懸念がわき起こってくる。サイード的なオリエンタリズムへの批判は、今のアフガニスタン問題を見ても間違ってはいない。

バスティアとケアリ

マルクスの論点を、イギリスとインドという側面からのみ見れば、マルクスはオリエンタリストであるという批判は的外れではない。しかし、当時の文脈で言えば、マルクスのインド論はたんにイギリスのインド政策をコメントしただけに留まってはいない。イギリスのインド政策におけるいわば功利主義的側面をマルクスは、資本の文明化作用という視点で支持しているように見えるが、資本の文明化作用はインドに留まらずアメリカにも応用されているのである。

ちょうど同じ頃執筆していく、『経済学批判要綱』という未完の草稿がある。その草稿の中に「バスティアとケアリ」という断片がある。非常に短いものであるが、ここでケアリが扱われていることは注目すべきである。

マルクスは六月一四日のエンゲルス宛の手紙の中で、アメリカのケアリが最近『国内および国外の奴隷貿易』という新著を彼に送ってきたことを書いている。送ってきた理由は、ケアリが『ニューヨーク・デイリー・トリビューン』の編集者デナーの友人であったからである。しかもデナーはその新聞で盛んにケアリの書物を推奨していた。

マルクスは、ケアリの思想およびそれを褒めそやす『ニューヨーク・デイリー・トリビューン』の思想をエンゲルスとともに批判していた。この新聞は、ホーレス・グリーリーが一八四一年に創刊した新聞であるが、論調はアメリカの保護主義に近かった。ケアリ（1793 − 1879）の保護関税は、アメリカがイギリスの資本主義の影響からわが身を守るために取られうる最良の政策というものであった。マルクスはこうした政策をシスモンディ（1773 − 1842）のようなロマン主義的復古主義政策と考えていた。『ニューヨーク・デイリー・トリビューン』はこうした論調を支持する、保守主義的ブルジョアの新聞でもあった。

マルクスとエンゲルスの二人はこの論調を批判するために、エンゲルスは「スイス――同共和国の政治情勢」、マルクスは「イギリスのインド支配」によって、密かな抵抗を行う。エンゲルスは、この論文で遅れたスイスが勝手な時にスイスの孤立と自由を主張することの奇妙さを批判している。孤立することによって絶対主義国家を維持し、民主主義を否定する保護主義国をどうするべきか。これは世界の動きから孤立する国への批判と同時に資本の文明化作用から逃れようとすることへの無意味さへの批判でもある。マルクスの「イギリスのインド支配」もその点では同じである。歴史の必然性の闘いに抵抗することは可能か、それは不可能である。たとえインドやスイスの国民が悲惨な状況に陥ろうともそれは歴史の必然なのである。マルクスとエンゲルスの意図は、スイスとインドというカモフラージュを使ってアメリカの保護主義批判へ向かう。

アメリカの保護関税を盛んに主張するケアリは、自由貿易の論客バスティア（1801 − 50）の対極にいる。もちろん、マルクスはバスティアに対しても厳しく批判するのだが、ケアリへの批判は、歴史の法則としての資本の論理へ抵抗することが不可能であるという批判である。マルクスとエンゲルスの批判は、もちろんケアリ批判がすべてではない。ケアリを支持するニューヨークの有力新聞『ニューヨーク・デイリー・トリビューン』の論調を彼らの方に手繰り寄せること、そしてその新聞を自らの闘争の道具にするという政治的戦略が彼らにはあった。張することで、アメリカ、スイス、インド、そして中国も、普遍法則に包括できるものではないかという確信と野心がマルクスにあったからである。

「バスティアとケアリ」という論文、さらには『経済学批判要綱』は、つねにこの問題が中心となってくるが、その理由は資本制生産システムのもつ世界史的意義を主

19　編集者チャールズ・デナとマルクス

はじめに

エンゲルスからの送金を除いたマルクスの唯一の収入源は、『ニューヨーク・デイリー・トリビューン』（以下『トリビューン』と略）から得られる原稿料であった。マルクスと『トリビューン』との関係は、編集長であったチャールズ・デナ（1819－97）が、一八四九年ケルンの『新ライン新聞』にマルクスを訪ねたことに始まる。では、なぜニューヨークに住むデナがわざわざマルクスを訪ねたのであろうか。デナについてはあまり知られていない。また『トリビューン』の経営者グリーリーについてもほとんど知られていない。

デナとは誰か

チャールズ・デナは一八一九年八月八日ニュー・ハンプシャーのヒンスデールに生まれた。商人だった父親の生活は楽でなく、しかも幼い頃母を失い、デナの家族は離散する。九歳の時、チャールズは叔父に預けられた。

しかし、親戚の経済的支援にも支えられ一八三九年にハーヴァード大学に入学する。しかし、結局資金不足で卒業することはなかった。

やがてチャールズは、社会改革を提唱していたブルックファームというフーリエ主義者の農場に入った。デナはそこでギリシア語とドイツ語を教える教師となる。またそこの新聞『ハービンガー』の編集者にもなる。あるとき、『トリビューン』を経営するホーレス・グリーリー（1811－72）がこの農場を訪れる。それが機会となって二人は親交を結び、デナは一八四七年の二月に『トリビューン』の編集者となる。ちなみに彼の週給は一〇ドルであった。

グリーリーとは誰か

ニューヨークのマンハッタンを貫く大通りブロードウェイにはグリーリー・スクエアという小さな広場がある。タイムズ・スクエアにほど近いところで、あのエンパイア・ステイト・ビルディングのすぐ脇である。そこにグリーリーの銅像がある。グリーリーの像はマンハッタンだけでも他に二カ所もある。彼はそれほどのニューヨークの著名人である。

ロウアー・マンハッタンのシティー・ホールにもグリーリーの像がある、それは当然である。なぜなら、そのシティー・ホールの前こそ、かつて『ニューヨーク・デイリー・トリビューン』、『ニューヨーク・タイムズ』、『ニューヨーク・ワールド』、『ニューヨーク・サン』といった新聞社がひしめき合っていたパーク・ロードだからだ。

グリーリーも一八一一年二月三日ニューハンプシャーに生まれた。農民出身であったが、植字工となり、一八三一年にニューヨークにやってくる。彼の創刊した週刊『ニューヨーカー』はよく売れたが、一八三七年恐慌の際に破産する。しかし、ニューヨーク州のホイッグ党の有力者ウィードに認められ、彼の経営する『アルバニー・イヴニング・ジャーナル』の経営に参加する。二人は、一八四一年四月一〇日に新たなホイッグ党の新聞『ニューヨーク・デイリー・トリビューン』を創刊する。

デナのヨーロッパ旅行

一八四八年二月フランスで革命が起こった。デナは革命を見たいと思い、ニューヨークに妻と子供を残し、一八四八年六月一〇日単身でパリへ出発した。彼がパリへ到着したのは六月二三日であった。まさにパリは六月蜂起の最中である。デナは『トリビューン』の記者としてだけではなく、フーリエ主義者としても方々を訪ねた。その中にはフーリエ主義者の団体もあった。デナはさらに国民議会でのプルードンの演説を聴いてもいる。やがてそれはプルードン紹介の記事となって『トリビューン』に掲載される。

一八四八年一〇月デナはベルリンに行く途中ケルンのマルクスを訪ねた。マルクスは当時『新ライン新聞』をそこで編集していた。そこで話された内容については定かではない。しかし、やがてこれが一八五二年のマルクスへの執筆依頼となってくるのであった。

デナのプルードンに関する記事は、プルードンの著作の英訳者であり、アメリカへの紹介者であったタッカーによって一八九六年、デナ著『プルードンと「人民銀行」』として小冊子にまとめられる。この書物は当時『ニューヨーク・サン』の編集者だったデナを批判する意味でまとめられているが、デナのヨーロッパ旅行の様子を知るには重要な書物である。

デナは国民議会でプルードンの演説を聴きながら、彼が雄弁ではないことなどを指摘している。「彼は政治家ではなく、政治的戦略も思慮も兼ね備えていない。彼は賞賛を好むことも他人に関心をもつこともほとんどない」（二二頁）と述べているが、これは当たっている。デナの観察はなかなかのものである。人民銀行の破産処理の拙さによって、プルードンが友人を失うきっかけになったことなど、短期的な観察とはいえ、重要な点を見抜いている。

一八五〇年代の『トリビューン』

デナが編集に加入することによって、『トリビューン』の編集体制は強化された。デナをかつてフーリエ主義の農場に誘ったジョージ・リプリー（1802－80?）をはじめ、ヘンリー・ケアリ、アルバート・ブリスベーン（1809－90）、マルクスなどが通信員に加わった。デナはすでに一八四九年二月ニューヨークに帰ってきていた。

『トリビューン』には三種類あった。日刊版（デイリー）、週二回版（デミ＝ウィークリー）、そして週刊版（ウィークリー）である。当時の主力はむしろ週刊版であった。週刊版の販売数は二〇万部に上った。当時ニューヨークには、『トリビューン』と並んで、レイモンド経営の『ニューヨーク・タイムズ』、ベネット経営の『ニューヨーク・ヘラルド』の三誌がしのぎを削っていたが、地方への影響力において『トリビューン』に匹敵するものはなかった。『トリビューン』は政治的色彩の強い新聞で、もっぱらホイッグ党、すなわち共和党寄りであった。自由土地運動、奴隷反対運動などの論陣を張っていた。とりわけ影響力をもったのが経済学者のケアリであり、マルクスは彼の影響力を減らそうと企む。とりわけ、保護主義的色彩、労働と資本との間での利潤の調和といった思想は、彼のフーリエ主義に支えられていた。

さて『トリビューン』の通信員の職をデナに打診したのは、むしろマルクスの方であった。経済的に困窮したイェニー・マルクスは、一八五二年一三日ヴァイデマイヤーに、ケルンで会った時と違って現在はひどい状態であることをデナに説明し、通信員の職を何とかしてくれないかという手紙を書く。気位の高いイェニーとしては苦痛の手紙であったであろう。マルクスの通信員としての週給は一〇ドルで、デナの最初の給与と同じであった。この額はかなり良かったのではないだろうか。

デナとマルクスとの関係は、一八五七年の全一六巻の『アメリカン・エンサイクロペディア』でも続く。マルクスとエンゲルスは多くの項目をこの事典に書き送っている。この事典はデナとジョージ・リプリーの編集であったが、当時としては破格の大成功であった。一八八〇年までにほぼ一五〇万部が売れたというから相当なものだったことがわかる。収益は一八万ドルになったという。

もっともマルクスとエンゲルスにその利益が渡ることはなかったのだが。

20　バクーニンのスパイ問題

スラヴ人の民族独立運動

一八四八年革命は、マルクスにとってバクーニンを中心としたスラヴ主義者との闘争の始まりであった。マルクスは一八四八年一一月七日の『新ライン新聞』に「ウィーンにおける反革命の勝利」を掲載する。そこで、ウィーンの民衆を蹴散らしたクロアチア人の民族主義者たちが批判されている。クロアチア人はもちろん南スラヴ人である。ウィーンの市民革命を推し進める西欧流民主主義とクロアチア人イエラッチの民族主義との間の深い溝については、良知力が『向こう岸からの世界史』（未來社、一九七八年）の中で詳しく分析している。

エンゲルスは、翌一八四九年二月一五日同じ『新ライン新聞』で、「民主的汎スラヴ主義」という長い論文を掲載する。ここでエンゲルスは、バクーニンを中心としたスラヴ主義者たちの民族独立運動が、いかに反革命的であるかを長々と語っている。エンゲルスは、まず西欧的革命があり、その後に西欧が支配している地域の民族独立運動があるという確信を抱いていた。世界史という概念がそれであるが、だからこそバクーニンの行動は反動的なものに見えたのである。

マルクスもエンゲルスも結論部分では、スラヴ人の反革命的陰謀に対して、徹底したテロリズムしかないと言っている。スラヴ人の民族独立運動はそれほどマルクスとエンゲルスを怒らせるものだった。

バクーニンのスパイ問題

この二つの記事が出る前、すなわち一八四八年六月六日『新ライン新聞』に、「一八四八年七月三日、バクーニンについてのパリからの通信」という外電が掲載された。それによると、バクーニンはロシアのツアーのスパイであり、その証拠をパリのジョルジュ・サンドが持っているということであった。

二〇〇一年、ヴォルフガング・エックハルトが『ドイツ労働運動史国際学問通信』（IWK、第三七巻、第三号、二〇〇一年）に「バクーニン、マルクス、ジョルジュ・

サンド。『新ライン新聞』事件▼（一八四八年）」という興味深い論文を掲載している。この九〇頁に上る長大な論文は、バクーニンのスパイ問題に関して詳細な資料分析をしている注目すべき論文である。ここで、これを使いながら、とりわけ一八五〇年代のマルクスのアジア論との関係で分析してみたい。

バクーニンとの決裂

バクーニンとマルクスは一八四四年パリで会って以来の仲であった。そもそもマルクスがパリにやって来たのは、ルーゲと『独仏年誌』を出版するためであった。ルーゲはこの企画のために、ジョルジュ・サンドとピエール・ルルーの編集する『ルヴュー・アンデパンダント』▼と提携しようと考えていた。結局断られてしまうが、彼女と知己を得たことは間違いない。それは、ジョルジュ・サンドのところに連れて行けとルーゲにしつこく迫ったバクーニンを、ルーゲが彼女に紹介していることからわかる。ジョルジュ・サンドとマルクスとの出会いは不明である。

バクーニンとマルクスが最初に決裂するのは、トルストイという二人の同姓の人物をマルクスとエンゲルスが取り違えたことからである。ニコラエヴィッチ・トルストイ（1791 – 1867）とミハイロヴィッチ・トルストイ（1808 – 71）は当時パリに現れたまったく別々の人物であったが、マルクスとエンゲルスは二人を取り違えていた。前者はロシアの秘密警察のスパイ、後者はバクーニンがドレスデンで会った人物、マルクスとエンゲルスはバクーニンがパリでスパイのトルストイと会っていたと考えたのが、彼らがバクーニンをスパイだと思うきっかけであった。

バクーニンの対抗

マルクスとエンゲルスがバクーニンを疑ったのは、彼が神出鬼没で、あちらこちらと現れ、活躍することにもあった。この記事が出る二カ月前にバクーニンはマルクスとケルンで会っていた。外電が出た時は、バクーニンはブレスラウにいた。この記事によるバクーニンの信用失墜は大きかった。早速バクーニンはこの記事の訂正を求める。

実はマルクスの言い分によると、この記事の典拠はアバス通信▼であり、そうである以上すべての新聞に配信されているはずであった。ところが、この外電を掲載したのは『新ライン新聞』だけであった。実際にはパリ在住のエヴァーヴェック▼（1816 – 60）が配信した可能性が高いのだが、いずれにしろ、バクーニンは『新ライン新聞』に訂正記事を求めるしかない。しかも決定的な証言は、バクーニンの秘密を握っているといわれるジョルジュ・サンド自身の言葉である。

　バクーニンはジョルジュ・サンドへ手紙を送り、身の潔白を証明することに奔走する。ジョルジュ・サンドはバクーニンの依頼を受け、『新ライン新聞』に、記事はまったくの間違いで、バクーニンがスパイであることを証明するような資料は存在しないことを告白する書簡を送る。八月三日の『新ライン新聞』には、ジョルジュ・サンドのこの書簡が掲載された。

消えやらぬ噂

　これで一件落着というわけではなかった。マルクス自身も、この問題についてこれでバクーニンが潔白であると思っていたわけではない。たとえバクーニンがロシアのスパイでなくとも、バクーニンのスラヴ主義が許せなかったマルクスは、その後何度かこの問題を蒸し返すからである。個人的には友人を装いながら、根本的なところでは裏切っていくマルクスは、バクーニンに対してよほど腹に据えかねたところがあったのかもしれない。しかし、マルクスの執拗さは異常ともいえる。

　一八五三年マルクスは、『ニューヨーク・デイリー・トリビューン』で、トルコ問題、インド問題、中国問題を書く。これらは、ロシアの南下政策に対する防波堤として、西欧諸国の資本主義の文明化作用を評価するものであった。トルコ問題に関してのマルクスは、イギリス人のアークハート▼（1805－77）が書いた書物を中心に読んだ。ロシアへのアークハートの憎悪とマルクスの憎悪がまさに共鳴しあったのだろうが、二人は急速に接近する。

　一八五三年八月ロンドンの『モーニング・アドヴァータイザー▼』に匿名の記事「ロシアの政党とドイツの政党」という連載記事が出た。そこでニコライ一世▼（1796－1855）がドレスデン蜂起▼に参加したバクーニンの裏切りを咎《とが》め、彼を刑務所に入れたと書いてあった。その後、この記事に対してフランシス・マルクスという人物からの批判が掲載された。そこでは、バクーニンは信用の厚いスパイであるため、刑務所送りにならずむしろ釈放され自由になったのだと述べられていた。このフランシス・マルクスなる人物は、マルクスと間違われるに十分な名前である。

　やがてこの、バクーニンに関する問題は、四年前の『新ライン新聞』の記事に波及していく。そこでマルクスは、弁明のために、同紙に批判の記事を書く。八月三

○日に書かれた弁明は、バクーニンのスパイ説を支持はしていないものの、革命自体がロシアの手先であるとすれば、革命を煽るバクーニンもそうではないとは言えないという微妙な表現で終わっている。

アークハートとマルクス

フランシス・マルクス（1816－76）は、実は実在の人物であったことが今ではわかっている。彼はアークハートの友人であった。アークハートとマルクスには深い関係があり、またアークハートが『モーニング・アドヴァアータイザー』に関係していたとすれば、マルクスはこの件に一枚嚙んでいたと言えなくはない。

アークハートは、トーリー党の議員で、徹底した反ロシア主義者であった。マルクスはアークハートの展開する反ロシア南下政策とトルコ問題に関して全面的に支持したのは、マルクス自身、一八四八年の革命の失敗をスラヴ主義者たちの民族独立運動にあると思っていたからであった。マルクスは、革命とは虐げられた民族が独立することではなく、虐げられた人民が独立することであると考えていた。彼によれば、クロアチアやチェコの独立は、クロアチアやチェコの民族的支配者の権力の独立を促すだけで、結果としてはオーストリアの支配より人民の生活は悪化する可能性が高いと考えられていた。

その論理は、アジア・アフリカ諸国、さらにはアメリカにまで応用されていて、資本の文明化作用の方が民族独立よりましであるというものであった。とはいえ、問題の根幹は西欧における民主革命が実現しなければ、民主主義の輸出はありえないわけで、マルクスの力点はもっぱら西欧諸国の民主化に注がれることになる。アークハートはその意味で、マルクスにとって共同戦線を張るにはもってこいの相手であったといえる。

マルクスの資本の文明化作用は、バクーニンのスラヴ主義に対する過激な反応であったとも考えられなくはない。四八年革命に参加したものの多くがもったスラヴ主義者への憎悪をマルクスがもっていたのは当然であろう。しかし、マルクスは、理論的にも革命の条件として西欧的民主主義の普及と、資本の文明化作用を前提にしていたことは間違いない。彼が、歴史というものにこだわる時につねに出てくる世界史としての立場、すなわち、すべての民族が通るべき普遍史への熱き思いは、彼が、西洋文明を代表するフランスの支配を経験したトリーアという町の出身であったこと、さらにはその理論的武器をヘーゲルを通じて獲得したことからも、けだし当然であったのかもしれない。

21　フランス政府の資料とマルクス・エンゲルスのブリュッセル時代

グランジョンの死

私は一九九五年『パリの中のマルクス』（御茶の水書房）と『フランスの中のドイツ人』（御茶の水書房）という著作で、かなり多くのフランスやベルギーの公文書館に所蔵されている資料を使ったのであるが、出版されたトリーアのカール・マルクス・ハウスの『一八四八年頃の国際的民主主義活動の断片』▼を見て、まだまだ多くの遺漏があることをあらためて知らされた。今、一八四〇年代の民主協会の動きに私は興味があるので、グランジョン、ペルガー、エルスナーのこの資料集には関心がある。グランジョンは、フランスのシャンベリーで亡くなったと聞く。彼にはパリとヴッパタールで二度会ったことがある。彼の研究は、きわめて緻密で、資料の鬼といえるほどの人物である。彼の資料研究がなければ、私の研究はなかったと言える。まだ六四歳であるので、早すぎる死ではある。マルクス・エンゲルス財団の中心人物でもあった彼の死は、『新メガ』の今後の編集にも大きな影響を与えるだろう。ご冥福をお祈りする。

ブリュッセルでの警察監視の新資料

一八四五年二月、マルクスはパリを追放されてブリュッセルへ行く。そして一八四八年三月までおよそ三年間、ベルギーの首都に住む。フランスの警察は、その後もマルクスなどのドイツ人の追跡を行う。ベルギー駐在フランス大使リュミニーは、ボルンシュテットがフランス追放後、パリに現れたことをすぐに外務省に報告していた。二月二七日の文章に書かれてあるドイツ人亡命者の名前はボルンシュテット一人であり、なぜかマルクスの名前はない。

この資料は一九八五年の夏、パリのフランス外務省のアルシーヴで見たのだが、実はその時書き取ったノートを、夜行列車で鞄ごと盗まれ、あわてて覚えている言葉を別のノートに書き取った苦い経験がある。盗まれた中にはウォークマンもあったが、悔しさは資料の方に対してであった。もちろんそんなことで間に合うわけがなく、一九九〇年にもういちど調べ、書き写すことになった。

マルクスの名前がフランス側の資料に登場するのは一八四六年まであまりないので、『パリの中のマルクス』で私は、「当時のマルクスはこの手紙に見られるようにまったく登場しないのである」と断定してしまった。ところが、グランジョンの最近の資料を見ると、その数日後三月三日にベルギーのフランス駐在大使の外務省宛の手紙の中でマルクスの名前をはじめとした「追放者四名」が掲載されているではないか。しかもこの資料はフランス外務省にある資料である。見落としである。

もちろん、これはフランス外務省にあるもののベルギー側の資料であり、フランス側の資料ではないので私の説が崩れたわけではない。しかも、ハインリヒ・ベルンシュタイン（1805 − 92）、ベルナイス、マルクス、ボルンシュテットと追放者四名の名前が羅列されているだけであり、マルクスに特別関心が払われているわけでもない。また、ベルギー警察は、マルクスについてすでにかなり詳しい資料を追放直後に手に入れ、監視しているので、ベルギー側にとっても特別な資料というわけではない。しかし、資料というものは恐ろしいもので、時とともに思わぬ資料が出てくることがあるので注意に越したことはない。

フランス政府によるベルギーのマルクス

マルクスの名前がフランスにおいて最初に登場してくるのは、私の知る限りアルシーヴ・ナショナルのギゾー・コレクションの中にある一八四六年の二月一七日の報告で、マルクスは国民公会に関する著作を出そうとしているという内容である。しかし、グランジョンたちはやはり外務省のアルシーヴの一八四六年四月三〇日の報告に、マルクスとモーゼス・ヘスがブリュッセルで権力闘争を行っているという資料があることを見つけ、掲載している。

もちろんこの資料も初めてお目にかかる。しかも、外務省の五月二〇日の資料には、ヘスがマルクスとの闘争で仲違いし、ヴェルヴィエに居を構え、トリーア、ケルン、アーヘンへの工作を図っていると書いてある。ヘスがヴェルヴィエに行ったことは知られており、一九八八年の三月私はヴェルヴィエの町まで資料を探しに出向いた。

市立アルシーヴの係員に聞いたところ、そうしたものは何もないということだった。ヴェルヴィエとヘスとの関係は、今まで突き止めることができなかった課題のひとつである。

ヘスとケルンとの関係は、実はマルクスとケルンとの関係と密接に関係している。マルクスはブリュッセルに移って後、『ライン新聞』時代のケルンの友人たちと交流を始める。ケルンでは、徐々に選挙の道が開かれつつあった。『ライン新聞』を支持していたプチ・ブルジョワ層は、労働者と協力することによって民主勢力の結集を図る。こうして、ケルンでも民主主義者たちが民主協会をつくる動きが出てくる。

ブリュッセルのマルクスは、こうした運動に連動しながら、ブリュッセルでの民主主義者との交流を図っていく。やがて、そこに民主協会ができ、それに積極的に参加していくのは、こうした脈絡からである。しかも、その動きはロンドン、パリに連動し、さらにはその参加者は国籍を超えたインターナショナルなものであった。

ヘスも当然『ライン新聞』と深い関係があり、ケルンの民主主義運動と関係をもっていた。マルクスのブリュッセルと民主協会のケルンのちょうど真ん中にヴェルヴィエは位置している。リエージュを越え、アーヘンが目前に迫ったところにヴェルヴィエの町はあった。しかもドイツ人労働者の多い工業都市である。人口二万人といえども、その力はかなりのものがある。しかもブリュッセルよりケルンに近いのも有利である。しかし、ヘスのヴェルヴィエでの足どりはまったくつかめないのである。

エンゲルスの追放

グランジョンの資料集でもうひとつ興味があるのは、エンゲルスのパリからの追放問題である。マルクスのパリからの追放や、ブリュッセルからの追放は、私も分析しているので、すでにかなり詳しく知られている。しかしエンゲルスの追放は、実はあまり知られていないのである。グスタフ・マイヤーが調査をした新聞資料を、再度洗いなおした今回の資料集には、三五の新聞から取った七一の記事が分析されている。

一八四六年八月一五日にパリにやってきたエンゲルスは、すぐにフランス当局に監視される。カール・グリュン（1817－87）、ミハイル・バクーニン（1814－76）なども追放されており、ポーランド独立運動と民主協会の国際主義は当局の監視の中心となる。

フランスの新聞『ル・コンスティショネル』は、「パリに住む若きドイツ人亡命者、イギリスの貧困についての作品の著者エンゲルス氏は、フランス警察によってプロイセン警察に引き渡されるという付帯条件付で、二四時間以内にパリから立ち退き、三日以内にフランスから退去せよという命令を受けたが、その理由は不明である」と書いている。もちろん、エンゲルスはブリュッセルに行くことになるのだが、ここには理由不明と書いてある。

一方ドイツの新聞には、エンゲルスは、パリのフォーブル・サンタントワーヌの労働者の居酒屋やバリケードに立てこもった罪で追放されたと書いてある。さらに、かなり詳しく触れているのが、一八四八年二月一四日の『ラ・パトリ』である。これによると、夜突然多くの外国人たちが、警察によってパリ警視庁の拘置所に連行されたが、その理由はバクーニンのフランス追放に対する外国人の反対運動にあるとしている。政府筋の話として、エンゲルスの逮捕と追放は、まったく非政治的な立場から行われたものであるというのもあるが、これは論外であろう。

このようにエンゲルスの追放についての見解はまちまちなのである。グランジョンたちは、エンゲルスの追放は、ポーランド問題と民主協会の国際的展開にあるとしているが、それはちょうどマルクスが『共産党宣言』の執筆を依頼される一八四七年一二月のロンドンでの友愛会の会議、ポーランド独立運動への関与と関係している。

当時のフランスは革命前の緊張感が高まっていた時期である。民主協会の戦線拡大と革命との結びつきを当局が関知しなかったはずはない。さて、こうした民主協会との関連を強調すれば、マルクスやエンゲルスの『共産党宣言』と共産主義者同盟との関係よりも、彼らの民主協会との関係が大きくならざるをえない。

今後の研究はその方向でいくべきなのかもしれない。

22 ポール・ラファルグとラウラ・マルクス

フランスへの旅

一八五一年一二月、ある家族がキューバのサンチアゴの町を船出した。この旅は主人公の祖父の故郷フランスへの帰郷の旅であった。祖父は、フランス革命の直前一七八〇年代カリブ海で一攫千金を狙ってフランスから移住していた。祖父の名前はジャン・ラファルグ、そこで白人と黒人の混血女性カタリナ（カトリーヌ）と結婚した。

祖父は、息子フランチェスコ（フランソワ）が生まれるとすぐに亡くなる。母と子は、ナポレオンによるスペインとの戦争のため、アメリカのニューオリンズに一時移り住むことになった。母と子は、一八一四年ナポレオンの敗北後再びキューバに帰った。そこでラム酒の樽づくりで富を築く。

一八三四年、フランシスコは、フランス南部からきたアルマニャック家の娘と結婚する。彼女はユダヤ系であった。しかも、彼女の母はカリブ人であった。この結婚から一八四二年一月一五日パブロという息子が生まれた。パブロはフランス語でポール、このパブロこそマルクスの次女ラウラと結婚することになるポール・ラファルグであった。ラファルグには黒人、ユダヤ人、カリブ人の血が流れていた。マルクス家では「さまよえるニグロ」という綽名がつけられていた。

フランスでの生活

ラファルグ一家はボルドーのナウジャック通りに大きな家を構え、郊外のサルブフのぶどう園も購入した。ポールはボルドーのリセではなく、ツールーズのリセ、ピエール・フェルマーを一八六一年卒業し、パリ大学に進学する。

彼は外国生まれのフランス人であったため兵役義務を逃れている。パリ大学医学部に進学したのは一八六一年一一月のことであった。

大学でブランキ主義とプルードン主義に関心をもったポールは大学の勉強よりも、社会問題に関心をもつ。医学部卒業には五年が必要であったが、ポールの学業成績はさっぱりであった。法学部のシャルル・ロンゲと知り合ったのはこの頃である。後にシャルルはマルクスの長女ジェニーと結婚する。

ラファルグは一八六五年フランスの三色旗を傷つけた罪により大学から退学処分を受けた。両親は外国の大学で医師の免状を獲得する可能性を探って、ロンドンに留学させることに決めた。ところが、インターナショナルの学生活動家であったポールはロンドンでもインターナショナル・スペイン支部の通信員に収まる。イギリスに来ていたロンゲとともに社会主義の雑誌『左岸』(*La rive gauche*) の編集を続けた。

ラウラとの結婚

ポール・ラファルグとシャルル・ロンゲは、ロンドン北のメイトランドパークのマルクス家をしばしば訪ねた。マルクス家の娘たちが付き合った男性はすべてフランス人であった。長女はロンゲ、次女はポール、三女はリサガレ。

ロンドンのサージュリのロイヤル・カレッジで何とか医者の称号を獲得したポールはラウラへ結婚の申し出を行う。

一八カ月の婚約期間を過ごした後、一八六八年四月二日二人は結婚した。その夜パリへの新婚旅行に旅立った。ロンドンへ帰った二人はマルクス家の近くプリムローズ・ヒルにアパートを借り、そこに住むことになった。しかし生計の糧を得る仕事はなかった。そんなおり、パリ大学時代の師が、パリのパッシー近辺にはイギリス人が多いので、そこで開業したらどうかと知らせてきた。二人は秋にパリへ旅立つ。

パリの左岸シェルシュ・ミディ通りに居を構えた二人に、長男シャルルが誕生した。マルクスの最初の孫である。ラファルグ夫妻にはその後何人かの子供が生まれるが、いずれも早死にしている。

この年の夏、マルクスはイギリス人ウィリアムズという名前で孫に会いにパリに行っている(公式には『資本論』フランス語訳の訳者ロワとの会見のためであった)。パリでのポールの医師としての仕事はうまくいかなかった。フランスの大学の医師資格が必要であったのである。結局医師としての仕事ではなく、ジャーナリストとしての仕事で生きざるをえなくなる。

普仏戦争、コミューンそしてロンドンへの亡命

一八七〇年に普仏戦争が起こり、やがてフランスの敗

北は決定的となった。当時の二人の住まいは、パリの西ルヴァロワ＝ペレールであり、そこにはフランス軍の要塞があり、二人は立ち退きを要求された。そのころ、ボルドーの父フランチェスコの容態が悪化していたため、ラファルグ夫妻は、ボルドーへ移ることに決める。一一月父が亡くなったが、未亡人とラウラとの関係は最悪であった。父の遺産は相当な額であり、その大半をイギリスに預けることにした。

一八七一年パリでコミューンが宣言された後、マルセーユ、ボルドー、リヨン、サン＝テチエンヌなどで支持する声があがった。もちろんこれらすべては失敗に終わるが、ラファルグはボルドーで活躍した。ちょうどその頃マルクス家の長女と三女はボルドーにいた。子供を産んだばかりのラウラの面倒を見るためにボルドーに滞在していたのだ。

ボルドーの状況も危うくなり、政府から逮捕状も出たラファルグは、スペインへ向けて出発する。南仏のリュションで産後の療養をするという口実をつけて、ラファルグ一家とマルクス家の二人の姉妹（パスポートではウィリアムズ一家）は六月二日ボルドーを発った。この旅は二人の幼子の死をもたらす。

やがて彼らはスペインとの国境を越えた。そしてラファルグは、マドリードに赴き、そこで第一インターナショナルの再組織化を図る。彼はパブロ・ファルガという偽名を使った。結局マドリードでの組織化に失敗し、しかも最後まで残った息子も失い、失意のうちにロンドンに渡る。

ロンドン時代からマルクスの死まで

当時ロンドンには多くのコミューン戦士が亡命していた。ラファルグ夫妻もその一員となった。マルクス家の北、ハムステッド・ヒースのサウス・ミル・ロード二七番に住んだ。亡命者としての生活は楽ではなかった。確かにラファルグには遺産があったが、その多くはまだ母が管理していた。当面新しい仕事を探すことにした。まず始めたのが、写真業であった。この仕事は順調にいき、キャムデンに店を構えることもできた。

ロンドン時代は一八八二年まで続く。帰国直前マルクスの妻、すなわちラウラの母が亡くなった。一八八一年七月、彼女はパリの西アルジャントゥーユに住むロンゲ夫妻に会いに行った。それ以降病気は悪化し、一二月二日に亡くなる。マルクス家の死はその後英仏海峡をまたいで連続していく。

ラファルグ夫妻がパリへ戻ったのは一八八二年四月の

ことであった。マルクスはその年の春アルジェリアに療養に行っていた。やがて秋にロンゲ夫妻、ラファルグ夫妻とパリで再会する。この再会が最後となる。

ラファルグは、マルクス派（PTSF）と反マルクス派（POF）の分裂を阻止すべく、リヨン近郊のロアンヌ、サン＝テティエンヌに行く。ところが、この集会を恐れた地域のブルジョワたちの警察への通告で逮捕される。もちろん裁判が始まるまで保釈されてはいたが、マルクスの死後一八八三年四月二七日、ゲードともどもモンリュソンの裁判で禁錮六カ月の判決を受け服役せざるをえなくなった。こうしてラファルグは、パリの政治犯専用のサント＝ペラジー監獄に収容された。

▼『怠ける権利』

この監獄で書かれたのが、ポール・ラファルグの名を現在まで残す作品『怠ける権利』（一八八三年）である。この書物の序文には、「サント＝ペラジーにて」と書かれてある。

ラファルグといえば、マルクスの娘婿として有名であるが、しかしこの本は現在でもよく読まれている。それはその奇妙なタイトルにもよる。

確かに労働運動は標準労働日の引き下げという問題を主張してきた。しかし、八時間労働まではよかったのだが、それ以降労働時間の引き下げは行われていない。遅々としてすすまないのである。それには理由がある。労働運動は、生活水準の向上を目指してむしろ労働することを要求し、労働を美徳としたのである。

ラファルグによると、資本主義とカトリック（当時フランスではクラリカリズム（教権拡張主義）というカトリックの政治勢力が強かった）のモラルは、労働者の欲求を最低限に引き下げ、労働を最大限に引き上げるように命令していたわけである。労働者はまずこのモラルと闘わねばならなかった。

そのモラルはこう叫ぶ。「プロレタリアよ、社会的富を増やすため、個人を貧困にするために働け、働け。貧困になって、これ以上貧困にも、これ以上働く理由もなくなるほど、働け、働け。こうした法則こそ資本主義生産の冷酷な法則である」（前掲書、三一頁）。

「ところがイギリスの大いなる経験がここにある。すなわち優れた資本家たちの経験がここにある。それによると、人間の生産力を高めるには労働時間を引き下げ、有給休暇を増やさねばならないことが、否定できないほどに証明されている。そしてフランス人はそのことがわかっていないのである」（同、五六頁）。

なるほど、生産効率のためには適当な休みが必要である。休みの権利を労働運動の中で獲得することは実は重要な議題である。しかし、多くの場合それ以上に賃金の上昇が優先されてしまう。ここには実は大きな問題がある。

マルクス主義につきまとう基本原理には、労働が人間の本質であるという概念がある。それはそれで間違いではないのだが、問題は労働がつくりだす利潤を労働者が獲得することだけが、社会主義の目的になることである。

ところが労働者の目標は、実は剰余労働を獲得することにあるのではない。むしろ労働者が労働の持っている資本主義的概念を廃棄することにある。資本主義的概念とは、労働によって天国が待っているという発想である。労働は人間にとって受苦的なものであり、けっして喜ばしいものではない。もちろん労働を否定することはできない以上、受苦的に受け入れざるをえないものであることは間違いない。できれば労働はしないほうがいい。

ラファルグの業績は、労働の持つ受苦的側面を指摘したことにある。ラファルグの本はこのため今でも読まれるのである。現在では、賃金を上げるために労働を独り占めすることをやめ、失業者に労働を分け与えることによって、労働時間を減らすという運動の先駆として読むことも可能だ。ワークシェアリングという言葉で表されている考えは、賃金は集団のものであるという発想にある。賃金を下げることよりも、賃金を共有するという発想がある。労働時間を分けるということも、受苦を分け合うという発想にある。

ラファルグが書いたこのパンフレットを、当然ながらマルクスは読むことができなかった。しかし、もともとこのパンフレットは、『レガリテ』に連載されたものである。連載は一八八〇年六月一六日から八月六日まで続いた。マセの『ポールとラウラ・ラファルグ――怠ける権利と死の選択権』(二〇〇一年)によると、モロー＝クリストフの『余暇の権利とギリシア、ローマ共和国における奴隷労働の組織について』(一八四九年)の影響があるという。

フルミエ事件と国会議員当選

ラファルグは北フランスにあるフルミエの町での労働者虐殺事件(一八九一年五月一日)に深く関係することになる。この事件は五月一日メーデーにおけるフランス最初の悲惨な事件として記憶されている。

フルミエの労働者は、八時間労働などを掲げて行進を始めた。事件は夕方労働者たちがストライキを主張しながら工場に向かったときに起きた。これを阻止するために派遣された軍隊が、労働者の列に向かって発砲したのである。これによって九人が亡くなった。

この事件をめぐって政府は、銃を撃った兵隊ではなく、労働者を煽った人々を裁判にかけた。フルミエの労働者の前でしゃべったラファルグはその首謀者として裁判にかけられたのである。ラファルグは一年の禁錮刑を受けた。

しかし住民はこれにだまっていなかった。国会議員の選挙にラファルグが担ぎ出されたのである。接戦の末ラファルグは国会議員に当選した。選出場所は北の工業都市リールであった。リールと何の縁もないラファルグが当選したという事実は、住民の怒りを表していた。当然ラファルグはキューバ生まれであり、フランス国籍がないのではという嫌疑が持ち上がった。しかし母はラファルグ家の祖先について説明し、フランス人であることを証明し、晴れて国会議員となった。

夫妻の自殺の真実

一九一一年一一月二六日パリから二〇キロ南に離れたドラヴェーユの町は、その日ちょうど夜が明けたばかりであった。セナールの森の北の端にあるこの町は、一九世紀末はまだ寒村であった。セーヌ河を越えたところにできたジュビシー駅から、パリのオルセー駅まで鉄道が通ってはいたが、パリ近郊の町というより、当時はまだ一寒村といってよかった。一九一一年一一月二六日は日曜日であった。朝一〇時半、一人の少年が町の中心にある役場に駆け込んできた。役場までの距離は一キロ、日曜のミサを終えた町長は時ならぬ少年の表情に驚く。少年はラファルグ家の庭師の息子であった。少年はすぐにラファルグ夫妻の死を告げた。

すでに庭師の方は警察に通報していた。町長フィエーグがラファルグ家に着いた時、そこにはすでに警察が到着していた。庭師の話では、第一発見者は彼とのことであった。昨日夫妻は夜九時半にパリからドラヴェーユの屋敷に帰ってきたという。生きていた二人を見た最後の人物は、女中のベルト・グレゴワール一人であった。

朝いつものようにラファルグがよろい戸を開ける音を彼女は聞いていた。朝食の用意をしていたが、ラファルグ夫人が食事を二階の寝室に運ばせる時間になっても何の連絡もない。不思議に思った彼女は、庭師のドゥセにちょっと見てくれるように頼んだのである。螺旋階段を上がり、二階のラファルグの部屋をノックした。しかし返事はない。そこでノブを回し部屋に入った。ラファルグはベッドに横たわり、寝巻きのまま死んでいた。ドゥセは隣の夫人の部屋ものぞいた。ラファルグ夫人ラウラは部屋の隅の洗面所に倒れており、やはり息はなかった。他殺か自殺か。問題は死因であった。医者の調べでは死因はシアン化カリウム、すなわち青酸カリによる毒死であった。しかし、他殺か自殺かは明瞭であった。テーブルの上には、ラファルグの手による手紙が二通、甥エドガー・ロンゲ宛の電報が置かれていたからである。きわめて用意周到であった。すでに庭師の名も電報に書かれてあった。

とはいえ問題は残った。二人は同時に青酸カリを飲んだのではないからである。死んだのは明らかにラウラが先であった。妻を殺害してからの自殺ならば、殺人であるからだ。しかし女中の話では、二人が敵対的な関係にあるとは考えようもなかった。多分ラウラが死んだ後、ポールは自殺したものと見られる。こうして警察はこの事件を心中事件として処理することにした。

遺書は一カ月も前に書かれていた。庭師への遺言には、家禽や、ワイン、そして小額のお金が彼に残され、それ以外は甥のロンゲに委ねられることになっていた（ラファルグ夫妻の子供は全員若くして死んでいた）。手紙のひとつには、こう書いてあった。

「聖なる肉体と精神、悲惨な老いが、生きる楽しみや喜びを奪い、私の肉体的、精神的力を食いつくし、私のエネルギーを麻痺させ、私やそれ以外の人々の重荷になる前に、私は死ぬことにする。数年来、私は七〇歳を超えないことを約束してきた。——四五年間捧げた運動が、近い将来勝利することを確信することで、最高の喜びをもって死ねる。共産主義万歳！　国際社会主義万歳！」▼(Mace, Jacques, *Paul et Lafargue de droit de choisir sa mont*, L' Harmatin, 2001, p. 11 - 12）と。

この遺書によって、二人の自殺は決意によるものであり、またその自殺の原因も悩みごとや、問題があったからではないということが明らかになった。

ドラヴェーユの屋敷

ラファルグ夫妻がドラヴェーユにかなり大きな家を購入したのは、エンゲルスの死後であった。エンゲルスの死（一八九五年）によって巨額の遺産を受け取った夫妻は、パリ郊外に一軒屋を購入することに決めた。セナールの森の地域は、一九世紀後半作家ドーデや、写真家ナダールが住んでいた。

田舎とはいえ、グランーリュ二〇番の家はかなり大きなものであった。九部屋の屋敷、そして厩舎、大きな庭、家禽を買うための大きな家。家の前からヴィリエ城（現在市立図書館）まで菩提樹の並木が続いていた。値段は四万フラン。豪邸といってもいいかもしれない。

ドラヴェーユの作家マセは、かなり細かく調査している。それによると、一八九六年三月八日購入が終了している。実際には五万フラン払ったようである。名義は妻ラウラになっていた。エンゲルスが遺産を残したのはラウラに対してであった。

しかしそれには訳があった。ラファルグは政治事件で何度か逮捕されていた。こうした逮捕による財産没収を恐れたラファルグ夫妻は、財産をイギリスに置いていたのである。

ドラヴェーユのラファルグの家［著者撮影］

ドラヴェーユに移ったラファルグ夫妻は多くの社会主義者の代表とドラヴェーユで会った。その中でも有名な人物をあげると、レーニン夫妻である。

レーニンはパリに住んでいた。パリの南一四区のボーニエ通り二四番にレーニンが住んでいた建物がある。パリ市の境である。そこにはレーニンが住んでいたことを示すレリーフが付けてある。

レーニン夫妻がドラヴェーユを訪ねたのは一九一〇年夏のことであった。しかもレーニンとクルプスカヤは、自転車で行ったのだという。パリのロシア図書館館長のラポルトの紹介でラファルグと知り合ったレーニンは、やがてラファルグからドラヴェーユへの招待を受ける。レーニンにとっての最大の喜びはマルクスの娘と会えることであったと思われる。

レーニンとラファルグはドラヴェーユの家で哲学を語り、クルプスカヤとラウラは庭を散歩した。クルプスカヤは『レーニンとの生活』の中で、この時のことを振り返っている。彼女はラウラの中にマルクスの痕跡を探していた。

新聞の記事

ドラヴェーユの社会主義者はさっそくジャン・ジョレスに電報を打ち、翌日の新聞にラファルグ夫妻の自殺についての記事を載せるように手配した。『ユマニテ』は一一月二七日号でその死を伝えた。パリ警察庁のアルシーヴにはラファルグに関する資料があるが、そこには『ユマニテ』の記事が保存されている。ラファルグはマルクスの娘婿として紹介されている。モスクワの現代史研究所にもラファルグ夫妻の資料があるが、そこには『クリエ・ド・ラ・プレス』の記事が保存されている。

その記事は「悲惨な老いを避けるために死を選んだ」という見出しが付けられている。自殺は覚悟の上であったとした上で、詳しい様子を伝えている。

「午前中主人の姿が見えないことに驚き、主人を捜した庭師ドゥエは、偶然二人を発見した。ポール・ラファルグはベッドに横たわり、ラファルグ夫人は椅子に腰かけていた。手紙と電報が用意され、書類は整理され、すべてはきちんとしていた▼」。

ここでは椅子に腰かけていたことになっている。ラファルグ婦人に関してはマルクスの著作権者であること、また数年前妹も自殺したことなども触れられていた。

ペラシェーズでの葬儀

ラファルグ夫妻の死は、フランスの社会主義者にとっても大きな事件であった。二人の葬儀はドラヴェーユではなく、パリで盛大に行われることになった。二人の遺体はドラヴェーユの警察で検死解剖を受けた後、一二月三日の葬儀のためにパリに移送された。

この葬儀には数万人の労働者が集まった。葬儀は二人の火葬が行われるペール・ラシェーズ墓地までの間で行われた。

テンプル通りから、共和国広場を抜け、ペール・ラシェーズ墓地までその葬儀の列は続いた。やがてペール・ラシェーズ墓地で、葬儀が開始された。

葬儀には多くの社会主義者が参列した。ドイツからはカール・カウツキー、ロシアからはまだ無名であったレーニンが参加していた。葬儀は五時半に終了した。二人は墓地中央にある焼場で焼かれ、納骨堂に入れられた。納骨堂の番号は、『デペシュ・テレグラフ』(*Depeche Telegraphe*) によると、三〇一六番がポール、三〇〇四番がラウラであった。

現在納骨堂のこの番号にはラウラの骨も、ポールの骨もない。今彼らはペール・ラシェーズ墓地の南東にあるパリ・コミューンの戦士たちが処刑されたすぐ近くで眠っている。

このあたりは、とりわけナチで虐殺されたユダヤ人や社会主義者の墓が多い。ラファルグはジャン・ロンゲをはじめとしたロンゲ家の人々と一緒に眠っている。

現在のドラヴェーユ

パリには東西南北に走る国鉄がある。PERと呼ばれているものだが、北のシャルル・ドゴールから南のオルリーまでの南北ライン、ヴェルサイユからセーヌ河に沿って走る東西のラインがそれである。パリの学生街サン・ミシェルから二〇分この東西ラインに乗ると、ジュビシーの駅に着く。ジュビシーは南のフランス鉄道ジャンクションになっている駅で、かなり大きい。しかし、町は典型的な郊外都市である。すぐ脇を流れるセーヌを渡るとドラヴェーユの町である。まっすぐ一キロほど歩くと、共和国広場にある教会の前で道は十字路になる。その十字路から南に向けてアンリ・バルビュス通りを一キロほど歩くと、ラファルグ邸に着く。かなり大きな家である。敷地は縦一〇〇メートル、横五〇メートルもある。道路のすぐ脇に三階建ての屋敷がある。ここここそ一九一一年ラファルグ夫妻が自殺した家である。今ここにはある団体の事務所がある。スイスのフライタークが創設した「人間の友」という団体である。『正義の支配の忠告者』という新聞の編集室が置かれている。イヴェット・マニャンという女性がそこを取り仕切っている。

マセによるとラファルグ邸は、その後マルクスの信奉者ジェルヴェという人物が購入し、一九三〇年代にフランス共産党にその家を譲り、共産党の教育センターになっていたということである。その後この屋敷を購入した人物こそ、フライタークであった。その後この博愛主義者の事務所になったわけである。

この家を訪ねた際、マニャンさんの話を聞く機会をえた。話は団体の活動の話、たとえばもっぱら利己的な世界への批判であったが、いくつか面白い話をしてくれた。ソ連が存在していた時代に、「パリのレーニン」という映画の撮影にソ連から人々が訪れたというのである。もちろん、撮影を行い一行は帰っていった。しかしそれ以降、その映画ができたかどうかわからないというのである。多分できあがったとしても、どこかの倉庫にお蔵入りになっていることであろう。ラウラ夫妻が自殺した部屋はそのときのままであった。この団体の物置とはなっているが、部屋の中を見せてくれた。

ドラヴェーユの家にはかつてラファルグ夫妻のプレートが貼ってあったという。しかし今はどこにもそんなものはない。付けることが禁止されているわけではないというのだが、多分情況の悪いフランス共産党にもそんな余裕はないのだろう。

フランス共産党の停滞は、別のところでも問題を生んでいる。フランス共産党はラファルグの資料を持っていて、かつてはモーリス・トーレ研究所、パリ・マルクス主義研究所という場所にあった。しかし今この研究所は存在しない。『エスパス・マルクス』を発行している場所に資料は移されているが、資料の公開は未定である。

ロンゲの墓［著者撮影］

23　マルクス・エンゲルス遺稿の中の警察報告

ネガティヴ・マルクス

ネガティヴという言葉は奇妙な外国語である。はっきりと否定的マルクスと書くべきかもしれない。

しかし、否定的と書くと、言葉が刺激的すぎるのであえてネガティヴと書く。ここで言うネガティヴ・マルクスとは、マルクスを批判する側から見たマルクスという意味である。批判する側とは、必ずしもマルクスを否定する側ではない。たとえば、父親の小言であったり、友人の言葉であったりする。批判に毒がなく、愛情がこもっているものもやはり評価としては否定的なのであるから、ネガティヴというべきであろう。

ジークフリート・ヴァイゲル▼という人物が『ネガティヴ・マルクス』（一九七六年）という本を出している。この本は、マルクスを批判する側からのマルクス論を集めたものである。マルクスの父親、ハインツェン、ルーゲ、カール・シュルツ、ヴァイトリンク、ボルン（1824－98）などの人物の批判的マルクス論から警察報告まで読むことができる。

一方、マルクスの仲間からの肯定的マルクス論は、今まで数多く出ている。『モールと将軍』（国民文庫）や『マルクス回想』（国民文庫）など、旧東独で編まれた論集は、その類である。その意味で、ヴァイゲルの本は、一風変わっていておもしろい。

ヴァイゲルが引用している、ハインツェンの『体験記』▼（一八七四年）、カール・シュルツの『思い出』▼（一九〇七年）、ステファン・ボルン『一八四八年革命の思い出』▼（一八九八年）、フォークト『『アルゲマイネ新聞』に対する私の裁判』▼（一八五九年）、ミュラー・テラーリンク『マルクスとエンゲルスという未来のドイツ人独裁者の味』（一八五〇年）などは、マルクスの人となりを知るには大変重要な書物であるが、入手がかなり困難である。だから、これまでネガティヴ・マルクスを知るのは、なかなか大変なことだったともいえる。

警察報告に関してもことは同じで、なかなか入手困難である。比較的手に入りやすいのが『共産主義者同盟

――ドキュメントと資料』▼（全三巻、一九七一―八四年）、コスツィクとオバーマン編の『マルクスとエンゲルスの同時代人』▼、アドラー編『秘密報告集』▼（全二巻、一九七七年、一九八一年）などであろう。ウィーン、ベルリン、マインツなどにあった秘密警察が残した報告資料は比較的入手しやすい。とはいうものの、日本語に翻訳されているのではないので、ドイツ語のできないものは読むことができない。こうしたドキュメントに収められていない、その他のフランス、ベルギー、オランダなどの警察資料は入手不可能である。こうした資料は各国の文書館で調べるしかない。と同時にその文書館の数も膨大なものであり、読むのは不可能ともいえる。これらの報告には、マルクスの知られざる姿（誤解は多いとしても）が書かれてある。その意味では、マルクスが知り得なかったマルクスの素顔を知るには最適ともいえる。もっとも、警察の報告はあくまでも役所の手続きを踏んでなされるので、文章には官僚的な色彩が抜けてはいない。

マルクス・エンゲルス遺稿――分類M‐E

ネガティヴ・マルクスを知るにも、まずアムステルダム社会史国際研究所のマルクス・エンゲルス遺稿を見るべきだろう。マルクス・エンゲルス遺稿は、次のようにABC順に分類されている。

A―マルクスの草稿
B―マルクスの抜粋
C―マルクスの手紙
D―マルクスへの手紙
E―マルクスに関する資料
F―イェニー・マルクスの手紙と資料
G―マルクス家の草稿、書簡、資料
H―エンゲルスの草稿
（Iの項目は存在しない）
J―エンゲルスの抜粋
K―エンゲルスの手紙
L―エンゲルス宛の手紙
M―エンゲルスに関する資料
N―マルクス、エンゲルスの新聞雑誌の切り抜き
O―資料
P―新聞の切り抜き
Q―第三者の草稿
R―第三者からの手紙
S―印刷物

まずは、マルクス・エンゲルス遺稿のM‐E分類に収

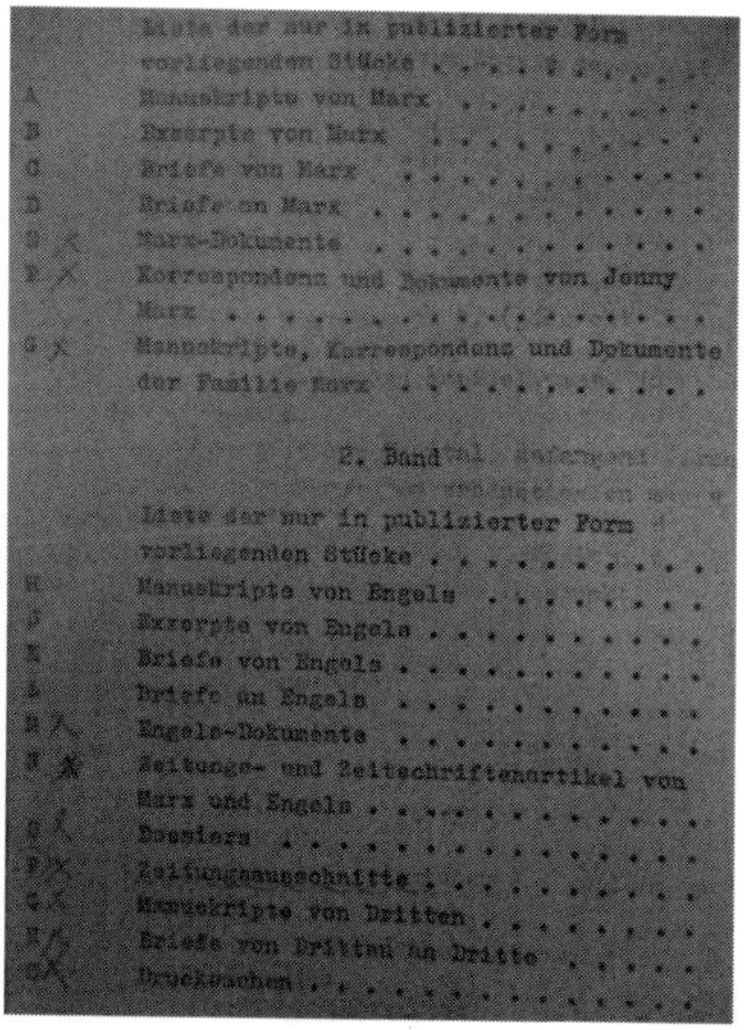

Liste der nur in publizierter Form
vorliegenden Stücke
A Manuskripte von Marx
B Exzerpte von Marx
C Briefe von Marx
D Briefe an Marx
Marx-Dokumente
Korrespondenz und Dokumente von Jenny Marx
Manuskripte, Korrespondenz und Dokumente der Familie Marx

2. Band

Liste der nur in publizierter Form
vorliegenden Stücke
Manuskripte von Engels
Exzerpte von Engels
Briefe von Engels
Briefe an Engels
Engels-Dokumente
Zeitungs- und Zeitschriftenartikel von Marx und Engels
Dossiers
Zeitungsausschnitte
Manuskripte von Dritten
Briefe von Dritten an Dritte
Drucksachen

アムステルダム社会史国際研究所のマルクス遺稿の分類番号［著者撮影］

められたマルクスに関する資料を見てみよう。これらの資料はマルクスが書いたり、集めたりしたものではないと思われる。

むしろ、マルクスに関連して後の人が集めた資料とも言えるかもしれない。約一〇〇件ほどの内容を見ると、次のように分けることができる。

（一）警察報告
（二）領収書
（三）病気・療養に関する資料
（四）結婚・遺産資料
（五）学校関係
（六）国際関係

この中でも、とりわけ多いのがマルクスに関する警察の報告書である。ここではこの警察報告について見てみよう。マルクスの警察報告を我が国で最初に丁寧に繙いたのは、良知力であった。良知力は『初期マルクス試論』（未來社、一九七一年）や『マルクス批判者群像』（平凡社、一九七一年）の中で、旧東ドイツのメルゼブルクの文書館にある警察資料、とりわけ一八四〇年代の資料を利用した。しかし、遺稿の中には良知力が利用したものはほとんどない。

この警察報告は二つにわかれる。ひとつはブリュッセル時代の警察報告。この資料のオリジナルはブリュッセルにあり、私はすでに『パリの中のマルクス』（御茶の水書房、一九九五年）の中でブリュッセル側の資料を使ったことがある。すべて同じではないが、だいたい同じものと思ってよい。すでにそこでこの資料については詳しく書いたので、今回はあえて紹介はしない。もうひとつは、一八五〇年以後のマルクスに関するもので、一八五〇年代と一八七〇年代に分かれる。ここではこの資料について少し紹介してみよう（警察報告については『新マルクス学事典』［弘文堂］の「スパイ」の項目参照）。

一八五〇年代の警察報告

一八四九年八月ロンドンへやってきたマルクスは、その後ロンドンで没する一八八三年までロンドンで暮らすことになる。一八五一年九月のフランス語の警察報告には、プロイセンの内務大臣フェルディナント・フォン・ヴェストファーレンが義理の兄であること、マルクスが亡命者のお金を自由に処理していることなどが書かれてある。これは後にフォークトがマルクスを論難する際に指摘したものと同じである。マルクスにとってのアキレス腱とも言われる部分で、マルクスはやがてこの問題について反論を展開する『フォークト氏』を出版する。マルクスはロンドンに亡命後すぐに亡命者救済委員会の委員となるが、そこでのお金の問題は複雑であった。困窮するドイツ人の間で金銭的トラブルは日増しに増していった。当時亡命者間の派閥のトラブルも続いていたため、亡命者救済委員会のお金の使い方をめぐって非難があがっていた。

一八五一年といえば、パリとケルンの共産主義者同盟の謀議事件の年である。パリとケルンの共産主義者同盟員が大量に検挙され、共産主義者裁判が行われる（詳しくは拙著『フランスの中のドイツ人』御茶の水書房、一九九五年、第四章参照）。

共産主義者裁判ではマルクスとの関係が問題となったため、それに対する批判をマルクスは書かねばならなくなる。そうしたマルクスを、フランスの警察、ベルギーの警察、プロイセンの警察はマークしていたようである。だから、一八五二年一一月三〇日のベルリン警察のヒンケルダイによるベルギーの保安警察への手紙には、マルクスが起草した「ケルン共産主義者裁判の批判的パンフレット」がヨーロッパ大陸内に数千部入ることへの注意を促している。これは、一八五三年にバーゼルとボストンで出版される『ケルン共産主義者裁判の真相▼』のことであろう。こうした包囲網があったため、このパンフレットはバーゼル国境でほとんど没収されてしまうことになる。

一八七〇年代の警察報告

一八七〇年代の警察報告には、パリ警視庁のティエール▼（1797 – 1877）宛の一八七二年七月九日と一一月三日の報告、一八七一年八月一〇日と一八七二年九月一〇日の大部な報告がある。前者は七二枚、後者は三四枚の報告書である。一八七一年のパリ・コミューンの後であることがまず注目すべき点であろう。これらは、パリ・コミューンと第一インターナショナルとの関係に注目したパリ警察の報告書だからである。マルクスが第一インターナショナルの新しいトップであることを確認し、ロンドンにおける会議の様子を逐一報告している。会議におけるマルクスやアップルガース▼（1834 − 1924）の発言がしばしば引用されている。

一八七二年九月にはハーグで第一インターナショナルの大会が開催されるが、アムステルダムの警察によるマルクスのアムステルダム訪問を伝える九月七−八日の警察資料は興味深い。マルクスは、アムステルダムで講演するために九月八日日曜日、ハーグから鉄道でハーレムメーア駅に到着し、講演会場のダールストホールに向かっている。

警察資料ではないが、第一インターナショナル関係ではニューヨークのゾルゲから、マルクス宛に全権を委任するという一二月三〇日付けの手紙がある。そこでは「イギリス、ロンドン、メイトランドパーク・ロード一番に住むカール・マルクスは、これによって第一インターナショナルの最後の評議会が所有するものすべてを集め、評議会の命令に同じく従う権利を与えられる。ロンドンやそれ以外の最後の評議会すべての旧メンバーはこの命令にしたがって、先のマルクスのあらゆる本、資料、すなわちロンドンで通常開催されていた評議会に所属していたすべてのものをマルクスに送付しなければならない」と書かれてある。ハーグ会議でバクーニン派に勝利したマルクスは名実ともに第一インターナショナルの中心人物に立つことになったのである。しかし、それと同時に第一インターナショナルは終焉へ向かっていくのである。

あとがき

本書は、マルクスの伝記であり、理論の入門書でもあります。本文の部分は、ある出版社から一〇年前「マルクスを知る事典」という企画を持ち込まれ、当時一年滞在していたフランスのリヨンで大方書き上げたものです。その後眠ったままだったのですが、今回マルクス生誕二〇〇年ということで、改めて雑誌『情況』に連載していた「マルクスこぼれ話」を「エピソード」として入れ、全体を構成しなおしました。

私は今ライフワークでもある『マルクス伝』を執筆中ですが（その第一巻は一八一八年から一八四八年までを取り扱うのですが）、それはさまざまな要因で生誕２００年に間に合いませんでした。各国で大部の伝記が続々と出版されるなか、忸怩たる思いなのですが、とりあえず、その予告編として本書を出版する次第です。じきに勤務先の大学も退職するので、余った時間を伝記の完成と、マルクスの詳しい解説つきの翻訳のために、あの世に迎えられるまで捧げるつもりでいます。

今から五〇年前、生誕一五〇年の時に、私はマルクスを勉強し始めました。一九六八年のことです。マルクスブームがあったあの当時より、むしろ今の方が、マルクスの研究はやりやすくなったように感じます。あの当時はベトナム戦争反対運動、学生運動など、マルクス主義にある意味有利な条件がそろっていました。今では考えられない話ですが、学生の多くはいわゆるマルクスボーイ／ガールだったはずです。しかし、今マルクスを語る人、マルクスを学ぶ人はめっきり減少しました。

今はマルクスを自由に語れるようになったといえます。当時は、ソ連をはじめとした社会主義圏の勢いがあり、マルクスの解釈を独占していました。そしてその勢いを借りて、素朴にマルクス主義＝当時の社会主義圏の思想と考えるものが大勢いました。大学や社会には、マルクス主義の大御所といわれる人が存在し、解釈の独占権を行使していました。それは学界の中での人事権を含む権力の体系として存在していたのです。マルクス研究者として生きるには、その権威の端にくっつき、師の研究に追随することが必要でした。それにより、就職を得ることで、そうした権威は社会の変化とは別に学界の中で再生産されていったのです。

ソ連・東欧崩壊が来るまでそうした研究は何不自由なく存在し続けられたのですが、この衝撃によって一気に現実世界の厳しさを突きつけられ、皮肉にもそうした権威的マルクス主義学者といわれるものの多くが、マルクスは古い、資本主義が正しいといい出し、去っていったのです。研究者という職業的組織として再生産されていただけの研究の脆さを突きつけられたのです。もちろんこのことはマルクスという学問にとどまりません。職業としてだけの学問など、いずれにしろいつの時代にも翻弄され、時代情況に流されていくだけなのかもしれません。

私は幸いに高校入試の挫折からマルクス研究に入り、自分を反省するためにマルクスの研究を続けたということもあり、大学の権威にも迎合することもなく、ひたすら自分の問題意識に応じてマルクスを追い続けました。詳しいことは『マルクスに誘われて』（亜紀書房、二〇〇六年）に書いているので、そちらをお読みいただくことにしますが、私は党派に入ることもなく、自ら党派をつくることもなく、弟子をつくることもなく、自由に研究してきました。当時私の最大の問題は、マルクスを体現しているといわれる社会主義国は、本当に素晴らしい国なのかどうかということでした。だから私はソ連に留学したいと考えました。しかし、それがかなわず、ソ連を研究していましたが、勉強するうちソ連の息苦しさでその社会の可能性に疑問が出始め、当時盛んにもてはやされていた自主管理という思想に興味をもち、結局ユーゴスラヴィアに留学することにしました。

現実の社会主義はマルクスとどう違うのか、まさにこの点はその国で体験してみなければわかりません。やがてソ連のみならず、自主管理型社会主義も崩れさります。住んでいれば、その原因がある程度はわかる。だから私個人には、その崩壊はそれほど驚くことではありませんでした。マルクスの思想が間違っていたのか？　既存の社会主義のマルクス解釈が間違っていたのか？　これは簡単には答えられない難しい問題です。この問題を理解するには、マルクスの思想をもっと西欧の知的伝統に立ち返って考えなおさねばならないと、私は考えました。マルクスを西欧の知的伝統に置いて見る作業です。ソ連東欧は何を理解していなかったのか。留学体験は、こうした問題を考える契機となりました。

ソ連東欧の社会主義は、資本主義のグローバル化が進む前に起こったことにより、マルクスが予測したような資本主義の世界市場戦略の猛威に、実は一度も晒されてこなかったともいえます。先進資本主義国は過剰資本と過剰生産のはけ口として、それまで未発展だったアジアやアフリカ、そして社会主義圏をその市場圏に組み入れ始めます。これがいわゆる社会主義の崩壊という現象の原因です。要するに、本来の社会主義は、マルクスが仮定したような資本主義世界市場が地球を覆い尽くした後に出現するべきものだったのです。資本主義の未発展の中から生まれた社会主義は、マルクスの思想を体現できなかったといえます。となるとグローバル化の後に、マルクスの言う社会主義や共産主義は出現するはずです。

マルクス生誕二〇〇年の今年、むしろマルクスの思想は、資本主義の終焉の問題と関係して注目されているといえます。二〇〇八年のリーマン恐慌による後遺症が癒えず、いまだに経済は停滞しています。各国は再び金融緩和とカジノ的投機を始めるしかない。あり余った資本は、利潤率の低下、利子率の低下を生み出し、資本主義にとって絶対的に必要な経済成長は鈍化しています。一方で世界市場は狭隘化していきます。地球環境保全という世論の中、ひたすら成長し続ける資本主義は、われわれにとって望ましからぬ体制であるという見解もちらほら出始めています。マルクスの予言した資本主義システムの矛盾が、まさに今から始まるのだとすれば、マルクスを今もういちど振り返るという声が高まるのは、当然です。

私は、これからの時代こそマルクスの時代だと思っております。そのためにも、マルクスとはどういう人物だったか、その思想はどういうものであったかを、とりわけ若い人たちに学んで欲しいと思っております。

二〇一八年五月五日（マルクスの誕生日であり、昨年亡くなった母の誕生日でもあるこの日に筆をおく）

的場昭弘

◆初出一覧

「エピソード」はすべて『情況』に掲載されたものである。第Ⅱ部第一章と補遺1は、中央公論新社『哲学の歴史』の第9巻に書いたものを使っている。

◆本書は、20年にわたっての書き下ろしであり、表記上のユレ、人物名、地名などに若干の相違があるかもしれないことをあらかじめお断りしておきたい。

◆序　マルクスはどんな時代に生き、何を考えたか◆

◆第Ⅰ部について◆

▼**資本論**：一八六七年に刊行されたマルクスの主著『資本論』第一巻初版。
▼**ラビ**：ユダヤ教の祭事、裁判、仲裁などをつかさどるユダヤ社会の中心的人物。
▼**アシュケナージ**：一般にスペイン、北アフリカ、スペイン、ポルトガル経由で西欧に渡った人々をセファラード、ロシア、東欧経由で西欧に来たユダヤ人をアシュケナージという。
▼**『ニューヨーク・デイリー・トリビューン』**：ニューヨークで発行されていた新聞で、当時世界最大の新聞の一つであった。詳しくは、エピソード「編集者チャールズ・デナとマルクス」を参照。
▼**独立した地域でした**：詳しくは拙著『トリーアの社会史』未來社、一九八六年を参照。
▼**『ライン新聞』**：ケルンの自由主義的資本家が、保守的なカトリック新聞『ケルン新聞』に対抗して発行した新聞（一八四二－四三年）。
▼**『独仏年誌』**：詳しくは拙著『パリの中のマルクス』御茶の水書房、一九九五年、及び拙編訳書『新訳 初期マルクス』作品社、二〇一三年を参照。
▼**『フォアヴェルツ』**：一八四四年から一八四五年一月までパリで発行されたドイツ人のための新聞。
▼**民主協会**：ブリュッセルで一八四七年組織された協会。おもにポーランド独立運動支援とフランドルの民族運動を支援した。
▼**義人同盟**：正義者同盟ともいう。パリで創設された組織で、一八三九年の季節社の蜂起未遂事件以後スイスとイギリスに分かれた。
▼**共産主義者同盟**：義人同盟以後ロンドンで一八四七年に組織された同盟。
▼**『共産党宣言』**：一八四八年春出版された共産主義者同盟の宣言。詳しくは拙編訳書『新訳 共産党宣言』作品社、二〇一〇年を参考。
▼**『新ライン新聞』**：一八四八年六月から四九年の五月まで発行された新聞。編集長はマルクスであった。
▼**六月蜂起**：パリで六月に起きた労働者の蜂起。鎮圧され、革命は保守化していく。
▼**帝国主義的時代**：一九世紀後半、西欧列強は海外に植民地の拡大を始めた。それを帝国主義的時代という。
▼**労働貴族**：帝国主義化によって海外の植民地からの収奪によって豊かになった西欧の労働者のことを意味する。
▼**『金』**：ゾラ『金』野村正人訳、藤原書店、二〇〇三年。
▼**普仏戦争**：一八七〇年に起こったフランスとプロイセンとの戦争。
▼**切り裂きジャックの事件**：切り裂きジャック（ジャック・ザ・リパー）事件は一八八八年にロンドンで起こった未解決の連続殺人事件。
▼**第二の思想を生み出します**：拙著『革命再考』角川新書、二〇一七年を参照。
▼**「所有とは何か。それは盗みである」**：プルードン『貧困の哲学』上巻、斎藤悦則訳、平凡社ライブラリー、二〇一四年の冒頭の頁。
▼**フランス革命史の研究をしていました**：新メガ（*MEGAIV/2*）。

◆第Ⅱ部について◆

▼ヘーゲル左派：ヘーゲル死後、保守派のヘーゲル右派、中道派のヘーゲル中央派、急進的なヘーゲル左派に分裂した。

▼ルーゲ：『ハレ年誌』、『ドイツ年誌』などの編集者。一八四四年にマルクスと『独仏年誌』を発行する。エピソード「ブライトンのルーゲ」も参照のこと。

▼モーゼス・ヘス：後にシオニズムを展開するユダヤ系のジャーナリスト。

▼ブルーノ・バウアー：キリスト教批判と、ユダヤ教批判を行った哲学者。マルクスをボン大学講師として呼ぼうとした。

▼フォイエルバッハ：『キリスト教の本質』によって、唯物論によるヘーゲル批判の突破口を開いた。

▼『ブリュッセル・ドイツ人新聞』：一八四七年から四八年までボルンシュテットがブリュッセルで編集したドイツ人向けの新聞。

▼フェルディナント・ラサール：ドイツで社会主義者を組織した活動家。

▼カール・シャパー：大学中退以後、職人として身を立て、パリで義人同盟を創設した。

▼紹介します：詳しくは拙著『未完のマルクス』平凡社、二〇〇二年を参照。

◆第Ⅰ部　マルクスの足跡を訪ねて――マルクスとその時代◆

◆はじめに　旅人マルクス――その足跡を訪ねる◆

▼リシャールのガイドブック：拙稿「19世紀のガイドブック」宮崎揚弘編『続ヨーロッパ世界と旅』法政大学出版局、二〇〇一年を参照。

▼ロッテルダムまで下る：拙稿「19世紀ドイツ人移民の旅」宮崎揚弘編『ヨーロッパ』法政大学出版局、一九九七年を参照。

▼滞在時期をわけていました：拙稿「ヴィクトリア時代のマルクスの生活」野地洋行編『近代思想のアンビバレンス』御茶の水書房、一九九七年を参照。

▼パニッツィ：大英図書館の発展の基礎をつくったイタリアのモデナ公国からの亡命者であり、彼が館長の時代に円形大閲覧室ができた。

▼ガーネット：一六歳で父の後を継ぎ図書員になった人物で、大閲覧室の監督官であった。

▼メモ書き：新*MEGA*Ⅳ/32に掲載されている。

▼インタビュー：『シカゴ・トリビューン』一八七九年一月五号。

▼報告書です：『公衆衛生報告書』や『児童教育委員会報告書』。

▼議会報告書：いわゆるイギリス議会報告書、ブルーブックのこと。

▼配っていました：「フォン・ヴェストファーレン・マルクス主催のパーティー」と書かれた名刺であった。

▼ルーゲ夫妻：ブライトンに住んでいたルーゲに関しては、エピソード「ブライトンのルーゲ」を参照。
▼言及します：アルジェリアのマルクスに関しては、エピソード「アルジェリアのマルクス」を参照。
▼アンチ・セミティスト：文字通り反セム族という意味で、セム族であるユダヤ民族に対して敵対的な思想を意味する言葉である。
▼書いているのです：「マルクスのリオン・フィリップスへの手紙」『マルクス＝エンゲルス全集』第三一巻、三六四頁。
▼必要があるからです：ジャック・アタリ『ユダヤ人　世界と貨幣』拙訳、作品社、二〇一五年を参照。
▼マンチェスターの会社：バルメンの父が、ドイツ人のエルメンと一緒につくったエルメン・アンド・エンゲルス商会。
▼自殺します：詳しくはエピソード「ポール・ラファルグとラウラ・マルクス」を参照。Ⅰ-三-4を参照。

◆第Ⅰ部第一章　マルクスはどこに住んでいたか◆

◆Ⅰ-一-1　私の研究から◆

▼最上階の部屋でした：以下マルクスのロンドンでの生活については、拙著「ヴィクトリア時代のマルクスの生活」『近代思想のアンビバレンス』御茶の水書房、一九九七年を参照。
▼ヴィルヘルム・リープクネヒト：『モールと将軍』上巻、栗原佑訳、国民文庫、九八―九九頁。
▼それを調べます：ブリュッセルのマルクスについては拙稿「ブリュッセルとマルクス」『都市と思想家Ⅰ』法政大学出版局、一九九六年を参照。
▼到着する：アルジェリア旅行については、エピソード「アルジェリアのマルクス」を参照。

◆Ⅰ-一-2　トリーア　生まれ故郷の様子　教育、宗教、文化◆

▼リオン・フィリップス：ザルツボンメルのユダヤ人商人。エピソード「マルクスとオランダとの関係」を参照。
▼卒業でした：詳しくは拙著『トリーアの社会史』（前掲書）を参照。

◆Ⅰ-一-3　長い大学時代　ボンとベルリン◆

▼ガンス教授：ヘーゲル学派の一人。マルクスはその刑法の講義を聴いて、大きな影響を受けた。

◆Ⅰ-一-4　ジャーナリスト生活の始まり◆

▼グスタフ・メヴィッセン：ケルンの銀行家で政治家。

▼ルドルフ・カンプハウゼン：銀行家で政治家、一八四八年プロイセンの首相となる。
▼アドルフ・ルーテンベルク：ドクトルクラブの一員で、マルクスの友人。

◆I-一-5　新しい世界を求めて◆

▼ルイ・フィリップ：一八三〇年七月革命によって王位についたオルレアン家出身の国王。
▼オーギュスト・ブランキ：生涯の大半を獄中で過ごした革命家。
▼ムハメド・アリ：オスマンの属州エジプトの君主。
▼一揆：シュレジアの織布工が賃上げ要求のために起こした一揆。
▼サント・ペラジー監獄：政治犯を収容していたパリの監獄。

◆I-一-6　追放生活◆

▼孤立化政策：一八四〇年代の戦争危機によってフランスは、イギリスとプロイセンと対立した。
▼チャーティスト：イギリスの議会改革運動、憲章（チャート）を掲げたことからそう呼ばれた。
▼ピータール事件：一八一九年八月一六日マンチャスターのピータース・フィールドで起こった労働者と警官隊の衝突事件。
▼ボルンシュテット：フランスとベルギーでマルクスの近くにいた人物で、ドイツのスパイであったといわれている。

◆I-一-7　革命の中◆

▼勾留されてしまいます：詳しくは拙著『フランスにおけるドイツ人』御茶の水書房、一九九五年参照。
▼ラーシュタット：一八四九年五月一一日のこの要塞での連邦軍兵士の反乱が革命臨時政府の成立のきっかけになる。

◆I-一-8　ロンドンでの生活◆

▼細かいことがわかります：拙稿「ヴィクトリア時代におけるマルクス家の生活」『近代思想のアンビバレンス』御茶の水書房、一九九七年とA・ブリッグス『マルクス・イン・ロンドン』大内秀明監修、社会思想社、一九八三年を参照。
▼二〇〇-一〇〇〇ポンドとなります：前掲の拙稿、二八七頁を参照。

◆第二章　マルクスの旅◆

◆I-二-1　社会運動の旅◆

▼ヴィンディシュ=グレーツ：オーストリア帝国の将軍。
▼イエラチッチ：クロアチアの領主。

◆I - 二 - 2　新婚旅行の旅◆

▼ライングラーフェンシュタイン：一三六メートルの高さを誇る滝。

◆I - 二 - 3　読書の旅◆

▼ベルニエ：フランス人の医師、哲学者。『ムガル帝国誌』は当時のムガル帝国を知るうえで貴重な資料。
▼サイード：エドワード・サイード（1935 - 2003）。パレスチナ系アメリカ人の学者。オリエンタリズム、ポストコロニアリズム理論の提唱者。
▼ラッフルズ：また詳しくは、エピソード「マルクスとラッフルズ」を参照のこと。

◆I - 二 - 5　療養の旅◆

▼ヨウ、セツ：本書、エピソード「マルクスは何を買っていたのか、どんな病気であったのか」、拙稿「マルクスの病」『新マルクス学事典』、病気については、Renault, Felix, Les maladies de Karl Marx, *Revue Anthropologique*, 1933. 精神状況については、Kuenzli, A., *Karl Marx.Eine Psychographie*, Europa Verlag,Wien, 1966 を参照。
▼写真です：実は写真は残っていません。

◆I - 二 - 6　『資本論』の旅◆

▼ビスマルク：当時、ドイツを統一に導いたその辣腕から「鉄血宰相」とあだ名された。
▼クーゲルマン博士：マルクスが信頼していた医者であり、活動家。マルクスとはかなり頻繁に手紙のやりとりをしていた。詳細は「クーゲルマン」『新マルクス学事典』を参照。

◆I - 二 - 7　遺産の旅◆

▼エドゥアール・マネ：一九世紀フランスを代表する画家。
▼フランツ・リスト：現在のドイツなどヨーロッパ各地で活躍したピアニスト・作曲家。

◆第三章　家族、友人との旅◆

◆Ⅰ-三-1　エンゲルスの旅◆

▼『新ライン新聞-政治経済評論』：マルクスがロンドンに移って始めた月刊雑誌で、六号しか続かなかった。

▼シラー協会：エンゲルスが会長をしていたイギリス・マンチェスター在住のドイツ人の社交組織。当時マンチェスターには二〇〇〇人あまりのドイツ人が滞在していた。

▼アルバート・クラブ：マンチェスターのブルジョワの集まる社交クラブ。

▼ドイツ社会民主党：今も続く、社会主義政党。現在はマルクス主義を放棄した政党である。

▼カウツキー：マルクスの死後、第二インターナショナルで活躍した理論家。一時は、彼の影響のもと、マルクス主義は広がった。ロシア革命時には、レーニンに、「修正主義者」として名指しで批判され、権威は失墜する。

◆Ⅰ-三-2　祖先の旅◆

▼ブラウンシュヴァイク公：ブラウンシュヴァイク（1721-1792）。ハノーファー地域を治めていた領主。

▼名家アーガイル家：十五世紀のダンカン・キャンベルに始まるイギリスの公爵家。

◆Ⅰ-三-4　娘たちの旅◆

▼人民戦線：一九三六年から一九三七年までフランスで存続した「反ファシズム」を掲げた社会党、急進社会党、共産党など諸政党の連合政権。

▼ヴァカンス法：一九三六年人民戦線内閣の下で成立した長期休暇に関する法律。

▼発生します：メーデーは一八八六年五月シカゴで起きた事件から労働者の祝日となる。日本を除く多くの国では祝日である。

▼クルプスカヤ：レーニンの妻で、ソ連の政治家、教育家。レーニンの死までレーニンを支えた。

▼マイヨール：二〇世紀末から二〇世紀前半まで活躍したフランスの彫刻家、画家。オーギュスト・ロダン、アントワーヌ・ブールデルとともに当時を代表する彫刻家である。

▼マイケル・フォスター：イギリスの医者。ケンブリッジ大学の生物学、生理学の発展に寄与した。

◆第Ⅱ部　マルクスは何を考えたか――マルクスの思想と著作

◆第一章　哲学に関する著作◆

▼『レーニンと哲学』：Althusser,L.,*Lenine et Philosophie*,Maspeno,Paris,1970 の冒頭。

▼唯物論弁証法：現実社会の動きを対立と矛盾の弁証法から説明する方法。

◆Ⅱ-一-1『デモクリトスとエピクロスの自然哲学の差異』（一八四一年）◆

▼クリナメン：原子の運動が軌道を外れることがあるという議論。

◆Ⅱ-一-3『経済学・哲学草稿』（一八四四年四月―七月執筆『パリ草稿』ともいわれる）◆

▼フォイエルバッハの感性的人間：感性的人間とは、観念の世界ではなく、感覚的に感じられる現実の世界の人間のこと。

◆Ⅱ-一-4「フォイエルバッハの一一のテーゼ」◆

▼マシュレ：マシュレ「資本論の叙述過程について」『資本論を読む』今村仁司訳、上巻、ちくま文庫、一九九七年を参照。

◆Ⅱ-一-5『ドイツ・イデオロギー』（一八四五―四六年執筆）◆

▼国家イデオロギー装置：現状世界を満足させる教育などの装置。詳しくは、Ⅱ-二-2を参照。

▼スピノザ的論理：内的弁証法の論理に対する外的な発展原理。詳しくは、拙著『もう一つの世界がやってくる』世界書院、二〇〇九年を参照。

▼物象的関係：人間と人間の関係が貨幣を介して物と物との関係に変わること。

▼物象化理論：廣松渉は、『エンゲルス論』盛田書店、一九六八年、『マルクス主義の成立過程』至誠堂、一九六八年、『マルクス主義の地平』勁草書房、一九六八年の三冊によってマルクス主義研究に大きな波紋を投げかけた。

▼現実的な運動である：『新編輯版ドイツ・イデオロギー』廣松渉編訳、小林昌人補訳、岩波文庫、二〇〇〇年、七一頁。

◆第二章――政治に関する著作◆

▼国民公会：一七九二年から一七九五年まで存在した立法権、行政権をもつ議会。

▼ルヴァスール・ド・サルトの『回想録』：Levasseur René, *Memoires*, Paris, 1829-31.

◆Ⅱ-二-1『フランスにおける階級闘争』◆
▼六月蜂起：一八四八年六月二三日から二五日にかけてパリの東、サン＝タントワーヌ地区で起こった労働者の蜂起。
▼誘導警備隊：一五歳から二四歳までの若者からなる警備隊。

◆第三章　経済に関する著作◆

◆Ⅱ-三-1『哲学の貧困』（一八四七年ブリュッセルで出版されたフランス語で書かれたマルクス最初の単著）◆
▼社会的必要労働時間：『資本論』で展開される概念。ある商品を生産するのに必要とされる平均的な労働時間のこと。
▼アソシアシオン：労働者が所有と経営に参加する組織。

◆Ⅱ-三-4『賃労働と資本』（一八四九年四月『新ライン新聞』に五回にわたり連載された）、『賃金、価格および利潤』（一八六五年インターナショナルの中央評議会で行った講演草稿で、娘エレナーによって刊行された）◆
▼産業予備軍：資本がうまく稼働するために必要な失業者。
▼ジョン・ウェストン：第一インターナショナルのメンバー。

◆第四章　ジャーナリストとしての著作◆

▼『パリの秘密』：一八四二年から四三年まで連載されると同時に反響を呼んだ、ロマネスク風の暗黒小説。当時の民衆の悲惨な実情をセンチメンタンリズム仕立てで描き、フランス七月王政下大ベストセラーとなる。
▼フランツ・フォン・チヒリンスキー：ヘーゲル左派の人物。
▼コンスタン：スイス生まれの政治家であり、思想家。当時の代表的な自由主義者。ナポレオンに強く反対した。マルクスは、『ブリュメール一八日』で、ブルジョワ階級の代弁者としている。
▼シャトーブリアン：フランスロマン主義の先駆者。政治家でもあった。最高級ステーキの名前の由来でもある。
▼取るというものでした：拙稿「検閲制度」『新マルクス学事典』（前掲書）を参照。

◆Ⅱ-四-1『ライン新聞』（一八四二年から一八四三年まで寄稿）◆
▼フォン・シャパー氏：義人同盟の創設者。のち共産主義者同盟への組織改編を精力的に行った。

◆Ⅱ-四-2『フォアヴェルツ』(一八四四年)◆

▼ケニス事件:ケニス事件は一八四一年九月一三日に起こった事件で、ドイツ人二人が参加していた。

◆第五章 政治活動家としての著作◆

▼コンシデラン:フーリエの弟子。フーリエの思想の普及に力を入れた。

◆Ⅱ-五-2 第一インターナショナル◆

▼ジュラ派:ジュラ連合。最終的にコミューン(自治体)の連合をめざしたアナーキストの団体。権威化する総評議会を批判。また、国家の政治権力の奪取という発想自体を否定した。

◆Ⅱ-五-4『亡命者偉人伝』、『フォークト氏』、『ケルン共産主義者裁判の真相』◆

▼カール・シュルツ:活動家、思想家。ドイツの民主化と統一に力を注ぐ。その唯物論的な歴史観は、マルクスに多大な影響を与えた。

◆補遺1 エンゲルスについて◆

▼信頼していただきたい:エンゲルス「プタペシュトのアルバイター・ヴォッヘン・ワロニークおよび『ネープサヴァ』編集部へ」『マルクス=エンゲルス全集』第二二巻、八五-八六頁。

▼彼自身もそうするであろう:エンゲルス「カール・マルクス『ゴータ綱領批判』への序文」『マルクス=エンゲルス全集八七頁。

▼パンフレットである:エンゲルス「カール・マルクス『貨幣と資本』(一八九一年)への序文、『マルクス=エンゲルス全集第二二巻』二〇九頁。

▼エンゲルス第一バイオリン説:一八四〇年代前半、経済学の研究や遺物論の研究において、エンゲルスの方が、マルクスをリードしていたという説。

▼転倒されていた:『空想から科学へ』『マルクス=エンゲルス全集』一九巻、二〇三頁

▼唯物論に他ならず:『フォイエルバッハ論』『マルクス=エンゲルス全集』二一巻、二七七頁

▼哲学一般が終る:前掲書、二七四頁

▼科学となった:前掲書、二九七頁

▼発見することである:前掲書、三〇二頁

▼論理学と弁証法だけである:前掲書三一一頁

◆補遺２　マルクスの遺稿◆

▼社会史国際研究所：アムステルダムにある労働運動を中心とした研究所。詳しくは拙著『未完のマルクス』参照。

▼モスクワ：ロシア現代史研究所に所蔵されている（マルクス・レーニン主義研究所のマルクス・エンゲルス関係の資料は移転された）。

▼『カール・マルクス、フリードリヒ・エンゲルス、フェルディナント・ラサールの学問的遺産から』：Mehring,F.,hrsg.,*Aus dem literarischen Nachlass von Karl Marx*, Stuttgart, 1902

▼『マルクス＝エンゲルス往復書簡集一八四四年―一八八三年』：*Der Briefwechsel zwischen Friedrich Engels und Marx*

▼妻：ルイーゼ・フライベルガー（1860 – 1950）のこと。

▼『マルクス伝』：*Karl Marx. Geschichte sense Lebens*,Leipzig,1918（『マルクス伝』国民文庫、一九七四年）

▼『マルクス＝エンゲルス全集』：一九二七年から出版された最初の全集で、一九三五年までに全一三巻が刊行された。一般にメガといわれる。

▼アルヒーフ：ベルリンの社会民主党アルヒーフのこと。

▼属しています：拙著『未完のマルクス』平凡社、二〇〇二年参照。

◆補遺３　マルクス全集の編纂◆

▼『ダーウィンの理論』：*Die Darwimische Theorie*,1887.

▼『女性と社会主義』：*Die Frau und der Sozialismus*,Zürich,1879

▼ディーツ：一八八一年ディーツが創設したドイツ社会民主党の出版局。

▼大原社会問題研究所：大阪にあった社会問題を専門とする研究所で、現在法政大学の付属研究所である。

▼高野岩三郎：東大教授を辞して大原社会問題研究所の所長となる。

▼追われる事件：一九二七年一二月に起きた人民戦線事件で検挙された。

▼『カール・マルクス著作集』：*Karl Marx Oeuvres*,Bibliothéque de la Pleiade,Tomes 1-4,Paris,1968-1994.

▼コスト版：ジャック・モリトールの個人訳を出している出版社。

▼エディシオン・ソシアール版：フランス共産党の出版部。一九九六年に倒産後、独立した。

▼『フォルクスカレンダー』（一八七八年）：Engels,Marx,Volkskalender,1878.

▼『国家学事典』（一八八九―一九九四）：Engels,Marx,*Handwoerterbuch der Staatswissenschaften*,1889-1894.

▼『ドイツ共産主義の英雄――カール・マルクス氏に捧ぐ』：Karl Heinzen,*Die Helden der teutsche Kommunismus. Dem Herren K.Marx gewidmet*, Bern,1848.

▼『マルクスとエンゲルスという将来のドイツ人独裁者についての味わい』：Mueller-Tellering,*Vorgeschmack in die kuenftige deutsche Diktatur von Marx and Engels*

▼『**近代社会主義—カール・マルクス、インターナショナル、ラサール、ドイツ社会主義者たち**』：Jaeger,E.,*Der Moderner Sozialismus*,Berlin,1873.

▼**（一八七三年）**：Kerdijk.A.,*Maenner van Betekenis en onze dagen,Karl Marx*,Harlem,1879.

▼**一八八一年に掲載した論文**：Bax,E.,Leaders of Modern Thought XXIII,Karl Marx,*Modern Thought*,3,Dec.,1881

◆補遺4マルクス以後のマルクス主義◆

▼**エルフルト綱領**：一八九一年一〇月の党大会で採択された規約。

▼**一九一七年革命が起こります**：拙著『革命再考』角川新書、二〇一七年。

▼**ブハーリン**：スターリンによって処刑された農業発展から工業発展へ進むことを主張した右派の論客。

▼**プレオブラジェンスキー**：スターリンによって処刑された、工業化を優先する左派の人物。

▼**ハンガリー動乱**：一九五六年スターリン体制に対して立ち上がった反乱。

▼**フランクフルト社会研究所**：ユダヤ人がフランクフルトに設立した研究所。初期はマルクス研究と関係が深かった。

▼**解放の神学**：中南米のマルクス主義の中にある、キリスト教とマルクス主義との混交。

▼**サバティスタ運動**：メキシコのサバタ主義に始まる民族解放闘争。

▼**再生産表式**：『資本論』第二巻にある総資本の再生産を生産財生産部門と消費財消費部門に分けて分析したマクロ分析。

▼**久留間鮫造**：価値形態論で名を馳せた研究者。

▼**遊部久蔵**：戦後の価値論争の火付け役の一人。

▼『**歴史の終わり**』：Francis Fukuyama,*The End of History and last man*,1992.『歴史の終わり』渡辺昇一訳、三笠書房、一九九二年。

▼『**文明の衝突**』：Samuel Hunchinton,*The Clash of civilization and the remaking of world order*,1991.『文明の衝突』鈴木主税訳、集英社一九九八年。

▼『**〈帝国〉**』：Antonio Negri and Michael Hardt,*Empire*,2000. 水嶋一憲ほか訳、以文社、二〇〇三年。

▼**ないでしょうか**：資本主義の終焉を考える最近の文献としては、拙著『マルクスとともに資本主義の終わりを考える』亜紀書房、二〇一四年、Michael Roberts,The long depression,Chicago,2016.Anwar Shaikh,*Capitalism:Competition,Conflict Crise*,Oxford,2016.Wolfgang Streck,*How will capitalism end?*Verso,London,New York,2016. などがある。主に利潤率の傾向的低落の法則から資本主義の衰退の問題を扱っている。

◆【エピソード2】マルクスとアメリカ南北戦争◆

▼**出てくる**：マルクスの国籍離脱問題については拙稿「マルクスのプロイセン国籍離脱に関する書簡」『社会思想史の窓』第四号、一九八八年参照。

▼**ヴァイトリング**：ヴィルヘルム・ヴァイトリングは、職人としてパリで義人同盟に参加、のちにスイスへ亡命し、マルクス・エンゲルスと対立後、アメリカへ渡る。

▼**ハインツェン**：カール・ハインツェンは、マルクスと対立した後、アメリカで新しい組織を立ち上げる。

▼**ヴァイデマイヤー**：ヨゼフ・ヴァイデマイヤーはアメリカに渡って以後もマルクスと親交があった。

▼**カール・シュルツ**：四八年革命以後アメリカに渡り、南北戦争で活躍する。

▼**ヘンリー・ケアリ**：イギリスの自由貿易政策を批判し、保護主義を主張した。

▼**ヘンリー・ジョージ**：アメリカの作家、政治家、経済学者。私的所有をベースとした土地単税を唱えた「ジョージズム」の提唱者。当時一世を風靡した主張であった。

▼**ゾルゲ**：フリードリヒ・ゾルゲは第一インターナショナルのニューヨーク支部の代表。

▼**『カール・マルクス――アメリカと南北戦争』**：Karl Marx On America and the Civil War 1972.

▼**『ディ・プレッセ』**：一八四八年にウィーンで発行された新聞。

▼**グリーリー**：一八四一年グリーリーは『ニューヨーク・デイリー・トリビューン』を創刊した。

▼**去勢してしまっている**：(『ニューヨーク・デイリー・トリビューン』一八六一年一〇月二一日『マルクス＝エンゲルス全集』第一五巻、三〇三頁)

▼**目前にせまっている**：『マルクス＝エンゲルス全集』前掲書、五〇一頁。

◆【エピソード３】マルクスは何を買っていたのか、どんな病気であったのか◆

▼**家計簿の類ではない**：これについては、野地洋行編『近代のアンビバレンス』(御茶の水書房)の中の拙稿「ヴィクトリア時代のマルクス家の生活」を参照。

▼**請求書である**：アムステルダム社会史国際研究所所蔵マルクス＝エンゲルス遺稿E

▼**フリードリヒ・レスナー**：ザクセン出身の仕立て職人、第一インターナショナルで活躍する。

▼**『ダス・フォルク』**：エピソード「ドイツ人社会の発行した新聞について」参照。

▼**カール・ブリント**：バーデン蜂起の後、マルクスとともにロンドンに到着し、「モーニング・アドヴァタイザー」の記者となる。

▼**皮膚病などもあった**：『新マルクス学辞典』弘文堂、二〇〇〇年の拙稿「マルクスの病」、「マルクスの療養」参照。

▼**『カールスバートのマルクス』**：Egon Ervin Kisch,*Marx in Karlsbad*,,1953.Gemkow,H.,*Karl Marx' letzer Aufenthalt in Deutschland als Kurgast in Bad Neuenahr* 1877,Wuppertal.

▼**『アルジェとコートダジュールからの手紙』**：Karl Marx,Lettres d'Algier et de la Cote d'Azur,traduit et presentépar Gilbert Badia,1997; Hans Krysmanski,*Die Ketzte Reise des Karl Marx*, 2014.

◆【エピソード４】東ドイツの中のマルクス◆

▼**『タッシー』**：Wessel,Herald,*Tussy*,Verlag fuer Frau,DDR,Leipzig,1971.

◆【エピソード6】マルクスの結婚とクロイツナハ◆

▼**フリードリヒ・ケッペン**：ケッペンは、ベルリン時代のマルクスの友人で、『フリードリヒ大王とその敵対者』という書物を出版した。

▼**ザヴィニー**：歴史法学の代表的論客。

▼**マフレッド・クリーム**：Kliem,M,*Karl Marx und die Berliner Universität* 1837 bis 1842,Berlin,1983.

▼**シャミッソー**：当時有名だった詩人兼作家。

▼**まくしたてた**：拙著『トリーアの社会史』参照。

◆【エピソード7】パンと恋と革命◆

▼**ゲオルク・ヴェールト**：詳しくは高木文夫『ヴェールとイギリス』大学教育出版、二〇一四年参照。

▼**遠い親戚だったという**：Zemke Uwe, *Georg Weerth* 1822-1836,Droste, Düsseldorf, 1989.

◆【エピソード9】一八五〇年代のロンドンの生活　マルヴィダ・マイゼンブーク◆

▼**描いている**：ローズマリー・アシュトン『ロンドンのドイツ人』拙訳、御茶の水書房、二〇〇一年参照。

▼**渡った**：自伝としてMalwida Meysenbug,Memoiren einer Idealistin,2vols.,1875がある。

▼**Rome, p.5**：マルヴィダの伝記については、Vinant, Gaby, *Un Esprit cosmopolite au XIXe Siecle Malwida de Meysenbug*（1816-1903）.Sa vie et ses amis, Paris, 1932; Schleicher, Bertha, Malwida von Meysenbug. *Ein Lebensbild zum hundertsen Geburstag der Idealistin*. Berlin, 1916. を参照。

◆【エピソード10】マルクスとオランダとの関係◆

▼**不明である**：『新訳初期マルクス』作品社、二〇一三年参照。

▼**知り合うのである**：Gielkens,Jan,*Karl Marx und seine niederlaendischen Verwandte*,Schirften aus dem Karl-Marx-Haus,Nr.50,1999と拙稿「オランダの中のマルクス」『JCCかわら版』アムステルダム、*No.137*参照。

▼**救うことになる**：最近の研究では、イェニーの義兄フェルディナント・ヴェストファーレンの方から、マルクス家に支援があったことがわかっている。Wolfgang Waldner,*Der preussische Regierungsagent Karl Marx*,2009.とHecker,R.,Rimmroth,A., hrsg.,*Jenny Marx.Die Brife*,Dietz,2014.

◆【エピソード12】アルジェリアのマルクス◆

▼**チャールズ・デナ**：編集者チャールズ・デナと「マルクス」を参照のこと。

▼**ドンキン**：オックスフォードで神経学を学んだ医者で、エレナー・マルクスを通じてマルクス家のホームドクターになった。

◆【エピソード13】ブライトンのルーゲ◆

▼**ドゥンカー**：ドイツの出版社。マルクスは一八五九年ここから『経済学批判』出版した。

▼**コッタ**：ヨハン・コッタ（1764-1832）。『アウクスブルク・アルゲマイネ新聞』を出していた出版社。

▼**ブロックハウス**：ドイツの百科事典を出版していた出版社。

▼**アルビオン・クラブ**：当時ロンドンにあったクラブ。

◆【エピソード14】イェニー・マルクスの生まれ故郷ザルツヴェーデル◆

▼**『ブラウンシュヴァイク=リュネブルク公フェルディナントの秘書官、ヴェストファーレン』**：Ferdinad Westphalen,*Westphalen der Sekretar des Herzog Ferdinand von Braunshweig* Luneburg,Berlin,1866.

▼**『偉大なる炎の時代』**：Krosigk L.,*Die Grosse Zeit des Feuers*,Tüebingen,1956.

▼**『イェニー・マルクス』**：Krosigk, L., Jenny Marx, Wuppertal, 1976.

◆【エピソード15】リサガレとエレナー・マルクス◆

▼**『一八七一年のパリコミューンの歴史』**：Lissagaray,Olivier,*Histoire de la commune de 1871*,Bruxelles,1876.

◆【エピソード16】マルクスの「自殺論」と『ゲゼルシャフツ・シュピーゲル』◆

▼**『ゲゼルシャフツ・シュピーゲル』**：*Gesellschafsspiegel* 一八四五年と一八四六年に得るバーフェルトで刊行された雑誌。主に現実の社会問題が取り扱われている。

▼**『パリ警察庁アルシーヴより記録』**：Jacques Peuchet,*Archivea la Prêfecture de Police* Paris,Paris,1838.

▼**『ナポレオン事典』**：Jean Tulard,*Dictionnaire Napoleon*,Fayard,1999.

▼**スタール夫人**：フランスの財務大臣ネッケルの娘で、『ドイツ論』を執筆している。

◆【エピソード17】ドイツ人社会の発行した新聞について◆

▼**『ダス・フォルク』**：ロンドンのドイツ人労働者協会の機関誌『ノイエ・ツァイト』をビスカンプが改題した新聞。

▼**『ヘルマン』**：ゴットフリート・キンケルの新聞。

▼**『ディ・ノイエ・ツァイト』**：ロンドンのドイツ人労働者新聞の機関誌。

▼**『ブルックマンの旅行ガイドブック』**：*Bruckmann's Reisebibliothek.London und seine Umgebung*,Stuttgart,1862.

▼**『エレナー・マルクス』**：Yvonne Kapp,Eleanor Marx,2vols.,1972-1976.

◆【エピソード18】マルクスのインド論◆

▼**思わざるをえない**：的場昭弘編『マルクスを再読するシリーズ』五月書房、二〇〇七年参照。

▼**ヴィットフォーゲル**：カール・ヴィットフォーゲル。フランクフルト学派の人物であり、アジア・東洋、特に中国の研究で知られ、「アジア的専制政治」概念で知られる。

◆【エピソード19】編集者チャールズ・デナとマルクス◆

▼**『プルードンと「人民銀行」』**：Dana, Charles, Proudhon & his “Bank of the people”, Chicago, 1974.

◆【エピソード20】バクーニンのスパイ問題◆

▼**『新ライン新聞』事件**：Wolfgang Eckhart,Bakunin Marx und George Sand,Die Affaire”（1848）,Neue Rheinische Zeitung.

▼**『ルヴュー・アンデパンダント』(1841-1848)**：ジョルジュ・サンドとピエール・ルルーがパリで刊行していた雑誌。

▼**アバス通信**：一八三五年アヴァス（1783-1858）によって創設されたフランスの通信社、AFPの前身。

▼**エヴァーヴェック**：パリの義人同盟のメンバー

▼**アークハート**：デヴィッド・アークハート（1805-1877）。スコットランド出身の外交官で、イギリス議会の議員。

▼**『モーニング・アドヴァータイザー』**：*Morning Advertiser*, 一七九四年に発刊され、現在も継続中の新聞。

▼**ニコライ一世**：ロシア皇帝。専制的な姿勢で知られ、徹底的に運動家を弾圧し、当時「ヨーロッパの憲兵」といわれた。

▼**ドレスデン蜂起**：一九四八年、ドイツ三月革命、最後の蜂起。

◆【エピソード21】フランス政府の資料とマルクス・エンゲルスのブリュッセル時代◆

▼**『一八四八年頃の国際的民主主義活動の断片』**：Grandjonc, J und Pelger, H..hrsg, Fragmente zu internationalen demokratischen Akitivtaeten in 1848, Schriften zur Karl-Marx-Haus,Nr.48,Trier,2000.

◆【エピソード22】ポール・ラファルグとラウラ・マルクス◆

▼**『怠ける権利』**：Paul Lafargu,Le Droità la paresse. ラファルグ『怠ける権利』田村晋也訳、平凡社ライブラリー、二〇〇八年。

▼**国際社会主義万歳！**：Jacque Mace,*Paul et Lafargue :du droit à la paresse au droit de choisir sa mort*,L'Harmatin, 2001.

▼**すべてはきちんとしていた**：Courrier de la Presse,12,Nov.

◆【エピソード23】マルクス・エンゲルス遺稿の中の警察報告◆

▼**ジークフリート・ヴァイゲル**：Siegfried Weigel,*Der negative Marx,Marx in Urteil seiner Zeitgenossen*,Stuttgart,1976.

▼『体験記』：Heinzen,K.,*Erlebtes vor meiner Exilirung*,2Bde.,1874.

▼『思い出』：Carl Schurz,Lebenserinnerungen,1907.

▼ステファン・ボルン『一八四八年革命の思い出』：Stephan Born,*Erinnerungen eines Achtundvierzig*,Berlin/Bonn,1898.

▼『「アルゲマイネ新聞」に対する私の裁判』：Vogt.*Mein Prozess gegen die Allgemeine Zeitung*,1859.

▼『共産主義者同盟―ドキュメントと資料』：Der Bund der Kommunisten.Dokumente und Materialien,3Bde,Berlin,1970-84.

▼『マルクスとエンゲルスの同時代人』：Koszyk und Obermann,*Zeitgenossen von Marx und Engels*, Campus Verlag,1975.

▼アドラー編『秘密報告集』（二巻、一九七七、一九八一年）：Adler,H.,hrsg.,*Literalische Geheimberichte*,2Bde.Koeln,1981.

▼『ケルン共産主義者裁判の真相』：Enthuellungen ueber der Kommunisten-Prozess zu Koeln

▼ティエール：Adolphe Thiers（1797-1877）。パリコミューンの後第三共和制の最初の大統領となる。

▼アップルガース：イギリスの指物組合の指導者。ほかのイギリス人とちがって第一インターナショナルを離れなかった。

◆マルクスを知るために読んでほしい参考文献

青木考平『コミュニタリアン・マルクス』社会評論社、二〇〇八年

アシュトン、ローズマリー『ロンドンのドイツ人』(的場昭弘、大島幸治訳)御茶の水書房、二〇〇一年

アタリ、ジャック『世界精神マルクス』(的場昭弘訳)藤原書店、二〇一四年

アンダーソン、ケヴィン『周縁のマルクス』(平子友長他訳)社会評論社、二〇一五年

イリイーナ、エレーナ『マルクスの青春』(西本昭治訳)徳間書店、一九七七年

石塚正英『三月前期の急進主義』長崎出版、一九八三年

内田弘『『経済学批判要綱』の研究』新評論、一九八二年

ウィーン、フランシス『カール・マルクスの生涯』(田口俊樹訳)朝日新聞社、二〇〇二年

ウルフソン、M『ユダヤ人マルクス』(堀江忠男訳)新評論、一九八七年

大内兵衛『マルクス・エンゲルス小伝』岩波新書、一九六七年

大谷禎之助『図説社会経済学――資本主義とはどのようなシステムか』桜井書店、二〇〇一年

大村泉他『ポートレートで読むマルクス』極東書店、二〇〇五年

カー、E・H『カール・マルクス』(石川良平訳)未來社、一九五六年

カーヴァー、テレル『マルクス事典』(村上隆夫訳)未來社、一九九一年

カーヴァー、テレル『マルクスとエンゲルスの知的関係』(内田弘訳)世界書院、一九九五年

カルトゥーフェン、プファイファー『戯曲マルクスの生と死』(山崎八郎訳)労働大学、一九七八年

ゲムコウ編『カール・マルクス』(土屋保男訳)大月書店、一九七二年

小牧治『思想と伝記 カール・マルクス』清水書院、一九六七年

向坂逸郎『マルクス伝』新潮社、一九六一年

佐々木力『マルクス主義科学論』みすず書房、一九九七年

ジルー、フランソワーズ『イェニー・マルクス』(幸田礼雅訳)新評論、一九九五年

杉原四郎『マルクス経済学の形成』未來社、一九六九年

杉原四郎、佐藤金三郎『資本論物語』有斐閣、一九七五年

杉原四郎『マルクス・エンゲルス文献抄』未來社、一九七二年
スパーバー、ジョナサン『カール・マルクスの生涯』（小原淳訳）上下巻、白水社、二〇一五年
セレブリャコワ『プロメテウス 小説マルクスエンゲルスの生涯』全一六巻、新日本出版社、一九八五年
田端稔『増補版マルクスとアソシエーション』新泉社、二〇一五年
デーメツ、ペーター『マルクス、エンゲルスと詩人たち』（舟戸満之訳）紀伊國屋書店、一九七二年
デリダ、ジャック『マルクスの息子たち』（国分功一郎訳）岩波書店、二〇〇四年
デュラン、ピエール『人間マルクス』岩波新書、一九六七年
都筑忠七『エレノア・マルクス1855－1898』みすず書房、一九八四年
ハーヴェイ『資本の〈謎〉──世界金融恐慌と21世紀資本主義』（森田成也・他訳）作品社、二〇一二年
バーリン、I『カール・マルクス』（倉塚平、小箕俊介訳）中央公論社、一九七四年
平田清明『市民社会と社会主義』岩波書店、一九六九年
廣松渉『青年マルクス論』平凡社、一九七一年
廣松渉『マルクスの思想圏』朝日出版社、一九八〇年
フォーナー、P・S編『マルクスは死んだ』（白河兼悦訳）未來社、一九八三年
フォスター、ベラミ『マルクスのエコロジー』こぶし書房、二〇〇四年
ブロッホ『マルクス論』（船戸満之、野村美紀子訳）作品社、一九九八年
マイエール、コリンヌ著、シモン、アンヌ画『マルクス漫画講座』（的場昭弘監修、中島春菜訳）いそっぷ社、二〇一五年
マクレラン、デヴィッド『マルクス伝』（杉原四郎他訳）新評論、一九七六年
的場昭弘『一週間de資本論』NHK出版、二〇一〇年
的場昭弘『革命再考』角川新書、二〇一八年
的場昭弘『新訳 共産党宣言』作品社、二〇一〇年
的場昭弘『新訳 初期マルクス』作品社、二〇一三年
的場昭弘『超訳資本論』全三巻、祥伝社新書、二〇〇八－二〇〇九年
的場昭弘『トリーアの社会史』未來社、一九八六年
的場昭弘『パリの中のマルクス』御茶の水書房、一九九五年
的場昭弘『21世紀から見る資本論』NHK出版、二〇一

一年
的場昭弘『ネオ共産主義論』光文社新書、二〇〇五年
的場昭弘『フランスの中のドイツ人』御茶の水書房、一九九五年
的場昭弘『マルクスだったらこう考える』光文社新書、二〇〇四年
的場昭弘『マルクスとともに資本主義の終わりを考える』亜紀書房、二〇一四年
的場昭弘『マルクスを再読する』角川文庫、二〇一七年
的場昭弘『未完のマルクス』平凡社、二〇〇二年
的場昭弘、佐藤優『復権するマルクス』角川新書、二〇一五年
的場昭弘他編『新マルクス学事典』弘文堂、二〇〇〇年
M・E・L・研究所『マルクス年譜』（岡崎次郎、渡辺寛訳）青木書店、一九六〇年
マルクス・カテゴリー事典編集委員会編『マルクス・カテゴリー事典』青木書店、一九九八年
マンデル、エルネスト『カール・マルクス』（山内、表訳）河出書房新社、一九七一年
メーリング、フランツ『マルクス伝』（栗原佑訳）国民文庫、一九七四年
望月清司『マルクスの歴史理論』岩波書店、一九七三年
芳谷圭児『劇画マルクス』エンタプライズ、一九八一年
山之内靖『受苦者の眼差し』青土社、二〇〇四年
山之内靖『マルクス・エンゲルスの世界史像』未來社、一九六九年
吉本隆明『カール・マルクス』光文社文庫、二〇〇六年
良知力『ヘーゲルと初期マルクス』岩波書店、一九八七年
良知力『マルクス批判者群像』平凡社、一九七一年
リュベル、マクシミリアン『マルクスにおける経済学の形成』（吉田静一訳）未來社、一九七七年
リュベル、マクシミリアン『マルクスに帰れ』（角田四郎訳）こぶし書房、二〇一〇年
ルイス、ジョン『マルクスの生涯と思想』（玉井茂他訳）法政大学出版局、一九七四年
ルフェーヴル、アンリ『カール・マルクス』（吉田静一訳）ミネルヴァ書房、一九六〇年
レーニン『カール・マルクス』（栗田賢三訳）岩波文庫、一九七一年

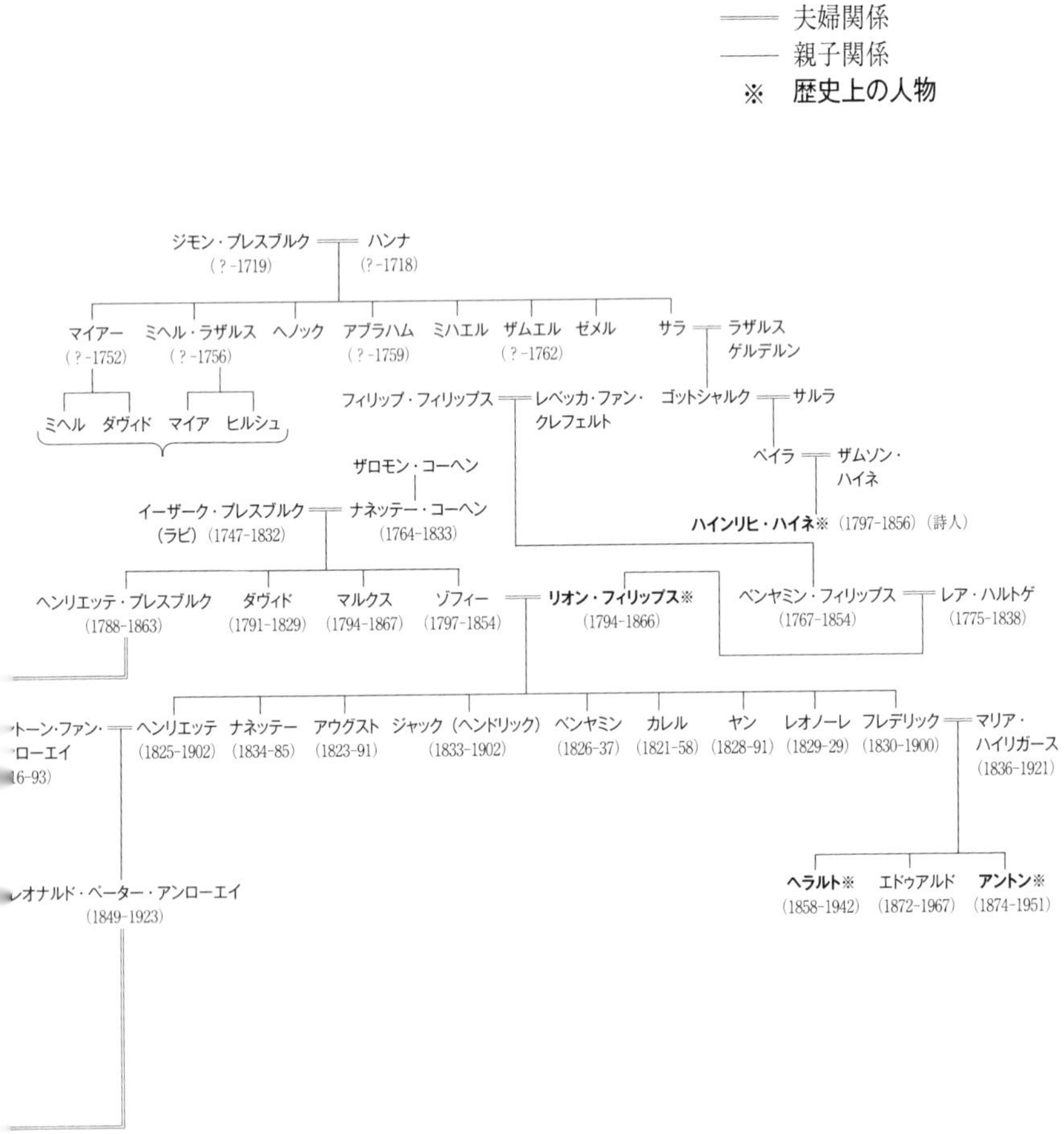

夫婦関係
親子関係
※ 歴史上の人物
ジモン・プレスブルク (?-1719)
ハンナ (?-1718)
マイアー (?-1752)
ミヘル・ラザルス (?-1756)
ヘノック
アブラハム (?-1759)
ミハエル
ザムエル (?-1762)
ゼメル
サラ
ラザルス ゲルデルン
ミヘル
ダヴィド
マイア
ヒルシュ
フィリップ・フィリップス
レベッカ・ファン・クレフェルト
ゴットシャルク
サルラ
ペイラ
ザムソン・ハイネ
ハインリヒ・ハイネ※ (1797-1856) (詩人)
ザロモン・コーヘン
イーザーク・プレスブルク (ラビ) (1747-1832)
ナネッテー・コーヘン (1764-1833)
ヘンリエッテ・プレスブルク (1788-1863)
ダヴィド (1791-1829)
マルクス (1794-1867)
ゾフィー (1797-1854)
リオン・フィリップス※ (1794-1866)
ベンヤミン・フィリップス (1767-1854)
レア・ハルトゲ (1775-1838)
トーン・ファン・ローエイ 16-93)
ヘンリエッテ (1825-1902)
ナネッテー (1834-85)
アウグスト (1823-91)
ジャック (ヘンドリック) (1833-1902)
ベンヤミン (1826-37)
カレル (1821-58)
ヤン (1828-91)
レオノーレ (1829-29)
フレデリック (1830-1900)
マリア・ハイリガース (1836-1921)
レオナルド・ペーター・アンローエイ (1849-1923)
ヘラルト※ (1858-1942)
エドゥアルド (1872-1967)
アントン※ (1874-1951)

マルクス家の家系図（的場昭弘・作成）

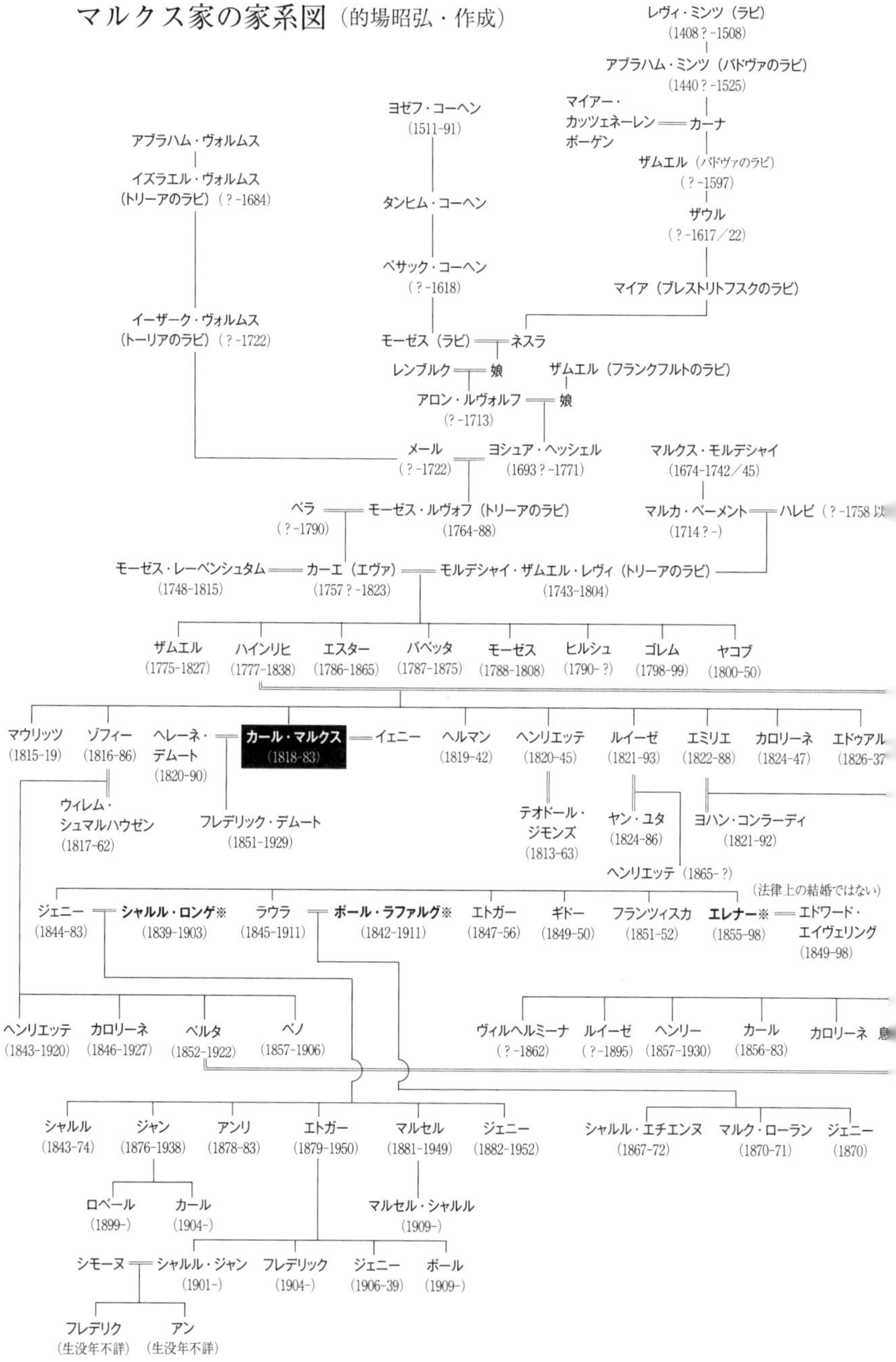

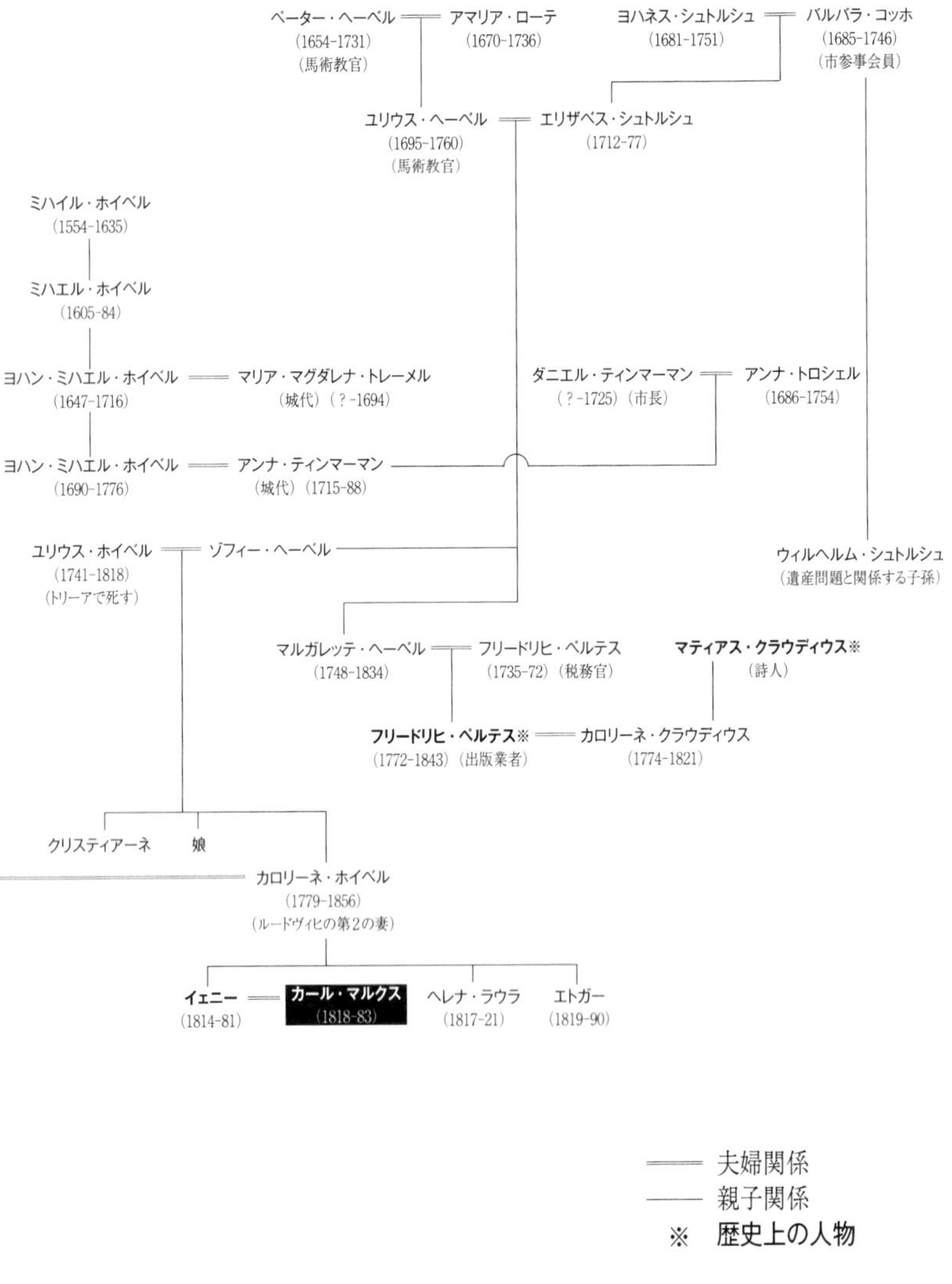
ペーター・ヘーベル
(1654-1731)
(馬術教官)
アマリア・ローテ
(1670-1736)
ヨハネス・シュトルシュ
(1681-1751)
バルバラ・コッホ
(1685-1746)
(市参事会員)
ユリウス・ヘーベル
(1695-1760)
(馬術教官)
エリザベス・シュトルシュ
(1712-77)
ミハイル・ホイベル
(1554-1635)
ミハエル・ホイベル
(1605-84)
ヨハン・ミハエル・ホイベル
(1647-1716)
マリア・マグダレナ・トレーメル
(城代)(?-1694)
ダニエル・ティンマーマン
(?-1725)(市長)
アンナ・トロシェル
(1686-1754)
ヨハン・ミハエル・ホイベル
(1690-1776)
アンナ・ティンマーマン
(城代)(1715-88)
ユリウス・ホイベル
(1741-1818)
(トリーアで死す)
ゾフィー・ヘーベル
ウィルヘルム・シュトルシュ
(遺産問題と関係する子孫)
マルガレッテ・ヘーベル
(1748-1834)
フリードリヒ・ペルテス
(1735-72)(税務官)
マティアス・クラウディウス※
(詩人)
フリードリヒ・ペルテス※
(1772-1843)(出版業者)
カロリーネ・クラウディウス
(1774-1821)
クリスティアーネ
娘
カロリーネ・ホイベル
(1779-1856)
(ルードヴィヒの第2の妻)
イェニー
(1814-81)
カール・マルクス
(1818-83)
ヘレナ・ラウラ
(1817-21)
エトガー
(1819-90)
夫婦関係
親子関係
※ 歴史上の人物

ヴェストファーレン家の家系図（的場昭弘・作成）

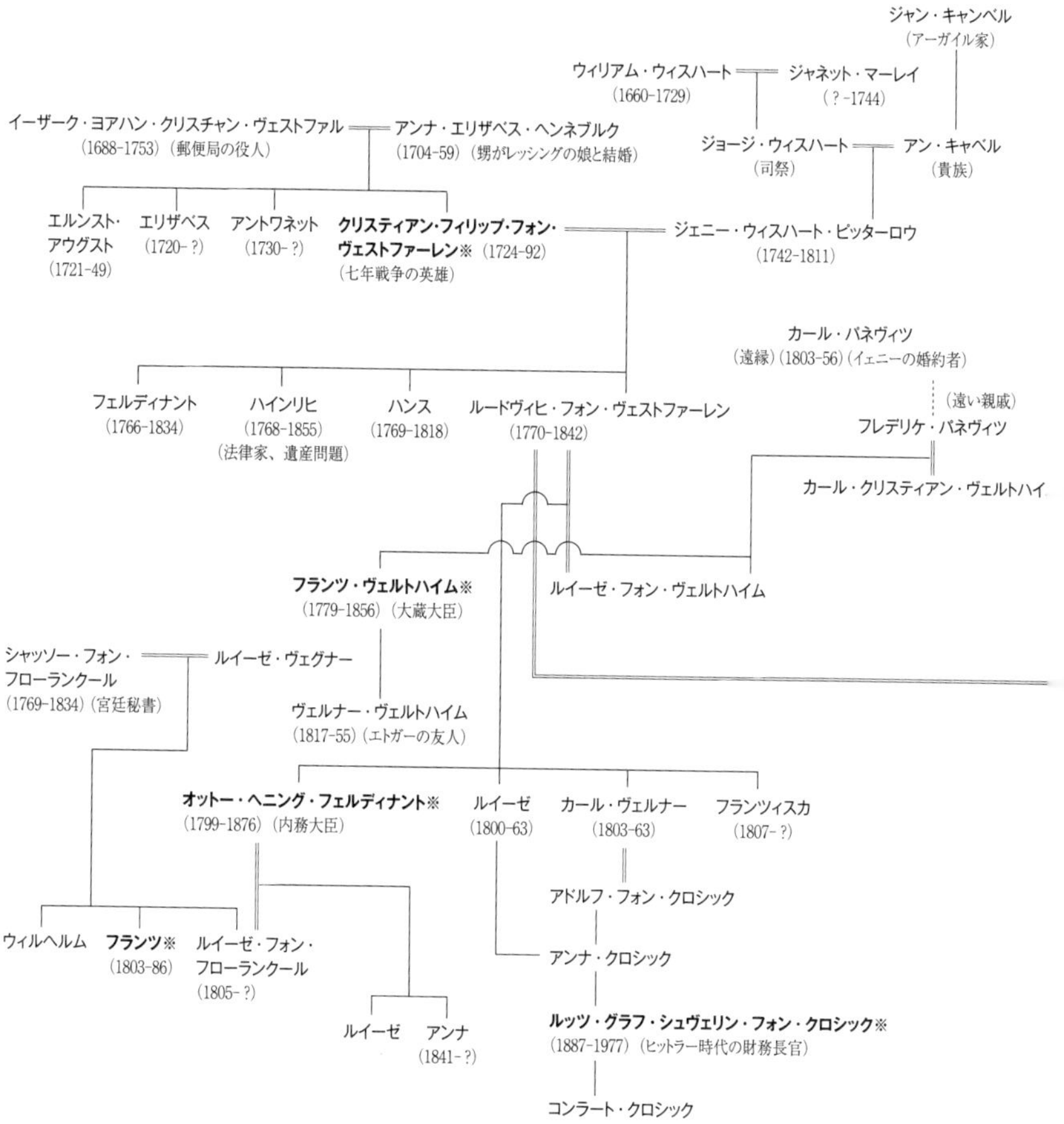

年号	生涯・著作	同時代史・運動史
1881	・3月,「ヴェラ・ザスーリッチへの手紙」。・モーガン著作『古代社会』読書，摘要。 ・12月，妻イェニー死亡。	
1882	・『資本論』第1部ドイツ語版第3版のための改訂作業。・ラボック著作『文明の起源と人類の原始状態』読書，摘要を制作。	・三国同盟(独・墺・伊)。
1883	・1月，長女ジェニー死亡。 ・3月14日，ロンドンにて没。	

年号	生涯・著作	同時代史・運動史
1863	・8月,『1863-65年草稿』 ・10月,「在ロンドン・ドイツ人労働者教育協会のポーランド人に関する檄」起草。	・1月,リンカーン,奴隷解放宣言。
1864	・9月,ロンドンで、第1インターナショナル(国際労働者協会)創設。10月、「国際労働者協会創立宣言」並びに同協会の「暫定規約」起草。	・ジュネーブ協定,アンリ・デュナンの提唱による国際赤十字同盟成立。
1865	・5月,『賃金,価格および利潤』起草。また『ジョンソン大統領への国際労働者協会のあいさつ』起草。	・1月,アメリカで奴隷解放令。リンカーン暗殺。
1866	・『資本論』第1部初版の原稿を執筆。	・プロイセン・オーストリア戦争。
1867	・9月,ハンブルクのマイスナー社から『資本論』第1部を1000部出版。	・北ドイツ連邦成立。
1868	・10月,「国際労働者協会とイギリス労働者組織との結合」。	・日本で,明治維新。
1869	・『ルイ・ボナパルトのブリュメール18日』第2版への序文。	・スエズ運河開通。
1870	・8月,「第1インターナショナル総務委員会第1宣言」起草,9月,「第2宣言」。	・7月,普仏戦争。 ・イタリア,教皇領を併合し、統一完成。
1871	・5月,パリ・コミューンに関する「第3宣言」。のちに『フランスの内乱』。 ・9月,エンゲルスとともに,第1インターナショナル・ロンドン大会向けの「総務委員会への提案」,「暫定的決議案」。 ・12月,『資本論』第1部ドイツ語版の改訂作業。	・1月,ドイツ帝国成立。 ・3月、パリ・コミューン。 ・イギリスで,労働組合法制定。
1872	・3月,『資本論』ロシア語版初版出版。 ・7月,『資本論』第1部ドイツ語版第2版出版。 ・9月,『資本論』第1部フランス語版出版。・インターナショナル・マルクス派,秘密回状「いわゆるインターナショナルの分裂」でバクーニン派を弾劾,これを各支部へ送付。 ・9月,インターナショナル・ハーグ大会,マルクスの報告に基づきバクーニンの除名を決議。あわせてインターナショナル総評議会のニューヨーク移転を決議。インターナショナル,事実上の崩壊。	
1873	・「社会民主同盟と国際労働者協会」(ハーグ大会報告)で,エンゲルスとともに再びバクーニンを攻撃。	・ドイツで文化闘争が発生
1874	・バクーニン著『国家制度とアナーキー』。	・全ドイツ労働者組合に解散命令。
1875	・4月,「ドイツ労働者党綱領評注(ゴータ綱領批判)」を執筆送付(公表は1891年)。	・ドイツで,アイゼナハ派とラサール派が合同し,ドイツ社会主義労働者党樹立,ゴータ綱領採択。
1876	・マウラー著作読書,摘要を制作。	・イギリス,スエズ運河の株式買収。
1877	・11月,チェストヴェンヌイエ・ザピスキ(祖国雑誌)』編集部への手紙。	・露土戦争。・インド帝国成立。
1879	・コヴァレフスキー著作『共同体的土地所有』読書,摘要制作。	・ベルリン列国会議。

年号	生涯・著作	同時代史・運動史
1850	・1月，エンゲルスとともに共産主義者同盟を再建。 ・3月，ハンブルクで創刊の『新ライン新聞――政治経済評論』に論説「1848年6月の敗北」(のち別の論文とあわせて『フランスにおける階級闘争』となる)を載せる。・エンゲルスとともに「共産主義者同盟中央委員会の同盟員への呼びかけ」を発する。	・6月，マッツィーニ，ロンドンでルドリュ・ロラン，アーノルト・ルーゲ，グスタフ・シュトルーフェらと協力してヨーロッパ民主主義中央委員会結成。
1851	・4月，ケルンでヘルマン・ベッカーによって『カール・マルクス論文集』が刊行(第1冊のみ)。 ・ロンドンの大英博物館の図書館で経済学，土地所有に関する研究に入る。 ・12月，『レヴォルティオーン』のために『ルイ・ボナパルトのブリュメール18日』の執筆を開始。・「ロンドン・ノート」作成。	・12月，フランスでルイ・ナポレオンのクーデター発生，共和派の敗北。
1852	・10月，共産主義者同盟員に対する裁判に対して『ケルン共産主義者裁判の真相』を著し，プロイセン政府を批判。しかし，以後同盟自体が事実上解体。	・フランスで，ナポレオンII世による第二帝政開始。
1853	・1月，バーゼルで『ケルン共産主義者裁判の真相』を刊行。	・アメリカの使節ペリー，日本の浦賀に来航(黒船来航)。
1854	・クリミア戦争についての論説群起草(『ニューヨーク・デイリー・トリビューン』に掲載)。	
1855	・クリミア戦争およびイギリスの動向に関して論説群発表(『ニューヨーク・デイリー・トリビューン』に掲載)。	・レセップス，スエズ運河開掘権取得。
1856	・ヨーロッパの経済恐慌に関して論説群発表(『ニューヨーク・デイリー・トリビューン』に掲載)。	・アロー号戦争。
1857	・ヨーロッパを襲った経済恐慌を観察し，経済研究の完成をいそぐ。 ・8月，『経済学批判要綱』執筆。	・経済恐慌，ヨーロッパ各国に拡大。 ・フランス，アルジェリア征服をほぼ完了。 ・インドでセポイ(シパーヒー)の乱。
1858		・インドで，ムガル帝国滅亡，イギリス領インド成立。
1859	・6月，ベルリンで『経済学批判』第一分冊刊行。	・イタリア統一戦争勃発。
1860	・プロイセンの軍制改革およびイタリア統一戦争に関し論説執筆。 ・12月，『フォークト氏』出版。	・アメリカ大統領選でリンカーン当選，南部諸州連邦が合衆国離脱。
1861	・アメリカ南北戦争に関して論説群執筆。 ・8月，『1861-63年草稿』を執筆。	・イタリア王国成立。 ・ロシア農奴解放令。 ・アメリカで南北戦争勃発。
1862	・7月，ロンドンに来たラサールと会うが，労働運動や階級闘争，経済学上の諸問題などで意見が合わず。	・ビスマルク，プロイセン首相就任。 ・ロンドンで，第3回万国博覧会。

年号	生涯・著作	同時代史・運動史
1845	・1月，フランス政府，プロイセンの圧力によりマルクスら『フォアヴェルツ』の寄稿者を国外追放。 ・2月，ブリュッセルへ移る。・ブリュッセルで『フォイエルバッハの11のテーゼ』執筆 ・7月から8月，エンゲルスに連れられてイギリス旅行に。ロンドンでチャーティスト左派や義人同盟ロンドン支部指導者らと会う。 ・9月，ブリュッセルでエンゲルスとともに『ドイツ・イデオロギー』共同執筆開始。同じくブリュッセルに移ってきたヘスも参加。	
1846	・1月，エンゲルスとともにブリュッセル共産主義通信委員会を組織。通信委員会を拠点にパリ進出をもくろむ。その一環としてヴァイトリング，クリーゲ批判，グリュン批判を敢行。また，プルードンに近づくが，これは失敗。	・イギリスで鉄道建設ブーム。 ・アイルランドで大飢饉と経済恐慌発生。 ・ヨーロッパ全土にジャガイモ不作拡大(虫害)。 ・アメリカ，テキサス併合。 ・ドイツで鉄道路が7000キロに達する。
1847	・7月，『哲学の貧困』を出版。 ・8月，エンゲルスとともにブリュッセル・ドイツ人労働者協会設立に尽力。 ・第2回国際共産主義者大会がロンドンで開催され，これに出席し，エンゲルスとともに新組織(共産主義者同盟)の綱領(『共産党宣言』)を執筆するよう委任される。 ・12月，ブリュッセルのドイツ人労働者協会で「賃労働と資本」について講演，1849年に公表。	・イギリスで10時間労働法(工場法)成立。
1848	・1月，『共産党宣言』を脱稿しロンドンへ発送，その後ロンドンで出版。 ・6月1日，日刊紙『新ライン新聞』創刊。 ・6月，ケルン市の民主主義諸団体の代表委員会委員の指名を受ける。 ・9月26日，『新ライン新聞』が発禁。 ・11月，復刊した『新ライン新聞』に論説「ウィーンにおける反革命の勝利」を載せる。	・2月24日，フランス・パリで、二月革命勃発。 ・3月，ウィーン革命勃発、ベルリン革命勃発。 ・5月18日、フランクフルト国民議会成立。 ・パリで六月蜂起。 ・11月，ヴィンディシュ＝グレーツとイエラチッチの反革命軍が陥落。 ・12月，フランスでルイ・ナポレオン大統領就任。
1849	・2月1日，『新ライン新聞』に論説「ケルン新聞の選挙論」を載せる。 ・『新ライン新聞』に論説「賃労働と資本」連載。 ・5月19日，『新ライン新聞』発禁となり，最終号を全面赤刷で印刷。エンゲルスはフランクフルトへ移り，さらにバーデン，プファルツへ。 ・6月，マルクスはパリへ移り，種々の民主主義団体や労働者団体と連絡。 ・8月26日，フランス政府よりモルビアン行きを命ぜられ，パリからロンドンへ亡命。同市で共産主義者同盟中央委員会を再建。	・6月，バーデンで革命員最後の抵抗。

マルクス略年表

年号	生涯・著作	同時代史・運動史
1818	・5月5日，ラインラントのトリーア市にユダヤ人弁護士の子として生まれる。	・ボン大学が創立される。
1824	・洗礼してプロテスタントに改宗。	・イギリスで結社法廃止，労働組合合法化。
1830	・10月，トリーア市のフリートリヒ・ギムナジウムに入学。	・フランス七月革命起こる。その余波でドイツでは、騒乱発生。
1835	・10月，トリーアのギムナジウムを卒業し，ボン大学法学部に入学。	・オーストリア首相メッテルニヒによる反動政策。
1836	・10月ベルリン大学法学部に移る。	・イギリスで史上2度目の経済恐慌発生，失業者が大量発生。
1837	・ヘーゲル哲学の研究に専念する。	・イギリスでヴィクトリア女王即位。
1838	・父ハインリヒ死亡。	・大西洋で蒸気船運行開始。
1839	・ギリシア哲学に取り組む。博士論文「デモクリトスとエピクロスの自然哲学の差異」執筆。	・イギリスで反穀物法同盟結成。・フランス，アルジェリア征服。
1840		・プロイセン新王フリードリヒ・ヴィルヘルムⅣ世即位，反動政治を開始。
1841	・4月，イエナ大学哲学部より博士号取得。・5月，ベルリン大学卒業。	・プロイセン新王フリードリヒ ・ヴィルヘルムⅣ世即位，弾圧政策を開始。
1842	・『ドイツ年誌』に「プロイセンの最新の検閲訓令に対する見解」執筆(43年に『アネクドータ』で発表)。・『ライン新聞』に一連の論文を寄せる。10月から実質上同新聞の編集長。	・プロイセン政府，自由主義的・急進的新聞雑誌を次々と発禁。・イギリスにてチャーティスト運動激化。・ローレンツ・シュタイン『今日のフランスにおける社会主義と共産主義』刊行，本書によりドイツ国内の多くの知識人がフランスの共産主義思想を知る。
1843	・『ライン新聞』編集部を発禁の直前、3月17日に去る。・その後ルーゲ，ヘスとともに評論誌の発行を計画。タイトルを『独仏年誌』とし，発行地をパリ。フランス側の執筆者との交渉開始。・6月，クロイツナハでイェニーと結婚。・『独仏年誌』のために「ユダヤ人問題によせて」と「ヘーゲル法哲学批判序説」を起草。・パリに移る。	
1844	・2月ルーゲとともに『独仏年誌』発行。1，2号合併号で廃刊。この失敗から，ルーゲとの間に不和発生。セー，スミス，スカベルクなどの経済学ノート，「経済学・哲学〈第1〉草稿」，リカード，J.ミル，マカロック，エンゲルスなどの経済学ノート，「経済学・哲学〈第2〉草稿」を作成。 ・『フォアヴェルツ』への寄稿と編集への協力開始。 ・8月，パリにて、エンゲルスの訪問を受ける。 ・エンゲルスとの共著『聖家族』起草(翌年2月刊行)。	・6月，亜麻工業と木綿工業の一中心地シュレージェン州で織布工蜂起。

マルクス＝エンゲルス関連地図

①ヴッパータール
②ビンゲン
③ザルツヴェーデル
④ナイメーヘン
⑤ザルツボンメル
⑥アルジャントゥール
⑦ドラヴェーユ
⑧ストラスブール

【著者紹介】

的場昭弘（まとば・あきひろ）

1952年 宮崎県生まれ。マルクス学研究者。1984年、慶應義塾大学大学院経済学研究科博士課程修了。経済学博士。一橋大学社会科学古典資料センター助手、東京造形大学助教授を経て現在、神奈川大学教授。

マルクス学の提唱者。マルクスの時代を再現し、マルクス理論の真の意味を問い続ける。原資料を使って書いた作品『トリーアの社会史』（未來社、1986年）、『パリの中のマルクス』（御茶の水書房、1995年）、『フランスの中のドイツ人』（御茶の水書房、1995年）をはじめとして、研究書から啓蒙書などさまざまな書物がある。本書には、著者による現在までのマルクス学の成果がすべて込められている。

そのほか

『新マルクス学事典』弘文堂、2000年（共編著）

『ポスト現代のマルクス』御茶の水書房、2001年

『未完のマルクス　全集プロジェクトと20世紀』平凡社選書、2002年

『マルクスを再読する』五月書房、2004年（角川ソフィア文庫、2017年）

『マルクスだったらこう考える』光文社新書、2004年

『近代と反近代との相克——社会思想史入門』御茶の水書房、2006年

『マルクスに誘われて——みずみずしい思想を追う』亜紀書房、2006年

『ネオ共産主義論』光文社新書、2006年

『超訳「資本論」』（全三巻）祥伝社新書、2008年～2009年

『とっさのマルクス』幻冬舎、2009年

『もう一つの世界がやってくる』世界書院、2009年

『一週間de資本論』NHK出版、2010年

『21世紀から見る『資本論』マルクスとその時代』NHK出版、2011年

『待ち望む力』晶文社、2013年

『マルクスとともに資本主義の終わりを考える』亜紀書房、2014年

『大学生に語る資本主義の200年』、祥伝社新書、2015年

『革命再考』角川新書、2017年

『最強の思考法「抽象化する力」の講義』日本実業出版社、2018年

［近年の主な翻訳］

『新訳 共産党宣言』作品社、2010年（新装版は2018年）

『新訳 初期マルクス』作品社、2013年

ジャック・アタリ『世界精神 マルクス　1818-1883』藤原書店、2014年

ジャック・アタリ『ユダヤ人、世界と貨幣』作品社、2015年

カール・マルクス入門

2018年9月 5 日初版第1刷印刷
2018年9月10日初版第1刷発行

著　　者　的場昭弘

発行者　和田肇
発行所　株式会社作品社
〒102-0072　東京都千代田区飯田橋2-7-4
Tel 03-3262-9753 Fax 03-3262-9757
http://www.sakuhinsha.com
振替口座 00160-3-27183

装　幀　コバヤシタケシ
本文組版　有限会社閏月社
印刷・製本　シナノ印刷(株)

Printed in Japan

ISBN978-4-86182-683-2 C0010

ジャック・アタリの著書

ユダヤ人、世界と貨幣

一神教と経済の4000年史

的場昭弘訳

なぜ、グローバリゼーションの「勝者」であり続けるのか?

彼らを導いた〈教え〉と〈知恵〉を紐解く。

自身もユダヤ人であるジャック・アタリが、『21世紀の歴史』では、語り尽くせなかった壮大な人類史、そして資本主義の未来と歴史を語る待望の主著!

未来のために何をなすべきか?

積極的社会建設宣言

J・アタリ
＋積極的経済フォーラム
的場昭弘 訳

私たちは世界を変えられる！　〈長期的視点〉と〈合理的愛他主義〉による「積極的社会」実現のため、欧州最高の知性のアタリと仲間たちによる17の提言。

デヴィッド・ハーヴェイの著書

Marx's Capital
〈資本論〉入門

森田成也・中村好孝訳

「現代社会とグローバリズムを読み解くための『資本論』」
(『ダイヤモンド』誌)

「精読に誘う『資本論』読破の友」
(『東洋経済』誌)

世界的なマルクスブームを巻き起こしている、最も世界で読まれている入門書。グローバル経済を読み解く《資本論》の広大な広大な世界へ。

Marx's Capital
〈資本論〉第2巻・第3巻入門

森田成也・中村好孝訳

グローバル経済を読み解く鍵は、《第2巻》の「資本の流通過程」にこそある。難解とされる《第2巻・第3巻》が、こんなに面白く読めるなんて。ハーヴェイだからこそなしえた画期的入門書。